Herbert Altrichter · Thomas Brüsemeister
Jochen Wissinger (Hrsg.)

Educational Governance

Educational Governance
Band 1

Herausgegeben von

Herbert Altrichter
Xaver Büeler
Thomas Brüsemeister
Ute Clement
Martin Heinrich
Jürgen Kussau
Jochen Wissinger

Herbert Altrichter
Thomas Brüsemeister
Jochen Wissinger (Hrsg.)

Educational Governance

Handlungskoordination und
Steuerung im Bildungssystem

VS VERLAG FÜR SOZIALWISSENSCHAFTEN

Bibliografische Information Der Deutschen Nationalbibliothek
Die Deutsche Nationalbibliothek verzeichnet diese Publikation in der
Deutschen Nationalbibliografie; detaillierte bibliografische Daten sind im Internet über
<http://dnb.d-nb.de> abrufbar.

1. Auflage Mai 2007

Alle Rechte vorbehalten
© VS Verlag für Sozialwissenschaften | GWV Fachverlage GmbH, Wiesbaden 2007

Lektorat: Stefanie Laux

Der VS Verlag für Sozialwissenschaften ist ein Unternehmen von Springer Science+Business Media.
www.vs-verlag.de

Umschlaggestaltung: KünkelLopka Medienentwicklung, Heidelberg
Druck und buchbinderische Verarbeitung: Krips b.v., Meppel
Gedruckt auf säurefreiem und chlorfrei gebleichtem Papier
Printed in the Netherlands

ISBN 978-3-531-15279-0

Inhaltsverzeichnis

Uwe Schimank
Die Governance-Perspektive:
Analytisches Potenzial und anstehende konzeptionelle Fragen 231

Herbert Altrichter, Thomas Brüsemeister & Jochen Wissinger

Einführung

In den Bildungssystemen der deutschsprachigen Länder wurde in den letzen Jahren eine größere Zahl von Maßnahmen initiiert, um die Qualität des Bildungssystems und seiner Ergebnisse, die seit den internationalen Vergleichsuntersuchungen in die öffentliche Diskussion gekommen sind, weiterzuentwickeln und nachhaltig zu sichern. Im Zentrum der Innovationsbemühungen steht dabei die Suche nach einem „neuen Steuerungsmodell". Wie in anderen Ländern sind auch im deutschsprachigen Raum die Steuerungsstrukturen im Bildungswesen in den Blickpunkt des Interesses geraten und sollen so verändert werden, dass qualitätsvolle Ergebnisse zielgerichtet und ökonomisch erbracht werden können. Deshalb sind viele Mittel und Energien in den letzten Jahren darauf verwendet worden, das im System verfügbare „Steuerungswissen" durch Rückgriff auf international vergleichende Untersuchungen, durch die Einführung von Bildungsstandards und darauf bezogene Lernstandserhebungen, durch Schulinspektionen und Bildungsberichterstattung zu verbessern.

Es ist nun den meisten Beteiligten deutlich, was auch bisherige Untersuchungen belegen, dass diese Innovationen Grundlage und förderliche Bedingung für eine verbesserte Systemsteuerung schaffen mögen, jedoch keine „Selbstläufer" in dem Sinn sind, dass sie den erhofften Ertrag gleichsam „automatisch" erbringen. Vielmehr müssen sie im Bildungssystem verstanden, aufgegriffen und in neue Entwicklungsmaßnahmen auf verschiedenen Systemebenen umgesetzt werden.

Einer Forschung zur Educational Governance stellen sich angesichts der Entwicklungen im deutschen (aber nicht nur im deutschen) Bildungssystem zwei Fragen:

1. Wie werden neue Steuerungselemente im Bildungswesen rezipiert, verarbeitet und umgesetzt, und treten die vorhergesagten und erhofften Wirkungen ein?

2. Führen die neuen Steuerungsmaßnahmen unter den Bedingungen gemischter Formen der Educational Governance zu wünschenswerteren Ergebnissen?

Zur Bearbeitung dieser grundsätzlichen Fragen vermag eine Reihe von sozialwissenschaftlichen Forschungssträngen relevante Aussagen zu liefern, so z.B. die Innovations- und Implementationsforschung, die Wissensverwendungsforschung, die Organisationsforschung, die Politikforschung, die Verwaltungsforschung sowie verschiedene Richtungen innerhalb der Bildungsforschung.

Die effektive Nutzung der Ergebnisse ist jedoch bislang dadurch erschwert, dass alle diese Forschungsansätze – aus unterschiedlichen theoretischen Traditionen kommend – verschiedene Kategorien und methodische Strategien für ihre Analysen verwenden.

In den letzten Jahren hat sich jedoch mit der Governanceforschung eine Forschungsperspektive entwickelt, die selbst aus unterschiedlichen sozialwissenschaftlichen Traditionen gespeist wird und das Potenzial hat, disziplinäre Verengungen des Blickes zu überwinden. Sie wurde zunächst anhand von politik- und verwaltungswissenschaftlichen Fragestellungen entwickelt, aber sie wird in der Zwischenzeit international und auch im deutschen Sprachraum für die Analyse des Hochschulwesens und des Schulwesens verwendet. Gegenüber früheren „steuerungs"-theoretischen Zugriffsweisen erlaubt das Governance-Konzept eine umfassendere Beschreibung und Analyse von Steuerungs- und Umstrukturierungsfragen im Bildungswesen, die sie als Probleme der *Handlungskoordination zwischen Akteurkonstellationen in einem Mehrebenensystem analysiert*. Dies bedeutet eine mehrfache Weitung des analytischen Blicks:

Komplexe Systeme sind dadurch charakterisierbar, dass Akteure, wollen sie Systemmitspieler bleiben, ihre Handlungen an Handlungen anderer Akteure ausrichten und dadurch das Problem der sozialen Interdependenz zu bewältigen suchen. Insofern ist *„Handlungskoordination"* eine unhintergehbare Charakteristik sozialer Systeme, die in verschiedener Weise und in verschiedener Dichte auftritt. Der Versuch, soziale Systeme sowie die Steuerungscharakteristik innerhalb sozialer Systeme umzugestalten, beinhaltet damit auch, die Art und Weise sowie die Dichte der bestehenden Handlungskoordination zu transformieren.

Während die traditionelle Steuerungstheorie einen oder wenige privilegierte Steuerungsakteure in den Blick nahm und das Schicksal ihrer Steuerungspläne untersuchte, rückt die Governance-Perspektive von vornherein *„Akteurkonstellationen"* in den Fokus der Beschreibung und Analyse und bezieht damit systematisch andere, auch peripher oder weniger machtvoll scheinende Mitspieler mit ein.

Traditionelle Steuerungsanalysen tendieren dazu, dem untersuchten Geschehen implizit oder explizit die Koordinationsform „Hierarchie" zu unterstellen, was sich beispielsweise in Begriffen wie top-down oder bottom-up ausdrückt. Durch die Fokussierung auf den *„Mehrebenencharakter" des Bildungssystems und die Übergänge zwischen diesen Ebenen* erklärt die Governance-Perspektive jedoch genau die Koordinationsform zwischen verschiedenen Systemmitspielern zu einer empirischen Frage und öffnet damit den Blick für alternative Koordinationsformen, wie z.b. Markt, Gemeinschaft, Netzwerke und vor allem deren Mischungen.

Um es zusammenzufassen: Die drei zentralen Begriffe der Governance-Perspektive – Akteurkonstellation, Mehrebenensystem sowie Handlungskoordination – verweisen auf eine international diskutierte Forschungsperspektive, die sozialwissenschaftlich angelegt ist, d.h. die in der Politikwissenschaft, der Soziologie sowie in der Wirtschaftswissenschaft ihre Herkunft hat sowie – als Educational Governance-Forschung – für die Analyse von Schul-, Hochschul- und Berufsbildungssystemen Verwendung findet. Durch den veränderten analytischen Zugriff kommen (i) mehr Aspekte des Steuerungsgeschehens in den Blick, werden (ii) aktuelle Entwicklungen der Systemsteuerung (z.B. Netzwerke, Delegierung von Verantwortung) der Analyse besser zugänglich und wird es (iii) leichter, Beiträge unterschiedlicher Disziplinen in Beziehung zu setzen.

Die erweiterte Perspektive, die mit der Governance-Begrifflichkeit angeboten wird, lässt sich nutzen, um auch in der Bildungsforschung eine umfassendere, interdisziplinäre Behandlung von aktuellen Fragen der Steuerung und Umstrukturierung des Bildungswesens zu stimulieren.

Um Fragen der Systemsteuerung im Bildungswesen weiter zu entwickeln, sind neben den notwendigen Forschungsprojekten begleitende Publikationen erforderlich. Die Buchreihe „Educational Governance" möchte hierzu ein Forum bieten. Im vorliegenden Buch wurde dabei auf Interdisziplinarität geachtet, weil die Frage der wirkungsvollen Systemsteuerung im Bildungswesen die Kombination verschiedener theoretischer Blickwinkel und Zugriffsweisen erfordert. Auch wenn nicht alle Teildisziplinen im vorliegenden Buch zu Wort kommen, so betrifft die Educational Governance-Perspektive neben der Erziehungswissenschaft auch Soziologie, Politikwissenschaft, Verwaltungswissenschaft, Wirtschaftswissenschaft, Informatik, aber auch z.B. spezielle Zugriffsweisen wie Migrationsforschung, Raumplanung, Stadt- und Regionalsoziologie und lokale Politikfeldforschung. Wichtig für die weitere Durchdringung des Feldes erscheint uns, dass das Thema nicht von einer ‚Disziplin' oder einer ‚disziplinären Schule' monopolisiert werden kann, sondern durch die Konkurrenz und Ergänzung unterschiedlicher theoretischer und methodischer Zugriffsweisen vorangetrieben wird. Die Beiträge des vorliegenden Buches stimmen darin überein, von Mehrebenensystemen und Akteurkonstellationen als zentralen Elementen der Educational Governance-Perspektive auszugehen, jedoch sind diese Elemente in den einzelnen Beiträgen in unterschiedlicher Tiefe entfaltet. Diese Spannbreite soll die Offenheit der Buchreihe für unterschiedliche theoretische, empirische und methodische Fokussierungen von Problemen der Handlungskoordination in Mehrebenensystemen der Bildung deutlich machen. Dies gilt insbesondere, weil die Forschungsperspektive Educational Governance zwar in den letzten Jahren international diskutiert, diese Diskussion jedoch in den deutschsprachigen Ländern noch nicht in wünschenswertem Maße rezipiert und ausgewertet wird. Insofern möchten die Bände der Reihe Educational Governance dazu beitragen, Forschungsstrategien und Ergebnisse der internationalen Educational Governance-Forschung besser zugänglich und bekannt zu machen. Gegenwärtig finden sich in der Governance-Forschung unterschiedliche – quantitative ebenso wie qualitativ-empirische, kategorie-analytische ebenso wie phänomenologische – Forschungsstrategien Seite an Seite. Es geht hierbei darum, VertreterInnen verschiedener Ansätze in einen inhaltsfokussierten Diskurs zu bringen, um die Stärken und Einsatzgebiete verschiedener methodischer Strategien und Instrumente besser abschätzen zu können.

Einen Anfang, der in diese Richtung geht, unternehmen die acht Beiträge des vorliegenden Buches:

Aus Sicht von Politikwissenschaft, Bildungssoziologie und Bildungsforschung machen *Jürgen Kussau* und *Thomas Brüsemeister* Vorschläge für zentrale Untersuchungskategorien der Educational Governance-Forschung, die auf die Analyse der Handlungskoordination in Mehrebenensystemen der Bildung zentriert sind.

In ihrem Beitrag setzen *Herbert Altrichter* und *Martin Heinrich* die Vorstellung von Analysekategorien der Educational Governance-Forschung fort, diesmal aus der Sicht pädagogischer Forschung. Anschließend demonstrieren die Autoren die Anwendung dieser Analysekategorien am Beispiel der jüngeren Entwicklung des österreichischen Schulwesens.

Jochen Wissinger stellt in seinem Aufsatz Bezüge zwischen Ansätzen der School Effectiveness und School Improvement Forschung einerseits und der schulischen Governance-Forschung andererseits her.

Neben der Beleuchtung von Facetten des österreichischen Schulwesens durch Altrichter und Heinrich widmet sich ein weiterer Beitrag einer länderspezifischen Entwicklung schulischer Governance. *Xaver Büeler* analysiert den Praxisfall des Luzerner Bildungswesens im Allgemeinen sowie das kantonale

Schulentwicklungsprojekt „Schulen mit Profil" im Besonderen aus einer Governance-Perspektive.

Matthias Rürup und *Martin Heinrich* untersuchen auf Basis einer kürzlich am Deutschen Institut für Internationale Pädagogische Forschung abgeschlossenen Studie, welche Impulse und Schwerpunkte der Gesetzgeber zwischen 1990 und 2004 im Schulrecht aller sechzehn deutschen Bundesländer der erweiterten Autonomie der Einzelschulen gegeben hat. Im Zentrum stehen dabei die Handlungsaufforderungen, die den einzelnen Schulen eröffnet wurden.

Wolfgang Böttcher befasst sich mit den Selbstansprüchen einer erneuerten Steuerung der Schule, die auf betriebswissenschaftliche Instrumente staatlicher Inputvorgaben, Dezentralisierung und Outputsteuerung setzt. Der besondere Blickwinkel wird hierbei auf die Rolle der politischen Führung gelegt und diskutiert die Problematik, die mit einem Transfer betriebswissenschaftlicher Konzepte auf die Steuerung von Bildungssystemen verbunden ist.

Bildungssysteme liegen an der Schnittstelle unterschiedlicher gesellschaftlicher Systeme. *Ute Clement* zeigt dies am Beispiel des Systems der beruflichen Bildung und verdeutlicht dabei Mechanismen der Kommunikation und Handlungsabstimmung über Systemgrenzen hinweg, die gerade für die Educational Governance-Forschung von Interesse sind.

In dem abschließenden Beitrag spricht *Uwe Schimank* nochmals zentrale Kategorien der Educational Governance-Forschung an, wie sie bisher vor allem in der Hochschulforschung zur Anwendung gekommen sind. Dabei wird das analytische Potenzial des Ansatzes reflektiert. In diesem Zusammenhang werden Fragen angestoßen und Vorschläge gemacht, die Perspektiven für eine veränderte Justierung von Konzepten der Educational Governance-Forschung zeigen.

Jürgen Kussau & Thomas Brüsemeister

Educational Governance:
Zur Analyse der Handlungskoordination im
Mehrebenensystem der Schule

1. Einleitung

Die Governance-Perspektive ist als moderne Wiederbelebung eines alten Themas zu verstehen. Die europäische Geschichte lässt sich als jahrhundertelange Auseinandersetzung zwischen Kirche und weltlicher Gewalt, die sich später zum souveränen Staat entwickelte, lesen. Die Bedeutung der Kirche verblasste sukzessive, obwohl ihr Einfluss gerade im Bildungsbereich bedeutend war und sogar bis in die Mitte des 20. Jahrhunderts nachhallte. Die Institutionalisierung einer allgemeinen, öffentlichen Schule wurde jedoch gegen die Kirche durchgesetzt. Für lange Zeit gewannen der Staat und die rechtliche Institutionalisierung der öffentlichen Schule die Oberhand. Zunehmend erhalten jedoch alternative Ordnungsmuster eine Bedeutung: Die Zivilgesellschaft, in deren Verständnis immer mehr oder weniger die Assoziation freier Bürger mit aufbewahrt ist, und der Markt. So ist die Governance-Perspektive auch Ergebnis eines historischen Wandels in den Beziehungen zwischen Gesellschaft, Staat und Markt und dem Denken über diese Beziehungen (Ertman 1997; Reinhard 2000). Das wichtigste Ergebnis dieses Wandels beinhaltet: Der Staat steht nicht mehr im Zentrum der Gesellschaft; als „Ordnungsmacht" sieht er sich gesellschaftlicher und marktförmiger Konkurrenz gegenüber. Zwar werden Forderungen nach wie vor an den Staat adressiert, nicht aber die gleichzeitige Erwartung als „Glaube", kollektive Probleme auch lösen, gar gesellschaftliche Entwicklungen allein „steuern" zu können.

Die Grenzen zwischen Staat, Zivilgesellschaft und Markt verschwimmen und alternative „Regierungsformen" – als Mischformen politischen, staatlichen, marktförmigen und zivilgesellschaftlichen Handelns – verdichten sich zu Akteurkonstellationen, die in vielen ihrer Facetten bislang weitgehend unbekannt sind.[1] In analytischer Sicht hat das Governancekonzept eine Stoßrichtung, die die Aufmerksamkeit auf das handelnde Zusammenwirken von Akteuren in Mehrebenensystemen richtet und über die Beschäftigung mit autoritativ-hierarchischer Steuerung hinausführt. Diese Sichtweise wird seit einiger Zeit in den Sozialwissenschaften in Untersuchungen verschiedener institutionalisierter Handlungssektoren oder gesellschaftlicher Systeme betont: für den Wirtschafts- und Unternehmensbereich, auf internationaler, nationaler und regionaler Ebene; für die internationale, nationale und regionale Politik des Staates und der Verwaltungen sowie der Gemeinden; für die Sektoren des Gesundheitswesen, der Umweltpolitik und der Massenmedien (vgl. verschiedene Beiträge in Benz 2004 und Lange/Schimank (Hg.) 2004). In den Untersuchungen wird durchgängig thematisiert, dass verschiedene Akteure aus Staat, Wirtschaft und Zivilgesellschaft zusammen- und teilweise gegeneinander wirken und damit die Produktion öffentlicher Güter beeinflussen. Es wird gefragt, wie die dazu erforderlichen Leistungen produziert werden, wie die Handlungskoordination zwischen Akteuren erfolgt, welche Formen der Kooperation, welche Mischformen sich zwischen diesen Kooperationsmodi entwickeln und in welchem Grade sie institutionalisiert sind.

Die Perspektive von Governance nimmt hierbei die Tradition der Institutionenanalyse auf, berücksichtigt jedoch stärker Akteure und ihre Gestaltungsmöglichkeiten. Es wird versucht, eine Institution, einen Handlungssektor oder ein soziales System nicht nur im Blick auf rechtliche und normative Kategorien zu denken, sondern auch hinsichtlich der einzelnen Akteuren zur Verfügung stehenden Ressourcen. Eine rechtliche, hierarchische Steuerung und Beeinflussung der verschiedenen Akteure in einem institutionalisierten Handlungssektor erscheint immer mehr als ein empirischer Grenzfall. Die generelle analytische Frage lautet kurz, wie die *Handlungsabstimmung* in einem *Mehrebenensystem* mit zahlreichen Akteuren erfolgt.

Zunehmend wir die Governance-Perspektive auch für die Untersuchung des Bildungssektors verwendet. Hochschulen werden seit längerem mit dem Governance-Konzept untersucht, und auch die Analyse des allgemeinbildenden Schulsystems bedient sich in jüngster Zeit dieser Sichtweise. Im vorliegenden Beitrag möchten wir die Governance-Perspektive anhand ausgewählter Grundbausteine

---

1   Politik und Staat werden hier, aller Problematik zum Trotz, gleichgesetzt. Wir verstehen darunter alle Formen institutioneller Politik, die im Bildungssektor normierende Wirkung haben. Auch der Begriff der Begriff der Zivilgesellschaft bedarf der analytischen Ausarbeitung, gerade in einem so staatsnahen – und zugleich nicht staatlichen – Sektor wie der Bildung.

vorstellen. Da eine deutschsprachige Erforschung von Educational Governance gerade erst beginnt – dies unterscheidet sie von angloamerikanischen Bemühungen (vgl. etwa Arnott/Raab 2000; Epstein 2004) –, verstehen wir die Wahl dieser Grundbausteine als begriffliche und konzeptionelle Vorschläge für eine governanceorientierte empirische Bildungsforschung.[2]

2. Veränderte Anforderungen an Bildungssysteme

In den deutschsprachigen Bildungssystemen ist ein tiefgreifender institutioneller Umbau zu beobachten. Von Bildungseinrichtungen wird eine erweiterte Eigenverantwortung gefordert; damit geht eine Rechenschaftspflicht und der Aufbau von Systemen der externen Evaluation (Monitoring und Inspektionen) einher. Soll Autonomisierung die *Leistungsfähigkeit* von Bildungseinrichtungen erhöhen, so wird von Evaluation erwartet, dass sie „Steuerungswissen" erzeugt, das bisherige Beeinflussung (Steuerung) in *rationale* Beeinflussung transformiert – und gleichzeitig den politischen *Legitimationsbedarf* durch den Nachweis bedient, ein *leistungsfähiges* Bildungssystem organisieren, bewahren und sogar ausbauen zu können.

Diese Umstellung erfolgt in einem Augenblick, in dem sich das soziale und politische Umfeld von Bildungssystemen dramatisch wandelt. Zu nennen sind z.B. demographische Veränderungen, der wirtschaftliche Wandel samt den qualifikatorischen Anforderungen in Richtung Dienstleistungs- und Wissensgesellschaft, eine fortschreitende Internationalisierung und „Globalisierung" mit starkem Wettbewerbsdruck und mitlaufender nationaler Angst, dabei zurückzufallen, Prozesse der Migration sowie veränderte familiäre und außerfamiliäre Lebensformen, mit denen Bildungseinrichtungen konfrontiert sind (für Deutschland vgl. Konsortium Bildungsberichterstattung 2006, 5-17). Mehr denn je wird die Bedeutung von Bildung für die Lebenschancen von Individuen sowie als wirtschaftlicher Standortfaktor hervorgehoben. Bildungsarmut ist nicht nur individuell riskant, sondern auch „Wachstumsbremse", der vorzubeugen ist (vgl. Becker/Lauterbach 2004). Im Zuge des Umbaus des Sozialstaates wandelt sich wie in den angelsächsischen Ländern allmählich auch das Verständnis von Bildung; sie wird zunehmend als „präventive Vorsorge" begriffen (vgl. Heidenheimer 1984; Allmendinger 1999).

Die Reaktion der Bildungs*politik* auf diese Problemlagen besteht darin, Steuerungsinstrumente und Abstimmungsprozesse zwischen den Akteuren und

---

2   An dieser Stelle möchten für uns für kritische Anmerkungen und Anregungen bei Herbert Altrichter, Uwe Schimank und Jochen Wissinger bedanken.

Organisationen im Bildungssystem zu verändern – mit dem Ziel, die Regelungs-
struktur (Governance) an die veränderten Umweltbedingungen anzupassen.
„Produktionsausfall" soll in jedem Fall vermieden werden. Bildungspolitik und -
systeme entwickelter Industrienationen sehen sich einer riskanten Situation gegenüber. Zum einen sollen die bisherigen Leistungszuwächse im Gefolge der
„Bildungsexpansion" nicht nur erhalten, sondern qualitativ gesteigert werden.
Zum anderen sind allenfalls mühsam zusätzliche Finanzmittel zu mobilisieren.
Unter Bedingungen einer Konkurrenz von Bildungsausgaben im Vergleich zu
sozialkonsumptiven und investiven Ausgaben (Renten, Arbeitslosigkeit, Infra-
struktur) werden Bildungseinrichtungen von der Bildungspolitik dazu gedrängt,
im Rahmen der „Kostenneutralität" von Steuerungsmaßnahmen „endogene"
Potenziale zu entdecken und ausschöpfen. Dabei handelt es sich um vermutete
Zeit-, Motivations- und Organisationsreserven, die man z.B. im Schulbereich in
einer längeren Anwesenheit der Lehrkräfte in den Schulen oder der Ausbildung
besonderer Kompetenzen, insbesondere der Stärkung innerschulischer Manage-
ment- und Entscheidungsfähigkeiten von Schulleitungen, erwartet. Ähnliche
Entwicklungen lassen sich für den Hochschulbereich konstatieren, indem z.B.
die Entscheidungsfähigkeit von Präsidenten und Dekanen gestärkt und externe
Universitätsräte eingerichtet werden. Die Bildungspolitik sucht gleichsam einen
„verborgenen Schatz", um die Qualität von Bildungseinrichtungen zu verbessern.

3.   Zur Entstehung der Governance-Perspektive

Wie kommt es zur Entstehung des Governancekonzeptes? Seine „Erfindung" ist
als Reaktion auf das „Scheitern" der politischen Planung als „Gesellschaftssteuerung" zu verstehen (Mayntz 1987; 1996). Der Problemdruck lässt sich kaum
mehr allein mit herkömmlichen Mitteln von Regierung, durch Gesetze und Verordnungen zielgerichtet bewältigen. Stattdessen richtet sich der Blick zunehmend
auf die Frage, wie Regelungsstrukturen unter den Bedingungen von Interdependenz zwischen verschiedenen Akteuren absichtsvoll gestaltet werden können.
   Beobachtet und mit dem Begriff Governance belegt werden staatliche und
gesellschaftliche Veränderungen in ihrem Wechselverhältnis (vgl. Hirst 2000,
14-19; Rhodes 2000, 55-63), die wir hier in groben Zügen, ohne Anspruch an
Vollständigkeit und zugeschnitten auf die *Educational* Governance-Perspektive
nachzeichnen.[3]

---

3   Zur Begriffsgeschichte vgl. Benz 2004a. Vgl. zu verschiedenen Begriffen von Governance:
     Kooiman 1993; 2003; Rhodes 1996; Schneider/Kenis 1996; Rhodes 1997; Pierre/Peters 2000;
     Peters 2002; Bang 2003; Kjaer 2004; Benz 2004c; Lange/Schimank 2004; Schuppert 2005; für

(1) In den 1960er und 1970er Jahren entstand in den westlichen Industrienationen die Idee einer Gesellschaftssteuerung mittels politischer Planung. Sie erwies sich bald als aussichtslos. Die Untauglichkeit politischer Planung haben verschiedene angloamerikanische Länder (England, Neuseeland, Australien) in den 1980er Jahren mit Privatisierung und Deregulierung, unter der Betonung von Marktsteuerung, aufzufangen versucht. Allerdings wurde neben dem „Staatsversagen" auch ein „Marktversagen" konstatiert (vgl. Wolf 1993). Die Gegenüberstellung von Staat versus Markt erwies sich als unterkomplex (vgl. Lindblom 1980; Wiesenthal 2000), um die Leistungsbeiträge von Staat, Markt und Zivilgesellschaft zur Regulierung gesellschaftlicher Ordnung zu erfassen. Es stellt sich die Frage, wie einzelne Steuerungsaktivitäten zielgerichtet zusammengeführt und möglichst interferenzfrei, d.h. ohne wechselseitige Störungen und unbeabsichtigte Folgen verwoben werden können.

Dazu kamen Entwicklungen, die als „Aufstand des Publikums" (Gerhards 2001) beschrieben wurden und darauf verweisen, zivilgesellschaftliche Beteiligungsformen stärker zu gewichten und zu berücksichtigen. Neue Formen der Beteiligung zielen jedoch vielfach nicht vornehmlich darauf, demokratische Partizipationschancen zu erhöhen, sondern sollen Akteure in geregelte Verfahren zum Zwecke der Leistungsproduktion einbinden. Aus der Sicht des Staates liegt dem teilweise die Einsicht in die Unmöglichkeit direktiver Steuerung mit linearen Wirkungen zu Grunde, wie auch das verdeckte Eingeständnis der Begrenztheit der eigenen Steuerungsressourcen. Der hoheitliche Staat wandelt sich zum „kooperativen Staat" (Ritter 1979). Darüber hinaus lässt sich, zumindest im deutschen Sprachraum, ein Verständnis feststellen, wonach sich öffentliche Aufgaben nur begrenzt über den Markt herstellen oder gar steuern lassen. Angesichts der Beobachtung, dass die Grenzen zwischen Staat, Zivilgesellschaft und Markt verschwimmen, ist in der Perspektive von Governance die Forderung nach einer „Staatsreform" zu eng (Hewitt de Alcanatara 1998, 105). Vielmehr stellt sich das Thema der *Ordnungsbildung von Gesellschaft allgemein,* die Staat, Markt und Zivilgesellschaft umschließt[4], an neuen Interaktionsformen wie Netzwerken, Public-Private-Partnerships, runden Tischen, öffentlichen Foren, Moderation etc. (vgl. Streeck/Schmitter 1985; Powell 1990; Marin/Mayntz 1991).

---

das Schulsystem Brüsemeister 2004; Altrichter/Brüsemeister/Heinrich 2005; Altrichter 2006a; 2006b; für Hochschulen Kehm/Lanzendorf 2006; de Boer/Enders/Schimank 2007.

4   Damit verändern sich auch Position und Rolle des Staates. Akteure der Zivilgesellschaft werden dazu veranlasst, ihre Selbststeuerungsfähigkeiten und -kapazitäten zu bemühen. Dies wird z.B. unter dem Begriff des „aktivierenden Staates" diskutiert (vgl. Lamping/Schridde/Plaß/Blanke 2002).

(2) Neben der skizzierten Unterscheidung – vom „Staat" und staatlicher Planung in den 1970er Jahren, zu „Markt" in den 1980er Jahren, schließlich spätestens ab den 1990er Jahren zu „Governance – lässt sich ein weiterer Ansatz ausmachen, der zur Entwicklung der Governance-Perspektive beitrug. Er entstand in den 1980er Jahren aus der Verschränkung zweier Entwicklungen, einmal aus der Einsicht in eine als gescheitert wahrgenommene gesellschaftliche Planung, das andere Mal aus der in den 1980er Jahren nicht mehr zu übersehenen finanziellen Knappheit sozial- und wohlfahrtsstaatlicher Einrichtungen. Beide Entwicklungslinien mündeten in eine Diskussion um die Modernisierung der staatlichen Verwaltung, die bis heute anhält. Unter den Leitideen des New Public Management (NPM) (vgl. Schedler/Proeller 2000) und der deutschsprachigen Varianten eines „Neuen Steuerungsmodells" (vgl. KGSt 1993) oder einer „wirkungsorientierten Verwaltungsführung" (vgl. Buschor 1997) wird ein Umbau des Wohlfahrtsstaates betrieben, der auf die Kritik an der als überkommen angesehenen bürokratischen Steuerung und ihren „Steuerungslücken" – Effizienz-, Strategie-, Management-, Attraktivitäts- und schließlich Legitimitätslücken (Jann 2005, 75) – reagiert.

Als verwaltungsinterne Reformstrategie versucht das NPM, auf ein unterstelltes Leistungsmanko der staatlichen Bürokratie zu antworten. Wie kann Politik die Verwaltung effektiv und effizient führen (vgl. Hood 1991; Schedler/Proeller 2000)? Der Schwerpunkt liegt auf einer staatsorientierten „Neuerfindung von *Regierung*" („reinventing government"; Osborne/Gaebler 1990). Politik- und Verwaltungsleistungen werden zum einen zunehmend als öffentliche Dienstleistungen verstanden, die durch Inkorporation von Management- und Marktelementen effektiver, effizienter und transparenter angeboten werden sollen (mit Beispielen aus dem Schulsektor vgl. Osborne/Plastrik 1997; Thom/Ritz/ Steiner 2006). Zum anderen ist die Politik bemüht, mit der Einführung von am NPM orientierten Reformen ihre Legitimation zu erhöhen. Denn die unterstellte nachlassende Steuerungsfähigkeit wird von einer für den Staat prekären Entwicklung begleitet, indem gleichzeitig die Legitimationsanforderungen an seine Aktivitäten steigen. Outputlegitimation – „value for money", unter Bedingungen ihrer verbesserten Messbarkeit in der „audit society" (Power 1997) – verdrängt teilweise Inputlegitimation, die sich an Partizipation und geregelten Verfahren orientiert (zur Unterscheidung vgl. Scharpf 1970).

Verschiedene Varianten des New Public Management haben dabei vor dem Hintergrund einer Beschreibung der bisherigen schulischen Steuerung als bürokratisch auch im Bildungssektor Einzug gehalten (vgl. z.B. für die Schweiz: Maag Merki/Büeler 2002). Für die empirische Bildungsforschung ist es allerdings eine offene Frage, ob die anti-bürokratische Sicht des NPM zutrifft, wenn man Merkmale der neuen Steuerung überblickt. Denn gerade im Zuge des NPM finden sich in der Weiterbildung, in Schulen und Hochschulen Standardisierung und Indikatorisierung, z.B. mittels Qualitätssnormen, Berichtssystemen, Zertifizierung und Akkreditierung. Wie in der bürokratischen Steuerung beinhalten diese Verfahrensweisen technische Regeln, „gesatzte" Normen und eine unpersönliche Regelbindung (Weber 1964, 160-166), die die bisherige Aktenförmigkeit der Bürokratie in den Schatten stellen dürften. Damit wird nicht bestritten, dass die neue Steuerung neu ist, sondern nur, dass sie keineswegs so unbürokratisch ist, wie sie sich gibt.

(3) Ferner hat die Implementationsforschung seit den 1970/80er Jahren dazu beigetragen, einen enthusiastischen Steuerungsoptimismus zu desillusionieren. Die idealisierte Ausgangsannahme, politisch beschlossene Programme würden in Implementationsprozessen nach „Lehrbuch" umgesetzt (vgl. Bardach/Kagan 1982; Nakamura 1987), wurde durch den Nachweis der Differenz zwischen Steuerungszielen und Ergebnissen gründlich dementiert (vgl. Pressman/Wildavsky 1973; für Deutschland Mayntz 1980; 1983). Programme werden offensichtlich nicht „von oben", der Systemebene, in Vollzugsbehörden eingegeben und dann in Organisationen und Interaktionen „kleingearbeitet". Aufgrund programmatischer Unschärfen, Informationsverlusten, Umdeutungen und Nacherfindungsprozessen, mangelnder Kontrolle bzw. zu hohen Kontrollkosten ist vielmehr systematisch mit Abweichungen und sogar Gegenläufigkeiten zu rechnen.

Zu dieser, aus Sicht hierarchischer Steuerung negativen Bilanz haben auch Studien zur lokalen Politikforschung beigetragen, die sich besonders nah am Thema befindet, weil jede Politik „verräumlicht" werden muss (vgl. Knoepfel/Kissling-Näf 1993). Sie zeigen, dass politisch gesetzte, rechtliche Normen das Handeln in Gemeinden und Regionen nicht determinieren, sondern beträchtliche Handlungsspielräume enthalten, Interessen zu artikulieren und zu formen und etwa Netzwerke aufzubauen (Heinelt 2004, 33). Was aus Sicht hierarchischer Politik defizitär erscheint, ist aus regionaler Sicht eine Chance für eigene Gestaltungsversuche.

Die lokale Politikforschung bearbeitet ihre Fragestellungen heute auch unter dem Begriff der „regional governance" (vgl. Fürst 2004a, 2004b; generell Klenk/Nullmeier 2004). Sie erhalten besonders im Bildungsbereich Bedeutung, da sich Bildungseinrichtungen dezentralisiert in die Fläche hinein erstrecken, sich z.B. Schulen mit anderen Leistungserbringern aus der Zivilgesellschaft und der Wirtschaft vor Ort „verzahnen" oder in Regionen Konzepte eines Bildungs–managements entworfen werden (vgl. Zymek/Sikorski 2005; Radtke/Hullen/Rathgeb 2005). Reagiert wird insbesondere auf soziale Ungleichheiten in verschiedenen Bildungsbereichen (Hauptschule, berufliche Bildung), die vor Ort

nicht mehr als „abstrakte" soziale Ungleichheit anfallen, sondern als lösungs-
bedürftige Probleme. Es deutet sich an, dass lokale und regionale Akteur-
konstellationen von den Konstellationen unterschieden sind, die in Prozessen der
Politikformulierung anzutreffen sind. „Unterhalb" einer zentral gedachten
Governance bildet sich eine Ebene der „regional governance" aus, wobei das
Verhältnis zwischen beiden Governance-Regimen unerforscht ist.

(4) Während uns die genannten Diskussionslinien als bedeutsam für Educational
Governance erscheinen, lassen sich weitere Verwendungsweisen des Begriffs
ausmachen, die weniger *analytisch* gemeint sind, sondern als „progressive governance" eine „Regierungs*praxis*" beschreiben (vgl. Schröder 2002; ausführlicher Kussau/Brüsemeister 2007). „Regieren" bezieht sich dabei nicht nur auf
staatliche, sondern umfasst auch marktförmige und zivilgesellschaftliche Akteure. Unter dem Begriff „good governance" wird vor allem im internationalen
Entwicklungskontext nach leistungsfähigen institutionellen Strukturen gesucht,
von denen man sich neue Pfade zur Prosperität verspricht (vgl. World Bank
1994; Miller-Adams 1999, 100-133). Ferner wird der Wandel in der Architektur
der internationalen Ordnung in Governancekategorien diskutiert – „governance
without government" (Rosenau/Czempiel 1992). Ebenfalls kommt in Diskussionen zur „corporate governance" die Suche nach verbesserten Kontrollmechanis-
men in Unternehmen zum Ausdruck (vgl. Schneider 2004, 184-187).

4. Steuerung im Kontext von Governance

Wenn die Governance-Konzeption unter anderem eine Reaktion auf das Scheitern politischer Planung ist, dann erscheint der Staat in dieser Perspektive geschwächt, ohne obsolet zu werden. Er hat an unilateral wirksamer Steuerungsfähigkeit verloren, ist ein Spieler unter anderen Spielern geworden. Dazu kommt,
dass der Staat selbst differenziert ist[5], dass „Problemzusammenhänge vielfach
Kompetenzgrenzen der Regierungs- und Verwaltungseinheiten überschreiten,
Formen der autoritativen Steuerung angesichts der Komplexität öffentlicher
Aufgaben versagen, eine Verlagerung von Aufgaben auf den Markt nur für Teil-
aspekte der öffentlichen Leistungen möglich ist und zugleich traditionelle Formen der Kooperation zwischen Regierungen und organisierten Interessen sich als
anfällig für Entscheidungsblockaden bzw. als zu wenig anpassungsfähig erwiesen" (Benz 2004a, 22). Im Zuge dieser Entwicklung löst sich die strikte Tren-

---

5   Neben dem Interventionsstaat kann der Territorialstaat, der Rechtsstaat und der demokratische
     Staat unterschieden werden (Leibfried/Zürn 2006a).

nung zwischen staatlich, öffentlich und privat auf, ohne gänzlich hinfällig zu werden (vgl. Weintraub/Kumar 1997). An die Stelle der liberalen Trennung von Staat und Gesellschaft tritt „the state as part of an 'organizational society', with large hierarchically controlled institutions on both sides of the public-private divide that are either unanswerable to or only weakly accountable to citizens" (Hirst 2000, 20). Der Staat, zuvor als Einheit gedacht, „zerfranst" gleichsam (vgl. Jessop 1998; Stoker 1998). Er ist bei der Bereitstellung und Organisation öffentlicher Güter auf eine Vielzahl weiterer Akteure aus den Bereichen der Wirtschaft und der zivilen Gesellschaft angewiesen.

Die Beeinflussungs- und Steuerungschancen des modernen National- und Sozialstaats haben sich verändert. Aus Sicht der systemtheoretischen Beschreibung ist dies bedingt durch funktionale Differenzierung, die dazu führt, dass der Staat nicht an der Spitze der Gesellschaft steht, ihm vielmehr eine funktionale, nicht substituierbare Aufgabe neben, nicht über, den anderen Funktionssystemen zukommt (z.B. Luhmann 1981; Willke 1993; Kneer 1998). Auch der Governance-Diskurs stützt sich zum Teil auf die Annahme einer „Schwächung" des Staates. Wir gehen indes eher von einer Neupositionierung und Veränderung aus. Weil die Beziehungen zwischen Staat, Gesellschaft und Markt verschlungener und widersprüchlicher sind, lassen sich Position und Macht des Staates nicht auf eine bloße Schwächung reduzieren (vgl. Leibfried/Zürn 2006a; 2006b). Auch gegenläufige Entwicklungen sind zu beobachten, so etwa im Bildungssektor der Zuwachs an Macht, wenn der Staat über der Aufbau externer Evaluationssysteme seine Beobachtungs- und Beeinflussungsfähigkeit ausbaut. Die Educational Governanceforschung fragt hierbei nach Art und Intensität der eingesetzten Beobachtungs- und Beeinflussungsmittel und damit einhergehenden Interventions- und Sanktionsmöglichkeiten.

Der bislang vorherrschende Begriff der Steuerung im Bildungsbereich ist beinahe ausschließlich an den singulären und kompakten Staat geknüpft. Darin sind dann immer auch Macht- und sogar Herrschaftsansprüche eingeschlossen (Mayntz 2001; Wiesenthal 2005, 7). LehrerInnen zum Beispiel wird nicht der Status von *Steuerungs*-Akteuren zugeschrieben. Ihnen bleibt die Rolle des befolgungspflichtigen Staatspersonals, das politische Vorgaben umzusetzen hat. In der konventionellen Sicht von Steuerung wird systematisch ein Akteur herausgehoben, so dass eine Differenz zwischen einem „Steuerungssubjekt" gegenüber einem „Steuerungsobjekt" entsteht. Steuerungsobjekten fehlt der Subjektstatus mit eigenständigen Handlungsrationalitäten und -kapazitäten. In dieser Differenz entstehen regelmäßig Probleme der Implementierung, die durch „Widerständigkeit" und „Eigensinnigkeit" der „Steuerungsobjekte" bedingt sind. Hierarchische Steuerung berücksichtigt nicht systematisch die Beobachtungen, Bewertungen und Entscheidungen z.B. von LehrerInnen, die Bedingungen der Realisierung von Steuerungsabsichten sind. Diese Dimensionen kommen allenfalls dann vor, wenn sich Abweichungen von Steuerungszielen zeigen. Der Steuerungsbegriff führt damit die Unterscheidung seines Gelingens/Scheiterns ein, indem er nahelegt, „Abweichungen" aus Sicht des jeweiligen steuernden Akteurs zu beobachten. Dabei ist Abweichung negativ besetzt und mit ständigem Nachjustieren verbunden.

Nicht nur von der steuerungsskeptischen Systemtheorie (vgl. Luhmann 1989; 1996) musste sich das Steuerungskonzept scharfe Kritik gefallen lassen. Auch akteurzentrierte Handlungstheorien zügeln ihren Steuerungsoptimismus, ohne freilich die Möglichkeit politischer *und* erfolgreicher Intervention gänzlich auszuschließen (vgl. Mayntz 1987; 1996; Scharpf 1989; Wiesenthal 2003). Der Governancebegriff verweist auf das „reduktionistische Moment" eines lineardirektiven Verständnisses von Steuerung „und fokussiert die Frage der Handlungskoordination, der Art und Funktionalität des Zusammenwirkens verschiedener Einzelbeiträge zur Koordination und Entwicklung des Gesamtsystems" (Altrichter/Brüsemeister/Heinrich 2005, 7). In analytischer Hinsicht rechnet der Governance-Ansatz von vornherein mit der Selbsttätigkeit und der Ko-Produktion von Leistungen verschiedener Akteure (vgl. Fend 2000, 58; Kussau 2002, 98f.). „Steuerung und Kontrolle sind nicht einseitige Tätigkeiten einer zuständigen Institution (etwa des Staates), sondern Prozesse der Interaktion zwischen kollektiven Akteuren, wobei zwischen Steuerungssubjekt und Steuerungsobjekt nicht mehr eindeutig unterschieden werden kann" (Benz 2004a, 17). Gerade in Bildungssystemen begründet die Governance-Perspektive eine Blickveränderung *auf die Ko-Produktion* von Leistungen. Sie werden *multikausal* erzeugt, durch politisch-administrative, pädagogische und zivilgesellschaftliche Beiträge.

Trotzdem wird das Konzept der Steuerung nicht obsolet. Optionen eines Steuerungsverzichts stehen Politik und Staat kaum offen. Intervention beruht möglicherweise auf einem typisch westlichen Rationalitätsverständnis. „Für politische Akteure ist die Gestaltbarkeit sozialer Ordnungsstrukturen eine *notwendige Fiktion*" (Czada/Schimank 2000, 25, kursiv im Original). Unilaterales Steuerungshandeln gehört in Bildungssystemen – und nicht nur dort – zur Alltagspraxis. Das kollektive Ergebnis beruht zwar vielfach auf intentionalem Handeln, ohne dass sich jedoch Absichten bedingungslos durchsetzen lassen. Steuerungsakteure müssen mit nicht intendierten und transintentionalen Folgen ihres Handelns rechnen (vgl. generell Greshoff/Kneer/Schimank 2003). In der Governance-Perspektive liegt darin jedoch weniger ein Ärgernis, sondern ist vielmehr Ausgangspunkt, neue Anläufe intentionalen Handelns zu beobachten.

Unter dem Blickwinkel von Governance ist Steuerung nur innerhalb eines *doppelt indirekten Verhältnisses* denkbar (siehe Schimank in diesem Band).

Einmal ist jeder steuernde Akteur noch vor jeder Steuerungshandlung von Abhängigkeiten (Interdependenzen) gegenüber anderen Akteuren beeinflusst, ferner von der Beeinflussung durch Steuerungsaktivitäten anderer Akteure und die festgelegten Pfade durch eigene vorangehende Steuerungsaktivitäten. Zum anderen kann ein Steuerungsakteur in seinen konkreten Zielen nur darauf abstellen, anderen Akteuren Opportunitäten zu eröffnen und Restriktionen einzubauen, mit deren Hilfe diese anderen Akteure zu spezifischem Handeln veranlasst werden können. Steuerungsaktivitäten stehen im Kontext von Governance unter der Bedingung ihrer Abhängigkeit von koproduktiven Leistungsbeiträgen anderer Akteure.

Trotzdem wird politische Steuerung nach wie vor in vielen gesellschaftlichen Teilbereichen geradezu erwartet. Unterstellt wird allerdings nicht, „dass Steuerungshandlungen gleichsam ,automatisch' ohne individuelle und soziale Vermittlungsschritte abliefen. Im Modernisierungsdiskurs von Steuerung zu sprechen impliziert aber doch, dass – begründet durch eine gewisse (Steuerungs)Logik oder ein (Steuerungs)Konzept – versucht wird, die Zufälligkeit oder Beliebigkeit von Folgehandlungen einzuschränken" (Altrichter/Heinrich 2005, 126).

Governance ist als analytischer Begriff umfassender als der Begriff der politischen Steuerung und davon entfernt, lediglich die Perspektive der „Regierenden" zu untersuchen. Der Begriff umschließt vielmehr alle Formen kollektiven Handelns, „von der institutionalisierten zivilgesellschaftlichen Selbstregelung über verschiedene Formen des Zusammenwirkens staatlicher und privater Akteure bis hin zu hoheitlichem Handeln staatlicher Akteure." (Mayntz 2004, 66)

Mit dem Governancezugang ist überdies nicht der Versuch verbunden, eine neue Theorie zu begründen. Vielmehr handelt es sich um eine besondere „Sichtweise auf die Realität" (Benz/Lütz/Schimank/Simonis 2004, 6; Jann/Wegrich 2004, 194), die sozialwissenschaftlich das Problem der Handlungskoordination in den Blick nimmt. Handelndes Zusammenwirken ist indes nicht harmonisierend zu verstehen, sondern enthält politisches, pädagogisches, administratives, zivilgesellschaftliches Agieren, das unverbunden nebeneinander herlaufen kann oder auch konflikthaft gegeneinander gerichtet ist. Am Beispiel des Schulsystems konkretisiert lautet die Frage: Wie können „Spezialisten" wie LehrerInnen, die Schulleitung, die Schulverwaltung, neue Schulinspektion, externe BeraterInnen, SchülerInnen, Eltern und die Bildungspolitik innerhalb ihrer jeweils spezifischen Sichtweise auf die Schule ein „kollektives Gut" wie die schulische Bildung auch nur einigermaßen zielgerichtet herstellen?

5. Kategorien der Educational Governanceforschung

Die Governanceforschung macht sich zur Aufgabe, die Formen und Ausprägungen der Handlungskoordination zwischen Akteuren aus Staat, Zivilgesellschaft und Wirtschaft, die hierarchische oder heterarchische, z.b. netzwerkartige Beziehungen beinhalten, zu analysieren. In den folgenden Abschnitten möchten wir wichtige Untersuchungsinstrumente und analytische Kategorien vorstellen (vgl. Altrichter/Brüsemeister/Heinrich 2005; Altrichter 2006a; 2006b; Kussau/Brüsemeister 2007).

5.1 Akteure und Akteurkonstellationen

Der Educational Governanceforschung geht es bei der Analyse der Handlungskoordination zunächst darum, Leistungsbeiträge einzelner Akteure zu identifizieren. Die Kategorie der Akteure umfasst dabei individuelle Akteure, wie beispielsweise LehrerInnen, SchülerInnen und Eltern. Weiter werden „organisierte Akteure" mit ihren Unterkategorien „kollektive Akteure" und „korporative Akteure" berücksichtigt. Bei kollektiven Akteuren hängt das Handeln von den Präferenzen ihrer Mitglieder ab (z.b. bei Gewerkschaften). Hingegen sind korporative Akteure wie z.b. eine Bildungsadministration dadurch gekennzeichnet, dass deren Führung „unabhängig" von den Interessen ihrer Mitglieder handeln kann (vgl. Geser 1990; Jansen 1997; Scharpf 1997, 51-58).

In Methoden der Sozialforschung werden empirisch vorfindbare *Erhebungseinheiten* von *Analyseeinheiten* unterschieden. In der Educational Governanceforschung sind die *Erhebungseinheiten* individuelle oder kollektive Akteure, z.b. SchülerInnen, LehrerInnen oder die Hochschulverwaltung. Sie lassen sich befragen, man kann ihr Handeln beobachten und die von ihnen hergestellten Dokumente untersuchen, um Aussagen über ihre Absichten, Ziele und Handlungs- und Steuerungsstrategien sowie ihre Handlungskapazitäten und -ressourcen treffen zu können. Die *Analyseeinheit* ist jedoch das handelnde Zusammenwirken der Akteure, die *Akteurkonstellation*.

Würde es nicht unserer intentionalistischen Denkweise widersprechen, so müsste man in der Sicht von Educational Governance die Handlungskapazität nicht einzelnen Akteuren zuschreiben, sondern der *Akteurkonstellation* als solcher. Da sie es ist, die den einzelnen Akteuren Möglichkeiten eröffnet und Grenzen setzt, ihre Handlungskapazitäten auszuspielen, sollte es heißen: *Die Konstellation*, nicht der Akteur *handelt*.[6] Auch wenn diese radikale Formulierung

---

6   In „joint action", wie es in interaktionistischen Theorien heißt (Blumer 1969, 70).

sprachlich nicht durchzuhalten ist, verdeutlicht sie doch den Analyseschwerpunkt: Akteurkonstellationen.

Akteurkonstellationen beeinflussen z.B. Erwartungen, Handlungskapazitäten und -optionen der Akteure (Weber 1964, 19f.; Mayntz/Scharpf 1995a; 1995b; Scharpf 1997, 84f.). Sozialwissenschaftliche Vorstellungen hinsichtlich der Dualität zwischen Handeln und Strukturen (Giddens 1997, 67-81) aufgreifend, beinhaltet eine Akteurkonstellation eine Struktur, die das Handeln der Akteure beeinflusst und durch das Handeln der Akteure wiederum verändert wird. Akteurkonstellationen stellen insofern Muster der sozialen Ordnungsbildung dar und lassen sich mit einzelnen Konzepten wie „Verfügungsrechte" (s.u. 5.3), „Beobachtung", „Beeinflussung" und „Verhandlung" (5.4) und „Markt", „Hierarchie", „Gemeinschaft" oder „Netzwerk" genauer untersuchen (5.5). Bevor wir dazu kommen, sind jedoch weitere grundlegende Annahmen der Educational Governanceforschung anzusprechen.

5.2 Interdependenz

Für die hier behandelte Forschungsperspektive ist die Annahme der *Interdependenz zwischen Akteuren, ihre wechselseitige Abhängigkeit*, grundlegend. Dies gilt freilich nur in solchen Handlungssektoren, in denen Akteure keine Exit-Option haben, d.h. Interdependenzen nicht ausweichen können (zur Exit-Option vgl. Hirschman 1970). Relevant ist dies beispielsweise für das allgemeinbildende Schulwesen, in dem die Schulpflicht obligatorisch ist. Dagegen lassen sich z.B. in der beruflichen Weiterbildung Akteure in manchen Fällen auf Interdependenzen freiwillig ein. Ihre Exit-Option erlischt, wenn sie zur Weiterbildung verpflichtet sind. Diesen Fall ausgeklammert, beruht Interdependenz analytisch auf der Differenz zwischen Akteur A, der die Ressourcen kontrolliert, an denen Akteur B interessiert ist, um seine Ziele zu erreichen. Entsprechend kann B seine Ziele nur unter der Bedingung gegebener Abhängigkeiten realisieren (vgl. Coleman 1990, 29; Esser 1999, 342f.). Würde ein Akteur vollständig über alle Ressourcen verfügen und sie auch allein kontrollieren, könnte er seine Ziele unabhängig von anderen Akteuren verwirklichen und ihm würde sich das Problem der Interdependenz nicht stellen. In politischen und sozialen Zusammenhängen ist jedoch völlige Autonomie ebenso ein Ausnahmefall wie das Gegenstück am anderen Pol eines Kontinuums, vollkommene Abhängigkeit. Der Regelfall ist vielmehr Interdependenz.

Um sich Autonomiegewinne zu verschaffen und sich aus Abhängigkeiten zu lösen – die sich teils aus direkten Interaktionen ergeben, teils über viele Handlungsketten erstrecken (vgl. Elias 1976) – können Akteure mit Versuchen der

Gestaltung von Interdependenzen reagieren. Wechselseitige Abhängigkeiten sind in modernen Gesellschaften in *rechtlich normierte, organisatorische* und *kulturelle* Bedingungen eingebettet, d.h. mehr oder weniger verstetigt. Innerhalb der stärker und der schwächer institutionalisierten Formen, Interdependenz zu bewältigen (Lange/Schimank 2004, 19), finden sich immer wieder Anstrengungen der Akteure, Interdependenzbeziehungen zu ihren Gunsten zu beeinflussen:

a) Manche AutorInnen sehen die Durchsetzung des öffentlichen Schulsystems vor allem als Ergebnis *rechtlicher Institutionalisierung* an (so Fend 2006a; 2006b). In der normativ-rechtlichen Perspektive wird festgelegt, was Schule ist, nach welchen Programmen (der Ausbildung, der Lehrpläne, der Prüfungen) sie funktionieren soll. Die Befolgung von Normen geht mit positiven, eine Abweichung mit negativen Sanktionen einher. Rechtliche Institutionen lassen sich zwar als Folge und Ausdruck gegebener sozialer Interdependenzen begreifen, jedoch werden rechtliche Normen regelmäßig in gestaltender Absicht verändert. So haben Bildungspolitik und -administration in vielen Bundesländern ein Schulprogramm rechtlich verankert. Jedoch antworten Schulen darauf auf ganz unterschiedliche Weise, z.B. durch die penible Dokumentation bisheriger Aktivitäten bis hin zu bloßen Erklärungen, was man künftig zu tun beabsichtige (vgl. Holtappels/Müller/Simon 2002). Rechtliche Regelungen sind also Anlass für die Interpretation und „Rekontextualisierung" (Fend 2006a, 174-178).

b) Ähnliche Deutungsprozesse und teilweise auch handfeste Auseinandersetzungen lassen sich beobachten, wenn man die Schule und ihre *organisatorischen Rahmenbedingungen* als *politische Konstellation* sieht, in der die Akteure zwingend aufeinander angewiesen sind. Die Hauptbeteiligten an der öffentlichen Schule – SchülerInnen, Eltern, Lehrkräfte, Politik und die Verwaltung – kontrollieren dabei jeweils nur bestimmte Ressourcen (vgl. Kussau/Brüsemeister 2007).[7] Dass keiner dieser Akteure allein die Schule konstituieren und betreiben kann, erscheint als so selbstverständlich, dass es beinahe schon trivial wirkt. Jedoch sind weder die Lehrkräfte in der Lage, die öffentliche Schule zu legitimieren, sie zu finanzieren, zu organisieren oder ihre Ausbildung selbst zu kontrollieren, noch ist der Staat zu einer hinreichenden Kontrolle der Vermittlungs- und Unterrichtsleistungen fähig, die in den Händen von Lehrkräften und SchülerInnen liegen. Trotz der dadurch bestehenden wechselseitigen Abhängigkeiten verharren die Akteure Staat und Schule keineswegs in der „gegebenen" Interdependenz, sondern suchen sie zu ihren Gunsten zu beeinflussen. Der Staat setzt heute z.B. auf verschiedene Evaluationsmaßnahmen (Schulinspektion, regelmä-

---

7   Wenn von Ressourcen die Rede ist, wird hier und nachfolgend ein erweiterter Begriff von Ressourcen verwendet, der nicht nur materielle Ressourcen umfasst, wie z.B. Finanzen, sondern auch immaterielle Ressourcen, wie z.B. spezifische Fähigkeiten, Kompetenzen oder Wissen.

ßige Schülerleistungstests, zentrale Abschlussarbeiten), um Lehrkräfte auf bestimmte Maßnahmen zur Steigerung von Kompetenzen der SchülerInnen verpflichten zu können. Und Lehrkräfte führen regelmäßig ihre Überlastung und ihre Verantwortung gegenüber den SchülerInnen an, um solche Maßnahmen zurückzuweisen.

c) Weiter haben Forschungen zur *Mikropolitik der Schulentwicklung* (vgl. Altrichter/Posch 1996) und zu *kulturellen Ausprägungen* der Schule (vgl. Fend 1998) die Einflussnahme verschiedener lokaler Akteure auf schulische Belange untersucht. Auch die „Kultur" einer Schule schafft verfestigte und geltende „Vereinbarungen". Anders als bei der Analyse rechtlicher Vereinbarungen und bei der Sichtweise von Schule als politischer Konstellation stehen in kultureller Hinsicht kleinteiligere Aushandlungen und konfliktive Prozesse zwischen Akteuren im Vordergrund, innerhalb derer sie ebenfalls Interdependenz zu beeinflussen suchen.

In der Governance-Perspektive richtet sich die Beobachtung von Interdependenz auf die Frage, wie verschiedene Akteure – aus Staat, Markt und Zivilgesellschaft – bestehende Abhängigkeiten bearbeiten. Sind Akteure zwar voneinander abhängig, so wird diese Interdependenz doch an verschiedenen Schnittpunkten funktionsspezifisch aufgehoben, „unterbrochen" (Luhmann 1967, 629). Dies geschieht beispielsweise durch Aufgabenteilung. Gerade weil ein Akteur eine spezifische Leistung erbringt, er einseitig Ressourcen kontrolliert, wird einem anderen Akteur gleichsam „der Rücken frei gehalten", sich auf seinen Leistungsbeitrag konzentrieren zu können. Interdependenz stellt sich somit nicht nur als Restriktion dar („Der andere kontrolliert, was ich benötige"), sondern ist gleichzeitig Handlungschance. Gestaltung oder Lösung aus wechselseitigen Abhängigkeitsbeziehungen ist für Akteure schon deshalb geboten, weil Handlungen des Akteurs A für Akteur B immer Folgen – und nicht nur positive – haben. In einer Interdependenzbeziehung versucht entsprechend Akteur B, negative Effekte der Handlungen von A für sich selbst zu minimieren, dagegen eine positive „Effektübertragung" (Luhmann 1967, 629) zu nutzen.

Empirisch stellt sich die Aufgabe, das Mischungsverhältnis der Merkmale und die Intensität von Interdependenzbeziehungen zu untersuchen. Wie weit darf sich die an institutionalisierter Bildung interessierte Politik in pädagogische Autonomie einmischen? Wieweit dürfen LehrerInnen die Politik ausschließen, indem sie die Schule zu „ihrer Angelegenheit" erklären? In welchem Maß werden den Eltern über ihre „Zubringerfunktion" hinaus in der Schule Mitwirkungsrechte eingeräumt oder sogar aufgetragen? Diese Mischungsverhältnisse sind teilweise interaktionell ausgehandelt, teilweise verlaufen sie in bereits vorgeformten rechtlichen Bahnen, die wiederum zum Gegenstand weiterer Auseinandersetzungen werden können. Es gibt immer wieder Versuche, Akteurgruppen von der Mitverhandlung auszuschließen; zu nennen ist hier z.B. das Insistieren von Professionen auf ihre Autonomie. Oder Akteure streben danach, in die Verantwortung, die ihnen zugewiesen wurde, andere Akteure mit einzubeziehen, wenn z.B. Lehrkräfte fordern, dass Eltern ihre Kinder bei den Hausaufgaben unterstützen.

Normen und Ressourcen
Welche konkrete Form Interdependenz annimmt, hängt neben normativen Regeln von den Ressourcen ab, über die Akteure verfügen. Während man noch in der Nachkriegszeit und bis weit in die 1970er Jahre hinein von einer disziplinierenden und kontrollierenden Vergesellschaftung ausgehen konnte, die sich an Normbindung orientierte – so seinerzeit z.B. der Strukturfunktionalismus (vgl. Parsons 1972) –, stehen heute autonomisierende, reflexive, „selbstsozialisierende" Formen der Vergesellschaftung im Vordergrund (vgl. Veith 2004). Dabei wird teilweise der Begriff der Gesellschaft samt ihrer normierenden Vorgaben durch den Begriff der Umwelt ersetzt, zugleich mit der Aufwertung individueller Erfahrungsbezüge und Entscheidungsfähigkeiten. Vereinfacht gesagt: Während sich in der normativen Perspektive der Blick von einer Regel auf das Subjekt richtet, lässt sich mit dem Blick auf Ressourcen ein umgekehrter Vorgang bemerken: Die Subjekte suchen in der Umwelt nach Gelegenheitsstrukturen, ihre Ziele zu realisieren und Interdependenz zu bewältigen:

> „Weil die Umwelt, anders als die Gesellschaft, nicht durch die Brille der sie konstituierenden normativen Ordnungen betrachtet wird, sondern als Gegebenheit mit potentiellem Ressourcencharakter, genügt es, ihre konditionalen Qualitäten als Gelegenheiten für Eigenaktivitäten zu beschreiben. [...] Dabei schrumpfen die kulturellen Wertbindungen und sozialen Einflüsse, die Durkheim und die anderen Sozialisationstheoretiker als Ergebnis gesellschaftlicher Lernerfahrungen innerhalb der Psyche in Form eigenständiger ‚sozialer Ichstrukturen' ausfindig gemacht haben, zu einem teils habituellen, teils strategischen Hintergrundwissen." (Veith 2004, 366)

Normative und rechtliche Verbindlichkeiten werden damit nicht bestritten, jedoch in Relation gesetzt zu Nutzenüberlegungen von Akteuren und ihre Verfügung über Ressourcen. Eine Erforschung der sich daraus ergebenden Handlungsmöglichkeiten und -restriktionen einzelner Akteurgruppen steht für den Bildungsbereich erst am Anfang. Trotzdem erscheint es plausibel, dass sich eine Analyse heutiger Bildungseinrichtungen nicht mehr allein auf eine normative Perspektive stützen kann.

Befunde aus der akteurtheoretischen Soziologie (vgl. Schimank 2000) konstatieren aufgrund von Ressourcenverflechtungen ein erweitertes Spektrum von Handlungsmöglichkeiten für interdependente Akteure. Während in der Perspektive von Normen festgelegt ist, z.B. was die Schule sein soll, und ein Akteur nur die Wahl zwischen Befolgung oder Abweichung hat, werden in der Perspektive interdependenter Ressourcenverflechtungen mehrere Handlungsalternativen sichtbar. Zunächst kann sich ein Akteur der Ressourcenüberlegenheit anderer anpassen; diese Option ähnelt der Normbefolgung, wird jedoch über die Chance des Zugriffs auf Ressourcen begründet. Ein Beispiel dafür wäre die Markmacht von etablierten Weiterbildungseinrichtungen, der gegenüber sich neue Anbieter nicht durchsetzen können und auf ihr eigenes Angebot verzichten. Hier erfolgt die Interdependenzbewältigung allein durch Anpassung. Sind Interdependenzen mit anderen Akteuren zu stark, kann ein Akteur des Weiteren versuchen, auf andere Ressourcen auszuweichen. Beispielsweise könnten Lehrkräfte ihren Einfluss in der Schule durch außerschulische Aktivitäten zu erweitern suchen, die dann wieder auf die Schule zurückwirken, etwa indem sie einen Förderverein für die Schule organisieren. Eine noch andere Variante, wechselseitige Abhängigkeit zu beeinflussen, besteht schließlich darin, dass Akteure ihre je für sich begrenzten Ressourcen zusammenlegen und so die Gewichtung der Interdependenzbeziehung verschieben. Ein Beispiel ist die Gründung einer Lehrergewerkschaft.

Die Komplexität des Untersuchungsgegenstandes der Educational Governanceforschung nimmt zu, wenn sich Akteure an Normen *und* Ressourcen orientieren können. Es sind *gleichzeitig* verschiedene „Spiele" möglich – ein „Normen-" und ein „Ressourcenspiel" –, innerhalb derer jeweils um Einfluss gerungen wird. Theoretisch ist es denkbar, darauf weisen auch Modellüberlegungen zu Principal-Agent-Beziehungen hin (5.3), dass ein Akteur die Befolgung von Steuerungsmaßnahmen normativ bekundet, während er gleichzeitig seine Ressourcen einsetzt, um seinen Einfluss zu erweitern. Konkret könnte z.B. untersucht werden, ob hinter den Normen der neuen evaluationsbasierten Steuerung (5.6), auf die sich Bildungspolitik und -verwaltung nach eigenem Anspruch verpflichtet sehen, nicht auch ein Kampf um Ressourcen – Legitimation, Bestandserhalt, Ausbau des eigenen Einflusses – steht.

5.3 Mehrebenensystem

Das Konzept des Mehrebenensystems ist als begriffliche Zuspitzung und zusammenfassender analytischer Bezugspunkt *institutionalisierter* Interdependenzbeziehungen zwischen Akteuren zu verstehen (vgl. Benz 2004b; Marks/Hooghe 2004; für das Schulsystem Fend 2006a, 169-184; ähnlich Brüsemeister 2004, 191-198).

Für den Bildungsbereich ist das Wissen zu Mehrebenensystemen derzeit noch nicht hinreichend, da die theoretischen Kategorien und die Instrumente der empirischen Erfassung von Formen des handelnden Zusammenwirkens von Akteuren auf und zwischen verschiedenen Ebenen noch weiter geschärft werden müssen. Dennoch erlaubt das Konzept des Mehrebenensystems, einen auf Akteure und Institutionen bezogenen Analyserahmen zu entwerfen, mit dem sich die Interdependenz, die Interdependenzbewältigung und das Interdependenzmanagement der Akteure studieren lassen. Analytische Dimensionen von Mehrebenensystemen im Bildungsbereich möchten wir ohne Anspruch auf erschöpfende Betrachtung wie folgt skizzieren:

Formale Ebenen
Formale Ebenen im Bildungssystem sind in der Regel Ausgangspunkt der Analyse. So besetzen im Schulsektor, hierarchisch gesehen, die Länder die bildungspolitische Ebene, gefolgt von der Bildungsadministration, der sich die Ebene der unteren Schulaufsicht (Schulämter) anschließt, wiederum gefolgt von der Ebene der Schule, die wieder differenziert werden kann in Schulleitung, Kollegium, Lehrkräfte, Steuergruppen, beratende Akteure etc. Mit einer formalen Unterteilung eines Mehrebenensystems arbeitet auch die Schulforschung, wenn sie z.B. Makro-, Meso- und Mikroebene unterscheidet, mitunter ergänzt durch die personale Ebene (vgl. Purkey/Smith 1991; Moser/Rhyn 1999; Ditton 2000; Maag Merki 2005). Über solche verschiedenen Vorgehensweisen hinweg werden dabei Mehrebenensysteme hinsichtlich einer Machtdifferenz charakterisiert, die sich darin ausdrückt, dass Akteure einer hierarchisch höheren Ebene Akteuren auf unteren Ebenen rechtlich institutionalisierte Handlungsanweisungen geben können. Diese Beschreibung schließt jedoch nicht aus, dass Akteure, die Anweisungen erhalten und sie „re-kontextualisieren" (Fend 2006a).

Grenzüberschreitende Koordination
Formale Beschreibungen von Ebenen stoßen jedoch an Grenzen, wenn es gilt, die empirisch vorfindbaren Interdependenzen und Beeinflussungen zwischen Akteuren auf verschiedenen horizontalen und vertikalen Ebenen zu erfassen. Zwar gilt rechtlich gesehen, dass Zuständigkeiten und Ressourcen gesonderten Ebenen zugewiesen sind. Realiter sind jedoch vielfach die Probleme und die daraus entstehenden Aufgaben der Problembearbeitung miteinander „grenzüberschreitend" verflochten. Entsprechend lautet eine Formulierung in der Politikwissenschaft: „Mehrebenensysteme [...] entstehen, wenn zwar die Zuständigkeiten nach Ebenen aufgeteilt, jedoch die Aufgaben interdependent sind, wenn also Entscheidungen zwischen Ebenen koordiniert werden müssen" (Benz 2004b, 127). Da sich die zu bearbeitenden Aufgaben und Probleme nicht an Grenzen der Zuständigkeit halten, werden sie beinahe systematisch überschritten. Der Begriff des Mehrebenensystems ist damit im Kern analytischer Platzhalter für grenz-

überschreitende Koordinationen (vgl. Altrichter 2006b). Sie erstrecken sich sowohl auf vertikale Beziehungen von Akteuren eines Handlungssektors, als auch auf horizontale Beziehungen zwischen Akteuren *verschiedener* Handlungssektoren. Insbesondere „horizontale" Beziehungen zwischen Akteuren des Staates, der Wirtschaft und der Zivilgesellschaft, die unter dem Begriff der „regionalen Governance" diskutiert werden, führen den Begriff der Ebenen, der im Mehrebenensystem steckt, von allzu hierarchischen Konnotationen weg. Der Begriff des Mehrebenensystems erhebt somit die systematischen Grenzüberschreitungen, die zwischen formalen Ebenen und Zuständigkeiten auftreten, zum Normalzustand, um die Bedingungen, Prozesse und Wirkungen von grenzüberschreitender Koordination zu erforschen.

Differente Handlungslogiken der Akteure
Akteurtheoretisch gesehen besteht ein Mehrebenensystem aus Handelnden, die, entsprechend der funktionalen Differenzierung gesellschaftlicher Teilsysteme und ihrer weiter differenzierten Handlungssektoren, spezifischen Handlungslogiken folgen (vgl. Kussau/Brüsemeister 2007). Auch im Bildungssystem sind die Akteure jeweils spezifischen Sinnlogiken verpflichtet, d.h. auf administrative, pädagogische, wirtschaftliche, wissenschaftliche oder professionsbezogene Maßstäbe; dies ließe sich für weitere Beteiligte vervollständigen. Es existieren verschiedene Relevanzkriterien und Informationsanforderungen, innerhalb derer die Akteure auf unterschiedliche Weise Informationen und Wissen generieren, ausdeuten, gewichten und verteilen. Ferner unterscheiden sich die Akteure nach ihren evaluativen Kriterien, mit denen sie eigenes und fremdes Handeln bewerten. In diesem Zusammenhang ist in einem Mehrebenensystem auch mit verschiedenen Zeithorizonten der Akteure zu rechnen. Bewegen sich beispielsweise politische Akteure im Zyklus einer Legislaturperiode, so haben Beamte aus der Administration sowie Lehrkräfte für gewöhnlich eine lebenslange berufliche Perspektive, während sich Lehrkräfte in ihrem pädagogischen Alltag vor allem am Schuljahr orientieren. Es ist mit differentem Zeitdruck und unterschiedlichen Veränderungsgeschwindigkeiten zu rechnen. So schwer es z.B. fallen mag, ein neues Schulgesetz auf der politischen Systemebene zu verabschieden, so gelingt dies i.d.R. schneller als eine Veränderung der Schule auf der Mikroebene.

Verfügungsrechte
Das Konzept der „Verfügungsrechte zum Treffen von Entscheidungen" (Braun 2001, 247) erlaubt, die Analyse eines Mehrebenensystems weiter zu differenzieren. Verfügungsrechte sagen etwas aus über (im empirischen Fall) unterschiedliche Beteiligungs- und Einflusschancen, eine Akteurkonstellation mittels Entscheidungen zu eigenen Gunsten beeinflussen zu können (vgl. Altrichter/Salz-

geber 1996). Es geht darum, Entscheidungen zu treffen, mit denen der eigene Handlungsraum gegenüber anderen Akteuren erhalten oder ausgebaut werden kann. Dies muss nicht ausschließlich durch Ausweitung von Verfügungsrechten geschehen. Verfügungsrechte können auch beinhalten, Entscheidungsbefugnisse, die einem auferlegt werden, zurückzuweisen.

Weiter differenzieren lassen sich Verfügungsrechte (a) hinsichtlich der Normen, auf die sich Akteure beziehen und (b) hinsichtlich der Ressourcen, die sie nutzen können.

(a) Verfügungsrechte, als Normen verstanden, können in unterschiedlichem Grade institutionalisiert sein, von rechtlichen Normen, über informelle „Rechte" bis hin zu bloßen Gepflogenheiten. In der Perspektive von Normen („Sollen"[8]) besteht eine Verpflichtung, sich an rechtliche Normen zu halten, die der Gesetzgeber oder Vorgesetze beschließen. Verfügungsrechte sind hierbei in der Regel asymmetrisch verteilt. So ist der Staat legitimiert und berechtigt, Lehrkräften Handlungsanweisungen zu geben.

b) Bezogen auf Ressourcen – der zweiten Interpretationsart von Verfügungsrechten („Können") – kann sich eine Asymmetrie, die hinsichtlich einer ungleichen Verteilung von normativen Anforderungen besteht, umkehren. Zwar besitzt z.b. die Lehrerschaft keine legitimen Verfügungsrechte zur politischen Normsetzung; vielmehr bestehen im Rahmen von Arbeitsverhältnissen Verpflichtungen, als abhängiges Staatspersonal zu fungieren. Weil jedoch der Staat nicht über die Ressourcen verfügt, selbst zu unterrichten, können sich Lehrkräfte Verfügungsrechte *nehmen*, indem sie ihre exklusiven pädagogischen Vermittlungsfähigkeiten ausspielen und die staatliche Kontrollschwäche ausnutzen. Organisationstheoretisch drückt sich darin die Chance der Mitglieder aus, auch unterhalb der offiziellen Regelbefolgung verschiedene Sinnressourcen und Handlungspotenziale zu entdecken und einzusetzen. Auf der Hinterbühne bestehen Organisationen gleichsam aus einem Dickicht von Interpretationen und Diskursen, die Auswirkungen auf das Organisationshandeln haben können (vgl. Meyer/Rowan 1977).[9] Dies erklärt sich letztlich aus der Tatsache, dass die Ressource „Sinn" (die Fähigkeit zur Sinngebung und Interpretation) unendlich ist und jeder eingeführte Festlegungsversuch bzw. jede Sinnunterscheidung weitere Unterscheidungen nach sich zieht, also noch mehr Sinn produziert. Die Verfügung über derartige „interpretatorische" Ressourcen ist mithin innerhalb von Normen kaum zu kontrollieren. Entsprechende Versuche könnten gerade das Gegenteil provozieren, z.B. widerständigen Sinn.

---

8   Zur Unterscheidung von Sollen, Können und Wollen vgl. Schimank 1996, 241-267.
9   Vgl. etwa Fend (1998, 187-195) zu „schismatischen" Teilkulturen in der Schule sowie Altrichter/Posch 1996.

Während Handelnde eine Norm nur befolgen oder von ihr abweichen können, vervielfältigen sich in der analytischen Perspektive von Ressourcen die Handlungsalternativen der Akteure, da sie Ressourcen zusammenlegen oder auf andere Handlungsfelder ausweichen können. Auf diese Weisen lassen sich Verfügungsrechte erhalten, ausweiten oder zurückweisen. Vielfach werden hierbei Kooperationen nur aus „Zwang" eingegangen. Wenn etwa ein Akteur beobachtet, dass andere Akteure kooperieren, kann er sich gezwungen sehen, einen antizipierten oder bereits eingetretenen Nachteil, der ihm durch diese Kooperation entsteht, abzuwenden und ebenfalls zu kooperieren (vgl. Schimank 2000, 81-87).

Bedingte Kooperationsbereitschaft: Principal-Agent-Modell
Mehrebenensysteme lassen sich weiter beschreiben als Systeme, die auf eine bedingte Kooperation angelegt sind. Hierzu liefert das Principal-Agent-Modell Erkenntnismöglichkeiten.[10] Kooperation ist zwar begrifflich positiv besetzt. Mit dem Modell lässt sich jedoch zeigen, wie ihre Realisierung zwischen dem Wunsch, Kooperationsvorteile zu erzielen, und dem gleichzeitigen Wunsch, die Kosten der Kooperation gering zu halten, hin- und herschwankt. In einer derart „antagonistischen Kooperation" versuchen die Akteure gleichzeitig, den Wunsch nach „Geselligkeit" mit dem nach „Vereinzelung" (Kant) zu verbinden.

Für das Schulsystem z.B. beinhaltet dies, dass Staat und Schule über ein Auftragsverhältnis miteinander verbunden sind (vgl. Kussau 2002; Kussau/Brüsemeister 2007). Der Staat (Principal) definiert einen Bildungsauftrag, den Lehrkräfte (Agents) erfüllen müssen. In dieser Beziehung tauschen Lehrkräfte ihre besoldete staatliche Anstellung gegen „pädagogische" Leistungen, die sich auf den Unterricht zentrieren. Da der Akteur Lehrkräfte jedoch in dem Modell nicht austauschbar, d.h. unersetzbar ist, verkehrt sich die *Unterordnung* unter die Autorität des Staates in eine funktionale *Gleichrangigkeit*. Die Erklärung stellt insbesondere auf massive Kontrollprobleme ab, die der Auftraggeber (Principal) gegenüber den Agents (Lehrkräften) hat. Sie beruhen darauf, dass der Auftraggeber (a) nicht selbst Schule geben kann; dass er (b) eine Vielzahl von Lehrkräften bei ihrer Leistungsausübung beobachten muss und damit ein quantitatives Problem der Überwachung hat; und dass er (c) bei der Beurteilung von Leistungen der Lehrkräfte qualitativ an Grenzen stößt. Ferner verfügt der Auftraggeber (d) über andere Informationen als die Auftragnehmer. Über die Bedingungen, wie die Schulleistungen erzeugt werden, ist der Auftraggeber notorisch

---

10 „Ein Modell, das alle Aspekte der Realität erfasst, ist so sinnvoll, wie eine Landkarte im Maßstab eins zu eins" (Joan Robinson, zit. nach: Hoffmann, Andreas: Viel Spaß in Ghana! In: Süddeutsche Zeitung, 16./17. September 2006). Zum Principal-Agent-Modell aus verschiedenen disziplinären Sichtweisen vgl. Pratt/Zeckhauser 1985; Coleman 1990, 146-157; Ebers/Gotsch 1995, 195-208; Braun 1999, 162-164.

unterversorgt. Auftragnehmer besitzen deshalb in der Konsequenz des Modells die Ressourcen, sich zu verselbständigen („shirking"). Der traditionale Anordnungs-Befolgungs-Modus läuft leer und die Politik muss eine „Zone der Indifferenz" (vgl. generell Barnard 1966, 167-169) zubilligen, einen Korridor zulässigen bzw. tolerierbaren Handelns. Im Bildungsbereich wird diese Zone derzeit durch externe Evaluation zu reduzieren beabsichtigt.

Eine „Zusammenarbeit" zwischen Akteuren, hier: Staat und Schule, findet zwar statt, ist rechtlich normiert und kann im Fall von Verweigerung auch negativ sanktioniert werden. Jedoch können beide Seiten darauf abstellen, die Kosten für die Herstellung von Kooperation zu minimieren bzw. sich Vorteile zu verschaffen, d.h. die Schule jeweils als vornehmlich eigene Angelegenheit darzustellen. So wird bildlich gesehen der jeweils andere Akteur auf den Kosten „sitzen gelassen", für Koordination zu sorgen.

Im Modell von Principal-Agent erscheint eine Koordination aufwändig und anstrengend: „Vorteile des Austauschs führen die Menschen zusammen und Anreize, sich die Tauschvorteile einseitig anzueignen, treiben sie tendenziell auseinander" (Kliemt 1986, 16f., zit. nach Esser 1999, 356). Akteur A verfolgt zwar den Wunsch nach Kooperation, den er aber auf ein nutzbringendes Maß reduziert, sofern er nicht in Abhängigkeit von B geraten will. Diese „bedingte" Kooperationsbereitschaft scheint auch in der Beziehung zwischen Staat und Schule vorzuliegen. Der sicher noch weiter auszuarbeitende Befund deutet allein für diese beiden Akteure an, wie komplex sich handelndes *Zusammen*wirken in einem Mehrebenensystem darstellt.

Regelungs- und Leistungsstrukturen
In bisherigen Governance-Analysen wurden zumeist die Makro- und die Meso-Ebene gesellschaftlicher Ordnungsbildung und Handlungsabstimmung in den Blick genommen, um zu untersuchen, wie Akteure aus den Bereichen der Politik, der Verwaltung, der Wirtschaft, der Zivilgesellschaft zusammen- und teilweise auch gegeneinander wirken und damit die *Regelungsstruktur* eines Mehrebenensystems begründen und beeinflussen. Eine zentrale Frage der Governanceforschung ist jedoch, wie sich eine veränderte *Regelungsstruktur* auf die *Leistungsstruktur* im Mehrebenensystem auswirkt (siehe Schimank in diesem Band). Im Schulbereich ist dies die Frage, wie systemische Steuerungsimpulse innerschulisch aufgenommen werden und welche Effekte sie für den Unterricht haben; im Universitätswesen geht es um Effekte veränderter Regelungsstrukturen für die Leistungserbringung in Forschung und Lehre.

Die School-Effectiveness und -Improvement-Forschung haben bereits seit den 1980er Jahren das Bewusstsein dafür geschärft, dass systemische Neuerungen nicht direkt zu verbesserten unterrichtlichen Ergebnissen führen, sondern dass diese erst auf Schulniveau in geeignete strukturelle Vorkehrungen und diese wiederum in entsprechende Unterrichtshandlungen von LehrerInnen und SchülerInnen übersetzt werden müssen (vgl. Holtappels/Höhmann 2005 sowie Wissinger im vorliegenden Band). Es wäre nun vermessen, von der Educational Governanceforschung den Schlüssel für die Lösung dieses Problems zu erwarten. Dennoch eröffnet diese Forschungsrichtung eine spezifische neue Perspektive.

Die Frage der Abstimmung und des Zusammenwirkens verschiedener Systemebenen wird in der Sicht von Governance als Problem der Handlungskoordination gedeutet. Bildlich formuliert wird nun diese theoretische Linie auch bis zu innerschulischen Modi der Handlungskoordination zwischen Schulleitung, LehrerInnen und anderen MitspielerInnen, d.h. also für die Mikro-Ebene weitergezogen. Mit dem von den konstruktivistischen Lerntheorien forcierten Bild des Lernens, das Eigenaktivitäten von Schülern betont, wird in diesem Zusammenhang ebenfalls der Unterricht unter Gesichtspunkten der Handlungskoordination begriffen. Gelernt wird, weil verschiedene Umgebungsbedingungen, z.B. die Lehrenden, aber auch die Peers und das schulische Umfeld beobachtet werden, weil es Beeinflussung und Verhandlung gibt (vgl. Voß 2005; Peschel 2005).[11] Lehrkräfte, die die Lernaktivitäten ihrer Klasse an Bildungsstandards orientieren wollen, müssen z.B. nicht nur in ihrer eigenen Unterrichtsplanung und Leistungsbeurteilung darauf Rücksicht nehmen; sie haben ganz wesentlich ein Koordinationsproblem, weil sie dazu beitragen müssen, dass sich die Lernaktivitäten der Lernenden an diesen neuen Orientierungsmarken ausrichten. Wie sie dieses Koordinationsproblem bearbeiten, kann durch das Studium ihrer Handlungen und der Strukturbildung, die entlang von Normen und Ressourcen erfolgt, eruiert werden.

5.4 Beobachtung, Beeinflussung und Verhandlung

Für die empirische Analyse lassen sich Formen der Koordination, die Akteure im Rahmen von Akteurkonstellationen hervorbringen, weiter spezifizieren. Begriffliches Hilfsmittel dafür ist z.B. die Unterscheidung von „Beobachtungs-", „Beeinflussungs-" und „Verhandlungskonstellationen" (vgl. Lange/Schimank 2004, 19-23). Die Begriffe bezeichnen drei „basale" Formen der Handlungskoordination, die in einem Bedingungsverhältnis zueinander stehen: Beeinflussung setzt Beobachtung voraus, und Verhandlung beruht auf den beiden zuvor genannten Formen (a.a.O., 20):

---

11 Vgl. ebenfalls die Beiträge im Themenheft der „Schweizerischen Zeitschrift für Bildungswissenschaften" (28/2006), unter dem Titel „Klassenführung – Konzepte und neue Forschungsbefunde".

a) In *Beobachtungskonstellationen* findet „die Handlungsabstimmung allein
    durch einseitige oder wechselseitige Anpassung an das wahrgenommene
    Handeln der anderen" statt (ebd.). Zum Beispiel kann eine Schulinspektion
    schon allein durch ihr Auftreten in einer Schule Veränderungen auslösen,
    z.B. da Lehrkräfte wissen, dass sie beobachtet werden.

b) In *Akteurkonstellationen der Beeinflussung* erfolgt (auf Basis wechselseiti-
    ger Beobachtung) die Handlungskoordination „durch den gezielten Einsatz
    von Einflußpotentialen", wie z.B. „Macht, Geld, Wissen, Emotionen, mora-
    lischer Autorität etc." (ebd.). So stellt die aktuell einsetzende evaluationsba-
    sierte Steuerung einen massiven Beeinflussungsversuch durch Berichtsfor-
    men und Berichtspflichten dar, der sich des Mediums „Wissen" bedient.

c) In *Verhandlungskonstellationen* basiert die Handlungskoordination – ge-
    stützt auf wechselseitige Beobachtung und Beeinflussung – auf der gegen-
    seitigen Ausarbeitung von Vereinbarungen, die ihre bindende Wirkung auch
    ohne die Aktualisierung von Macht entfalten können (a.a.O., 20-21). Im
    Schulbereich etwa finden wir ein Beispiel zu dieser Koordinationsform in
    Verträgen oder Leistungsvereinbarungen, die zwischen verschiedenen
    „SchulpartnerInnen" geschlossen werden (vgl. Füssel 2003).[12]

Mit den Begriffen Beobachtungs-, Beeinflussungs- und Verhandlungskonstella-
tion lassen sich also die vielen empirisch möglichen Koordinationsformen zunächst grob unterscheiden. Im konkreten Fall werden dabei die Koordinationsformen in einem je besonderen Mischungsverhältnis vorliegen. So sind z.B.
Schulprogramme, folgt man Intentionen der Bildungspolitik, vornehmlich auf
Verhandlungskoordinationen ausgerichtet: innerschulische Akteure sollen sich
auf ein Programm verständigen. Damit einher geht die Erwartung, eine einzelne
Schule als einen *kollektiven Akteur* zu konstituieren, der zusammen mit der unteren Schulaufsicht Verpflichtungen auf bestimmte Qualitätsmerkmale aushandelt.
In Organisationen agieren jedoch nicht alle Mitglieder im gleichen Koordinati-
onsmodus. Manche haben vielleicht von den Verhandlungen kaum etwas mitbe-
kommen und orientieren sich durch Beobachtung erst einmal daran, was andere
tun; wieder andere Akteure müssen beeinflusst werden, damit sie sich am Entwurf eines Schulprogramms beteiligen. Beobachtung und Beeinflussung werden
wiederum in verschiedenen schulischen Gremien und Organen relevant, damit
die Abstimmungsarbeit nicht nur punktuell, sondern möglichst dauerhaft verläuft
und um Effekte für die Schul- und Unterrichtsentwicklung zu erzielen – wofür
teilweise auch Verhandlungen notwendig werden. Um ein Schulprogramm wirk-

---

12 Zu einer kritischen Sicht auf Verhandlungen, Vertragsmanagement und einer „Vereinbarungs-
    kultur" im Schulkontext vgl. Dzierzbicka 2006.

sam werden zu lassen, sind also alle drei Formen der Handlungskoordination noch zusätzlich zu koordinieren.

Des Weiteren ist zu untersuchen, in welchem Grade Beobachtungs-, Beeinflussungs- oder Verhandlungskonstellationen als symmetrische oder asymmetrische Akteurkonstellationen institutionalisiert sind. So sind z.b. die Fähigkeiten des Staates, etwa mit Hilfe von Monitoringsystemen Schulen systematisch zu beobachten, bei weitem ausgeprägter als die Fähigkeiten der Lehrkräfte, das staatliche Handeln zu beobachten. Solche Asymmetrien im Modus der Bobachtung haben wiederum Folgen dafür, ob und wie ebenfalls Beeinflussungen möglich sind. Der Staat z.b. verfügt über Instrumente, Lehrkräfte durch die untere Schulaufsicht zu sanktionieren bzw. in diesem Sinne zu beeinflussen. Eine äquivalente Option besitzen Lehrkräfte nur bedingt, etwa wenn sie sich an politischen Wahlen beteiligen. Hierarchische Beobachtungs- und Beeinflussungsgefälle schlagen erst recht durch, wenn es um die Aufnahme von Verhandlungen geht. Die exklusive Fähigkeit der LehrerInnen, zu unterrichten, verschafft ihnen jedoch zumindest die Chance, sich in der „Nische" der „pädagogischen Autonomie" einzurichten und sich staatlichen Verfügungsrechten zur Beobachtung und Beeinflussung partiell zu entziehen. Diese Strategien könnten durch die neue evaluationsbasierte Steuerung und die mit ihnen gegebenen Möglichkeiten zur Beobachtung und zur Beeinflussung eingeschränkt werden.

Schließlich ist zu bemerken, dass die Unterscheidung zwischen Beobachtung, Beeinflussung und Verhandlung nicht normativ zu verstehen ist – so als wäre eine Verhandlung der „Königsweg" zur Koordination. Die Educational Governanceforschung will vielmehr Formen der Koordination und ihre Kombinationen für den einzelnen empirischen Fall erst einmal identifizieren. Dabei könnte sich erweisen, dass allein schon durch Beobachtungen koordinative Effekte entstehen (vorausgesetzt die Akteure wissen, dass sie beobachtet werden). Auf empirischer Basis identifiziert werden muss ebenfalls, wie Beeinflussungschancen mit der Position eines Akteurs in einer Konstellation, zusammen mit seinen Ressourcen und Verfügungsrechten, variieren. Schließlich interessiert empirisch, welche Mühen Akteure haben, um überhaupt Zugang zu Verhandlungen zu finden, und welche Selbstverpflichtungen daraus entstehen, wenn Abmachungen eingegangen werden – selbst dann, wenn die Beziehungen zwischen „VerhandlungspartnerInnen" asymmetrisch sind.

5.5 Hierarchie, Markt, Gemeinschaft, Netzwerke

Die Analyse von koordinativen Geschehnissen besitzt, auch wenn sie teilweise ohne den Begriff Governance operierte, eine längere Geschichte. Im engeren

Sinne beginnt die Governanceanalyse in den Sozialwissenschaften etwa in den 1930er Jahren (vgl. Berle/Means 1968), indem verschiedene institutionalisierte Formen der Koordination zwischen Akteuren – Hierarchie, Markt, Gemeinschaft sowie Netzwerke – herausgearbeitet wurden (vgl. Wiesenthal 2006). Es handelt sich hierbei um „klassische" Modelle, obwohl die noch junge Governanceforschung zu Teilaspekten der Modelle immer wieder neue Befunde liefert (vgl. jüngst für die Koordinationsform der Gemeinschaft: Gläser 2007). Im Vergleich zu den Kategorien Beobachtung, Beeinflussung und Verhandlung und auch im Vergleich zum Begriff der Verfügungsrechte lassen sich mit den Analysemitteln Hierarchie, Markt, Gemeinschaft und Netzwerken institutionell verdichtete, komplexere Formen der Koordination beschreiben und erklären, die auf Beobachtung, Beeinflussung und Verhandlung sowie Verfügungsrechten beruhen. So beinhaltet z.B. die Koordinationsform des Marktes fast ausschließlich Beobachtungen Einzelner, ohne dass es zu einem „höheraggregierten" Austausch kommen muss. Märkte zeichnen sich durch bestimmte Verfügungsrechte zum Treffen von Entscheidungen aus. Es gibt Ressourcen, die für den Tausch eingesetzt werden oder die – bei Abnehmern von Marktprodukten – als Ressourcen der Aneignung zu verstehen sind.

Die Modelle Hierarchie, Markt, Gemeinschaft und Netzwerke vereinfachen die empirischen Sozialzusammenhänge „idealtypisch", um die „Logik" dieser Sozialzusammenhänge aufzuspüren zu können. Dies verdeutlicht den „Werkzeugcharakter" der Modelle für das Verständnis von Koordinationsformen, wobei nicht auszuschließen ist, dass für die empirische Analyse die „Erfindung" weiterer Modelle notwendig ist. Im Folgenden beschränken wir uns auf eine Skizze der „etablierten" Modelle Hierarchie, Markt, Gemeinschaft und Netzwerke (und folgen dabei Lange und Schimank 2004):

a) In der Koordinationsform der *Hierarchie* liegen die „Entscheidungsbefugnisse bei einer übergeordneten Leitungsinstanz", die das Handeln sämtlicher Mitglieder maßgeblich bestimmt. „Kollektive Handlungsfähigkeit wird, eine entsprechende Durchsetzungsfähigkeit der Spitze vorausgesetzt, maximiert" (a.a.O., 22f.).

b) Die Koordinationsform des *Marktes* kennzeichnet, dass eine Handlungsabstimmung gleichsam anonym, „hinter dem Rücken" der Beteiligten erfolgt („invisible hand"), allein im Zuge der Beobachtung der Einzelnen im Hinblick auf das (antizipierte) Handeln anderer Akteure. Es kommt zu einer „fast gleichzeitigen Reaktion vieler auf das, was viele als Reaktion anderer unterstellen" (Luhmann 1996, 102f.). Es besteht die Möglichkeit, eigene Ziele „angesichts knapper Ressourcen einzuschätzen, ohne dass dazu Kontakt aufgenommen werden müsste" (a.a.O., 102).

c) In einer *Gemeinschaft* – von der Liebesbeziehung, über Freundschaften bis hin zum Staatsvolk – koordiniert sich das Handeln der Akteure affektiv, durch starke Bindungen, oder durch geteilte kognitive Überzeugungen, wie in scientific communities oder anderen professionellen Gemeinschaften, wie z.B. einem Lehrerkollegium (vgl. Lange/Schimank 2004, 21).

d) Für die Koordinationsform *Netzwerke* gilt: „Hier kann noch jeder individuelle Akteur verhindern, dass ihm ein Handeln auferlegt wird, das er von sich aus in der gegebenen Situation nicht wählen würde. Kollektive Handlungsfähigkeit kommt nur als jederzeitige ‚freiwillige' Einigung zustande" (a.a.O., 22).

Wie bereits für die Kategorien Beobachtung, Beeinflussung und Verhandlung formuliert, können auch die Modelle Hierarchie, Markt, Gemeinschaft und Netzwerke der Educational Governanceanalyse nur erste Unterscheidungsmerkmale liefern, um zu erkennen, welche konkreten (Misch-)Formen der Koordination in einem Sozialzusammenhang vorliegen. Die Modellbildung ist jedoch hilfreich, weil sie empirische Abweichungen gegenüber den analytischen Zuordnungen sichtbar werden lässt.

5.6 Governance-Regime

Die Educational Governanceforschung hat – neben der Identifizierung einzelner Formen der Koordination – des Weiteren zum Ziel, die empirischen Mischformen der Handlungskoordinationen in einem Gesamtzusammenhang zu erkennen, die sich mit dem Begriff des „Governance-Regimes" festhalten lassen.[13] Dafür müssen für einen institutionalisierten Sozialzusammenhang (Lange/Schimank 2004, 20) die empirischen Ausprägungen der Handlungskoordination zwischen Akteuren entlang der basalen Formen der Handlungskoordination (Beobachtung, Beeinflussung und Verhandlung) sowie entlang weiterer Formen (von Hierarchie bis zu Netzwerken sowie Verfügungsrechten) identifiziert und spezifiziert werden. Es geraten dabei national- und kulturspezifische Besonderheiten einzelner Länder in den Blick, wobei für die verschiedenen Bildungssektoren eines Landes wiederum bereichsspezifische Ausprägungen der Handlungskoordination erwartet werden müssen. Z.B. hat die Koordinationsform des Marktes eine unterschiedliche Bedeutung, je nach dem ob man den Berufs-, den Weiterbildungsbereich, die Hochschulen oder die Schulen betrachtet.[14] So sprechen etwa Hoch-

---

13 In der Politikwissenschaft ist der technische Begriff des „Regimes" gebräuchlich, um verschiedene Formen von Regelungsstrukturen zu bezeichnen.

14 Vgl. hierzu die verschiedenen Beiträge im vorliegenden Band.

schulen auf eine Steuerung über Marktfaktoren eher an als das allgemeinbildende Schulwesen, da sie für „Steuerungsmedien" wie Recht und Finanzen deutlich responsibler sind bzw. aktuell auf diese Medien reagieren müssen (vgl. generell Scharpf 1989, 16).

Darüber hinaus ist ein Governance-Regime einem beständigen Wandel unterworfen, der teilweise aus – mitunter kaum bemerkbaren – Änderungen von Einflüssen von Seiten zivilgesellschaftlicher Akteuren auf „horizontalen Ebenen" hervorgerufen wird (ebenso wie durch Verbände oder Vereine etc.), wie durch bildungspolitische Diskurse und Programme auf „vertikalen Ebenen" eines Mehrebenensystems. Neben den zuerst genannten „zivilgesellschaftlichen" Einflüssen, z.B. im Rahmen veränderter Ansprüche und Beteiligungen von Eltern am öffentlichen Schulwesen oder neuer Strukturen der betrieblichen Weiterbildung sind *bildungspolitische Maßnahmen* Gegenstand der Educational Governanceanalyse, weil Bildungspolitik und -administration entscheidende Mitspieler im Mehrebenensystemen der Bildung sind und sie die Art der Handlungskoordination intendiert oder nicht-intendiert beeinflussen.

Von der Educational Governanceforschung werden dabei gegenwärtig folgende Entwicklungen für Governance-Regimes im Bildungswesen festgehalten, die durch bildungspolitische Programme ausgelöst sind[15]:

- der Rückbau der staatlichen Detailsteuerung zugunsten einer erweiterten Autonomie von Bildungseinrichtungen;
- die Veränderung individual-professioneller Strukturen hin zu mehr teamorientierten Formen der Profession;
- die Vorgabe substanzieller Außenziele (Bildungsstandards);
- die Stärkung von Leitungspositionen;
- und innerhalb gewisser Grenzen die Einführung von Wettbewerbselementen.

In der Forschungsliteratur wird dieses Set von Maßnahmen als „management-" oder „evaluationsbasierte Steuerung" zusammengefasst (vgl. Altrichter/Heinrich 2006).

Die Educational Governanceforschung interessiert nun, ob und wie einzelne bildungspolitische Maßnahmen oder ein Set dieser Maßnahmen jeweils in einem Land oder Bildungsstandort umgesetzt werden und das Governance-Regime verändern. Dabei ist ebenfalls zu erwarten, dass bisherige Formen der Regulie-

---

15   Vgl. Clark 1997; für Hochschulen: Braun/Merrien 1999; Schimank 2002a; für Schulen: Arnott 2000; Arnott/Raab 2000; Epstein 2004; Altrichter/Brüsemeister/Heinrich 2005. Die genannten Trends werden von der Forschung als sog. „Governance-Regler" oder „-Equilizer" untersucht; vgl. im vorliegenden Band Schimank.

rung weiter wirksam sind und auf diese Weise Mischtypen für Governance-Regime die Regel sind; neue evaluationsbasierte Steuerungsmaßnahmen werden mit der bisherigen „bürokratischen" Steuerung amalgamiert.[16] Sofern es zu Überlagerungen zwischen „alten" und „neuen" Steuerungsinstrumenten kommt, wächst das Risiko nicht-intendierter Wirkungen der anvisierten Reformen. Bezüglich der intendierten und der nicht-intendierten Wirkungen bildungspolitischer Steuerungsmaßnahmen muss die Educational Governanceforschung beispielsweise untersuchen, ob Bildungsstandards Professionsnormen verdrängen, die bislang auf der Unterrichtsebene vorherrschten, ob Steuerungsmaßnahmen als Anregung zur Selbstevaluation gemeint sind, dann jedoch in den Modus von Verordnung zurückfallen, oder ob sich fortlaufende externe Evaluationen negativ auf die intrinsische Motivation von Professionsangehörigen auswirken.

Eine Steuerung von Bildungssystemen „geschieht" zudem in je spezifischen institutionellen und soziokulturellen Kontexten. Entsprechend ist mit teilweise erheblichen Wirkungsdifferenzen ein und derselben Maßnahme innerhalb verschiedener nationaler Bildungsstandorte ebenso zu rechnen, wie mit unterschiedlichen Governance-Regimes. Der Befund, dass in einem Land Regelsysteme veränderungswirksam sind, im anderen jedoch nicht (vgl. Fend 2004, allerdings auf kleinteiligere, schulische Faktoren bezogen), verweist auf die Notwendigkeit vergleichender Untersuchungen zur Frage, wie Bildungskonzepte unter je spezifischen institutionellen und soziokulturellen Gegebenheiten „nacherfunden" werden (vgl. Kussau/Brüsemeister 2007), ohne dass es dafür eine einheitliche „Blaupause" gibt (vgl. OECD 1997). Zwar werden ausländische, evaluationsorientierte, auf Standards basierende Modelle übernommen. Im deutschsprachigen Raum wird dies jedoch offensichtlich nicht als ein fundamentaler, sondern als ein „gradueller institutioneller Wandel" verstanden, d.h. die politisch-administrativen Akteure „verknüpfen [...] Elemente ausländischer Modelle auf neuartige Weise mit eigenen institutionellen Regeln, mit dem Resultat einer Hybridisierung". Das Ergebnis könnte eine „institutionelle Rekombination" sein (vgl. allgemein Quack 2005, 349), deren Ausprägungen für einzelne Bildungsstandorte empirisch zu ermitteln sind (vgl. erste Befunde zum Schulsystem Österreichs: Altrichter/Brüsemeister/Heinrich 2005; Lange/Schimank 2007).

Die analytischen Dimensionen, die die Educational Governanceforschung für die Untersuchung von Koordinationsformen anbietet, lassen also fragen, wie sich Entwicklungstrends einer erneuerten Steuerung im Bildungsbereich – aktuell sind dies vor allem die Vorgabe substanzieller Außenziele (Bildungsstandards), die Errichtung externer Evaluationssysteme, die Stärkung von Leitungspositionen, und die Betonung von Wettbewerbselementen – innerhalb eines

---

16   Vgl. z.B. Heinrich 2007, 59-70, der beschreibt, wie eine den Lehrkräften zunächst gewährte „Gestaltungsautonomie" bildungspolitisch in eine „verordnete" Autonomie verwandelt wird.

Governance-Regimes realisieren. Obwohl die Educational Governanceforschung im deutschsprachigen Raum erst beginnt, sich diesem Fragekomplex zu widmen, machen doch erste Analysen der bisherigen Koordinationsart auf eine nach wie vor starke Stellung des Staates aufmerksam (vgl. Kussau/Brüsemeister 2007), obwohl die offizielle bildungspolitische Programmatik eine Zurücknahme behauptet. Dabei muss offen bleiben, ob der Staat historisch gesehen jemals „besser" steuern konnte, solange ein Maßstab für diese Beurteilung fehlt. Dies eingeklammert lässt sich jedoch erkennen, dass der Staat in seinen Beziehungen zur Gesellschaft und zum Markt nach wie vor zentrale Aufgaben behält – und aktuell auch eine systematische Beobachtung und Beeinflussung z.B. des Schulsystems aufbaut (vgl. Kussau/Brüsemeister 2007; allgemein Leibfried/Zürn 2006a, 34-54). Was damit im Schulsystem dem Staat in jedem Fall konzediert werden muss: Wie immer man seine Steuerungsleistungen beurteilen mag, er besitzt die Fähigkeit, Akteure des Schulwesens in Bewegung zu versetzen, allein schon weil sie im Modus von Beobachtung z.B. auf die Einführung von Evaluation reagieren. Aber nicht nur dies: Staatliche Steuerungsleistungen verlieren sich nicht unausweichlich in transintentionalen Folgen, denkt man etwa daran, dass neue Fächer wie Englisch in der Primarstufe bisher nicht vorhandene Lerngelegenheiten schaffen, Schulleitungen in Schweizer Kantonen eingeführt werden konnten, ebenso wie Bildungsberichte, zentrale Abschlussprüfungen, regelmäßige Schülerleistungstests und die neue Schulinspektion. Ob jedoch diese Maßnahmen die erhofften Wirkungen für die schulische Qualität zeitigen, ist eine empirisch offene Frage, die davon abhängt, ob Akteure diese Maßnahmen in Konstellationen mit anderen Akteuren, unter dem Einfluss ihrer jeweiligen Normen und Ressourcen, in Beobachtung, Beeinflussung und Verhandlung und im „Dickicht" eines Mehrebenensystems realisieren können.

6. Fazit

Die Perspektive von Educational Governance lenkt die Aufmerksamkeit der empirischen Bildungsforschung darauf, dass Leistungen der Bildungssysteme nicht von einem, sondern von vielen Akteuren hergestellt werden, die durch Interdependenzen voneinander abhängig sind und Akteurkonstellationen ausbilden. Im Gegensatz zum Steuerungsansatz und unilateralen Maßnahmen ist die *Handlungskoordination* im Mehrebenensystem *der* Fokus der Analyse. Damit wird die (struktur)funktionalistische Sicht von Bildungssystemen erweitert und zugespitzt. Akzentverschiebungen des skizzierten Ansatzes sind darin zu sehen, dass er akteurzentriert, mikrofundiert und institutionenzentriert ist, indem er Herstellungs- und Verteilungsprozesse im Rahmen von Akteurkonstellationen und die Effekte für geplante oder entstehende Koordinationsformen für Schule und Unterricht in den Blick nimmt (analog für andere Bildungsbereiche). Dies bedeutet, dass neben veränderten Regelungsstrukturen deren Wirkungen für Leistungsstrukturen – wie Unterricht, Forschung und Lehre – besondere Bezugspunkte des Interesses der Educational Governanceanalyse sind. Diese Betrachtungsweise folgt dem Blick auf Mehrebenensysteme im Bildungsbereich. Es wird davon ausgegangen, dass Mehrebenensysteme an jeder Stelle, an der Akteure interdependent zusammenwirken, Koordinationsprobleme hervorbringen – auf die Akteure wiederum gestaltend reagieren. Die Educational Governanceforschung hat somit zusammengefasst die Aufgabe, sowohl ausgehend vom Leistungskern des Unterrichts (analog andere Leistungsstrukturen) Koordinationsgeschehnisse „nach oben hin" zu verfolgen, ebenso wie sie untersucht, ob und wie Steuerungsmaßnahmen „von oben nach unten" wirksam werden können; ferner betrachtet sie „seitwärtige" Beeinflussungen durch die Zivilgesellschaft. Gelingende Koordination, Koordinationschancen und Koordinationsdefizite sind auf *und* zwischen allen Ebenen von Bildungssystemen zu erwarten, werden ebenso institutionell wie von Handlungslogiken der Akteure geformt und rufen politische und mikropolitische Auseinandersetzungen um Verfügungsrechte hervor, so dass Regelungsstrukturen immer zugleich als statisch, wie auch als veränderbar erscheinen.

Literatur

Allmendinger, Jutta (1999): Bildungsarmut: Zur Verschränkung von Bildungs- und Sozialpolitik. In: Soziale Welt 50, 35-50.

Altrichter, Herbert (2006a): Modernisierung der Steuerung von Einzelschule und Schulsystem – Neue Konzepte für alte Fragen. In: journal für schulentwicklung 10 (1), 59-71.

Altrichter, Herbert (2006b): Bildungsreform und Systemsteuerung in Österreich. Vortrag auf der Tagung „New Educational Governance: Konzepte, Erwartungen und Erfahrungen" der Kommission „Bildungsorganisation, Bildungsplanung, Bildungsrecht" der DGfE am 5.-6.10. 2006, in Schloss Rauischholzhausen (Universität Gießen).

Altrichter, Herbert/Brüsemeister, Thomas/Heinrich, Martin (2005): Merkmale und Fragen einer Governance-Reform am Beispiel des österreichischen Schulwesens. In: Österreichische Zeitschrift für Soziologie 30 (4), 6-28

Altrichter, Herbert/Heinrich, Martin (2005) : Schulprofilierung und Transformation schulischer Governance. In: Büeler, Xaver/Buholzer, Alois/Roos, Markus (Hg.): Schulen mit Profil. Forschungsergebnisse – Brennpunkte – Zukunftsperspektiven. Innsbruck: StudienVerlag, 125-140.

Altrichter, Herbert/Heinrich, Martin (2006): Evaluation als Steuerungsinstrument im Rahmen eines „neuen Steuerungsmodells" im Schulwesen. In: Böttcher, Wolfgang/Holtappels, Heinz Günter/Brohm, Michaela (Hg.): Evaluation im Bildungswesen. Eine Einführung in Grundlagen und Praxisbeispiele. Weinheim/München: Juventa, 51-64.

Altrichter, Herbert/Posch, Peter (1996): Mikropolitik der Schulentwicklung. Förderliche und hemmende Bedingungen für Innovationen in der Schule. Innsbruck/Wien: StudienVerlag.

Bang, Henrik P. (ed.) (2003): Governance as social and political communication. Manchester, New York: Manchester University Press.

Bardach, Eugene/Kagan, Robert A. (1982): Going by the Book. The Problem of Regulatory Unreasonableness. A Twentieth Century Fund Report. Philadelphia: Temple University Press.

Barnard, Chester I. (1966): The Functions of the Executive. Cambridge: Harvard University Press.

Becker, Rolf/Lauterbach, Wolfgang (Hg.) (2004): Bildung als Privileg? Erklärungen und Befunde zu den Ursachen der Bildungsungleichheit. Wiesbaden: VS.

Benz, Arthur (2004a): Einleitung: Governance – Modebegriff oder nützliches sozialwissenschaftliches Konzept? In: Benz, Arthur (Hg.): Governance – Regieren in komplexen Regelsystemen. Eine Einführung. Wiesbaden: VS, 11-28.

Benz, Arthur (2004b): Multilevel Governance – Governance in Mehrebenensystemen. In: Benz, Arthur (Hg.): Governance – Regieren in komplexen Regelsystemen. Eine Einführung. Wiesbaden: VS, 125-146.

Benz, Arthur (Hg.) (2004c): Governance – Regieren in komplexen Regelsystemen. Eine Einführung. Wiesbaden: VS.

Benz, Arthur/Lütz, Susanne/Schimank, Uwe/Simonis, Georg (2004): Vorwort. In: Benz, Arthur (Hg.): Governance – Regieren in komplexen Regelsystemen. Eine Einführung. Wiesbaden: VS, 5-6.

Berle, Adolf A./Means, Gardner C. (1968): The Modern Corporation and Private Property. New York: Harcourt, Brace & World.

Blumer, Herbert (1969): Symbolic Interactionism. Perspective and Method. Berkeley: University of California Press.

Braun, Dietmar (2001): Regulierungsmodelle und Machtstrukturen an Universitäten. In: Stölting, Erhard /Schimank, Uwe (Hg.): Die Krise der Universitäten. Leviathan Sonderheft 20. Wiesbaden: Westdeutscher Verlag, 243-262.

Braun, Dietmar (1999): Theorien rationalen Handelns in der Politikwissenschaft. Eine kritische Einführung. Opladen: Leske + Budrich.

Brüsemeister, Thomas (2004): Schulische Inklusion und neue Governance – Zur Sicht der Lehrkräfte. Münster: Monsentein & Vannerdat.

Buschor, Ernst (1997): New Public Management und Schule. In: Dubs, Rolf/Luzi, Richard (Hg.): Schule in Wissenschaft, Politik und Praxis. 25 Jahre IWP. Tagungsbeiträge. St.Gallen, 147-176.

Coleman, James S. (1990): Foundations of Social Theory. Cambridge, London: Belknap Press.

Czada, Roland/Uwe Schimank (2000): Institutionendynamiken und politische Institutionengestaltung: Die zwei Gesichter sozialer Ordnungsbildung. In: Werle, Raymund/Schimank, Uwe (Hg.): Gesellschaftliche Komplexität und kollektive Handlungsfähigkeit. Frankfurt a.M./New York: Campus, 23-43.

de Boer, Harry/Enders, Jürgen/Schimank, Uwe (2007): On the Way Towards New Public Management? The Governance of University Systems in England, the Netherlands, Austria, and Germany. In: Jansen, Dorothea (ed.), New Forms of Governance in Research Organizations – Disciplinary Approaches, Interfaces and Integration (Im Erscheinen).

Ditton, Hartmut (2000): Qualitätskontrolle und -sicherung in Schule und Unterricht – ein Überblick zum Stand der empirischen Forschung. In: Helmke, Andreas/Hornstein, Walter/Terhart, Ewald (Hg.): Qualitätssicherung im Bildungsbereich. 41. Beiheft der Zeitschrift für Pädagogik. Weinheim: Beltz, 73-92.

Dzierzbicka, Agnieszka (2006): Vereinbaren statt Anordnen. Neoliberale Gouvernementalität macht Schule. Wien: Löcker.

Ebers, Mark/Gotsch, Wilfried (1995): Institutionenökonomische Theorien der Organisation. In: Kieser, Alfred (Hg.): Organisationstheorien. Stuttgart, u.a.: Kohlhammer, 185-235.

Elias, Norbert (1976): Über den Prozeß der Zivilisation. Frankfurt a.M.: Suhrkamp.

Epstein, Noel (ed.) (2004): Who's in Charge Here? The Tangled Web of School Governance and Policy. Washington: Education Commission of the States.

Ertman, Thomas (1997): Birth of the Leviathan. Building States and Regimes in Medieval and Early Modern Europe. Cambridge/New York: Oakleigh.

Esser, Hartmut (1999): Soziologie. Allgemeine Grundlagen. Frankfurt a.M./New York: Campus.

Fend, Helmut (1998): Qualität im Bildungswesen. Schulforschung zu Systembedingungen, Schulprofilen und Lehrerleistung. Weinheim/München: Juventa.

Fend, Helmut (2000): Qualität und Qualitätssicherung im Bildungswesen. In: In: Helmke, Andreas/Hornstein, Walter/Terhart, Ewald (Hg.): Qualitätssicherung im Bildungsbereich. 41. Beiheft der Zeitschrift für Pädagogik. Weinheim: Beltz, 55-72.

Fend, Helmut (2004): Was stimmt mit den deutschen Bildungssystemen nicht? Wege zur Erklärung von Leistungsunterschieden zwischen Bildungssystemen. In: Schümer, Gundel/Tillmann, Klaus-Jürgen/Weiß, Manfred (Hg.): Die Institution Schule und die Lebenswelt der Schüler. Vertiefende Analysen der PISA-2000-Daten zum Kontext von Schülerleistungen. Wiesbaden: VS, 15-38.

Fend, Helmut (2006a): Neue Theorie der Schule. Einführung in das Verstehen von Bildungssystemen. Wiesbaden: VS.

Fend, Helmut (2006b): Geschichte des Bildungswesens. Der Sonderweg im europäischen Kulturraum. Wiesbaden: VS.

Füssel, Hans-Peter (2003): Verträge – eine neue Regelungsform im Schulrecht. In: Döbert, Hans/von Kopp, Botho/Martini, Renate/Weiß, Manfred (Hg.): Bildung vor neuen Herausforderungen. Historische Bezüge – Rechtliche Aspekte – Steuerungsfragen – Internationale Perspektiven. Neuwied: Luchterhand, 70-76.

Fürst, Dietrich (2004a): Regional Governance. In: Benz, Arthur (Hg.) (2004): Governance – Regieren in komplexen Regelsystemen. Eine Einführung. Wiesbaden: VS, 45-64.

Fürst, Dietrich (2004b): Chancen der Regionalisierung im Bildungsbereich. Regional governance – ein neuer Ansatz der Steuerung regionaler Entwicklungsprozesse. In:

Lohre, Wilfried/Engelking, Gerhard/Götte, Zita/Hoppe, Claudia/Kober, Ulrich/ Madelung, Petra/Schnoor, Detlev/Weisker, Katrin (Hg): Regionale Bildungslandschaften. Grundlagen einer staatlich-kommunalen Verantwortungsgemeinschaft. Beiträge zu "Selbstständige Schule". Hg. von Projektleitung "Selbstständige Schule". Troisdorf, 35-55.

Gerhards, Jürgen (2001): Der Aufstand des Publikums. Eine systemtheoretische Interpretation des Kulturwandels in Deutschland zwischen 1969 und 1989. In: Zeitschrift für Soziologie 30, 163-184.

Geser, Hans (1990): Organisationen als soziale Akteure. In: Zeitschrift für Soziologie 19, 401-417.

Giddens, Anthony (1997: Die Konstitution der Gesellschaft. Grundzüge einer Theorie der Strukturierung. Frankfurt a.M./New York: Campus.

Gläser, Jochen (2007): Gemeinschaft. In: Benz/Arthur/Lütz, Susanne/Schimank, Uwe/ Simonis, Georg (Hg): Handbuch Governance. Wiesbaden: VS (Im Erscheinen).

Greshoff, Rainer/Kneer, Georg/Schimank, Uwe (Hg.) (2003): Die Transintentionalität des Sozialen. Eine vergleichende Betrachtung klassischer und moderner Sozialtheorien. Opladen: Westdeutscher Verlag.

Heidenheimer, Arnold J. (1984): Education and Social Security Entitlements in Europe and America. In: Flora, Peter/Heidenheimer, Arnold J. (eds.): The Development of Welfare States in Europe and America. New Brunswick/London: Transactions Books, 269-304.

Heinelt, Hubert (2004): Governance auf lokaler Ebene. In: Benz, Arthur (Hg.): Governance – Regieren in komplexen Regelsystemen. Eine Einführung. Wiesbaden: VS, 29-44.

Heinrich, Martin (2007): Governance in der Schulentwicklung. Von der Autonomie zur evaluationsbasierten Steuerung. Wiesbaden: VS.

Heinrich, Martin/Altrichter, Herbert (2006): Der Einfluss von Initiativen zur Modernisierung der Schule auf die LehrerInnenprofession. Ms.

Hewitt de Alccantara, Cynthia (1998): Uses and abuses of the concept of governance. In: International Social Science Journal 155, 105-113.

Hirschman, Albert O. (1970): Exit, Voice, and Loyalty. Responses to Decline in Firms, Organizations, and States. Cambridge, London: Harvard University Press.

Hirst, Paul (2000): Democracy and Governance. In: Pierre, Jon (ed.): Debating Governance: Authority, Steering, and Governance. Oxford:/New York: Oxford University Press, 13-35.

Holtappels, Heinz Günter/Müller, Sabine/Simon, Frank (2002): Schulprogramm als Instrument der Schulentwicklung. Inhaltsanalyse aller Hamburger Programmtexte. In: Die Deutsche Schule 94 (2), 217-233.

Hood, Christopher (1991): A Public Management for all Seasons? In: Public Administration 69, 3-19.

Jann, Werner (2005): Neues Steuerungsmodell. In: Blanke, Bernhard/von Bandemer, Stephan/Nullmeier, Frank/Wewer, Göttrik (Hg.): Handbuch zur Verwaltungsreform. Wiesbaden: VS, 74-84.

Jann, Werner/Wegrich, Kai (2004): Governance und Verwaltungspolitik. In: Benz, Arthur (Hg.): Governance – Regieren in komplexen Regelsystemen. Eine Einführung. Wiesbaden: VS, 193-214.

Jansen, Dorothea (1997): Das Problem der Akteurqualität korporativer Akteure. In: Benz, Arthur/Seibel, Wolfgang (Hg.): Theorieentwicklung in der Politikwissenschaft – eine Zwischenbilanz. Baden-Baden: Nomos Verlagsgesellschaft, 193-235.

Jessop, Bob (1998): The Rise of Governance and the Risks of Failure: The Case of Economic Development. In: International Social Science Journal 50 (155), 29-45.

Kehm, Barbara/Lanzendorf, Ute (eds.) (2006): Reforming University Governance – Changing Conditions for Research in Four European Countries. Bonn: Lemmens.

KGSt (1993): Das Neue Steuerungsmodell. Begründung, Konturen, Umsetzung (KGSt-Bericht 5). Köln: Kommunale Geschäftsstelle für Verwaltungsvereinfachung.

Kjær, Anne Mette (2004): Governance. Cambridge: Malden.

Klenk, Tanja/Frank Nullmeier (2004): Public Governance als Reformstrategie. Düsseldorf: Hans-Böckler-Stiftung.

Kneer, Georg (1998): Von Kommandohöhen zu Maulwurfshügeln. Ein Beitrag zur Diskussion politischer Steuerung aus systemtheoretischer Sicht. In: Sociologia Internationalis 36, 61-85.

Knoepfel, Peter/Ingrid Kissling-Näf (1993): Transformation öffentlicher Politiken durch Verräumlichung – Betrachtungen zum gewandelten Verhältnis zwischen Raum und Politik. In: Héritier, Adrienne (Hg.): Policy-Analyse. Kritik und Neuorientierung. Sonderheft 24 der Politischen Vierteljahresschrift. Opladen: Westdeutscher Verlag, 267-288.

Konsortium Bildungsberichterstattung (2006): Ein indikatorengestützter Bericht mit einer Analyse zu Bildung und Migration. Im Auftrag der Ständigen Konferenz der Kultusminister der Länder in der Bundesrepublik Deutschland und des Bundesministeriums für Bildung und Forschung. Bielefeld: Bertelsmann Verlag.

Kooiman, Jan (2003): Governing as Governance. London, u.a.: Sage.

Kooiman, Jan (ed.) (1993): Modern Governance. New Government-Society Interactions. London: Sage.

Kussau, Jürgen (2002): Schulpolitik auf neuen Wegen? Autonomiepolitik. Eine Annäherung am Beispiel zweier Schweizer Kantone. Aarau: Bildung Sauerländer.

Kussau, Jürgen/Brüsemeister, Thomas (2007): Governance, Schule und Politik. Zwischen Antagonismus und Kooperation. Wiesbaden: VS.

Lamping, Wolfram/Schridde, Henning/Plaß, Stefan/Blanke, Bernhard (2002): Der Aktivierende Staat – Positionen, Begriffe, Strategien. Studie für den Arbeitskreis Bürgergesellschaft und Aktivierender Staat der Friedrich-Ebert-Stiftung. Bonn.

Lange, Stefan/Schimank, Uwe (2004): Einleitung: Governance und gesellschaftliche Integration. In: Lange, Stefan/Schimank, Uwe (Hg.): Governance und gesellschaftliche Integration. Wiesbaden: VS, 9-44.

Lange, Stefan/Schimank Uwe (Hg.) (2004): Governance und gesellschaftliche Integration. Wiesbaden

Lange, Stefan/Schimank, Uwe (2007): Begrenzte Konvergenz: New Public Management in fünf nationalen Hochschulsystemen. In: Holzinger, Katharina, u.a. (Hg.): Politik-Konvergenz – Sonderheft der Politischen Vierteljahresschrift (Im Erscheinen).

Leibfried, Stephan/Zürn, Michael (2006a): Von der nationalen zur post-nationalen Konstellation. In: dies. (Hg.): Transformationen des Staates? Frankfurt a.m.: Suhrkamp, 19-65.

Leibfried, Stephan/Zürn, Michael (2006b) (Hg.): Transformationen des Staates? Frankfurt a.m.: Suhrkamp.

Lindblom, Charles E. (1980): Jenseits von Markt und Staat. Eine Kritik der politischen und ökonomischen Systeme. Stuttgart: Klett-Cotta.

Luhmann, Niklas (1967): Soziologie als Theorie sozialer Systeme. In: Kölner Zeitschrift für Soziologie und Sozialpsychologie, 19, 615-644.

Luhmann, Niklas (1981): Politische Theorie im Wohlfahrtsstaat. München, Wien: Günter Olzog Verlag.

Luhmann, Niklas (1989): Politische Steuerung: Ein Diskussionsbeitrag. In: Politische Vierteljahresschrift, 30 (1), 4-9.

Luhmann, Niklas (1996): Die Wirtschaft der Gesellschaft. Frankfurt a.m.: Suhrkamp.

Maag Merki, Katharina (2005): Die Zürcher MAB als Instrument zur Schulqualitätsentwicklung. In: Sigrist, Markus/Wehner, Theo/Legler, Anne (Hg.): Schule als Arbeitsplatz. Mitarbeiterbeurteilung zwischen Absicht, Leistungsfähigkeit und Akzeptanz. Zürich: Pestalozzianum, 61-80.

Maag Merki, Katharina/Büeler, Xaver (2002): Schulautonomie in der Schweiz. Eine Bilanz auf empirischer Basis. In: Rolff, Hans-Günter/Holtappels, Heinz Günter/ Klemm, Klaus/Pfeiffer, Hermann/Schulz-Zander, Renate (Hg.): Jahrbuch der Schulentwicklung. Daten, Beispiele und Perspektiven. Band 12. Weinheim/München: Juventa, 131-161.

Marin, Bernd/Mayntz, Renate (eds.) (1991): Policy Networks. Empirical Evidence and Theoretical Considerations. Frankfurt a.m.: Campus; Boulder: Westview Press.

Marks, Gary/Hooghe, Liesbet (2004): Contrasting Visions of Multi-level Governance. In: Bache, Ian/Flinders, Matthew (eds.): Multi-level Governance. Oxford: University Press, 15-30.

Mayntz, Renate (1987): Politische Steuerung und gesellschaftliche Steuerungsprobleme – Anmerkungen zu einem theoretischen Paradigma. In: Ellwein, Thomas/Hesse, Jens Joachim/Mayntz, Renate/Scharpf, Fritz W. (Hg.): Jahrbuch zur Staats- und Verwaltungswissenschaft. Bd. 1. Baden-Baden: Nomos, 89-110.

Mayntz, Renate (1996): Politische Steuerung: Aufstieg, Niedergang und Transformation einer Theorie. In: Beyme, Klaus von/Offe, Claus (Hg.): Politische Theorie in der Ära der Transformation. Sonderheft 26 der Politischen Vierteljahresschrift. Opladen: Westdeutscher Verlag, 148-168.

Mayntz; Renate (2001): Zur Selektivität der steuerungstheoretischen Perspektive. In: Burth, Hans-Peter/Görlitz, Axel (Hg.): Politische Steuerung in Theorie und Praxis. Baden-Baden: Nomos, 17-28.

Mayntz, Renate (2004): Governance im modernen Staat. In: Benz, Arthur (Hg.): Governance – Regieren in komplexen Regelsystemen. Eine Einführung. Wiesbaden: VS, 65-76.

Mayntz, Renate (2005): Governance Theory als fortentwickelte Steuerungstheorie. In: Schuppert, Gunnar Folke (Hg.): Governance-Forschung. Vergewisserung über Stand und Entwicklungslinien. Baden-Baden: Nomos, 11-20.

Mayntz, Renate (Hg.) (1980): Implementation politischer Programme. Empirische For-schungsberichte. Königstein: Athenäum.

Mayntz, Renate (Hg.) (1983): Implementation politischer Programme II. Ansätze zur Theoriebildung. Opladen: Westdeutscher Verlag.

Mayntz, Renate/Scharpf, Fritz W. (1995a): Steuerung und Selbstorganisation in staatsna-hen Sektoren. In: dies. (Hg.): Gesellschaftliche Selbstregelung und politische Steue-rung. Frankfurt a.M./New York: Campus, 9-38.

Mayntz, Renate/Scharpf, Fritz W. (1995b): Der Ansatz des akteurzentrierten Institutiona-lismus. In: dies. (Hg.): Gesellschaftliche Selbstregelung und politische Steuerung. Frankfurt a.M./New York: Campus, 39-72.

Meyer, John W./Rowan, Brian (1977): Institutionalized Organizations: Formal Structures as Myth and Ceremony. In: American Journal of Sociology 83 (2), 440-463.

Miller-Adams, Michelle (1999): The World Bank. New agendas in a changing world. London/New York: Routledge.

Moser, Urs/Rhyn, Heinz (1999): Schulmodelle im Vergleich. Eine Evaluation der Leis-tungen in zwei Schulmodellen der Sekundarstufe I. Hg. Bildungsdirektion des Kan-tons Zürich. Aarau: Sauerländer.

Nakamura, Robert T. (1987): The Textbook Policy Process and Implementation Research. In: Policy Studies Review 7 (1), 142-154.

Osborne, David/Gaebler, Ted (1990): Reinventing Government. How the Entrepreneurial Spirit is Transforming the Public Sector. Reading: Addison Wesley.

Osborne, David/Plastrik, Peter (1997): Banishing Bureaucracy. The Five Strategies for Reinventing Government. New York, u.a.: Addison-Wesley Publishing.

Parsons, Talcott (1972): Das System moderner Gesellschaften. Weinheim, München: Juventa.

Peschel, Falko (2005): Offener Unterricht und sein Potenzial. In: Reinhard Voß (Hg.): LernLust und EigenSinn. Systemisch-konstruktivistische Lernwelten. Heidelberg: Auer, 32-41.

Peters, B. Guy (2002): Governance: A Garbage Can Perspective. Institut für höhere Stu-dien (IHS). Reihe Politikwissenschaft 84. Wien.

Pierre, Jon/Peters, B. Guy (2000): Governance, Politics and the State. London: Macmil-lan.

Powell, Walter W. (1990): Neither Market nor Hierarchy: Network Forms of Organiza-tion. In: Research in Organizational Behavior 12, 295-336.

Power, Michael (1997): The Audit Society. Rituals of Verification. Oxford, u.a.: Oxford University Press.

Pratt, John W./Zeckhauser, Richard J. (eds.) (1985): Principals and Agents: The Structure of Business. Boston: Harvard Business School Press.

Pressman, Jeffrey L./Wildavsky, Aaron (1973): Implementation. How Great Expectations in Washington are Dashed in Oakland. Or, Why It's Amazing that Federal Programs Work at All. This Being a Saga of the Economic Development Administration as Told by Two Sympathetic Observers Who Seek to Build Morals on a Foundation of Ruined Hopes. Berkeley/Los Angeles/London: University of California Press.

Purkey, Stewart C./Smith, Marshall S. (1991): Wirksame Schulen – Ein Überblick über die Ergebnisse der Schulwirkungsforschung in den Vereinigten Staaten. In: Aurin,

Kurt (Hg.): Gute Schulen – Worauf beruht ihre Wirksamkeit. Bad Heilbrunn: Klinkhardt, 13-45.

Quack, Sigrid (2005): Zum Werden und Vergehen von Institutionen. Vorschläge für eine dynamische Governanceanalyse. In: Schuppert, Gunnar Folke (Hg.): Governance-Forschung. Vergewisserung über Stand und Entwicklungslinien. Baden-Baden: Nomos, 346-370.

Radtke, Frank-Olaf/Hullen, Maren/Rathgeb, Kerstin (2005): Lokales Bildungs- und Integrationsmanagement. Bericht der wissenschaftlichen Begleitforschung im Rahmen der Hessischen Gemeinschaftsinitiative Soziale Stadt. Frankfurt a.M., Ms.

Reinhard, Wolfgang (2000): Geschichte der Staatsgewalt. Eine vergleichende Verfassungsgeschichte Europas von den Anfängen bis zur Gegenwart. München: Beck.

Rhodes, R.A.W. (1996): The New Governance: Governing without Governnment. In: Political Studies, 44 (4), 652-667.

Rhodes, R.A.W. (1997): Understanding Governance. Policy Networks, Governance, Reflexivity and Accountability. Buckingham, Philadelphia: Open University Press.

Rhodes, R.A.W. (2000): Governance and Public Administration. In: Pierre, Jon/Peters, B. Guy (eds.): Governance, Politics and the State. New York: St. Martins Press, 54-90.

Ritter, Ernst-Hasso (1979): Der kooperative Staat. Bemerkungen zum Verhältnis von Staat und Wirtschaft. In: Archiv des öffentlichen Rechts 104, 389-413.

Rosenau, James N./Czempiel, Ernst Otto (eds.) (1992): Governance without Government. Order and Change in World Politics. Cambridge: Cambridge University Press.

Scharpf, Fritz W. (1970): Demokratietheorie zwischen Utopie und Anpassung. Konstanz: Universitätsverlag.

Scharpf, Fritz W. (1989): Politische Steuerung und Politische Institutionen. In: Politische Vierteljahresschrift 30, 10-21.

Scharpf, Fritz W. (1993): Positive und negative Koordination in Verhandlungssystemen. In: Héritier, Adrienne (Hg.): Policy-Analyse. Kritik und Neuorientierung. Sonderheft 24 der Politischen Vierteljahresschrift. Opladen: Westdeutscher Verlag, 57-83.

Scharpf, Fritz W. (1997): Games Real Actors Play. Actor-Centered Institutionalism in Policy Research. Boulder: Westview Press.

Schedler, Kuno/Isabella Proeller (2000): New Public Management. Bern, u.a.: Haupt.

Schimank, Uwe (1996): Theorien gesellschaftlicher Differenzierung. Opladen: Leske + Budrich.

Schimank, Uwe (2000): Handeln und Strukturen. Einführung in die akteurtheoretische Soziologie. Weinheim/München: Juventa.

Schimank, Uwe (2002a): Neue Steuerungssysteme an den Hochschulen. Förderinitiative des BMBF: Science Policy Studies. Abschlussbericht, 31.5. 2002. Hagen. Ms.

Schimank, Uwe (2002b): Organisationen: Akteurkonstellationen – Korporative Akteure – Sozialsysteme. In: Allmendinger, Jutta/Hinz, Thomas (Hg.): Organisationssoziologie. Sonderheft 42 der Kölner Zeitschrift für Soziologie und Sozialpsychologie. Wiesbaden: Westdeutscher Verlag, 29-54.

Schimank, Uwe (2005): Die akademische Profession und die Universitäten: „New Public Management" und eine drohende Entprofessionalisierung. In: Klatetzki, Thomas/Tacke, Veronika (Hg.): Organisation und Profession. Wiesbaden: VS, 143-164.

Schneider, Volker (2004): Organizational Governance – Governance in Organisationen. In: Benz, Arthur (Hg.): Governance – Regierenin komplexen Regelsystemen. Eine Einführung. Wiesbaden: VS, 173-192.

Schneider, Volker/Kenis, Patrick (1996): Verteilte Kontrolle: Institutionelle Steuerung in modernen Gesellschaften. In: Kenis, Patrick/Schneider, Volker (Hg.): Organisation und Netzwerk. Institutionelle Steuerung in Wirtschaft und Politik. Frankfurt a.M./New York: Campus, 9-43.

Schröder, Gerhard (ed.) (2002): Progressive Governance for the XXI. Century. Contributions to the Berlin Conference. Papers to the Experts' Conference co-edited by: Jürgen Kocka/Friedhelm Neidhardt/ Wissenschaftszentrum Berlin für Sozialforschung – WZB. München.

Schuppert, Gunnar Folke (Hg.) (2005): Governance-Forschung. Vergewisserung über Stand und Entwicklungslinien. (WZB/Schriften zur Governance-Forschung, Band 1) Baden-Baden: Nomos.

Stoker, Gerry (1998): Governance as theory: five propositions. In: International Social Science Journal, 50 (155), 17-28.

Streeck, Wolfgang/Schmitter, Philippe C. (1985a): Gemeinschaft, Markt und Staat – und die Verbände? Der mögliche Beitrag von Interessenregierungen zur sozialen Ordnung. In: Journal für Sozialforschung 25, 133-158.

Thom, Norbert/Ritz, Adrian/Steiner, Reto (Hg.) (2006): Effektive Schulführung. Chancen und Gefahren des Public Managements im Bildungswesen. Bern, u.a.: Haupt.

Veith, Hermann (2004): Zum Wandel des theoretischen Selbstverständnisses vergesellschafteter Individuen. In: Geulen, Dieter/Veith, Hermann (Hg.): Sozialisationstheorie interdisziplinär. Aktuelle Perspektiven. Stuttgart: Lucius & Lucius, 349-370

Voß, Reinhard (Hg.) (2005): LernLust und EigenSinn. Systemisch-konstruktivistische Lernwelten. Heidelberg: Auer.

World Bank (1994): Governance. The World Bank's Experience. Washington, D.C.: World Bank.

Weber, Max (1964): Wirtschaft und Gesellschaft. Grundriss der verstehenden Soziologie. Köln/Berlin: Kiepenheuer & Witsch.

Weintraub, Jeff/Kumar, Krishnan (eds.) (1997): Public and Private in Thought and Practice. Perspectives on a Grand Dichotomy. Chicago: University of Chicago Press.

Wiesenthal, Helmut (2000): Markt, Organisation und Gemeinschaft als „zweitbeste" Verfahren sozialer Koordination. In: Werle, Raymund/Schimank, Uwe (Hg.): Gesellschaftliche Komplexität und kollektive Handlungsfähigkeit. Frankfurt a.M./New York: Campus, 44-73.

Wiesenthal, Helmut (2003): Beyond Incrementalism – Sozialpolitische Basisinnovationen im Lichte der politiktheoretischen Skepsis. In: Mayntz, Renate/Streeck, Wolfgang (Hg.): Die Reformierbarkeit der Demokratie. Innovationen und Blockaden. Festschrift für Fritz W. Scharpf. Frankfurt a.M./New York: Campus, 31-70.

Wiesenthal, Helmut (2006): Gesellschaftssteuerung und gesellschaftliche Selbststeuerung. Wiesbaden: VS.

Willke, Helmut (1993): Ironie des Staates. Grundlinien einer Staatstheorie polyzentrischer Gesellschaft. Frankfurt a.M.: Suhrkamp.

Wissinger, Jochen (2000): Rolle und Aufgaben der Schulleitung bei der Qualitätssicherung und -entwicklung von Schulen. In: Zeitschrift für Pädagogik 6, 851-865.
Wolf, Charles Jr. (1993): Markets or Governments. Choosing between Imperfect Alterna-
tives. A RAND Research Study. Cambridge, MA: MIT Press.
Zymek, Bernd/Sikorski, Sandra (2005): Der Beitrag der empirischen Bildungsforschung
zu einer dezentralen Schulpolitik. In: journal für schulentwicklung, 9, 10-20.

Herbert Altrichter & Martin Heinrich

Kategorien der Governance-Analyse und Transformationen der Systemsteuerung in Österreich

Das Konzept „Governance" thematisiert die Art und Weise der Handlungskoordination zwischen verschiedenen Akteuren in komplexen sozialen Systemen. In vielen Bildungssystemen wird gegenwärtig versucht, traditionelle Formen der Handlungskoordination zwischen verschiedenen SystemmitspielerInnen in ‚neue Modelle der Systemsteuerung' zu transformieren. Im Kontext dieser Entwicklung stellt sich aus erziehungswissenschaftlicher Sicht die Frage: Wie kann man Zustände und Entwicklungen von Governance-Regimen im Bildungswesen erfassen, vergleichen und analysieren? Der folgende Beitrag geht diese Frage in folgenden Schritten an: Erstens versuchen wir klarer zu machen, welche Werkzeuge für die Analyse von Governance-Konstellationen und - Entwicklungen von Bildungssystemen gegenwärtig sichtbar sind. Zweitens erproben wir diese Kategorien an einer Analyse neuerer Entwicklungen des österreichischen Bildungssystems seit dem Beginn der Politik der Schulautonomisierung. Abschließend resümieren wir einige Ergebnisse dieser Analyse und der Erfahrungen der Arbeit mit diesen Analyseinstrumenten.

1. Instrumente für die Analyse von Governance-Konstellationen und -Entwicklungen

Die sozialwissenschaftliche Governance-Forschung untersucht das Zustandekommen sozialer Ordnung und sozialer Leistungen unter der Perspektive der Handlungskoordination zwischen verschiedenen Akteuren in komplexen Mehrebenensystemen. Für die Bestimmung möglicher Analysekategorien und -instrumente ziehen wir jene Bestimmungsstücke als zentrale Kategorien zur Beschreibung der spezifischen Governance-Perspektive heran, die wir und andere andernorts verwendet haben (vgl. Altrichter/Brüsemeister/Heinrich 2005; Kussau/Brüsemeister und Schimank in diesem Band; vgl. die Zusammenfassung in Abb. 1).

Kategorien	Leitende Fragen mögliche Analyseinstrumente und -perspektiven
A) leitende Werte und Wirkungen	talk – action, Intentionalität – Transintentionalität • Analyse von Intentionen/Wirkungsbehauptungen: Welche Werte/Wirkungen rechtfertigen Governance-Regimes und Akteurbeiträge? • Intentionalitätsbezogene Prozessanalyse: (Wie) werden diese Werte/Wirkungsbehauptungen strategisch eingesetzt? • Analyse von Wirkungen und Wirkungszusammenhängen: Welche Ergebnisse und Leistungen erbringen spezifische Formen der Handlungskoordination? • Evaluation: Wie sind diese Leistungen vor den Maßstäben verschiedener Bezugsgruppen einzuschätzen?
B) Akteure	Akteure der Kontrolle und Accountability (Kogan 1996): State – Profession – Clients – „neue Akteure" • Welche individuellen und organisierten Akteure beteiligen sich bei der Handlungskoordination? • Kommt es im Zuge von Transformationen zu einer relativen Umgewichtung der Einflusschancen verschiedener Akteure? Wie sind eventuell neu auftretende oder neu akzentuierte Akteure in diesem Kräftefeld zu lokalisieren?
C) Strukturen, Verteilung von Verfügungsrechten	Normen/Regeln bzw. Ressourcen • Welche – formellen und informellen, norm- bzw. ressourcenbezogenen – Verfügungsrechte kommen diesen Akteuren zu bzw. welche neuen, veränderten oder neu verteilten Verfügungsrechte eignen sie sich im Zuge von Transformationsprozessen an? • Wie lässt sich das je erreichte Ergebnis von Transformationen der Handlungskoordination in Form von ‚Verfügungsrechten' (Normen, Ressourcen) beschreiben?
D) Mehrebenensysteme	Unterscheidung von „Systemebenen" (OECD 1997; Altrichter et al. 2005); Suche nach institutionalisierten Fassungen systematischer Grenzziehung und -überschreitung (vgl. Kussau/Brüsemeister in diesem Band) • Was sind die charakteristischen Differenzen zwischen den Akteuren bzgl. der untersuchten Koordinationsaufgabe? • Welche spezifischen Orte und Instrumente der Handlungskoordination sind zu beobachten, die über diese charakteristischen Differenzen hinweg zwischen Akteuren „vermitteln" sollen? • Kann man innerhalb eines Systems Akteurkonstellationen mit effektiverer und effizienterer Handlungskoordination unterscheiden?

E) Handlungskoordination	Wie koordinieren Akteure ihre Handlung?
E 1)	**basale Modi der Handlungskoordination** (Schimank 2007): Beobachtung - Beeinflussung - Verhandlung
E 2)	**„klassische Modelle der Handlungskoordination"** („institutionell verdichtete komplexere Formen der Koordination") z.B. *Hierarchie, Markt, Gemeinschaft, Netzwerke, Mischformen* (Lange/Schimank 2004, 22ff.)
E 3)	**„Governance- Regimes"** (= zusammenfassende Analyse der Handlungskoordination in einem Bereich oder Handlungssektor) ▪ *Trends einer erneuerten Steuerung* (Clark 1997, Schimank in diesem Band): (1) Staatl Input-Regulierung, (2) Selbststeuerung der Lehrerprofession, (3) Außensteuerung substanzieller Ziele, (4) Hierarchische Selbststeuerung, (5) Konkurrenzdruck und Quasi-Märkte ▪ *Mechanismen-Analyse* (Langer 2006)

Abb. 1: Analyse von Governance-Konstellationen und -Entwicklungen – Bisherige Kategorien und Instrumente

1.1 Akteure und Akteurkonstellationen

Im Zentrum der Governance-Perspektive steht die Frage der Handlungskoordination zwischen verschiedenen Akteuren. Wie hat man sich die „Akteure", die hier interessieren, vorzustellen? Die Aufmerksamkeit geht zunächst in Richtung „sozialer" – im Sinne überindividueller – Akteure. „Handeln" können letztlich jedoch nur individuelle Akteure. Aber auch Gruppen, Organisationen, soziale Bewegungen etc. können in bestimmten historischen Situationen (d.h. also nicht notwendig und dauernd) „Akteurqualität" besitzen, d.h. „als Ganzes handlungsfähig" sein (Schimank 2002b, 54). Überindividuelle Akteure sind „composite actors", Konstellation individueller Akteure, die selbst schon das Ergebnis einer „Handlungskoordination" sind, die – bewusst oder unbewusst – in ihrem Handeln so zusammenwirken, dass es aus der Beobachterperspektive erscheint, als verfolgten sie eine gemeinsame Zielsetzung. Die Handlungskoordination solcher „Akteurkonstellationen" kann sowohl explizit aus Verhandlungen (typisch für „korporative Akteure") als auch implizit aufgrund gemeinsamer Deutungsmuster und wechselseitiger Beobachtung (typisch für „kollektive Akteure" im Sinne sozialer Bewegungen) entstanden sein (vgl. Schimank 2002b, 306ff.).

„Eine Konstellation individueller Akteure ist in dem Maß ein überindividueller Akteur, wie die Handlungen der einzelnen Konstellationsbeteiligten ein konstruktiv geordnetes Ganzes ergeben, also nicht bloß gelegentlich, sondern systematisch so aufeinander aufbauen, dass eine übergreifende Zielsetzung verfolgt wird." (Schimank 2002b, 308)

Die Governance-Perspektive hat also – angesichts der komplexen Phänomene, mit denen sie es zu tun hat, schon aus analyseökonomischen Gründen – einen *bias* in Richtung der Bevorzugung von Phänomenen kollektiver Regelung gegenüber dem Handeln einzelner Akteure (vgl. Benz et al. 2007, 19). Daraus können sich einige *mögliche Analysedefizite* ergeben, wenn nicht geeignete Gegenmaßnahmen ergriffen werden:

- *Akteurverhalten kann zu schnell einem umfassenden ‚überindividuellen Akteur' zugeordnet werden* (z.B. der Lehrerprofession), obwohl die Differenzierung unterschiedlicher individueller Akteure oder von Subgruppen aufschlussreichere Erklärungen sozialer Dynamiken erklauben würde.
- Handlungskoordination hat auch eine *kognitive Dimension*. In ihr werden Problemwahrnehmungen, Weltbilder und Deutungsmuster abgestimmt, die beim Blick auf umfassende soziale Akteure aus dem Blick geraten können.
- Die Beschäftigung mit umfassenden sozialen Akteuren kann schließlich einen *„impliziten Funktionalismus"* (ebd.) nahe legen, der komplexere und widersprüchliche Prozesse, die durch längerfristige Improvisation, Experimentieren und schrittweise Modifikation charakterisiert waren, auf ihre übergreifende „Funktion" reduziert.

Alle diese möglichen Einseitigkeiten entwerten u.E. nicht den Fokus auf „überindividuelle Akteure". Sie zeigen aber die Notwendigkeit, im Analyseprozess immer wieder die kritische Rückfrage zu stellen, inwieweit – womöglich vorschnell – Akteurverhalten unter umfassende Kategorien subsumiert wurde.

Wir beginnen die Analyse also mit dem Blick auf die Akteure und ihre Handlungsfähigkeit, d.h. auch auf die Art und Weise ihrer Beteiligung an der kollektiven Handlungskoordination. Hier stellen sich Fragen wie die folgenden:

- Welche individuellen und organisierten Akteure beteiligen sich an der kollektiven Handlungskoordination? Welche potentiellen SystemmitspielerInnen bleiben (relativ) unbeteiligt?
- Kommt es im Zuge von Transformationen – z.B. des ‚Steuerungsmodells' – zu einer relativen Umgewichtung der Einflussarten und -chancen verschiedener Akteure? Wie sind eventuell neu auftretende oder neu akzentuierte Akteure in diesem Kräftefeld zu lokalisieren?

Die Analyse wird hier spezifische soziale Akteure zu identifizieren suchen und sie in ihrer Systemposition beschreiben, d.h. ihren je spezifischen Handlungslogiken, ihrer Macht, Regelsysteme zu definieren und zu reinterpretieren, zu entwickeln und zu blockieren, zu institutionalisieren und zu deinstitutionalisieren (vgl. Kussau/Brüsemeister in diesem Band).

Welche Akteure erwarten wir, wenn wir Steuerungskonstellationen im Bildungswesen betrachten? Wir ziehen als erste Orientierung ein Modell von Maurice Kogan (1986; 1996) heran, der *drei Grundmuster der Rechenschaftslegung und Steuerung im Bildungswesen* unterscheidet. Diese drei Grundmuster geben gleichzeitig zentrale Akteure für Kontrolle und Steuerung der Prozesse im Bildungswesen an. Alle diese Grundmuster lassen sich mit guten Argumenten begründen und sind jeweils durch ein Bündel von typischen Vor- und Nachteilen charakterisierbar. In einer späteren Version zeigt Kogan (1996, 29ff.), dass sich diese Muster sehr unterschiedlich organisieren lassen, wobei die entscheidende Differenz darin liegt, ob die wesentlichen Entscheidungsprozesse eher innerhalb oder eher außerhalb der Einzelschule getroffen werden. In Abb. 2 werden die genannten Kategorien dargestellt; in den Zellen werden jeweils Beispiele dafür gegeben, wie der Einfluss des jeweiligen Akteurs konkret organisiert werden könnte.

Einige Erläuterungen zu Kogans Unterscheidungen: *Staatliche Kontrolle und Rechenschaftslegung* ist durch den staatlichen Bildungsauftrag und Finanzeinsatz legitimiert. Sie erfolgt traditionell im Wege der bürokratischen Hierarchie und bezieht sich in erster Linie auf die Einhaltung der Rechtsvorschriften. Ihre potentiellen Nachteile bestehen darin, dass sie zu einer zunehmenden Verdichtung von Rechtsvorschriften führt und die Entwicklung eigenständiger lokaler Lösungen eher behindert. Sie lässt sich ‚eher *organisationsextern*' organisieren, indem schulexterne Kontrollorgane Aufträge erteilen und Leistungsurteile abgeben, z.B. in der traditionellen Form der Schulaufsicht, die sich allerdings in vielen Ländern in Transformation befindet. Damit konkurrieren neue Formen der Schulaufsicht (z.B. Inspektionsteams, Metaevaluation) bzw. gesamtsystemische Evaluationsinstitutionen, die das Instrumentarium, das in den großen internationalen Vergleichsuntersuchungen von Schülerleistungen entwickelt wurde, nun in den nationalen Bildungssystemen nutzen. Vor allem in der tertiären und Erwachsenenbildung spielen verschiedene Formen von Akkreditierung und Zertifizierung eine bedeutsame Rolle. Eine primär staatliche Kontrolle lässt sich aber auch ‚eher *organisationsintern*' organisieren, wenn das letzte – in die Einzelorganisation gleichsam hineinragende – Glied der bürokratischen Anordnungskette, die Schulleitung, eine führende Rolle bei der Kontrolle und Evaluation der Leistung der Schule und ihrer MitarbeiterInnen hat.

Dominierende Akteure	Evaluative Entscheidungen fallen primär intern	extern
Staat	Schulleitung [als bürokratische Vorgesetzte]	Schulaufsicht, Inspektionsteams, externe Leistungsmessung, Akkreditierung
Profession	Selbstevaluation [Schulleitung als kollegiale KoordinatorInnen]	Peer review
KlientInnen	Partizipation der Eltern/SchülerInnen (z.B. wichtige Entscheidungen fallen im Schulpartnerschaftsgremium, unabhängige Rolle für Eltern/SchülerInnen bei der Evaluation) [Schulleitung als kundenorientierte ManagerInnen]	Wettbewerb, Konsumenten-Kaufentscheidungen (z.B. voucher-Systeme, transparente Leistungsinformation über Schulen soll differentielle Elternentscheidungen stimulieren, Förderung des Privatschulwesens)

Abb. 2: Grundmuster der Rechenschaftslegung

Eine *Kontrolle und Rechenschaftslegung durch die Profession* ist durch die besondere Fachexpertise legitimiert, die Professionelle in einem komplexen Beruf haben. Sie erfolgt *organisationsintern* durch die Berufstätigen selbst, wenn Steuerungsentscheidungen in die Verantwortung eines weithin autonomen Kollegiums gegeben und in der Form von Selbstevaluation beobachtet werden. Sie kann aber auch stärker *externalisiert* werden, indem z.B. Professionelle anderer Schulen oder schulexterne ExpertInnen in einer *peer review* Evaluationsaussagen formulieren, die zur Grundlage für Richtungsentscheidungen gemacht werden. Ein potentieller Nachteil professioneller Kontrolle liegt in ihrer Gefahr der Abschottung gegen externe Ansprüche und einer ,Elitenherrschaft' im Inneren.

Bei der *klientenkontrollierten* Steuerung und Rechenschaftslegung sind es die ,Klienten' (z.B. SchülerInnen bzw. ihre Eltern), die Rechenschaft einfordern und schulische Angebote steuern. Dies lässt sich durch die Effekte, die Schule auf sie hat, bzw. durch den Nutzen, den sie daraus ziehen sollen, legitimieren. Kontrolle und Rechenschaftslegung können entweder *organisationsintern organisiert* (durch die Partizipation bei Entscheidungen auf Klassen- oder Schulebene) oder eher *organisationsextern organisiert* (über Wettbewerb und Marktmechanismen) erfolgen, etwa indem Eltern die Schulwahl von öffentlich zugänglichen vergleichbaren Leistungen der Schule abhängig machen können. Die potentiellen Nachteile der konsumentenorientierten Kontrollversion bestehen in einer tendenziellen Reduktion der schulischen Aufgabenstellung auf leicht kommunizierbare, messbare bzw. veröffentlichbare Leistungen, in der ungleichen Markt- und Verbalmacht verschiedener Gruppen von Betroffenen und in der Ausgrenzung jener SchülerInnen, die aus verschiedenen Gründen „Schwierigkeiten haben bzw. machen".

Natürlich ist Kogans Modell als Analyseschema für die Transformation von Handlungskoordinationen sehr einfach. Unserer bisherigen Erfahrung nach ist es aber durchaus geeignet, uns erste Konturen differentieller Konstellationen im Zuge der Transformation schulischer Governance vor Augen zu führen (vgl. Altrichter et al. 2005, 140-147). Allerdings können – auf einer Makro-Ebene vergleichbar wirkende – Bildungsreformen in der Mikro-Perspektive durchaus unterschiedlich zusammengesetzt sein (vgl. Rürup/Heinrich in diesem Band); sie treffen auf eine – in einem spezifischen historisch-kulturellen Kontext entfaltete – ‚Grammatik der Schulregulierung', die Lehrer- und Schülerhandeln prägt (vgl. Fend 2005, 22), und werden in spezifischen Implementationsdynamiken ausgeformt (vgl. Altrichter/Wiesinger 2004). Daraus folgern wir, dass das analytische Programm einer Governance-Forschung ebenso wie sein praktischer Nutzen erfordern, Fragen der Systemkoordination und -steuerung von den Intentionen der vielen Mit-Steuernden über die vielfältigen Vermittlungsprozesse hin bis zu den intendierten Wirkungen zu rekonstruieren und zu verstehen (vgl. Fend 2005, 17).

Zweitens fällt das analytische Inventar des dreipoligen Modells letztlich recht schmal aus: Große Linien sind erkennbar, aber manche – in bestimmten Transformationsphasen offenbar wichtige – Akteure sind nicht gut lokalisierbar. Ein typisches Beispiel in unserem Fall sind die Schulleitungen: Je nachdem, wie sie ihre Funktion anlegen, können sie – wie in den eckigen Klammern in Abb. 2 angedeutet – als Agenten des Staats-, Professions- oder Klienteneinflusses gesehen werden. Gerade auf den ‚Zwischenebenen' zwischen Zentrale und Einzelschule sind eine ganze Reihe von Akteuren mit durchaus nicht aufeinander reduzierbaren Interessen angesiedelt (z.B. Schulaufsicht, Fortbildung, freiberufliche SchulentwicklungsberaterInnen, SchulbuchautorInnen, -produzentInnen und -vertreterInnen). Diese *intermediären Akteure* haben eine besondere Bedeutung für Governance-Analysen, weil ihre Tätigkeit meist gerade darauf gerichtet ist, zur Handlungskoordination zwischen verschiedenen Akteuren beizutragen – z.B. durch Aufsicht, durch Fortbildung oder Beratung (vgl. dazu Kap. 1.3). Außerdem ist zu vermuten, dass Veränderungen des Governance-Systems gerade über die *Einführung neuer Systemmitspieler* (z.B. Inspektionsteams, Akkreditierungsagenturen, Qualitäts- und Lernstandserhebungsinstitute, Schulleitung in manchen Schweizer Kantonen) oder auch über die *Neu-Akzentuierung alter Funktionen* (z.B. Schulleitung in Deutschland und Österreich, Eltern) betrieben wird. Was hier nonchalant „Staat" genannt wird, setzt sich zumindest aus Politik und Verwaltung zusammen, die jeweils in Hinblick auf „Handlungskoordination im Mehrebenensystem" unterschiedliche Aufgaben und Interessen haben. Was „Profession" heißt, muss nicht „professionell" in einem professionstheoretischen Verständnis agieren; der Sammelbegriff verheimlicht mehr, als dass er darüber aufklärt, wie die „interne Koordination" dieses Akteurs funktioniert. Wir brauchen also auch Analysemittel, die für Unterschiede, Koordinationen und Veränderungen „innerhalb" von Akteuren sensibel sind.

Das führt zu einer dritten Überlegung: Akteure werden im Handeln und in der Analyse als in ihrer gegenwärtigen Form „bestimmte" vorausgesetzt, d.h. als relativ abgeschlossene, die mit spezifischen Erwartungen versehen werden können. Gleichzeitig sind für Governance-Analysen primär nicht die „Akteure an sich" interessant, sondern das, was sie regelmäßig ins System einbringen, ihre Beiträge zur Handlungskoordination und Leistungserstellung. Auf der anderen Seite darf sich die Analyse nicht allein auf die – gleichsam depersonalisierten – Verhaltensakte konzentrieren. Akteure sind mehr als analytische Derivate von Verhaltens-Relationen, weil sie auch weitere – nicht auf Handlungskoordination orientierte – Bezüge und Loyalitäten in Interaktionen einbringen, die auch von ihren Interaktionspartnern unterstellt werden und partiell erklärungskräftig für Verhaltensbeiträge sind (und daher in der Analyse nicht von vornherein ausgeschlossen werden dürfen).

In ihren Verhaltensakten stützen sich Akteure auf die in der sozialen Situation vorhandenen Strukturen (genauer in Kap. 1.2) und die Verhaltensangebote anderer Akteure. Sie werden als „Agierende" in diesen Transaktionen „neu erzeugt" bzw. „umgebildet". Die analytische Voraussetzung von bestimmten Akteuren darf daher nicht dazu verführen, deren mögliche Transformation im Zuge dieser Prozesse zu übersehen. Im Gegenteil ist gerade zu vermuten, dass sich die Art und Weise, *wie* ein Akteur handelt und einflussreich wird, im Zuge von Prozessen der Systemtransformation verändert.

Ein Beispiel dafür ist die Veränderung der Art und Weise der Einflussnahme der kantonalen Verwaltung, die wir in der Reanalyse eines Projekts zur Schulprofilierung im Kanton Luzern feststellten (vgl. Altrichter/Heinrich 2005b): Wohl wurden durch eine Politik „der Erhöhung einzelschulischer Gestaltungsspielräume" Verfügungsrechte an die Schulen gegeben, doch behielt die Verwaltung – auch durch ihr „professionelles Management" des Veränderungsprojekts – eine zentrale Position im System. Ein weiteres Beispiel könnten die SchulleiterInnen abgeben, deren Tätigkeit sich im Zuge von Schulprofilierungsprozessen in österreichischen Schulen – z.B. in Hinblick auf Außenkontakte – deutlich änderte (vgl. Altrichter et al. 2005, 107f.). Auch hier kann es nicht bloß darum gehen, die relative Zunahme oder Abnahme des Einflusses auf Systementscheidungen zu bestimmen; vielmehr interessiert, wie sich „Akteure" im Zuge ihrer Handlungsbeiträge zur Systemkoordination verändern.

1.2 Verfügungsrechte und Strukturen

Das Handeln sozialer Akteure wird in der Governance-Perspektive als nicht (hauptsächlich) erratisch und isoliert, sondern als (potentiell) strukturiert, einer bestimmten „Handlungslogik" folgend (vgl. Benz et al. 2007, 19) und koordiniert angesehen (auch wenn diese Koordination in manchen Situationen und nach manchen Kriterien misslingen mag). Handeln geschieht in einem strukturierten Raum und strukturiert diesen weiter (vgl. Giddens 1992). „Strukturen" werden durch frühere Handlungen ‚hergestellt' und bieten Handlungsmöglichkeiten an. Spätere Handlungen „gebrauchen" diese Strukturen, wodurch diese „reproduziert – und vielleicht verändert" werden (Ortmann et al. 1990, 14). In diesem Sinne ist eine „Regelungs-Struktur" – oder mit anderen Worten: eine spezifische Organisiertheit von *Verfügungsrechten zum Treffen von Entscheidungen* (vgl. Braun 2001, 247) – Voraussetzung und Ergebnis der Handlungskoordination.

Handlungsfähigkeit stützt sich auf Verfügungsrechte. Die Frage nach dem Einfluss und relativen Gewicht von Akteuren wird inhaltlicher, wenn man untersucht,

- *welche* – formellen, informellen, legitimen und faktischen (ressourcenabhängigen) – *Verfügungsrechte diesen Akteuren* zukommen bzw. welche neuen, veränderten oder neu verteilten Verfügungsrechte ihnen im Zuge von Transformationsprozessen zufallen.
- Die Frage nach den Verfügungsrechten ist aber auch aus einer zweiten Perspektive von Interesse: In der spezifischen „Struktur von Verfügungsrechten" zu einem gegebenen Zeitpunkt schlägt sich das *aktuelle Ergebnis von Transformationen der Handlungskoordination* (z.B. als Ergebnis von Reformen des Steuerungsmodells) nieder.

Diese Strukturelemente kann man wiederum unterscheiden nach „Verfügungsrechten (i.e.S)" und „Verfügungsfähigkeiten" (vgl. z.B. Giddens 1992, Kussau/ Brüsemeister in diesem Band):

- *Regeln oder Normen,* die in unterschiedlichem Maße institutionalisiert sein können, wie Gesetze, Verordnungen, Verträge, Handlungsanweisungen, informelle Rechte, „ungeschriebene Gesetze", Umgangsregeln, Gepflogenheiten usw. Auf diese können sich Akteure explizit oder implizit berufen; mit diesen können sie ihre Handlungen legitimieren.

* *Materielle und immaterielle Ressourcen,* wie Geld, Zeit, Kompetenz, Sinn, usw., versetzen Akteure überhaupt erst in die Lage, Handlungen zu gestalten.

Es nützt nichts, wenn man im Recht ist, aber dies in einem spezifischen Kontext niemanden beeindruckt; es nützt nichts, wenn man Kompetenz hat, sie aber nicht ausspielt oder diese nicht nachgefragt wird. Regeln bestehen genauso wie Ressourcen nicht im luftleeren Raum, sondern müssen erst durch Gebrauch, durch Handlung aktualisiert werden.

Durch das Governance-Konzept wird der Blick gleichsam „dezentriert" (vgl. Schimank in diesem Band), von den „Steuernden" oder „Regierenden" in den *top levels* der untersuchten Systeme weg, in Richtung der Mitwirkung von sehr unterschiedlichen Akteuren an der Handlungskoordination. Diese Öffnung der Analyseperspektive sollte jedoch nicht dazu führen, die durchaus *unterschiedlichen Beteiligungs- und Einflusschancen* verschiedener Akteure (vgl. Altrichter/Salzgeber 1996) zu übersehen. Diese Unterschiedlichkeit scheint uns jedenfalls gut durch die Explikation akteurspezifisch aktualisierbarer Verfügungsrechte rekonstruierbar.

1.3 Mehrebenensysteme und „Grenzüberschreitungen"

In der Governance-Perspektive untersuchte soziale Systeme werden als *Mehrebenensysteme* verstanden (vgl. Benz 2004a; Brüsemeister 2004a, 191ff.). Die erste Assoziation zum Konzept „Mehrebenensystem" ist meist die geschichtete Pyramide, deren Ebenen dann oft die Bezeichnungen „Makro, Meso, Mikro" tragen. Auch in der Governance-Forschung werden solche Modelle verwendet, wobei ähnliche Worte und graphische Strukturierungen nicht immer identische Begriffsinhalte bezeichnen müssen. Bei Schimank (in diesem Band) finden sich auf der *Makro-Ebene* gesellschaftliche Teilsysteme, die er vor allem über die ihnen eigenen „evaluativen Orientierungshorizonte des Handelns" (wie Leitideen, binäre Codes) beschreibt. Auf der *Mikro-Ebene* ist die „Leistungsproduktion von Individuen und Gruppen" angesiedelt, während das Konzept der *Meso-Ebene* „organisatorische und interorganisatorische Strukturen" (ebd.) thematisiert.

Gegenüber einer solchen Differenzierung nach theoretischen Funktionen wird das Schichtmodell gerade in Hinblick auf Bildungsfragen oft nach *unterschiedlichen Ebenen der Systemverwaltung* aufgebaut. So kann man – in Abwandlung eines Strukturierungsvorschlages der OECD (1997) – fünf Ebenen der Steuerung von Bildungssystemen unterscheiden (vgl. Abb. 3). Auf einer *Makro-*

Ebene werden jene Spieler betrachtet, die die Legitimation und das Potenzial haben, „(mit-)steuernden Einfluss' auf das Gesamt-System zu nehmen: Das ist zunächst der Staat und seine Verwaltung, aber auch Einheiten, die sich aus der Differenzierung von Staaten ergeben, z.B. supranationale Einheiten wie die Europäische Union. Hier zeigt sich sogleich, dass die Zurechnung nicht schematisch erfolgen kann, sondern die Unterschiedlichkeit der (zunächst überlieferten) Steuerungssysteme in Rechnung stellen muss. So sind in föderalen Systemen Länder, Kantone und ihre Verwaltungen als ‚zentrale' Makro-Mitspieler anzusehen, während sie in zentralistischen Systemen (wie dem österreichischen Bildungswesen) deutlich niedriger in der Einflusspyramide anzusiedeln sind. Schließlich treten auch nicht-staatliche Akteure mit dem Anspruch der Mitwirkung an der Gestaltung des Bildungswesens auf, wie z.B. die Vertretungen der ArbeitnehmerInnen und ArbeitgeberInnen, Lehrervereine und eventuell national oder regional agierende Verbände und Pressure Groups für bestimmte Entwicklungen im Bildungswesen. Auf der *Meso-Ebene* sind die einzelnen Organisationen angesiedelt, die die jeweiligen Systemleistungen erbringen sollen: Schule, Universitäten, Erwachsenenbildungseinrichtungen usw. Auf der *Mikro-Ebene* werden schließlich die konkreten Muster der Handlungskoordination der Einzelakteure in den Meso-Institutionen und ihrem Umfeld analysiert: Dabei kommen Transaktionen im Unterricht, in der Schulgemeinschaft, die vielfältigen Austauschprozesse zwischen LehrerInnen, mit denen sie ihre Arbeit vorbereiten und koordinieren, die Transaktionen zwischen Mitgliedern der Schule und ihren Bezugsgruppen im Umfeld usw. in den Blick.

Uns ist hier wichtig zu betonen, dass die Governance-Perspektive *nicht nur auf die Voraussetzungen* von Unterricht auf Makro- und Meso-Ebene zielt, sondern *auch die konkreten Koordinationsleistungen im Unterricht und in außerunterrichtlichen schulischen Interaktions- und Arbeitszusammenhängen* in den Blick nimmt. Governance-Analysen diskutieren also nicht Koordinationsleistungen im Mehrebenensystem, *bevor* Unterricht stattfindet, sondern Unterricht ist selbst eine Koordinationsleistung im Mehrebenensystem, die im Verein mit Handlungskoordinationen auf anderen Systemebenen dazu beiträgt, dass bestimmte Systemleistungen erbracht werden oder eben nicht.

Aus der Perspektive gesellschaftlicher „Gestaltungsakteure aus der Politik" mag die Meso-Ebene am meisten Hoffnung bieten, „auf absehbare Zeit zielsicher auf die Leistungsproduktion [z.B. des Bildungssystems; d. Verf.] einwirken zu können" (Schimank in diesem Band). Für ein Verständnis der gesamtsystemischen Koordination ist aber gerade die Verknüpfung von Governance-Regimen auf der Meso-Ebene mit der Fein-Struktur der Handlungskoordination und Leistungserbringung auf der Mikro-Ebene entscheidend. Das Schicksal von Steuerungsinnovationen, wie sie gegenwärtig beispielsweise in Form von

Bildungsstandards, Lernstandserhebungen und Schulinspektionen eingeführt werden, entscheidet sich nicht zuletzt auf der Mikro-Ebene (vgl. Altrichter/Heinrich 2006): Können SchulleiterInnen und LehrerInnen die zusätzlich verfügbaren Informationen angesichts gegebener Ressourcen für eine produktive Steuerung von Schule und Unterricht verwenden? Bieten „Bildungsstandards" genug Orientierung für die Unterrichtsarbeit der LehrerInnen und für die Lernhandlungen der SchülerInnen? usw.

Aus der Perspektive der Systemsteuerung und Handlungskoordination muss also auf der Mikro-Ebene nicht das analytische Instrumentarium gewechselt werden. Auch „Unterricht" ist ein Koordinationsproblem: Eine größere Anzahl von Lernenden und Lehrenden müssen ihre letztlich individuell gestalteten Lern- und Lehrhandlungen so koordinieren, dass u.a. bestimmte gesellschaftlich (z.B. jüngst durch „Bildungsstandards") festgelegte Aufgaben erreicht werden.

Bedeutsam für das Schulsystem scheint allerdings zu sein, dass „zwischen" der Makro- und der Meso-Ebene (und wahrscheinlich nicht in jedem Fall ganz einfach lokalisierbar) weitere Akteure angesiedelt sind, die wir hier *intermediäre Akteure* nennen. Darunter fällt zunächst einmal die regionale und lokale Schulverwaltung, aber auch alte „Unterstützungs-Strukturen" (wie Fortbildung) ebenso wie ‚neu eingeführte' Mitspieler (wie Schulinspektion, Fach- oder Schulentwicklungsberatung). Gemeinsames – und für die Analyse von Handlungskoordination höchst interessantes – Merkmal dieser Einrichtungen ist, dass ihre ureigenste Aufgabe darin liegt, Vermittlungsleistungen zwischen verschiedenen Akteuren und Ebenen zu bieten und damit die Handlungskoordination zwischen den verschiedenen Systemelementen und -ebenen zu fördern.

So liegt die Hauptfunktion von Verwaltung darin, die Intentionen und Festlegungen der Makro-Ebene klein zu arbeiten und an die weiteren Systemelemente zu „vermitteln". Unnötig zu sagen, dass sie nicht *nur dies* tut, nicht nur um eine reibungslose Koordination bemüht ist, sondern auch weitere Themen und Kriterien in die Systemkoordination einbringt. Die Verwaltung hat, wie alle anderen intermediären und sonstigen Akteure mit längerer Geschichte, eine eigene Kultur aufgebaut mit eigenen Traditionen und Vorlieben, die in diesem „Vermittlungsprozess" wirksam werden und daher dazu führen, dass Entscheidungen und Intentionen der Makro-Ebene – immer, besonders aber dann, wenn diese Entscheidungen traditionelle Werte und Funktionsweisen der Verwaltung selbst berühren – in je spezifischer Weise getönt werden.

OECD	Österreich	Schweiz	Deutschland
Macro	EU Bund	Bund EDK/EDK- Regionen	EU Bund KMK Bundesländer
Upper Inter-mediary	Bundesländer Landesschulräte, Landesschulinspekto-rInnen	Kantone Fachliche Verant-wortung (Lehrpläne, Fachaufsicht, externe Evaluation) durch kantonale Bildungs-departemente	Fachliche Verant-wortung: Bezirksre-gierung - höhere Schulaufsicht
Lower Inter-mediary	Fachliche Verantwor-tung: Bezirksschulräte, -inspektoren		Fachliche Verant-wortung: Bezirksre-gierung – niedere Schulaufsicht
	Materielle Schulträ-ger: Gemeinden (Gemeindeverbände)	Materielle Schulträ-ger: Bezirke oder Gemeinden	Materielle Schulträ-ger: Gemeinde
Meso/ School	Schule	Schule	Schule
Micro	Unterricht	Unterricht	Unterricht

Abb. 3: Ebenen der Steuerung im Grundschulbereich (nach OECD 1997)

Oelkers/Reusser (2006, II/18) halten die Mikro-Meso-Makro-Kategorisierung „für ein Modell der Implementation von Bildungsstandards [und damit wohl auch für Governance-Analysen; d. Verf.] nur begrenzt tauglich, weil es von einer vertikalen Raumvorstellung geprägt ist." Die Implementationsforschung habe dagegen gezeigt, „dass eher horizontale sowie instrumentelle Faktoren den Verlauf von Innovationen bestimmen." Die Autoren schlagen folgende – gleichsam horizontal-verschachtelte – *Unterscheidung von Ebenen* vor: Nationales Bildungssystem – Regionale Netzwerke – einzelne Schulen – Akteure – Instrumente. Interessant und weiterführend ist dabei, dass regionale Netzwerke, die nicht nur aus Schulen, sondern auch aus Kommunen, Verbänden, anderen pädagogischen Institutionen und Einzelpersonen bestehen, und die ihre Funktion auch aus der Idee, dass Schule ein zentraler Standortfaktor ist, ableiten, „zu einer Handlungseinheit eigener Art" werden (Oelkers/Reusser 2006, II/14).

Die Schwierigkeit, ein weithin geteiltes und für verschiedene Bildungssysteme in gleicher Weise verwendbares Ebenenkonzept für das Schulwesen zu lokalisieren, mag als frustrierend erscheinen. Vielleicht wirkt aber die in letzter Zeit zu beobachtende Tendenz, das *Ebenen*-Konzept nicht allzu wörtlich zu nehmen, befreiend. So verabschieden sich Kussau/Brüsemeister (in diesem Band) vom Bild der Pyramide, deren verschiedenen Schichten unterschiedliche Logik und Wertigkeit zugeschrieben wird. Sie verstehen den Begriff des Mehrebenensystems als „Platzhalter für grenzüberschreitende Koordinationen. Sie erstrecken sich sowohl auf vertikale Beziehungen von Akteuren eines Handlungssektors, als auch auf horizontale Beziehungen zwischen Akteuren *verschiedener* Handlungssektoren." (Hervh. durch die Verfasser) Die entscheidende Frage einer Governance-Analyse liegt darin, wie „Grenzen" zwischen Akteuren konstituiert werden und wie versucht wird, sie wieder zu „überbrücken".

In dieser Perspektive ist das Konzept des ‚Mehrebenensystems' ein dramatisierender Hinweis auf die Komplexität der Fragen, die wir untersuchen. Probleme der Handlungskoordination sind prinzipiell zwischen allen Akteuren zu erwarten. Allerdings gibt es Felder unterschiedlicher Dichte und Modi der Koordination, und es gibt solche, in denen unterschiedliche Koordinationslogiken vorherrschen. Das Typische der Situationen, die die Governance-Perspektive untersucht, ist, dass „Handlungskoordination in der Regel zwischen Akteuren stattfindet, die in unterschiedlichen institutionellen Kontexten agieren und deren Handlungsziele und -optionen oft erst in politischen Prozessen nach den Regeln dieser Institutionen bestimmt werden." (vgl. Benz et al. 2007, 23) Ein Beispiel sind politische Verhandlungen z.B. zwischen Sozialpartnern oder Staaten, in denen sich die Akteure einerseits auf Verhandlungen einlassen müssen, andererseits der Willensbildung und Kontrolle in den eigenen Institutionen unterworfen sind.

Das Konzept des ‚Mehrebenensystems' soll für – z.B. personale, soziale, kognitive, zeitliche und historisch-kulturelle – *Differenzen*, die eben nicht nur „zwischen" Ebenen im Sinne des Pyramidenmodells liegen, sondern auch „innerhalb" dieser auftreten können, sensibilisieren und die *Suche nach institutionalisierten Fassungen systematischer Grenzüberschreitungen* anregen (so Kussau/Brüsemeister in diesem Band).

Für die Analyse von Governance-Konstellationen und -Entwicklungen scheinen weniger vorformulierte Ebenen-Schemata als folgende Fragen entscheidend:

•   Was sind die *charakteristischen Differenzen* (z.B. bzgl. unterschiedlicher Aufgaben, Ressourcen, Zuständigkeiten, Handlungslogiken, Entscheidungsprioritäten, Informationen, Kompetenzen, Zeithorizonte) zwischen den Akteuren in Hinblick auf die untersuchte Koordinationsaufgabe?

- Welche *spezifischen Orte und Instrumente der Handlungskoordination* sind zu beobachten, die über diese charakteristischen Differenzen hinweg zwischen den Akteuren „vermitteln" sollen?
- Kann man innerhalb eines Systems Akteurkonstellationen unterscheiden, in denen die *Handlungskoordination mit unterschiedlichem Aufwand und Problemanfälligkeit* geschieht – z.b. aufgrund *relativer Ähnlichkeit* (oder wenigen Differenzen in Hinblick auf Aufgaben, Handlungslogiken, Entscheidungsprioritäten usw.) oder aufgrund der Existenz von *institutionalisierten Fassungen systematischer Grenzüberschreitungen.*

1.4 Leitende Werte, erwartete und unerwartete Ergebnisse

Für Governance-Analysen spielen Wertfragen eine mehrfache Rolle:

- Zum einen sind Intentionen ein charakteristisches Element von Handlungssystemen; Akteure unterlegen ihren Handlungen implizit oder explizit eine bestimmte Absicht, die sich auf Prozesselemente oder Ergebnisse (realisierte Ziele) beziehen kann.
- Zweitens können sie bestimmte Absichts- oder Ergebnisbehauptungen strategisch einbringen, um damit ihre Handlungsmöglichkeiten zu rechtfertigen oder zu erhöhen (vgl. Altrichter/Salzgeber 1996, 102-104).
- Drittens dürfen sich Governance-Analysen „nicht allein auf die Betrachtung der Dynamiken von ‚Regelungsstrukturen' beschränken [...], sondern [müssen] diese systematisch und nicht bloß punktuell im Zusammenhang mit Effekten auf die ‚Leistungsstrukturen' (Mayntz/Scharpf 1995) der jeweiligen gesellschaftlichen Teilsysteme sehen" (vgl. Schimank in diesem Band). Dazu wird es jedoch auch erforderlich sein, die normativen Horizonte, die verschiedene Akteure an ihre Systembeiträge und die Gesamtleistung des Systems herantragen, als *eine* Bezugsgröße zu erheben.
- Schließlich interessiert sich der Governance-Ansatz selbst für sein Feld nicht nur unter retrospektiv-analytischer Perspektive, sondern auch unter jener „intentionaler Gestaltung" (vgl. Schimank in diesem Band). Dabei aber ist die Frage, inwieweit die im System herrschenden Intentionalitäten mit jenen der beabsichtigten Gestaltung kompatibel sind, von ganz entscheidender Bedeutung.

Für die Analyse dieses Aspekts von Handlungskoordination erscheint uns folgende *Unterscheidung* bedeutsam: Intentionen können in Handlungssystemen explizit geäußert werden oder nicht; sie können aber auch durch eine Analyse der Funktionen von Handlungen erschlossen werden, wobei die geäußerte Intention nicht unbedingt mit der durch Handlungsanalyse erschlossenen übereinstimmen muss. Oder aus anderer Perspektive: Die *(Re-)Produktion von Strukturen* erfolgt zwar durch intentionale, sich bewusst auf bestimmte Ziele richtende Handlungen, die in diesem Sinn „strategisch" sind. Daraus folgt aber keineswegs, dass die Handlungen immer gerade die Aufrechterhaltung der Strukturen beabsichtigen, und dass Strukturen immer oder zumeist das Resultat der Umsetzung beabsichtigter Entwürfe darstellen. Die Strukturierung von Handlungssystemen erfolgt viel öfter als *unbeabsichtigtes Nebenprodukt der Verfolgung eigener Interessen*; sie geschieht durch unintendierte Handlungsfolgen (vgl. Ortmann et al. 1997, 317f.). Zur Fassung dieses Unterschiedes sind unterschiedliche Kategorien angeboten worden: *talk* und *action* (vgl. Brunsson 1989), *espoused theories* und *theories-in-use* (vgl. Argyris/Schön 1974), Intentionen und nicht-intendierte Handlungsfolgen (vgl. Giddens 1992) sowie Intentionalität und Transintentionalität (als am ehesten in Governance-Analysen heimisches Begriffspaar).

Die übereinstimmende Botschaft ist jedenfalls, dass jede Governance-Analyse beiden Seiten des Handelns gerecht werden muss. Wie Giddens für strukturationstheoretische Forschung beansprucht, müssen Governance-Analysen eine Forschungsstrategie entwickeln, die „zwischen der Teilnehmer- und der Beobachterperspektive vermittelt und zugleich eine kritische Distanz zu beiden Perspektiven ermöglicht" (Osterloh/Grand 1997, 357; vgl. Giddens 1992, 342ff.). Die Forschung muss sowohl die Intentionalität der Akteurperspektive als auch die Funktionalität einer strukturorientierten Sichtweise in ihrer Strategie anerkennen, ihnen methodisch gerecht werden, sie aber letztlich transzendieren. Dazu braucht es zunächst *zwei Analyserichtungen,* die bei Giddens folgendermaßen konzipiert sind*:*

• In einer *strategischen Analyse* soll über einen verstehenden Zugang zu den Wissensinhalten der Akteure – zu „dem diskursiven und praktischen Bewusstsein und den Kontrollstrategien innerhalb definierter kontextueller Grenzen" (Giddens 1992, 343) – eine „Rekonstruktion der gesellschaftlichen Wirklichkeit aus der Perspektive der handelnden Subjekte in hermeneutisch-interpretativer Einstellung" (Osterloh/Grand 1997, 357) geleistet werden.
• Sozialwissenschaft muss sich auf das Alltagswissen der Akteure einlassen, weil es ein bedeutsamer Teil jener Sozialität ist, die sie verstehen, erklären und theoretisieren will. Sie kann aber als Wissenschaft nicht in ihm verhar-

ren und soll „über das Alltagswissen hinaus gehen" und „als kritische Instanz Orientierungshilfen zur Verfügung" stellen. Eine *institutionelle* oder *strukturelle Analyse* soll daher „die nicht-intendierten Nebenwirkungen aufdecken, die dem handelnden Subjekt verborgen sind. Sie wird vom Wissenschaftler oder von der Wissenschaftlerin in erklärender Absicht aus der Beobachterperspektive an den Untersuchungsgegenstand heran getragen." (ebd.)

Bei den beiden genannten Analyserichtungen handelt es sich eher um „Unterschiede in der Akzentsetzung", denn um klar trennbare Analyseformen: „die eine wie die andere muss im Prinzip durch eine Konzentration auf die Dualität von Struktur abgerundet werden." (Giddens 1992, 343)

Für die Analyse von Governance-Konstellationen und -Entwicklungen scheinen daher folgende Fragen bedeutsam:

- *Analyse von Intentionen und Wirkungsbehauptungen:* Welche leitenden Werte und Wirkungserwartungen unterstellen die Akteure ihrem Systemhandeln? Welche Werte/Wirkungen rechtfertigen sowohl spezifische Formen der Handlungskoordination als auch einzelne Akteurbeiträge?
- *Intentionalitätsbezogene Prozessanalyse:* Welche strategische Bedeutung haben verschiedene Werte/Wirkungsbehauptungen für das Propagieren oder Ablehnen von Systemveränderungen?
- *Analyse von Wirkungen und Wirkungszusammenhängen:* Welche Ergebnisse und Leistungen erbringen spezifische Formen der systemischen Handlungskoordination? Können „spezifische Zugriffspunkte" identifiziert werden, an denen Gestaltungsakteure produktiv in die Systemdynamik eingreifen können? (vgl. Schimank in diesem Band)
- *Evaluation:* Wie sind diese Leistungen vor dem Hintergrund der Maßstäbe, die verschiedene Bezugsgruppen an die Systemtätigkeit heranbringen, einzuschätzen?

1.5 Modi der Handlungskoordination

Ein *Zwischenresümee* zeigt, dass zwar eine Reihe von Analysefragen genannt werden können, dass diese jedoch immer wieder um *das gleiche zentrale Erklärungselement* kreisen: Akteure (vgl. Kap.1.1), die sich letztlich über ihre Unterschiedlichkeit und ihre intentionalen Handlungen beschreiben lassen (z.B. 1.2 - 1.4), beziehen sich in ihren Handlungen auf Strukturen und (re-)produzieren diese (vgl. 1.2). Diese und die darauf fußenden Leistungen können als Ergebnisse der koordinierten Handlung aufgefasst und evaluiert werden (vgl. 1.4). Keines dieser Elemente ist jedoch isoliert für sich interessant; erst in ihrer Relationierung werden sie aussagekräftig für Analysen sozialer Ordnung und ihrer Transformation. *Diese Relationierung geschieht mit dem zentralen Konzept der Handlungskoordination,* das thematisiert, wie Akteure an verschiedenen Stellen eines komplexen Systems intentional und transintentional an der Regulierung und Leistungserbringung dieses Systems mitwirken.

Angesichts der zentralen Bedeutung dieses Konzepts für die Entfaltung der Governance-Perspektive ist nicht verwunderlich, dass mehrere Analyseinstrumente auf unterschiedlichen Abstraktionsniveaus diskutiert werden. Wir stellen im Folgenden drei Ansätze dar.

1.5.1 Basale Governance-Mechanismen

Auf der Suche nach den ‚kleinsten Bausteinen' sozialer Koordination unterscheidet Schimank (2007) drei elementare „Governance-Mechanismen", mit denen Akteure ihre Handlungen koordinieren: In *Beobachtungs*-Konstellationen findet „die Handlungsabstimmung allein durch einseitige oder wechselseitige Anpassung an das wahrgenommene Handeln der anderen" statt (Lange/ Schimank 2004, 20). Im Modus der *Beeinflussung* (der Beobachtung voraussetzt) erfolgt die Handlungskoordination „durch den gezielten Einsatz von Einflusspotentialen", wie z.B. von Macht, Geld, Wissen, Emotionen, moralischer Autorität etc. (a.a.O., 20f.). Innerhalb von *Verhandlungs*konstellationen (die Beobachtung und Beeinflussung voraussetzen) basiert Handlungskoordination auf der zweiseitigen Ausarbeitung von Vereinbarungen, die ihre bindende Wirkung auch ohne die Aktualisierung von Macht entfalten können (a.a.O., 22).

1.5.2 Klassische Modelle: institutionell verdichtete, komplexere Formen der Koordination

Eine zweite Analysestrategie benutzt „klassische Modelle" der Handlungskoordination, die aus elementaren Governance-Mechanismen zusammengesetzt sind, aber historisch zu komplexeren Formen der Koordination „institutionell verdichtet" wurden (vgl. Kussau/Brüsemeister in diesem Band). Hier werden oft die Koordinationsformen „Hierarchie", „Markt", „Gemeinschaft" und „Netzwerk" genannt (z.B. Lange/Schimank 2004, 22f.). Großflächiger und „verdichteter" als die elementaren Mechanismen sollen sie einen schnellen (ersten) Zugriff auf komplexe Systeme erlauben.

Ihre Stärke ist, dass die Konzepte intuitiv anschlussfähig sind und somit einen leichten ersten Einstieg in die Analyse erlauben. Wenn ihre möglichen

Bedeutungen sauber entfaltet und typische Muster der in ihnen vorkommenden Handlungskoordination expliziert werden, können sie den Blick für empirisch existente Vielfalt schärfen (z.B. Gläser 2007 für Handlungskoordination durch „Gemeinschaft"). Ihre Schwäche liegt gerade darin, dass das, was „intuitiv anschlussfähig" erscheint, eine Homogenität von Verhältnissen suggerieren kann, die so nicht vorzufinden ist. Beispielsweise haben viele vom „Markt" und seinen Koordinationselementen eine gewisse Vorstellung; auf der anderen Seite unterscheiden sich spezifische „Märkte" voneinander. Gerade die Spezifität der Handlungskoordination, das Verständnis der „empirischen Mischformen der Handlungskoordinationen" (Kussau/Brüsemeister in diesem Band), nicht die Zuordnung oder Abweichung von einem ohnehin nicht klar definierbaren Idealbild sind es jedoch, was Governance-AnalytikerInnen interessiert.

1.5.3 Governance-Regime

Die „Governance-Mechanismen" sind so etwas wie die „kleinsten Einheiten" zur Analyse der Handlungskoordination. Arbeitet man allerdings nur mit diesen „abstrakten Typologien", liefe man Gefahr, „Glasperlenspiele" zu betreiben (Lange/Schimank 2004, 15). Die „klassischen Modelle" der Handlungskoordination sind zu hoch aggregierte Idealtypen, als dass sie zu mehr taugten, als zu einem ersten Einstieg in die Analyse (und zum gesellschaftlichen Schlagabtausch). Die „Königsdisziplin" der Governance-Analyse besteht so in der „Erforschung bereichsspezifischer Governance-Regimes". „Bis auf weiteres" wollen Lange/Schimank (2004, 15) das Schwergewicht auf diese Ebene legen, „weil noch zu viele Gesellschaftsbereiche kaum hinsichtlich ihrer jeweiligen Governance-Regimes aufgearbeitet worden sind und die abstrakten Überlegungen auf der erstgenannten [Ebene der „Governance-Mechanismen"] sich ohne hinreichende Fütterung mit empirisch gesättigten Erkenntnissen bald im Kreis zu drehen beginnen."

Die Beschreibung eines Governance-Regimes gibt einer zusammenfassenden Analyse der Handlungskoordination in einem Bereich oder Handlungssektor eine begriffliche Gestalt. Es zeigt, wie die Handlungskoordination in einem spezifischen gesellschaftlichen System durch spezifische Relationierungen (Handlungen) von differenzierten Akteuren, Strukturen, Intentionen und Wirkungen aufgebaut, aufrechterhalten und transformiert wird.

Die Forschergruppe um Uwe Schimank hat als Strukturierungselement für den Vergleich von – in Transformation befindlichen – nationalen Hochschulsystemen Burton R. Clarks (1997) Modell fünf typischer „Governance-Dimensionen" verwendet und in ihren Projekten gezeigt, dass diese Typologie durchaus analytische Kraft hat.[1] Auf der anderen Seite mag es frustrierend erscheinen, dass auch in der „Königsdisziplin", der zusammenfassenden Analyse von Governance-Regimes, die empirische Komplexität auf fünf Dimensionen reduziert wird. Schimank (in diesem Band) versucht dieser Kritik zu entgehen, indem er auf der einen Seite die ‚reiche Mikro-Struktur' dieser Dimensionen aufzeigt und auf der anderen den Wert der Reduzierung für empirische Operationalisierung argumentiert. Wir meinen, dass die genannte Typologie durchaus aufschlüsselnd für die Analyse von Entwicklungen im Schulwesen ist (wie wir weiter unten zeigen wollen). Gleichwohl gilt für sie, was schon früher für andere Instrumente angemerkt wurde: Die Kategorien sollen helfen, eine erste Strukturierung empirischer Komplexität zu schaffen, nicht jedoch jene abschließend unter den vorformulierten Kategorien zu subsumieren. Das governanceanalytische Geschäft wäre etwas langweilig, bestünde es fürderhin nur mehr darin, den jeweiligen Entwicklungsstand von Koordinationssystemen auf fünf Schiebereglern abzubilden. Vielmehr erwarten wir bei der Übertragung der Analysekategorien zwischen Ländern, Zeiten und gesellschaftlichen Feldern (vgl. Schimank in diesem Band) auch neue empirische Phänomene zu entdecken, die eine weiterführende Kategorienbildung notwendig machen. Governance-Analysen werden also in der Regel über die – aus früheren Untersuchungen oder anderen Feldern mitgebrachten und daher auch von spezifischen empirischen Situationen imprägnierten – Analyseinstrumente hinausgehen müssen, wenn sie der spezifischen Struktur und Dynamik der von ihnen untersuchten Prozesse gerecht werden wollen.

Die Mechanismen-Analyse, ein Ansatz, der zur Analyse von Prozessen von Selbstorganisation in Bildungsinstitutionen entwickelt wurde (vgl. Langer 2005; 2006), hat Potential für die Darstellung der Komplexität der Handlungskoordination. Dabei werden in einem schrittweisen Verfahren komplexe gesellschaftliche Probleme als transintentionale soziale Wirkungszusammenhänge von „Mechanismen" dargestellt. Diese sind „sehr robuste und flexible, ‚tief liegende' Grundbausteine der wesentlich ‚informellen', impliziten Selbstorganisation sozialer Institutionen [und] bilden unhintergehbare Bedingungen für jede Art sozialer Regulierung, Steuerung oder Governance" (Langer 2006, 1). Der Aufweis dieser Wirkungszusammenhänge ist nicht nur analytisch motiviert, sondern soll auch zur Klärung möglicher Bearbeitungsweisen und Lösungswege beitragen. Die Analysestrategie ist auf sehr unterschiedliche soziale Phänomene anwendbar, gerade aber auch für Koordinationsprozesse im Bildungswesen.

---

1   Wir stellen diese Analysekategorien ((1) Staatl Input-Regulierung, (2) Selbststeuerung der Lehrerprofession, (3) Außensteuerung substanzieller Ziele, (4) Hierarchische Selbststeuerung, (5) Konkurrenzdruck und Quasi-Märkte) an dieser Stelle nicht dar, weil sie im vorliegenden Band ausführlich im Beitrag von Schimank erörtert werden.

1.6 Zwischenfazit

Die Darstellung möglicher Instrumente und Kategorien für Governance-Analysen scheint uns folgendes zu zeigen:

- Im Durchgang durch die bisher verwendeten Analyseinstrumente wird deutlich, dass der Kern des Interesses nicht so sehr auf einzelnen Elementen einer Governance-Struktur liegt, sondern auf der *Relationierung dieser Vielzahl von (isoliert betrachtet zu wenig aufschlussreichen) Elementen in der komplexen Analyse der Handlungskoordination* (vgl. Kap. 1.5).
- Eine wesentliche Zielrichtung der Governance-Begrifflichkeit besteht darin, historisch relativ fixierte Begriffe der sozialen Ordnungsbildung und Einflussnahme (wie z.B. Steuern, Regieren) gleichsam zu verflüssigen und *für neue Perspektiven auf deren Komplexität und Dynamik zu öffnen.* Sie tut dies, indem sie jeweils für abstraktere, dynamischere und relationalere Konzepte (Handlungskoordination statt Steuerung, Verfügungsrechte statt institutioneller Verfasstheit, Akteure als Repräsentanten zeitlich und örtlich situierbarer Handlungslogiken) votiert. Diese sollen neue analytische Möglichkeiten bieten, unterschiedliche Governance-Lösungen über die Zeit hinweg, zwischen verschiedenen sozialen und nationalen Kontexten sowie in verschiedenen gesellschaftlichen Feldern (wie Politik, Bildung, Gesundheit) zu verstehen (vgl. Schimank in diesem Band) und dabei gewonnene Einsichten in Beziehung zu setzen.
- Sie öffnet damit auch – wie viele andere jüngere sozialwissenschaftliche Ansätze – den Blick für die Dialektik zwischen flüssig und fest, zwischen Prozess und Produkt, zwischen Handlung und Struktur. Das für bestimmte soziale Koordinationszusammenhänge charakterisierende *Verhältnis zwischen Handlung und Struktur* wird damit nicht theoretisch vorausgesetzt, sondern *zum Gegenstand empirischer Untersuchung* gemacht.
- Die Governance-Perspektive ist zudem als Versuch zu verstehen, *verschiedene Formen und Aggregationsebenen sozialen Handelns zusammen zu denken.* Der „Mehrebenen-Begriff" verweist auf die Aufgabe, „mikrologische" Interaktionsstudien mit Organisations- und Strukturanalysen in Beziehung zu setzen.
- Zudem braucht es auf jeder der relevanten „Ebenen" *Mikroanalysen*, also nicht nur auf der „Mikroebene" der Schule und des Unterrichts, sondern durchaus auch im Makro- und im intermediären Bereich, z.B. Analysen der politischen Entscheidungsfindung (Wie kommt es zur Bevorzugung bestimmter Politiken?), der verwaltungsmäßigen Vermittlung (z.B.: Wie werden PISA-Ergebnisse in der Verwaltung interpretiert und wie werden Hand-

lungskonsequenzen entworfen?), der schulexternen Phasen von Schulinspektionen usw. Diese „Mikroanalysen" sollen einerseits die Entstehung
und Wirkungsweise der systemspezifischen „Regelungsstruktur" und der
sie *konstituierenden allgemeineren Strukturen* klar machen und andererseits
ein Korrektiv gegenüber falschen Verallgemeinerungen bilden.

• Im Anspruch, nicht nur die systemspezifische Regelungsstruktur, sondern
auch die ihr zuzuordnende „Leistungsstruktur" zu betrachten (vgl. Schimank in diesem Band), wird schließlich der Blick von der Frage sozialer
Ordnungsbildung zur *gesamten „Leistungskette" sozialer Systeme*, auf
Voraussetzungen, Rahmenbedingungen, Prozesse und Wirkungen geweitet.

Die Governance-Perspektive träumt ganz offensichtlich den Traum der Komplexität. Je nach theoretischer Heimat und persönlicher Struktur mag dieser
Versuch, oft Getrenntes (wie Handlung und Struktur; Mikro- und Makrostudien,
Input-, Prozess- und Output-Perspektive) zusammenzuführen, als sympathisch
oder als anmaßend erscheinen. Doch ist dieser Anspruch einholbar, bedeutet er
eine realistische Perspektive für Theoriebildung und empirische Forschung?

Einesteils erscheint uns das *Klima in der sozialwissenschaftlichen community* nicht ungünstig für große Ansprüche. Es scheint eine Bereitschaft zu geben,
sich mit Komplexität auseinander zu setzen, und auch eine solche, mehr Tole-
ranz und Mut für die Verbindung von bisher Unverbundenem (und vielleicht nur
bedingt Verbindbarem) zu zeigen. Ein Beispiel dafür ist, dass Forderungen nach
methodischer Triangulation heute bedeutend häufiger sind als die Polemiken
zwischen quantitativen und qualitativen Forschungsansätzen.

Zweitens sehen wir eine – unseres Erachtens sinnvolle – Bereitschaft, sich
mit Teillösungen zufrieden zugeben, diese aber so zu konzipieren, dass sie
anschlussfähig an andere Teillösungen sind. Den oben genannten Komplexitäts-
aspekten in *einer* Studie gerecht werden zu wollen, hieße sehr weitgehende –
und unseres Erachtens irrige – Ansprüche für empirische Studien aufzubauen.
Die Stärke der Governance-Perspektive muss sich nicht in umfassenden Mega-
Untersuchungen erweisen, sondern daran, dass es gelingt, *anschlussfähige*
„Brückenbegriffe" (Schuppert 2005, 373) zu entwickeln und empirisch umzusetzen, die es erlauben, unterschiedliche Studien, die oft nur Ausschnitte des
komplexen Governance-Zusammenhangs erfassen, zu relationieren. So erfasst
die Studie von Rürup/Heinrich (in diesem Band) über die Autonomiegesetzgebung in den deutschen Bundesländern sicher nur einen kleinen Teil des für
umfassendere Governance-Analysen Interessanten, nämlich die normative Seite

der Verfügungsstruktur aus einer „talk-Perspektive".[2] Sie kann aber in einem Forschungsprogramm zur Educational Governance ergänzt werden durch Studien zur internen Koordination in der Bildungsverwaltung und ihren Schnittstellen zu intermediären und Leistungssystemen (die sich beispielsweise auf die Ansätze der MiSteL-Studie von Dedering et al. 2007 stützen) und solche zur schulischen Nutzung von Autonomiespielräumen (vgl. z.b. die Profilierungsstudien von Altrichter et al. 2005), die wiederum Anlass für komplementäre Untersuchungen zur Wirkung verschiedener schulischer Autonomie-Regimes z.B. auf Schülerleistungen, Lehrerqualifikation und Gesundheit aller MitarbeiterInnen sein könnten.

Darüber hinaus sollten diese „Brückenbegriffe" auch „eine problemorientierte Kommunikation [...] zwischen wissenschaftlichen Disziplinen" (Benz et al. 2007, 16) ermöglichen. Aus diesem Grund ist es auch nicht nötig, die gesamte Sozialwissenschaft unter einer Governance-Perspektive neu zu erfinden, weil andere sozialwissenschaftliche Theoreme aus unterschiedlichen Disziplinen für Governance-Analysen genutzt werden können (a.a.O., 17).

Ein drittes, unserer Meinung nach wichtiges Element eines Versuches, Komplexität ernst zu nehmen, besteht darin, *sehr wohl Analyseinstrumente begrenzter Reichweite zu nutzen, sie aber angesichts spezifischer empirischer Bedingungen auch wieder zu differenzieren und zu dekonstruieren.* Die meisten der oben diskutierten Analysekategorien – typisch Kogans Akteure und Clark/ Schimanks Governance-Trends – sind aus einer Abstrahierung und Generalisierung spezifischer empirischer Verhältnisse gewonnen. Sie können uns mögliche Pfade in ein komplexes Territorium weisen, doch auch zu falschen Verallgemeinerungen verleiten, wenn nicht die Spezifität des jeweils Analysierten zu ihrem Recht kommt; sie wären falsch verwendet, würde man sich damit zufrieden geben, sie als ‚fixierte' zu betrachten und ihnen Phänomene gleichsam abschließend zuzuordnen. Vielmehr werden wir in mindestens drei Richtungen weiter fragen:

(1) „Interne" Struktur (der Handlungskoordination) umfassenderer Konzepte:
Beispielsweise richtet Kogans Differenzierung der Akteure ebenso wie die in Kap. 1.5.3 genannten Elemente moderner Governance-Regime zu Recht unsere Aufmerksamkeit auf die „Profession", die offenbar in verschiedenen sozialen *settings* ein bedeutsamer Mitspieler bei der Transformation von Governance ist. Wir werden uns aber hüten, es bei dieser Einsicht zu belassen, sondern weiter fragen, was denn die interne Struktur der Koordination in der je spezifischen „Profession" ist.

---

2   In ähnlicher Weise erfassen die am weitesten gediehenen deutschsprachigen Studien zur Educational Governance, jene zur Hochschulgovernance der Forschungsgruppe um Uwe Schimank (vgl. 2002a), ebenfalls primär die Voraussetzungsseite der „Regelungsstruktur".

(2) Differenz der Konzepte zwischen Lokalitäten und sozialen Feldern: Dadurch werden wir wahrscheinlich darauf aufmerksam, dass bedeutsame Unterschiede z.b. zwischen Schimanks (2005) ‚akademischer Profession' in der Hierarchie der Universitäten, der Berufsgruppe der LehrerInnen in den flachen Hierarchien der Schulen und der differenzierten Personalstruktur von Krankenhäusern (Ärzte, Pfleger, Verwaltung) mit sehr unterschiedlichen fachlichen Loyalitäten bestehen. „Hierarchische Selbststeuerung" mag wohl eine in verschiedenen gesellschaftlichen Feldern anzutreffende Entwicklungsrichtung sein, doch kann sie unter unterschiedlichen organisatorischen Bedingungen – z.b. in einer Grundschule mit sieben Klassen oder einer großen Universitätsklinik – sehr Unterschiedliches bedeuten. Auch müssen Trends, die wir an einem Ort miteinander verknüpft gesehen haben, an einem anderen keineswegs in identischer Paarung auftreten. So haben wir in einer Studie über Schulprofilierungsprozesse in Österreich (den Voraussagen gemäß) eine Zunahme „hierarchischer Selbststeuerung" mit einer Abnahme „professioneller Selbstkontrolle" assoziiert gesehen (vgl. Altrichter et al. 2005, 138ff.), während in einer Re-Analyse eines Luzerner Projekts (vgl. Büeler in diesem Band) die Zunahme „hierarchischer Selbststeuerung" im Gegenteil erst eine bis dahin oft fehlende institutionelle Basis für „professionelle Selbstkontrolle" geboten zu haben scheint (vgl. Altrichter/Heinrich 2005b).

(3) Transformation des Konzepts in der sozialen Transformation: Schließlich wird sich in dieser Perspektive auch zeigen, dass gerade in Situationen der Transformation von Governance sich eine Reihe der ‚umfassenden Konzepte' mehr oder weniger grundlegend verändern. Beispielsweise nehmen wir an, dass in den aktuellen Transformationen in Schule, Universität und Krankenhaus sich auch die Bedeutung dessen wandelt, was es heißt, als Mitglied einer Profession in den genannten Institutionen zu handeln (vgl. z.B. Altrichter/Gorbach 1993).

2. Phasen der ‚Modernisierung' im österreichischen Schulwesen

Im zweiten Teil dieses Beitrages wollen wir dieses analytische Inventar für eine hypothetische Skizze von Phasen und Schwerpunkten der jüngeren Bildungsreform in Österreich verwenden. Die Skizze stützt sich einesteils auf eigene empirische Analysen zu wichtigen Reformprojekten in dieser Zeit und anderenteils auf verschiedene sozialwissenschaftliche Diskussionen und Einschätzungen dieser bildungspolitischen Entwicklungen. Klarerweise könnte sie durch weitere empirische Analysen – beispielsweise der Veränderungen der rechtlichen Rahmenbedingungen (wie bei Rürup/Heinrich in diesem Band) oder der Beiträge der Verwaltung (vgl. Dedering et al. 2007) – gewinnen. Wir wählen als zeitlichen Bezugspunkt den Anfang der 1990er Jahre, die für die meisten deutschsprachigen Bildungssysteme eine deutlich intensivierte Diskussion über ihre ‚Modernisierung' (vgl. Brüsemeister/Eubel 2003) und in der Folge verschiedene Reformmaßnahmen mit sich brachten. Eine knappe und den verschiedenen Analysekategorien zugeordnete Zusammenfassung unserer Einschätzungen bietet Abb. 4.[3]

2.1 Vorgeschichte: Stagnation und Grauzonenautonomie

In den 1970er und 1980er Jahren war die Entwicklung des österreichischen Schulwesens durch Stagnation auf bildungspolitischer Ebene gekennzeichnet (vgl. Gruber 1990; Altrichter/Posch 1995). Das österreichische Schulwesen entsprach dem Bild eines zentralistischen, bürokratischen Systems: Schulen wurden eher als das letzte Glied einer administrativen Hierarchie denn als eigenständige Entitäten mit unterschiedlichen Charakteristika angesehen. Homogenität, Vorhersehbarkeit und Rechtmäßigkeit waren hohe Werte. Seit den 1970er Jahren hatten verschiedenen Reformen, v.a. des Schulunterrichtsgesetzes, aber auch anderer Gesetze, viele vordem bestehende Entscheidungsspielräume rechtlich geregelt und Rechte – so auch Mitbestimmungsrechte – der LehrerInnen, aber auch der SchülerInnen und Eltern gestärkt, was manche von einer „Verrechtlichung des Schulwesens" sprechen ließ.

Die großen politischen Lager hatten sich in der Folge der Strukturdebatte um die Sekundarstufe I in antagonistischen Positionen festgebissen, die ihnen auch dort wenig Spielraum für Weiterentwicklung ließen, wo keine parlamentarische Zwei-Drittel-Mehrheit notwendig gewesen wäre, die das Schulorganisationsgesetz für schulstrukturelle Fragen vorsah. Eine die (System-)Steuerung durch „Verhandlungen" transformierende Handlungskoordination war somit auf politischer Ebene nicht zu erreichen; eine Blockadehaltung paralysierte die Innovationsinitiativen der jeweils anderen Seite.

---

3 Eine frühere Version dieser Analyse wurde in Altrichter/Brüsemeister/Heinrich (2005, 9-14) veröffentlicht.

	Phase 0: Stagnation und „Grauzonenautonomie" (1980er Jahre)	Phase 1: Schulautonomisierung (Beginn 1990er Jahre)
A) leitende Werte, erwartete Wirkungen	Homogenität, Vorhersehbarkeit, Rechtmäßigkeit	Flexibilität und Dezentralisierung, Variation, Stimulierung von Initiative zur Steigerung von Qualität und zur Anpassung an lokale Potentiale und Bedürfnisse
B) Akteure	Dominanz des Staates [„Initiativen von unten": engagierte LehrerInnen und Eltern]	- Staat + „Einzel-Schule" (engagierte LehrerInnen) (+) Eltern
C) Strukturen, Verteilung von Verfügungsrechten	[Spielräume in der Grauzone für experimentelle Innovationen]	curriculare Teil-Autonomie: Entwicklung „attraktiver Schulprofile"
D) Mehrebenensysteme: Orte/ Instrumente der Handlungskoordination	„administrative Kette", Lehrerindividualismus [lokale Arbeitsgruppen, Netzwerke]	(Schulgemeinschaftsgremien) Lehrerkonferenzen Markt-Angebote
E) Handlungskoordination	Beeinflussung (Beobachtung) [Verhandlung] Hierarchie Staatliche Inputregelung „Lehrerindividualismus"	lokale Verhandlung Beobachtung - Staatl Inputregelung ? Selbststeuerung der Lehrerprofession (vgl. 3.4) + Konkurrenzdruck und Quasi-Märkte

Abb. 4: Phasen der „Modernisierung" im österreichischen Schulwesen
(Legende: „+" und „–" deuten Steigen und Sinken des Einflusses des jeweiligen Merkmals in der entsprechenden Phase an; ein „?" steht für eine weniger eindeutige Entwicklung, die einer differenzierenden Analyse bedarf.)

Phase 2: Schulmanagement und die Suche nach neuen Steuerungsinstrumenten (2. Hälfte der 1990er Jahre)	Phase 3: PISA-Schock und schulübergreifende Steuerungselemente (2001+)	
innerschulische und System-Koordination, größere Verbindlichkeit, zielgerichtete Entwicklung, ‚rationale Information', Rechenschaftslegung	Steigerung und Homogenität der Systemleistung, schnellere, zielgerichtete Entwicklung auf der Basis ‚rationaler Information', Rechenschaftslegung	A)
+ Schulleitungen +/- „Einzelschule" [Lehrerwiderstand]	+ EvaluationsexpertInnen + Staat: „Schulsteuerer" [Schulinspektion] Schulleitung und LehrerInnen als Umsetzer	B)
Interne Steuerung: Schulprogramm, Qualitätsevaluation, Lehrerdienstrecht [Vergleichsarbeiten]	Vorgabe zentraler Ziele, breite zentrale Erhebung und Verarbeitung von Systeminformationen, öffentliche Zugänglichkeit von Informationen	C)
Lehrerkonferenzen, Delegation an interne „ExpertInnen" und AGs ? Schulprogramme als „Verträge" ? Qualitätsevaluation ? "Diensteinteilungen" [? Vergleichsarbeiten]	Bildungsstandards und Tests ? internes Qualitätsmanagement ? „Bildungsregionen", ? Selbstorientierung an Standard-Ergebnissen [Qualitätsrahmen und Schulinspektion]	D)
Verhandlung Beeinflussung	lokal: Beobachtung, Verhandlung/Beeinflussung ebenenübergreifend ??	E)
+ Hierarchische Selbststeuerung - Selbststeuerung der Lehrerprofession	+ Außensteuerung subst. Ziele (? Konkurrenzdruck) (? Hierarchische Selbststeuerung)	

Abb. 4 (Fortsetzung): Phasen der „Modernisierung" im österreichischen Schulwesen

So entstanden neue Entwicklungen im Schulsystem vor allem auf Initiative von LehrerInnen und Eltern, beispielsweise im Bereich der Integration von Behinderten sowie der neuen Lernformen. In politisch-administrativ wenig beachteten Bereichen des Schulsystems – in den Sphären einer „Grauzonenautonomie" (Heinrich 2007, 59-63) – erarbeiteten diese sich informelle Verfügungsrechte zum Treffen von Entscheidungen. Diese Entwicklungsarbeit, die von manchen Schulaufsichtsbeamten und Fortbildungsverantwortlichen unterstützt wurde, trug wahrscheinlich dazu bei, das Selbstbewusstsein eines innovativen Ausschnitts der Lehrerschaft zu stärken und „professionalistische Tendenzen" zu fördern, die sich in zahlreichen Entwicklungsprojekten niederschlugen.

Bastian (1998) konstatierte für die Bundesrepublik eine ähnliche Situation: Bis Ende der 1980er Jahre wäre noch kein übergreifendes Reformklima spürbar gewesen: Rufer nach Reformen blieben vereinzelt, aber an vielen Stellen des Schulsystems wäre praktische Entwicklungsarbeit von LehrerInnen geleistet worden. Erst in den 1990er Jahren kamen auch aus Kultusministerien und Expertengruppen Wortmeldungen, die neue Entwicklungsrichtungen andeuteten (z.B. Bonz et al. 1993; Fleischer-Bickmann 1993; Bildungskommission NRW 1995). Diese sind wohl z.T. durch „Beobachtung" schulentwicklerischen Tendenzen an der Basis zu erklären, die wiederum an die eigenen Steuerungshandlungen ‚rückgebunden' werden sollten.

In einem bürokratisierten System dieses Typs dominiert – von der Systemlogik her – Handlungskoordination durch hierarchische „Beeinflussung". Diese muss aber aufgrund der Stabilität des Systems nicht immer aktiv exekutiert werden, sondern kann sich stark auf Traditionen und Routinen, die von den verschiedenen Akteuren „beobachtet" werden, stützen. Neuerungsinitiativen von LehrerInnen und Eltern brauchen dagegen „Verhandlungen", um lokale Koalitionen auszuformen. Auch hier spielt für die Verbreitung von Innovationen über die einzelnen Lokalitäten hinaus, die sich eben nicht auf die administrativen Kommunikationskanäle stützen kann, „Beobachtung" eine große Rolle.

Das Governance-Regime wird von „staatlicher Inputregelung" dominiert, die über die „administrative Kette" von Schulverwaltung, Schulaufsicht und Schulleitung bis zu LehrerInnen und SchülerInnen weiter gegeben wird. In dem Klima der Gleichförmigkeit kann sich „Lehrerindividualismus" entfalten, der – wie beispielsweise Lortie (1975) gezeigt hat – durch weitere schulstrukturelle Bedingungen sozialisatorisch gestützt wird. Gleichsam „extern koordiniert" durch die relativ gleichartige (in der Sekundarstufe oft fachspezifische) Sozialisation in der Lehrerbildung, durch administrative Regelungen wie Stundenpläne usw. und durch die Stabilität der beruflichen Aufgaben, durch Unterrichtsmittel, Lehrbücher etc. bleibt den LehrerInnen viel beruflicher Gestaltungsspielraum, in dem „Lehrerindividualismus" blühen kann. Dieser *kann* sich auch in Initiativen von unten entfalten, die auf Lehrerprofessionalität und – u.v.a. im Falle der Integrationsbewegung – auf Elternengagement bauen und sich in lokalen Arbeitsgruppen formieren, die sich später auch auf überregionale Netzwerke stützen. Dieser „Lehrerindividualismus" *kann* sich aber auch in routiniert-distanziertem Arbeiten ausdrücken, das sich an individualistischen Kriterien der Berufsausübung orientiert.

Diese Situation lässt uns zögern, sie zu schnell als Erscheinung ‚hoher professioneller Selbststeuerung' zu kategorisieren. LehrerInnen haben in der beschriebenen relativ stabilen Situation tatsächlich Entscheidungsmacht und sind als Berufsgruppe unersetzbar. Die Stärke der Berufsgruppe ist aber oft individualistisch (und „organisationsfeindlich"; vgl. Krainz-Dürr 2006) und selten durch „Professionskriterien" bestimmt, sondern durch informelle Normen wie Routinen, Traditionen und „kollegiale" Opportunitätskriterien. Der Einfluss der Berufsgruppe ist daher – so vermuten wir – leichter defensiv, denn aktiv und verändernd organisierbar.

2.2 Phase 1: Schulautonomisierung

Die erste Phase der Schulmodernisierung zu Beginn der 1990er Jahre war durch Schlagworte wie „Schulautonomie", „Dezentralisierung/Deregulierung" (vgl. Marx/van Ojen 1993) und „Erhöhung schulischer Gestaltungsspielräume" gekennzeichnet. Die zunehmend häufig vorgetragenen Veränderungsvorstellungen wollten den Handlungsspielraum der Einzelschule und damit deren Verfügungsrechte zum Treffen von Entscheidungen erweitern, um sie responsiver gegenüber den Potenzialen und Bedürfnissen vor Ort zu machen, was wiederum die Qualität und Effizienz schulischer Arbeit steigern sollte.

Die Vorschläge zu dieser Deregulierungsreform schöpften ihren Impetus aus zwei Quellen: Erstens aus einer *Kritik an der Ineffizienz der vorherrschenden zentralistischen Steuerung,* die von verschiedenen Seiten vorgetragen und mit verschiedenartigen Lösungsideen versehen wurde: Erste Marktideen wurden ebenso vorgebracht wie Konzepte der partizipativen Entscheidungsfindung unter Einbindung aller SchulpartnerInnen (vgl. Sertl 1993). Der Bedarf an schulischer Profilierung war auch aufgrund der zunehmenden Konkurrenz in der Sekundarstufe I des zweigliedrigen österreichischen Schulsystems gestiegen: Gymnasiale Unterstufen zogen mehr und mehr SchülerInnen an; Hauptschulen versuchten sich dieser Entwicklung durch attraktive Schwerpunktbildungen entgegen zu stemmen. Gerade in den Reformprojekten jener Zeit wurde das Bewusstsein von der ‚zentralistischen Ineffizienz' besonders spürbar: So waren in Österreich viele, oft relativ geringfügige Veränderungen der schulischen

Organisation nur auf dem Wege zentral zu genehmigender Schulversuche
möglich. Durch die Autonomiereformen sollte nicht zuletzt Spielraum für
veränderte Handlungskoordination bei lokalen Reformvorhaben geschaffen
werden, deren – teilweise gesetzlich limitierte – Zahl offenbar nicht mehr durch
die überkommenen Steuerungsmechanismen zu bändigen war (vgl. Posch/
Altrichter 1993)

Zweitens meinen wir, dass diese erste Welle der Modernisierungsdiskussi-
on mit ihren Leitmotiven der Autonomie und Gestaltungsfreiheit, die LehrerInnen als zentral bedeutsame Akteure der Gestaltung nahe legten, auch als Nach-
wehe einer *professionalistischen Reformstrategie* anzusehen ist. Diese hatte in
den deutschsprachigen Ländern nie besonders große Bedeutung in Reformdis-
kurs und -praxis. Immerhin hatte es aber seit den 1970er Jahren immer wieder
Ansätze gegeben, diese Gesichtspunkte verstärkt in die öffentliche Debatte
einzubringen. Auch die Kritik des Deutschen Bildungsrats hatte sich ja an den
bürokratischen Strukturen der Schule festgemacht und gegenüber der Konzeption der Lehrerrolle als unterstem Glied der bürokratischen Autoritätsstrukturen
ein professionelles Modell gefordert (Deutscher Bildungsrat 1972; Lassnigg
2000).

Der moderne Staat dezentralisiert und dereguliert – so der zunehmend häu-
fige „talk" der Bildungspolitik: Dabei sollten einige Verfügungsrechte an die
„Einzelschule" gegeben werden. In Österreich handelte es sich zunächst und vor
allem um „curriculare Verfügungsrechte", um eine *curriculare Teil-Autonomie*:
Schulen durften (mussten aber nicht) 5-10 Prozent ihres Curriculums nach
eigenen Vorstellungen gestalten, wobei sie bestehende Fächer erweitern, verringern oder zusammenlegen sowie neue Fächer in ihren „schulautonomen Lehr-
plan" aufnehmen konnten. Aber auch neue Rechte zur Entscheidung über
Schulzeit, interne Organisation, Finanzen und internen Personaleinsatz (nicht
aber über Personalrekrutierung) wurden in den Folgejahren nach und nach an
Schulen gegeben (vgl. Posch/Altrichter 1993; Fankhauser o.J.).

Der *Adressat* dieser Rechte ist die *Einzelschule*, die damit als Akteur mit
eigenen Rechten, der nicht nur als extern lokalisiertes Anhängsel der Verwal-
tungshierarchie empfunden wird, gleichsam neu die Bühne der Handlungskoordination im Schulwesen betritt. Die genauere Lokalisierung des „neuen" Akteurs Schule im Kräftefeld der Handlungskoordination war zum Zeitpunkt, als
diese Transformationen begannen, offen, u.zw. nicht nur in dem Sinn, dass
transintentionale Entwicklungen überraschende Ergebnisse hätten erbringen
können. Auch die Intentionen der an diesem Reformprozess beteiligten Akteure
gingen durchaus in verschiedene Richtungen (vgl. Sertl 1993): Es hätte eine
neue staatsorientierte Schule werden können, eine elternresponsive Schule oder
auch eine lehrerdominierte.

Der Ort, an dem die Umsetzung der neuen Verfügungsrechte (z.B. Entscheidungen über schulautonome Lehrpläne) in konkrete Handlungen beschlossen werden sollte, war in Österreich das jeweilige „Schulpartnerschaftsgremium"[4], das je nach Schultyp paritätisch mit LehrervertreterInnen, ElternvertreterInnen und – in höheren Schulen auch – mit SchülervertreterInnen besetzt ist. Für eine verändernde Entwicklung der Einzelschulen war es wichtig, *lokale Verhandlungsbeziehungen* aufzubauen. In der Praxis jener Schulen, die die Möglichkeiten der curricularen Autonomie – überraschend häufig und überraschend schnell[5] – ergriffen hatten, war der soziale Ort für diese Verhandlungen jedoch selten das Schulpartnerschaftsgremium, sondern eher die Lehrerkonferenz oder kleinere Derivate davon, Lehrerarbeitsgruppen, Steuergruppen, pädagogische Tage. Schulautonome Entwicklungen wurden *primär von engagierten Lehrergruppen* getragen. Dort, wo initiative SchulleiterInnen und „professionelle" LehrerInnen bereit waren, sich zu koordinieren und Energie für Entwicklung in eine bestimmte Richtung einzusetzen, dort konnte Weiterentwicklung geschehen.

Erfolgreich waren solche Profilierungsprozesse, denen es gelang, eine möglichst große Zahl von SchülerInnen für das eigene Schulprofil zu interessieren. Bei in dieser Hinsicht erfolgreichen Schulen ging es darüber hinaus nicht um die bloße Zahl, sondern um die Rekrutierung möglichst vieler „guter SchülerInnen", die die Arbeitsbedingungen für LehrerInnen erleichtern und den Status und die weitere Marktattraktivität der Schule erhöhen sollten (vgl. Altrichter et al. 2005, 100ff.). Insofern wurde hier ein erster Baustein für eine *marktförmige Einflussnahme* von Eltern geschaffen, während viele Schulen einer direkten, schulinternen und partizipativen Mitbestimmung von Eltern (und SchülerInnen) weiterhin distanziert gegenüber standen.[6] Das Schulsystem blieb weit von den Idealtypen marktförmiger Koordination entfernt (vgl. generell Czada 2007), doch spielten Wettbewerb und Marktbeobachtung bei Schulen wie KlientInnen eine zunehmend bedeutsame Rolle.

Die Koordination zwischen den einzelnen Schulen war zu Beginn dieser Entwicklung – die einer Strategie des „Lasst 1000 Blumen blühen" folgte – schwach und erfolgte eher durch Beobachtung der Einzelschulen untereinander. Die vertikale Koordination im System wurde durch die „Delegierung" ebenfalls geschwächt; neue Koordinationsmechanismen wurden zunächst nicht ent-

---

4   I.e. „Schulgemeinschaftsausschuss" in Gymnasien und „Schulforum" in Hauptschulen.
5   In den ersten zwei Jahren der neuen Gesetzgebung ergriffen etwa zwei Drittel aller Hauptschulen und ein Drittel aller Gymnasien die Möglichkeit, spezifische Schulprofile aufzubauen (vgl. Bachmann et al. 1996).
6   Wie sich auch in der Analyse eines interessanten Profilierungsprojekts in der Schweiz zeigte (vgl. Altrichter/Heinrich 2005).

wickelt: Ein Beispiel dafür ist, dass die SchulinspektorInnen rechtlich aus dem Prozess der Entwicklung und Genehmigung schulautonomer Lehrpläne ausgenommen wurden, was diesen nicht selten Grund zur Klage war. Wie schon erwähnt: Die Koordination mit den Eltern erfolgte in der Mehrzahl der Fälle über antizipierende Beobachtung von Elternwünschen durch die Schulen, die darauf mit Beobachtung des Angebots und einmaligen „Kaufentscheidungen" (d.h. der Anmeldung ihres Kindes) reagieren konnten.

Zusammenfassend kann man für diese *erste Phase der Schulmodernisierung* festhalten: Ihr beherrschendes Thema war die Eröffnung von neuen Freiheiten an der ‚Basis' des Mehrebenen-Systems Schule. Eine Erhöhung von Gestaltungsspielräumen der Einzelschule sollte diese in die Lage versetzen, raschere und ‚rationalere' Entwicklungsentscheidungen angesichts lokaler Ansprüche und Ressourcen zu treffen. Im Kern wurde Schulmodernisierung als ‚normative Reform' betrieben (wenn auch begleitend Fortbildungsmöglichkeiten zum Kompetenzerwerb für Schulentwicklung geschaffen wurden): Verfügungsrechte zum Treffen von Entscheidungen wurden z.T. neu geschaffen und neu verteilt, die die Handlungskoordination und die Konstellation der beteiligten Akteure zu transformieren geeignet waren: Schulen konnten sich ein spezifisches Profil durch ‚schulautonome Lehrpläne' geben, das sie in Konkurrenz zu Nachbarschulen setzte. Der Prozess der Erstellung solcher Lehrpläne erfordert die Mitwirkung zumindest einiger Lehrkräfte und konnte zur Auf- oder Abwertung bestimmter Fächer und ihrer VertreterInnen führen. Der Beschluss der Lehrpläne erfolgte in einem Schulpartnerschaftsgremium unter Mitwirkung von ElternvertreterInnen, erforderte aber keine vorherige Genehmigung durch die Schulaufsicht.

2.3 Phase 2: Schulmanagement und der Beginn der Suche nach Instrumenten der Systemsteuerung

Erst in der zweiten Hälfte der 1990er Jahre wurde die Frage der Systemsteuerung in dem Feld der nun autonomer agierenden Einzelschulen expliziter angesprochen. In Konzepten und Projekten wurden die Formulierung verbindlicher Schulprogramme, die Implementierung von Selbst- und Fremdevaluation, neue Formen der Schulaufsicht und der Schulleitung, die Koordinierung der Unterrichtsarbeit durch Aufgabenbeispiele und Vergleichsarbeiten diskutiert und erprobt.

Gegenüber der Idee, Aktivität und Engagement durch Freiräume zu stimulieren, die die Phase 1 beherrschte, bekommen *Werte,* wie bessere Koordination und Verbindlichkeit im System sowie zielgerichtete Entwicklung auf der Basis rationaler Informationen größeren Stellenwert. Von Seiten der staatlichen Administration werden wieder expliziter *Anforderungen* gestellt, die jedoch in dieser Phase noch nicht inhaltlich, sondern *prozedural* sind: *Steuerungsinstrumente*, die zur innerschulischen Koordination genutzt werden können, die aber auch Potenzial für die Koordination über die Ebenen hinweg bieten, werden forciert. In unserer Interpretation gab es zwei Schwerpunkte, auf die die Entwicklungsvorschläge zielten:

Einerseits sollten Instrumente für das *Management der Einzelschulen*, für die ‚innerbetriebliche Steuerung', geschaffen werden (vgl. BMUK 1998). Schulprogramme sollten (in Ermangelung einer kohärenten professionellen Wertehierarchie) eine gemeinsame Zielorientierung formulieren und für alle MitarbeiterInnen verbindliche Arbeitsprogramme für die Schulentwicklung festlegen. Schulinternes Qualitätsmanagement sollte Rückmeldung und Orientierung für die Entwicklungsbemühungen geben und dadurch engere Möglichkeiten der internen Handlungskoordination schaffen. Die Ziele dieser Programme und die Kriterien der Selbstevaluation konnten in dieser Phase zum Großteil von den Schulen und LehrerInnen selbst formuliert werden. Inhaltliche Vorgaben gab es nur rudimentär: z.B. wurden in der österreichischen Initiative zur Qualitätsevaluation fünf breite Arbeitsfelder für Schulen formuliert, die in Schulprogrammen und Evaluationen zu berücksichtigen waren (vgl. http://www.qis.at/); manche deutsche Bundesländer gaben zusätzlich vor, dass sich im Bündel der Entwicklungsprojekte von Schulen jedenfalls auch unterrichtsbezogene Projekte zu befinden hätten. Insgesamt blieben Konzepte der *Selbst*entwicklung und *Selbst*evaluation zentral; die (weitgehend selbst) motivierte Aktivität der Berufstätigen wurde als Voraussetzung für produktive Entwicklung angesehen und sollte Kompetenz und Loyalität der Berufstätigen aufbauen.

Andererseits begannen die Schulverwaltungen selbst nach Ansatzpunkten zu suchen, um die – durch die ‚Autonomisierung' offenbar produzierte – „*Vielfalt zu orchestrieren"* (vgl. EDK 2000). Ideen des Systemmonitoring und neue Formen der Schulaufsicht wurden diskutiert. ‚Milde' Formen der Beobachtungs-Koordination wie Aufgabenbeispiele und Vergleichsarbeiten wurden vorgeschlagen und in einigen Ländern verpflichtend gemacht. Solche Maßnahmen wurden nicht als Rücknahme der zuvor erweiterten Gestaltungsoptionen oder gar als Schritt zurück zu den alten zentralistischen Regelungsmodellen interpretiert, sondern als eine „Ergänzung" gesehen, die – um des „Gesamtssystems" willen – notwendig wären. Auch die schulinternen Koordinationsinstrumente hätten Möglichkeiten zur stärkeren Bindung zwischen den Systemebenen geboten: Schulprogramme können auch als ‚Verträge' oder Leistungsaufträge mit RepräsentantInnen übergeordneter Systemebenen (wie z.B. der Schulaufsicht) verstanden werden; Ergebnisse schulischer Selbstevaluation könnten mit externen Evaluationen und Einschätzungen der Schulaufsicht rückgekoppelt werden.

Typisch für diese Phase in Österreich scheint uns zu sein, dass zwar neue Kontroll- und Interventionsoptionen für obere und intermediäre Instanzen des Bildungssystems erwogen, selten aber konsequent realisiert wurden. Für die innerschulischen Steuerungsinstrumente gilt, dass sie zunächst in einzelnen Modellprojekten in einer beschränkten Anzahl von Schulen erprobt wurden. Nach und nach wurde aber der Anspruch vorherrschend, die Innovation, z.B. das Schulprogramm, müsse letztlich relativ rasch ‚auf ganzer Breite' eingeführt, d.h. als Anforderung an *alle* Schulen gleichzeitig gestellt werden, um ihre Wirkung zu erreichen (vgl. Altrichter et al. 2004). Die notwendig differenzierende, mit kleineren Zahlen operierende, Heterogenität im System produzierende Ermöglichungsstrategie der ersten Phase (eine „lockere" Form der Handlungskoordination) sollte durch eine auf Homogenität zielende Anforderungsstrategie ersetzt werden, die idealerweise durch ‚dichtere Handlungskoordination' (z.B. Bindung der MitarbeiterInnen an das Schulprogramm, Bindung an die Wirkung der Tätigkeit durch Evaluationen) bessere Bedingungen für „Beeinflussungsstrategien" geschaffen hätte. Typisch scheint uns auch, dass die anspruchsvollen Ideen der Einführung ‚auf ganzer Breite' nicht immer in der beabsichtigten Form umgesetzt werden konnten. So wurde das Steuerungsinstrument ‚Schulprogramm und Evaluation' in Österreich eine Zeit lang intensiv propagiert und durch eine – aufwendig gemachte – Homepage unterstützt (vgl. http://www.qis.at/). Von einer breiten Unterstützung der Einführung oder einer verpflichtenden Verordnung wurde letztlich – angeblich aufgrund von Widerstandssignalen der Lehrervertretung – abgesehen.

Als zentrale neue *Akteure* treten in dieser Phase die Schulleitungen auf. In österreichischen Schulen (im Gegensatz zu manchen Kantonen der deutschsprachigen Schweiz) ist die Rolle der Schulleitung nicht vollkommen neu, sie wird aber in dieser Phase neu akzentuiert: Traditionell wurden Schulleitungen dann als gut angesehen, wenn sie als gutmütige, unprofessionelle VerwalterInnen agierten, die für die Schulaufsicht auf Rechtmäßigkeit achteten, die LehrerInnen vor externen Interventionen schützten und sich im Übrigen nicht in den Unterricht einmischten. Die neue Akzentuierung der Rolle sieht SchulleiterInnen als initiative ManagerInnen, die mit Hilfe neuer Managementinstrumente (Schulprogramm und Qualitätsevaluation) Entwicklungen stimulieren und steuern können.

Die proklamierte Zielrichtung dieser Entwicklung ist klar. Unklarer ist jedoch die Antwort auf die Frage, welche strukturellen Veränderungsmaßnahmen gesetzt wurden, um diese Entwicklungen zu stützen. Zwar wurde in Österreich sicherlich die Schulleiterfortbildung intensiviert; ihren Schwerpunkt macht aber noch immer das training-on-the-job in Lehrgängen der staatsnahen Pädagogischen Institute nach der Bestellung aus. Modellen einer vorbereitenden Qualifizierung im tertiären Sektor, wie sie in angelsächsischen Ländern Standard sind, stehen Verwaltung und Bildungspolitik weiterhin sehr skeptisch gegenüber, wohl weil diese die Bedeutung „professioneller" Kriterien im Zugang zu diesen Leitungsfunktionen erhöhen würde. Auch wurden die – mit erhöhten Erwartungen beladenen – SchulleiterInnen kaum mit zusätzlichen Instrumenten ausgestattet. Schulprogramm und Schulevaluation wurden in Österreich nicht gesetzlich abgesichert, ihre Nutzung den Motivationskünsten der LeiterInnen anheim gestellt. Ein neues Dienstrecht, das Ansatzpunkte für innerschulische Delegation, die Schaffung von Verantwortungspositionen und koordinierter Fortbildungsplanung geboten hätte, wurde angesichts von – meist verhaltenen – Lehrerprotesten so defensiv entlang des Status quo der schulischen Arbeitsverteilung implementiert, dass in einer Evaluationsstudie wenige Innovationswirkungen sichtbar waren (vgl. Seel et al. 2006).

Der in der vorigen Phase neu aufgetretene Akteur „*Einzelschule*" erhält durch die Initiativen von Phase 2 eine Akzentuierung, die sie von dem möglichen Bild einer durch initiative LehrerInnen gesteuerten Schule weg zu einer stärker „einzelbetrieblich-hierarchischen" Interpretation leitet und damit in die Richtung des Governance-Modus „hierarchische Selbststeuerung". Der *soziale Ort* für die Handlungskoordination der internen Schulentwicklung ist weiterhin die Lehrerkonferenz; ihr dominierender Modus bleibt die Verhandlung vor allem zwischen den LehrerInnen und der Schulleitung, wenn auch Chancen für vermehrten Einfluss von SchulleiterInnen durch die neuen schulinternen Steuerungsinstrumente und durch steigende Delegationsnotwendigkeit von Teilaufgaben an interne ExpertInnen und Teilgruppen des Kollegiums aufgebaut werden..

Für die Handlungskoordination *zwischen* den Ebenen gilt weiterhin, dass sie schwach ausgebildet bleibt und auf eher lockeren Beobachtungsbeziehungen beruht, dass aber die Instrumente für die schulinterne Koordination auch hier potenziell Instrumente für engere Koordination und für Einflussnahme zwischen den Ebenen zur Verfügung stellen. System-Monitoring soll die Beobachtungsmöglichkeiten verbessern und dadurch eine Basis für Beeinflussungs- oder Verhandlungskoordination schaffen, die in dieser Phase jedoch nicht intensiv realisiert wird. Im „Idealbild" der ReformerInnen wird die „Einzelschule" wieder enger in die systemische Handlungskoordination eingebunden, sie erhält aber auf der anderen Seite Instrumente, um sich intern gegenüber der potenziellen Unverbindlichkeit autonomistischer Lehrerkoordination zu formieren. Im „Realbild" vieler Schulen mag sich gegenüber der vorigen Phase nicht viel geändert haben: Jene, die schon vorher Entwicklungskoalitionen im Kollegium zustande gebracht hatten, konnten auch die neuen Instrumente nutzen, während in den anderen Schulen auch diesbezüglich keine Neuerungen zu erwarten waren. Allerdings – so die Hypothese – steigen der Entwicklungsdruck und die Entwicklungbereitschaft in einigen Kollegien durch demographisch bedingt sinkende Schülerzahlen und die spürbar steigenden Konkurrenzeffekte infolge ‚erfolgreicher Schulprofilierungen'.

　　Während die erste Phase Räume für Akteure an der Basis, v.a. aber für aktive LehrerInnen und SchulleiterInnen, eröffnet hatte, wurden in der zweiten Phase (1) – ‚spezifische', für die Einzelschulen neuartige Formen' (z.b. Schulprogramm, Selbstevaluation, Qualitätsmanagement) propagiert, durch die die Nutzung dieser ‚autonomen Räume' koordiniert werden sollte. (2) Zudem wurden – durch Konzepte wie Schulprogramm und Rechenschaftslegung – Möglichkeiten zur Spezifizierung der Anforderungen übergeordneter Systemebenen und Zugriffsinstrumente geschaffen (aber nicht unbedingt ausgenutzt). Auf allen Ebenen wurden also (z.T. neue) Verfügungsrechte expliziert und konkretisiert, um – gegenüber dem Vorherrschen der Beobachtungs-Koordination zwischen autonomen Einzelschulen der ersten Phase – wiederum dichtere Modi der Handlungskoordination zu forcieren und den Stellenwert übergeordneter Systemebenen darin zu sichern. Schulen hatten zwar weiter Verfügungsrechte über Innovationsmaßnahmen und -ziele, deren Realisierung war aber nicht mehr ihrem „Gutdünken" überlassen, sondern musste (1) durch Verwendung bestimmter Prozeduren und (2) gegenüber bestimmten Rechenschaftsberechtigten legitimiert werden. Zusammenfassend interpretieren wir die Entwicklungen dieser Phase also als „Übergangsphase": Neue Entwicklungsrichtungen werden häufiger durch „talk" und das Angebot von Ressourcen (Instrumente, Texte) signalisiert, ohne sie durch Gesetze oder Verordnungen normativ zu stützen. Dadurch wurden Optionen für weitere Entwicklungen aufgezeigt, die aber andere Legitimationsbedingungen für ihre konsequente Umsetzung benötigten.

2.4　Phase 3: PISA-Schock und schulübergreifende Steuerungselemente

Die Debatte erfuhr in einer dritten Phase eine Akzentuierung in Richtung externer schulübergreifender Steuerungselemente (vgl. van Ackeren 2003) und der Fokussierung auf inhaltliche Vorgaben, Unterricht und Schülerleistungen (vgl. Böttcher in diesem Band). Die Entwicklungen dieser Phase waren durch die TIMSS-Ergebnisse (vgl. Baumert 1998; Heinrich 1998/99) vorbereitet und durch die v.a. in Deutschland als katastrophal interpretierten PISA 2000-Daten (OECD 2001; vgl. Gruschka/Heinrich 2002) massiv verstärkt worden. In Österreich führte PISA 2000 zu keinem vergleichbaren „PISA-Schock", sondern wurde – da alle gemessenen Werte über den Rangplätzen des deutschen Referenzobjekts lagen[7] – eher als Bestätigung des eigenen (vom deutschen allerdings nicht so unterschiedlichen) Bildungssystems interpretiert. Diese Situation änderte sich schlagartig durch die Veröffentlichung der PISA 2003-Daten (vgl. Haider/Reiter 2004), in denen die getesteten österreichischen 15-Jährigen nur mittelmäßige Leistungen aufwiesen und sich die Landeswerte in Lesen und Naturwissenschaften signifikant verschlechtert hatten.

Dennoch sind schon nach PISA 2000 fast alle Entwicklungen, die diese dritte Phase in Deutschland kennzeichnen, auch in Österreich zu beobachten. So wurden auch in Österreich durch eine von der Bundesministerin eingesetzte Wissenschaftlerkommission („Zukunftskommission"; Haider et al. 2005) Bildungsstandards und deren regelmäßige externe Testung – weithin in Anschluss an die Vorschläge der deutschen Klieme-Kommission (vgl. Klieme et al. 2003) – empfohlen. Diese Ideen wurden von ministerieller Seite (vgl. Lucyshyn 2004) in veränderter Form aufgenommen; Arbeitsgruppen erstellten erste Versionen solcher Bildungsstandards (vgl. BMBWK 2003), die schließlich Pilotschulen zur Erprobung übergeben wurden (vgl. Freudenthaler et al. 2004). Psychometrische ExpertInnen wurden mit der Ausarbeitung landesweiter Tests beauftragt (vgl. Altrichter/Posch 2004). Allein die Initiativen zu Qualitätsrahmen und der neue Typ von Team-Schulinspektionen wurden in Österreich noch nicht so weit getrieben wie in den meisten deutschen Bundesländern.

Wir interpretieren die Entwicklungen dieser Phase als Versuch, die *Handlungskoordination* sowohl auf gesamtsystemischer als auch auf einzelschulischer Ebene stärker an als Schülerleistungen gefasste Ziel- bzw. Ergebnisvorgaben zu binden, die auf höherer Ebene formuliert werden. Damit sollen Entwicklungsanstrengungen der Schulen stimuliert und auf „Unterricht" fokussiert werden. Die Botschaft ist: die „internen" Selbstevaluationsansätze allein vermögen den nach PISA gewachsenen Bedarf an öffentlich kommunizierbarer Systeminformationen nicht zu befriedigen. Darüber hinaus genügen sie nicht, da nicht bloß *Weiterentwicklung*, sondern *Umsteuerung* das bildungspolitische Gebot der Stunde ist und resolute politische Aktion dafür gefordert wird.

Die Bindung von Schulen und LehrerInnen an zentrale Vorgaben der staatlichen Administration wird in dieser Phase stärker: Die Lehrerautonomie wird, wie Helmut Heid (2003) gesagt hat, nun deutlich auf die „Methodenfreiheit" spezifiziert, während Ziele vorgegeben und Leistungen gemessen werden. Die Rolle der Eltern in diesem Szenario ist noch nicht klar: Ihre Mitwirkungsmöglichkeiten in den innerschulischen und ebenenübergreifenden Koordinationsbe-

---

7 Später – doch für die öffentliche Diskussion zu spät – mussten aufgrund teilweise falsch zusammengesetzter Untersuchungsgruppen einige dieser Werte nach unten korrigiert werden (vgl. Neuwirth et al. o.J.).

ziehungen werden eher sinken, weil diese „deutlich expertisiert" werden, was den potentiellen Einfluss von „Laien" schmälert. Auf der anderen Seite erhalten sie wenige, aber vergleichbare Informationen über Systemleistungen, die sie für „Kaufentscheidungen" und Meinungsäußerung verwenden können. Außerdem können sie über die öffentliche Meinung einen gewissen Einfluss aufbauen; Konstellationen, in denen sich eine der anderen Parteien dieser Gruppe als „Pressure Group" und Druckmittel versichern will, sind vorstellbar.

Die Frage nach den „staatlichen Steuerleuten" (vgl. Dedering et al. 2007) – nämlich wie die Expertise zur Interpretation und zur Nutzung der nun in großem Umfang beschafften „Steuerungsinformation" in der Verwaltung organisiert werden sollte – wird prekär, ohne dass bisher überzeugende Lösungen klar werden. Oft wird solche Expertise temporär aus Wissenschaft und Beratung zugekauft oder staatsnah in neuen Einrichtungen zusammengefasst: So wird in Österreich die in den vorhergehenden Jahren ausgehungerte verwaltungsnahe F&E-Einrichtung „Zentrum für Schulentwicklung" in ein „Bundesinstitut für Bildungsforschung" transformiert. Fachleute, die über die technische Expertise für die neuen Steuerungsinstrumente (Standards und darauf bezogene Tests) verfügen, und ManagerInnen, die bereit und in der Lage sind, Entwicklungsentscheidungen zu treffen, gewinnen eine aufgewertete Rolle.

Die entscheidende Innovation im Governance-Regime kann als Versuch, verstanden werden, die „Außensteuerung durch Vorgabe substanzieller Ziele" aufzubauen. Das *zentrale Instrument zur Systemkoordination*, das in dieser Phase die Aufmerksamkeit beherrscht, sind Bildungsstandards, die Kompetenzziele für Schulen vorgeben, und flächendeckende Tests, die differenzielle Information über Systemleistungen erbringen sollen. Dadurch soll eine schnellere und zielgerichtetere Entwicklung im System erfolgen. Die Steigerung der Systemleistung und die Verminderung krasser Unterschiede zwischen Einzelschulen und für spezielle Schülergruppen (wie SchülerInnen aus unteren Sozialschichten und mit Migrationshintergrund) soll dadurch erreicht werden. Angezielt ist also eine *engere Handlungskoordination* im System, für die Leistungsinformationen eine zentrale Rolle spielen.

Die Veröffentlichung solcher Information kann potenziell „den Konkurrenzdruck und die Marktförmigkeit" erhöhen. Sehr unklar ist allerdings bisher, wie die Systeminformation, die durch Lernstandserhebungen in reicherem Maße zur Verfügung steht, produktiv für die Entwicklung der Einzelschulen, von Systemteilen und des Gesamtsystems genutzt werden soll (vgl. Altrichter/-Heinrich 2006; Oelkers/Reusser 2006), welche lokalen Ressourcen und Bereitschaften vorhanden sind, um die neuen, zentral produzierten Informations-Ressourcen für produktive Weiterentwicklung zu nutzen. Hier gibt es einesteils Stimmen, die betonen, dass die Verarbeitung solcher standardbezogener Informationen und die zielgerichtete Weiterentwicklung durch ein funktionierendes innerschulisches Qualitätsmanagement erfolgen müsse (z.B. Haider et al. 2005), mithin auf eine Stärkung der „hierarchischen Selbststeuerung" setzt. Andererseits gibt es durchaus Konzepte, die sich die Weiterentwicklung nach dem Modell „Einzelne LehrerInnen betrachten ihre Ergebnisse und setzen individuelle Weiterentwicklungsmaßnahmen im Unterricht" vorstellen, damit eigentlich ein Modell einer individualistischen Lehrerprofession forcieren, die allerdings nur mehr in ihren Methoden frei ist, während sie in den Zielen stärker als zuvor an zentrale Entscheidungen gebunden ist.

Gerade am Beispiel der Schulaufsicht zeigt sich aber, dass die Frage der Koordination zwischen den Systemebenen ungeklärt ist. 2005/2006 wurden Schulaufsichtsbeamte vertieft in Evaluation geschult – eine Andeutung neuer kommender Aufgaben bei einem Publikum, das darüber klagte, dass die vorhergehende Neuerung sich zwar in Erlässen, nicht aber in einer strukturellen Veränderung der Tätigkeit niedergeschlagen hätte. Parallel gab es Versuche, die mittlere Verwaltung der Pflichtschulen neu zu organisieren: Anstelle von Schulbezirken wurden in Pilotversuchen größere „Bildungsregionen" geschaffen, in denen mehrere Schulaufsichtsbeamte zusammenarbeiteten, sich dabei auf spezifische Management- und Leitungsaufgaben in der Region spezialisierten und dadurch engere Beeinflussungs- und/oder Verhandlungsbeziehungen mit den Einzelschulen pflegen konnten.[8] So ist es nicht verwunderlich, dass gerade die Frage der ebenenübergreifenden Koordination im Schulsystem jüngst auch in die Aufmerksamkeit des österreichischen Rechnungshofs geriet. Ein Bericht monierte „erhebliche Defizite bei der Erfüllung der Kernaufgaben" der Schulaufsicht in Hinblick auf die Sicherung der Qualität und Vergleichbarkeit im Schulsystem. Der Grund dafür läge in „mangelnden strategischen Zielvorgaben" durch das Ministerium (Kurier vom 1.3.2007, S. 2).

---

8   Das Modell der „Schulinspektion", das die meisten deutschen Bundesländer eingeführt haben, das in Österreich zwar in einigen länderspezifischen Modellversuchen erprobt wird, nicht jedoch bundesweit eingeführt wurde, ist ein weiterer Versuch, Instrumente der Koordination zwischen den Systemebenen zu schaffen.

3. Ausblick

Abschließend sollen einige weiterführende Fragen, die sich aus dieser Analyse ergeben, diskutiert werden.

3.1 Neue Akteure und Transformation alter Akteure

Das Schulwesen ist seit den ersten Autonomiegesetzen in deutlicher Veränderung und die Dynamik von öffentlicher Aufmerksamkeit und politischen Initiativen hat in den letzten Jahren eher noch zu- denn wieder abgenommen. Es treten zwar einige „neue Akteure" auf der Bühne systemrelevanter Entscheidungen auf – Sponsoren und Sponsoringagenturen, EvaluationsexpertInnen, Schulentwicklungs- und PR-BeraterInnen – doch fallen ihnen eher marginale Rollen im schulischen Gesamtgeschehen zu. Interessanter und aussagekräftiger für die zu analysierenden Transformationen ist jedoch, dass die beschworenen neuen Steuerungsmodelle *neue Rollen für alte MitspielerInnen vorsehen*. Am deutlichsten wird dies für die „Einzelschule" und die „Schulleitung". Auch kann man für manche „alte Positionen", deren Entwicklungsrichtung in den aktuellen Szenarien nicht klar ist, noch kommende Transformationsprobleme vermuten. Derartiges konnten wir beispielsweise bei der Rolle der „Laienschulpflege" im Luzerner Projekt „Schulen mit Profil" beobachten (vgl. Altrichter/Heinrich 2005b) und erwarten ähnliches für die Rolle der österreichischen Schulaufsicht.

Die in Kap. 1.1 vorgestellten Analysekategorien können globale Einflussveränderungen zwischen den Mega-Akteuren des Schulsystems sichtbar machen. Beispielsweise erlauben sie nachzuzeichnen, dass die Auseinandersetzung um Einfluss vor allem zwischen Staat und Lehrerschaft stattfindet, während offenbar diese beiden Akteure darin übereinstimmen (und implizit kooperieren), den Klienteneinfluss *innerhalb* der Schulen gering zu halten. Weil aber aufgrund allgemeiner gesellschaftlicher Tendenzen und der Bedeutung von Bildungsabschlüssen in modernen Gesellschaften das Interesse der KlientInnen an der Qualität und dem Marktwert von Bildung zunimmt, wird dieses durch die defensive Haltung von LehrerInnen und Schulen (der die staatliche Verwaltung nichts entgegensetzt) gleichsam nach außen gedrängt. Die Externalisierung potentiellen Klienteneinflusses könnte den Weg für mehr marktförmige Koordinationsmechanismen bereiten: KlientInnen versuchen ihr Interesse an Mitentscheidung über Bildung durch pointiertere Schulwahl (inklusive solcher von Privatschulen) auszuleben, was im Übrigen durchaus den expliziten Interessen derjenigen, die den Einfluss von Eltern „draußen halten" wollen, widersprechen würde (vgl. Altrichter/Heinrich 2005b).

Kogans dreipoliges Modell ist auch dazu geeignet, eine erste Idee alternativer Entwicklungsszenarien, die in bestimmten historischen Konstellationen möglich sind, zu geben. Wir haben dies in Kap. 2.3 durch die Bemerkung angedeutet, dass die neue Akzentuierung der „Einzelschule" durchaus in eine professionalistische, klientenbezogene oder auf neue Weise staatsgesteuerte Richtung hätte gehen können. Gerade aber für die – oben als charakteristisch behauptete – Transformation der Rolle und Arbeitsweise „alter Akteure" und für die Transformation von Einflussarten im Zuge der geschilderten Veränderungen[9] ist diese akteurbezogene Betrachtungsweise zu unempfindlich; dafür müssen wir einen genaueren Blick auf die konkreten Mechanismen der Handlungskoordination richten.

3.2 Neue Systemkoordination ohne Orte und Instrumente der Systemkoordination

Weiterhin zeigt sich, dass die durch den Mehrebenen-Begriff inspirierte Frage nach den Orten und Instrumenten „ebenen"-interner und -übergreifender Systemkoordination großes Potenzial hat. Im Zuge unserer Analyse wird klar, dass die bisherige Politik der Schulmodernisierung in Österreich *keine klaren sozialen Orte und Instrumente für bindende Koordination innerhalb und zwischen den Systemebenen* geschaffen hat.

Der Ansatz von Phase 1, „partizipative Verhandlungs-Entscheidung zwischen LehrerInnen und Eltern in den Schulpartnerschaftsgremien" zum Angelpunkt der neuen Handlungskoordination zu machen, wurde durch die reale Entwicklung von Lehrerdominanz der Entscheidungen überholt.

Auch die spätere Betonung hierarchischer Selbststeuerung durch aufgewertete Schulleitungen, Schulprogramme und Qualitätsmanagement scheint „unvollendet", weil weder für die Ausgestaltung der Akteurrelationen innerhalb der Schulen noch zwischen den Ebenen entschiedene strukturelle Signale gesendet wurden, die die Wichtigkeit, „Dichte" und Art der erwarteten Koordination (Beeinflussung oder Verhandlung?) angedeutet hätten. Schulprogramme waren gewünscht, aber nicht verpflichtend und sie hatten wenig Funktion für den Status der Schule gegenüber ihrem Auftraggeber. Ein neues Dienstrecht ermöglichte neue Verbindlichkeit von Aufgaben, wurde aber so implementiert, dass niemand einen Unterschied zum Status quo ante bemerkte. Was der Analyse als „Implementationsproblem" erscheint, könnten durchaus auch Ergebnis über-

---

9   Die Frage „Wurde der Staatseinfluss stärker oder schwächer?" erbringt wenig aufschlussreiche Antworten, wenn man nicht die Veränderungen des Staatseinflusses inhaltlich benennen kann.

kommener Modelle der Systemkoordination sein, etwa der Vorstellung vom „selbst-transformativen Einfluss von Verwaltungsvorgaben" (vgl. Bröchler 2004), die – ohne weitere Implementationsanstrengungen – von LehrerInnen bereitwilligst beobachtet und für verhaltensändernde Selbststeuerung verwendet werden sollten.

Phase 3 setzt nun auf die Formulierung von inhaltlichen Zielvorgaben und die Produktion von Steuerungswissen. Die Veränderungsstrategie erschöpft sich bisher allerdings im Appell an das interne Management und stärkt externe Interventionsmöglichkeiten, deren reale Nutzung vorderhand unklar bleibt. Man weiß nun schon, dass systemverändernde Entwicklungen auf dieser Basis massive Umlernprozesse bei vielen Beteiligten erfordern werden. Dennoch liegen bisher keine überzeugenden Konzepte dafür vor, wie die Koordination zwischen den kritischen Schnittpunkten strukturiert werden sollten: Wie sollen LehrerInnen aus Lernstandserhebungen innovative Unterrichtsentwicklungen ableiten und über längere Zeit aufrechterhalten? Wie können die „Steuerleute" in der Bildungsverwaltung und die Schulaufsicht, die den Schulen am nächsten ist, aus Evaluationsinformationen sinnvolle Entwicklungsvorschläge ableiten, sie an Schulen kommunizieren, ihre Umsetzung unterstützen und beobachten? Ist hier stärker an partizipative Verhandlungs- oder Beeinflussungsrelationen gedacht?

3.3 Reformwellen und Steuerungsinnovationen

In der Abfolge der von uns unterschiedenen Phasen werden offenbar unterschiedliche koordinative Modelle angedeutet, selten jedoch längerfristig strukturell ausgeformt, weil eine ‚nächste Reformwelle' wieder neue Impulse setzt. Dies führt häufig dazu, dass „neue Modelle" mit den vorhandenen koordinativen Mitteln extemporiert werden müssen und dabei in traditionellen Formen der Handlungskoordination eingepasst und bis zur Unkenntlichkeit überformt werden, wie wir es am Beispiel des neuen Lehrerdienstrechts feststellen konnten (vgl. Seel et al. 2006). Dies führt aber auch zu zunehmender Reformmüdigkeit, weil im schnellen Wechsel neue Wellen von Reformen rollen, die – auch weil unzureichend implementiert – den ProtagonistInnen der „Basis" der Mühe nicht wert erscheinen.

Erst in Phase 3 scheint – indem die Politik durch die PISA-Diskussion selbst unter Handlungsdruck steht und gleichzeitig entschiedenere Eingriffe in bisherige Ausformungen der Lehrer- und Schulautonomie legitimiert sieht (vgl. Dedering et al. 2007) – die Zeit für mehr „Verbindlichkeit" und eine engere

Bindung einzelner Lehrkräfte an innerbetriebliche Vorgaben sowie der Schulen an systemische Vorgaben gekommen.

Einesteils liegt ein Grund der Politik der Bildungsstandards gerade darin, dass die Bildungspolitik (und zum Teil auch die Öffentlichkeit) das Vertrauen in die Selbststeuerungsfähigkeit der Schulen und Lehrkräfte verloren hat (vgl. Specht 2006). Die Politik der Phase 3 bedeutet eine Einschränkung der „Lehrerautonomie". Auch die abdämpfende Argumentation, dass vielleicht die Autonomie der Ziele, nicht aber jene der Wege (vgl. Heid 2003) beschnitten würde, ist auf die Dauer nicht haltbar, sollten sich nicht die erhofften Effekte einstellen (vgl. Böttcher in diesem Band). Bildungsstandards sollen ja die Lernergebnisse – und damit logischerweise auch indirekt die Lernprozesse – beeinflussen. Wenn sie das nicht vermöge der Zielsignalisierung können, dann muss auf die Prozesse direkt zugegriffen werden. Diese Entwicklung ist bspw. bei der Implementierung von Bildungsstandards in Österreich erkennbar: Hier wird angesichts der Kenntnis der Bedeutung der Implementierungs*prozesse* gefordert, die Auswahl, Schulung und den Einsatz der Vermittlungspersonen aus der Autonomie der Regionen zu nehmen und zu zentralisieren (vgl. Freudenthaler/Specht 2006, 60).

3.4 Das Verhältnis von Bildungspolitik und der Berufsgruppe „LehrerInnen"

Die Politik der Bildungsstandards ist also als Versuch zu verstehen, neue Handlungsorientierungen extern vorzugeben, die eben nicht von den „selbstständig und verantwortlich Handelnden" ersonnen wurden. Auf der anderen Seite kann die Bildungspolitik bei der Umsetzung dieser neuen Handlungsorientierungen offenbar – aufgrund der schulischen Arbeits- und der aktuellen Umlernanforderungen – nicht auf die aktive und Handlungsspielräume denkend ausgestaltende Mitarbeit der Lehrpersonen verzichten. Sie braucht also entsprechend qualifizierte Personen, die sich auf die Ziele des Bildungswesens verpflichten wollen und können. Um solche zu gewinnen, stehen im wesentlichen die Mittel „finanzielle *incentives*" und Status, aber auch – in Vergangenheit eher betont – berufliche Sicherheit, autonome Spielräume im Beruf, Befriedigung persönlichidealistischer Ziele und zeitliche Flexibilität für die Verfolgung weiterer Interessen (wie z.b. weibliche Familienarbeit oder männliche Parallelkarrieren in Politik und Vereinen) zur Verfügung. Wenn man annimmt, dass die finanziellen Spielräume eingeschränkt sind, die Betonung beruflicher Sicherheit den aktuellen Tendenzen der Labilisierung von Arbeitsverhältnissen widerspräche (z.B. Diskussion um den Beamtenstatus) und der „Status" aufgrund langfristiger gesellschaftlicher Prozesse für die Bildungspolitik nicht leicht manipulierbar ist, so bleiben wiederum nur *incentives*, die Handlungsspielräume bieten und an Selbstverwirklichung appellieren, mithin Merkmale, die LehrerInnen gegen einen engeren Einbau in neue Steuerungssysteme schützen.

Die Frage, in welche Richtung sich die Steuerungsmöglichkeiten der Berufsgruppe entwickeln, scheint noch einigermaßen offen. Wir erleben aktuell einige Dynamiken, die tatsächlich als Verminderung der Selbststeuerungsmöglichkeiten der einzelnen Lehrerinnen interpretiert werden können. Auf der anderen Seite könnten die Qualifikationsnotwendigkeiten, die die neuen Steuerungsinstrumente mit sich bringen, und die Notwendigkeit, Rekrutierungsincentives in einem Beruf anzubieten, der gerade auch durch die genannten Steuerungsentwicklungen in der gesellschaftlichen Wahrnehmung „schwieriger" zu werden scheint, neue (Mit-)Steuerungsmöglichkeiten für die Berufsgruppe bringen.

3.5 Anmerkungen zur Arbeit mit den Analysekategorien

Die Anwendung der in Kap. 1 vorgestellten Analysekategorien auf aktuelle Entwicklungen im österreichischen Schulsystem illustriert unseres Erachtens sehr gut das Potenzial, aber auch die Schwierigkeiten governanceanalytischer Arbeit. Einerseits zeigen sich ganz deutlich das Problem der Komplexitätsreduktion und die damit verbundene Gefahr der subsumptionslogischen Verkürzung. Andererseits erweist sich die Anwendung der Kategorien in vielen Fällen als heuristisch aufschlussreich. Nimmt man nun diese beiden Erfahrungen zusammen, dann läßt sich resümierend festhalten, dass eine governanceanalytische Arbeit wohl am fruchtbarsten sein wird, wenn sie nicht nur einen fixen Satz von Kategorien und Begrifflichkeiten auf ihr Objekt anwendet, sondern dabei selbstreflexiv ihren ursprünglichen steuerungskritischen Impetus behält, der sich aus der Kritik verkürzter Steuerungsvorstellungen oder reduktionistischer Annahmen über kollektives Handeln speiste. Ähnlich wie bei den methodischen Hinweisen zur empirischen Forschung, in denen immer wieder Offenheit im Forschungsprozess gefordert wird, sich einerseits eine gegenüber dem Phänomen blinde Subsumptionslogik verbietet, andererseits aber auch eine prozesshaft sich wandelnde „Gegenstandsangemessenheit" von Unstrukturiertheit des Vorgehens zu unterscheiden ist, so ist für die governanceanalytischen Kategorien festzuhalten, dass sie genau dann ihre Funktion erfüllen, wenn sie ihre eigenen Bedeutungen als aus Konstellationen emergierend plausibel machen können:

- der Mehrebenencharakter wird vielfach erst in dem Moment deutlich, in dem sich traditionelle Vorstellungen von Ebenen auflösen;
- das Spezifische einer Akteurkonstellation zeigt sich oftmals erst, wenn sich die Empirie gegenüber unseren Akteurzuschreibungen widerständig zeigt;
- das Besondere einer Handlungskoordination gerät dann in den Blick, wenn eine Handlung nicht nur im Sinne intentionaler Koordination gedeutet wird, sondern wenn gerade das strukturell Bedingte und damit regelhaft Beschreibbare ge- oder misslingender Handlungskoordination auch ins Bewusstsein gelangt.

Governanceanalytische Kategorien, die an neue Untersuchungsobjekte herangetragen werden, zeigen damit eine hermeneutisch signifikante Eigenschaft: Ihre hohe Plausibilität ist ein Gewinn für die Forschung, wenn diese sich am konkreten Phänomen als sinngenerierend neu beweist. Ihre hohe Plausibiliät bringt sie aber immer auch in die Gefahr, zur Begriffsscholastik zu erstarren, wenn die Governanceforschung nicht die Bedingtheit der eigenen Kategorien selbstreflexiv einholt.

Literatur

Ackeren, Isabell van (2003): Evaluation, Rückmeldung und Schulentwicklung. Münster, u.a.: Waxmann.

Altrichter, Herbert/ Brüsemeister, Thomas/ Heinrich, Martin (2005): Merkmale und Fragen einer Governance-Reform am Beispiel des österreichischen Schulwesens. In: Österreichische Zeitschrift für Soziologie 30 (4), 6 – 28.

Altrichter, Herbert/Gorbach, Stefan (1993): Professionalität im Wandel: Konsequenzen für Begriffsbestimmung und professionelle Ausbildung diskutiert am Beispiel Personalentwicklung. In: Zeitschrift für Personalforschung 7 (1), 77-95.

Altrichter, Herbert/Heinrich, Martin (2005): Schulprofilierung und Transformation schulischer Governance. In: Büeler, Xaver/Buholzer, Alois/Roos, Markus (Hg.): Schulen mit Profil. Innsbruck: StudienVerlag, 125-140.

Altrichter, Herbert/Heinrich, Martin (2006): Evaluation als Steuerungsinstrument im Rahmen eines „neuen Steuerungsmodells" im Schulwesen. In: Böttcher, Wolfgang/Holtappels, Heinz Günter/Brohm, Michaela (Hg.): Evaluation im Bildungswesen. Eine Einführung in Grundlagen und Praxisbeispiele. Weinheim/München: Juventa, 51 – 64.

Altrichter, Herbert/Posch, Peter (1995): Austria: System of Education. In: Postlethwaite, T. Neville. (Ed.): International Encyclopedia of National Systems of Education. Oxford: Pergamon Press, 45-58.

Altrichter, Herbert/Posch, Peter (2004): Die Diskussion um Bildungsstandards in Österreich. In: journal für schulentwicklung 8 (4), 29-38.

Altrichter, Herbert/Prexl-Krausz, Ulrike/Soukup-Altrichter, Katharina (2005): Schulprofilierung und neue Informations- und Kommunikationstechnologien. Bad Heilbrunn: Klinkhardt.

Altrichter, Herbert/Salzgeber, Stefan (1996): Zur Mikropolitik schulischer Innovation. In: Altrichter, Herbert/Posch, Peter (Hg.): Mikropolitik der Schulentwicklung. Innsbruck: StudienVerlag, 96-206.

Altrichter, Herbert/Soukup-Altrichter, Katharina/Specht, Werner (2004): Chancen und Schwierigkeiten einer breiten Initiative zur Förderung schulischer Qualitätsevaluation. In: journal für schulentwicklung 8 (1), 60-69.

Altrichter, Herbert/Wiesinger, Sophie (2004): Der Beitrag der Innovationsforschung im Bildungswesen zum Implementierungsproblem. In: Reinmann, Gabi/Mandl, Heinz (Hg.): Psychologie des Wissensmanagements. Göttingen: Hogrefe, 220-233.

Argyris, Chris/Schön, Donald A. (1974): Theory in Practice: Increasing Professional Effectiveness. San Francisco: Jossey-Bass.

Bastian, Johannes (1998): Autonomie und Schulentwicklung. In: Bastian, Johannes(Hg.): Pädagogische Schulentwicklung, Schulprogramm und Evaluation. Hamburg: Bergmann + Helbig, 13-24.

Baumert, Jürgen (1998): TIMSS – Mathematisch-naturwissenschaftlicher Unterricht im internationalen Vergleich. Opladen: Leske + Budrich.

Benz, Arthur (2004): Multilevel Governance – Governance in Mehrebenensystemen. In: Benz, Arthur (Hg.): Governance – Regieren in komplexen Regelsystemen. Eine Einführung. Wiesbaden: VS, 125-146.

Benz, Arthur/Lütz, Susanne/Schimank, Uwe/Simonis, Georg (2004): Vorwort. In: Benz, Arthur (Hg.): Governance – Regieren in komplexen Regelsystemen. Eine Einführung. Wiesbaden: VS, 5-6.

Benz, Arthur/Lütz, Susanne/Schimank, Uwe/Simonis, Georg (2007): Einleitung. In: Benz, Arthur/Lütz, Susanne/Schimank, Uwe/Simonis, Georg (Hg.): Governance – Ein Handbuch. Wiesbaden: VS, 9-25.

Bildungskommission NRW (1995): Zukunft der Bildung – Schule der Zukunft. Neuwied: Luchterhand.

BMBWK (2003): Standards für Mathematik am Ende der Sekundarstufe I. Version 2.1 (Korrigierte Fassung), Wien.

BMUK (1998): Schulleitung und Schulaufsicht. Innsbruck.

Bonz, G./Ilsemann, Cornelia v./Klafki, Wolfgang/Klemm, Klaus/Stryck, Tom/Zedler, Peter (1993): Innovation und Kontinuität. Empfehlungen zur Schulentwicklung in Bremen. Bremen. Ms.

Braun, Dietmar (2001): Regulierungsmodelle und Machtstrukturen an Universitäten. In: Stölting, Erhard/Schimank, Uwe (Hg.): Die Krise der Universitäten. Wiesbaden: Leviathan (Sonderheft 20), 243-262.

Bröchler, Stephan (2004): Kalliope im Wunderland? Orientierungen, Bedarfe und Institutionalisierungen von wissenschaftlicher Politikberatung im bundesdeutschen Regierungssystem. In: Schützeichel, Rainer/Brüsemeister, Thomas (Hg.): Die beratene Gesellschaft. Wiesbaden: VS, 19-38.

Brunsson, Nils (1989): The Organization of Hypocrisy: Talk, Decisions and Actions in Organizations. Chichester: Wiley.

Brüsemeister, Thomas (2004): Schulische Inklusion und neue Governance. Münster: Monsenstein & Vannerdat.

Brüsemeister, Thomas/Eubel, Klaus-Dieter (Hg.) (2003): Zur Modernisierung der Schule. Bielefeld: transcript.

Clark, Burton R. (1997): The Entrepreneurial University: Demand and Response. Keynote Speech at the 19th Annual EAIR Forum. Warwick.

Czada, Roland (2007): Markt. In: Benz, Arthur/Lütz, Susanne/Schimank, Uwe/Simonis, Georg (Hg.): Governance – Ein Handbuch. Wiesbaden: VS, 68-81.

Dedering, Kathrin/Kneuper, Daniel/Kuhlmann, Christian/Nessel, Isah/Tillmann, Klaus-Jürgen (2007): Bildungspolitische Aktivitäten im Zuge von Pisa – Das Beispiel Bremen in: Die Deutsche Schule (im Ersch.; zit nach dem Ms.).

Deutscher Bildungsrat (1972): Empfehlungen der Bildungskommission. Strukturplan für das Bildungswesen. Stuttgart: Klett

EDK (Schweizerische Konferenz der kantonalen Erziehungsdirektoren) (Hg.) (2000): Die Vielfalt orchestrieren. Innsbruck: StudienVerlag.

Fankhauser, Rainer (o.J.): Rechtliche Verankerung der Schulautonomie in Österreich. Unv. Ms. Wien.

Fend, Helmut (2005): Systemsteuerung im Bildungswesen – Anschlussfähigkeiten an die Schulwirklichkeit. In: Maag Merki, Katharina/Sandmeier, Anita/ Schuler, Patricia/Fend, Helmut (Hg.): Schule wohin? Schulentwicklung und Qualitätsmanagement im 21. Jahrhundert. Zürich: FS+S, 15-27.

Fleischer-Bickmann, Wolff (1993): Projekt Autonomie. In: Pädagogik 45 (11), 21-25.

Freudenthaler, H. Harald/Specht, Werner (2006): Bildungsstandards: Der Implementationsprozess aus der Sicht der Praxis. Graz: ZSE.

Freudenthaler, H. Harald/Specht, Werner/Paechter, Manuela (2004): Von der Entwicklung zur Akzeptanz und professionellen Nutzung nationaler Bildungsstandards. In: Erziehung und Unterricht 154 (7-8), 606-612.

Giddens, Anthony (1992): Die Konstitution der Gesellschaft. Grundzüge einer Theorie der Strukturierung. Frankfurt a.M./New York: Campus.

Gläser, Jochen (2007): Gemeinschaften. In: Benz, Arthur/Lütz, Susanne/Schimank, Uwe/Simonis, Georg (Hg.): Governance – Ein Handbuch. Wiesbaden: VS, 82-92.

Gruber, Karl Heinz (1990): School reform and curriculum development: The Austrian experience. In: The Curriculum Journal 2 (3), 315-322.

Gruschka, Andreas/Heinrich, Martin (2001/2002): PISA. Oder: Populistische Insinuationen Schulischer Arbeitsergebnisse. In: Päd. Korrespondenz (28), 104-105.

Haider, Günter/Eder, Ferdinand/Specht, Werner/Spiel, Christiane/Wimmer, Manfred (2005): Abschlussbericht der Zukunftskommission. Wien: BMBWK.

Haider, Günter/Reiter, Claudia (Hg.) (2004): PISA 2003. Internationaler Vergleich von Schülerleistungen. Nationaler Bericht. Graz: Leykam.

Heid, Helmut (2003): Standardsetzung. In: Zeitschrift für Pädagogik 47. Beiheft, 176-193.

Heinrich, Martin (1998/1999): Vom Überlebenskampf des Homo Faber. In: Pädagogische Korrespondenz (23), 37-52.

Heinrich, Martin (2007): Governance in der Schulentwicklung. Von der Autonomie zur evaluationsbasierten Steuerung. Wiesbaden: VS.

Klieme, Eckhard et al. (2003): Zur Entwicklung nationaler Bildungsstandards. Berlin. (http://dipf.de/index_1024.htm, 21-06-2004).

Krainz-Dürr, Marlies (2006): Schulentwicklungsarbeit: Regelscheu, vergesslich, widerständig. Zum Fakt der „Verbindlichkeit" in Schulentwicklungsprozessen. In: Pädagogik 58 (3), 11-15.

Kogan, Maurice (1986): Educational Accountability. Hutchinson: London.

Kogan Maurice (1996): Monitoring, control and governance of school systems. In: OECD: Evaluating and Reforming Education Systems. Paris: OECD, 25-45

Lange, Stefan/Schimank, Uwe (2004): Governance und gesellschaftliche Integration. In: Lange, Stefan/Schimank, Uwe (Hg.): Governance und gesellschaftliche Integration. Wiesbaden: VS, 9-46.

Langer, Roman (2005): Anerkennung und Vermögen. Eine Analyse von Selbstorganisationsprozessen in Bildungsorganisationen. 2 Bde. Münster: Monsenstein & Vannerdat.

Langer, Roman (2006): Arbeitspapier zur Mechanismen-Analyse: Nutzen, Vorgehen und zwei Beispiele. Unv. Ms. Linz: JKU.

Lassnigg, Lorenz (2000): Zentrale Steuerung in autonomisierten Bildungssystemen. In: EDK (Hg.): Die Vielfalt orchestrieren. Innsbruck: StudienVerlag, 107-141.

Lortie, Dan C. (1975): Schoolteacher. Chicago: University of Chicago Press.

Lucyshyn, Josef (2004): Bildungsstandards – Ein weiterer Qualitätssprung für das österreichische Bildungswesen. Unv. Ms. Salzburg.

Marx, E.C.H./van Ojen, Q.H.J.M (1993): Dezentralisation, Deregulierung und Autonomisierung im niederländischen Schulsystem. In: Posch, Peter/ Altrichter, Herbert (Hg.): Schulautonomie in Österreich. Wien: BMUK, 162-185.

Mayntz, Renate/Scharpf, Fritz W. (1995): Steuerung und Selbstorganisation in staatsnahen Sektoren. In: Mayntz, Renate/Scharpf, Fritz W. (Hg.): Gesellschaftliche Selbstregelung und politische Steuerung. Frankfurt a.M./New York: Campus, 9-38.

Neuwirth, Erich/Ponocny, Ivo/Grossmann, Wilfried (Hg.) (o.J. [2006]): PISA 2000 und 2003: Vertiefende Analysen und Beiträge zur Methodik. Graz: Leykam.

OECD (1997): Managing Across Levels of Government. Paris: OECD.

OECD (2001): Lernen für das Leben. Erste Ergebnisse der internationalen Schulleistungsstudie PISA 2000. Paris: OECD.

Oelkers, Jürgen/Reusser, Kurt (2006): Qualität entwickeln – Standards sichern – mit Differenz umgehen. Unv. Expertise. Universität Zürich [erscheint 2007].

Ortmann, Günther/Windeler, Arnold/Becker, Albrecht/Schulz, Hans-Joachim (1990): Computer und Macht in Organisationen. Opladen: Westdeutscher Verlag.

Ortmann, Günther/Sydow, Jörg/Windeler, Arnold (1997): Organisation als reflexive Strukturation: In: Ortmann, Günther/Sydow, Jörg/Türk, Klaus (Hg.): Theorien der Organisation. Opladen: Westdeutscher Verlag, 315-354.

Osterloh, Margit/ Grand, Simon (1997): Die Theorie der Strukturation als Metatheorie der Organisation? In: Ortmann, Günther/Sydow, Jörg/Türk, Klaus (Hg.): Theorien der Organisation. Opladen: Westdeutscher Verlag, 355-359.

Posch, Peter/Altrichter, Herbert (1993): Schulautonomie in Österreich. 2. Auflage. Wien: Bundesministerium für Unterricht und Kunst.

Schimank, Uwe (2002a): Neue Steuerungssysteme an den Hochschulen. Förderinitiative des BMBF: Science Policy Studies. Abschlussbericht, 31.5. 2002, Hagen, Ms. (http://www.fernuni-hagen.de/SOZ/preprints)

Schimank, Uwe (2002b): Handeln und Strukturen. Einführung in die akteurtheoretische Soziologie. Weinheim/München: Juventa.

Schimank, Uwe (2005): Die akademische Profession und die Universitäten: „New Public Management" und eine drohende Entprofessionalisierung. In: Klatetzki, Thomas/Tacke, Veronika (Hg.): Organisation und Profession. Wiesbaden: VS, 143-164.

Schimank, Uwe (2007): Elementare Mechanismen. In: Benz, Arthur/Lütz, Susanne/Schimank, Uwe/Simonis, Georg (Hg.): Governance – Ein Handbuch. Wiesbaden: VS, 29-45.

Schuppert, Gunnar Folke (2005): Governance im Spiegel der Wissenschaftsdisziplinen. In: Schuppert, Gunnar Folke (Hg.): Governance-Forschung. Baden-Baden: Nomos, 371-469.

Seel, Andrea/Altrichter, Herbert/Mayr, Johannes (2006): Innovation durch ein neues Lehrerdienstrecht? Eine Evaluationsstudie zur Implementierung des LDG 2001. In: Heinrich, Martin/Greiner, Ulrike (Hg.): ,Schauen, was rauskommt'. Kompetenzförderung, Evaluation und Systemsteuerung im Bildungswesen. Wien: Lit, 95-111.

Sertl, Michael (1993): Kurze Geschichte der Autonomiediskussion in Österreich. In: Posch, Peter/Altrichter, Herbert (Hg.): Schulautonomie in Österreich. Wien: Bundesministerium für Unterricht und Kunst, 88-124.

Specht, Werner (2006): Statement in einer Podiumsdiskussion der Veranstaltung „next practice". Linz.

Jochen Wissinger

Does School Governance matter?
Herleitungen und Thesen aus dem Bereich „School Effectiveness and School Improvement"

1. Einleitung

Der folgende Beitrag beschäftigt sich am Beispiel des angloamerikanischen Diskurses über die Restrukturierung der innerschulischen Governance mit der Frage, welche Erkenntnisse der School Effectiveness- und School Improvement-Forschung vorliegen und welche Bedeutung diese für den in der deutschen Erziehungswissenschaft vernachlässigten, schulbezogenen Governance-Diskurs haben[1]. Er geht, in anderen Worten, davon aus, dass die Governance-Perspektive, die im vorliegenden Buch als eine Forschungsperspektive für die Empirische Bildungsforschung erörtert werden soll (siehe Kussau/Brüsemeister hier im Band), nicht gänzlich neu ist, sondern mit der School Effectiveness- und School Improvement-Forschung einen beachtenswerten Vorläufer neben anderen hat.

Gemeinsam ist der Governance-Perspektive mit dem Diskurs über School Effectiveness und School Improvement, dass sie erstens die Mesoebene der gesellschaftlichen Ordnungsbildung, d.h. die Abstimmung in und zwischen Bildungsorganisationen thematisieren (siehe Schimank in diesem Band), dass sie zweitens die Schule als ein multikausales Geschehen begreifen und dass sie drittens in ihren materialen Untersuchungen die Bedeutung von innerschulischen

---

1   Ich danke Thomas Brüsemeister, Herbert Altrichter und Jürgen Kussau für die konstruktive Kritik.

Management- und Führungsaspekten, die Bedeutung erweiterter einzelschulischer Eigenverantwortung und entsprechende Herausforderungen an Kommunikation und Abstimmung innerhalb des Lehrberufs entdecken. Anders jedoch als die Governanceperspektive ist der Diskurs über School Effectiveness und School Improvement vor allem ein „Kind" der 1980er Jahre. Sie propagiert die Autonomisierung der Schule und, damit verbunden, Deregulierung und Privatisierung – Gesichtspunkte also, die vor allem in den angloamerikanischen Ländern in dieser Zeit in die systematische Auseinandersetzung mit der Institution Schule eingebracht und an die große Hoffnungen für eine bessere schulische Steuerung gebunden wurden. Insbesondere mit marktorientierten Steuerungsformen verknüpfte Hoffnungen haben sich jedoch schon in den 1990er Jahren als trügerisch erwiesen und wurden zudem in den kontinentaleuropäischen Ländern nicht in der Intensität rezipiert wie in angloamerikanischen Ländern.

Mit anderen Worten, dem Diskurs über School Effectiveness und School Improvement wohnt eine Zeitbezogenheit inne, denn die in den 1980er Jahren aufgekommene Deregulierungsdiskussion und die Politik einer erweiteren einzelschulischen Autonomie wurde zwischenzeitlich in vielen Ländern durch umgekehrte Strategien der evaluationsbasierten Steuerung ersetzt oder ergänzt in der Absicht, gleichzeitig mit der Entwicklung der Einzelschulen die Systemsteuerung zu verbessern (vgl. van Ackeren 2003). Trotz dieses Zeitbezugs darf der Diskurs über School Effectiveness und School Improvement auch heute als aufschlussreiche Forschungsperspektive in der Empirischen Bildungsforschung betrachtet werden. Mit der Betonung innerschulischer Abstimmungsprobleme zwischen einer formal-rechtlich aufgewerteten Schulleitung und Lehrkräften, mit der Diskussion über die Relevanz erweiterter schulischer Eigenverantwortung und innerschulischer Führung durch die School Effectiveness- und School Improvement-Forschung wird – wie dieser Beitrag zeigen möchte – ein Themenfeld gesetzt, dass auch die Educational Governanceforschung interessiert.

2.   Neue Steuerung und Bildungsqualität

In bildungspolitischen Konzepten, wie sie, bezogen auf Schulsysteme, in Deutschland unter dem Stichwort „Selbständige Schule" (vgl. Rürup 2006) oder in den USA unter dem Stichwort „School-Based-Management" bzw. „Site-Based-Management" zu finden sind, kommt ein international diskutierter, angelsächsisch geprägter Steuerungsansatz zum tragen, der, von einem liberalen, marktorientierten Denken inspiriert, die Effektivität und Effizienz staatlicher Steuerung in traditionell der öffentlichen Verantwortung unterliegenden gesellschaftlichen Subsystemen (wie z.B. das Gesundheitssystem) infrage stellt und seit den 1990er Jahren auch mit Blick auf Bildungssysteme die Deinstitutionalisierung öffentlicher, staatlicher Steuerung fordert (vgl. Lewis 1993; kritisch: Zymek 2004). Dabei scheint keine Rolle zu spielen, dass es an empirischen Befunden über die Leistungsfähigkeit und Effizienz alternativer Steuerungsansätze sowie über die materiellen und immateriellen Kosten der Implementierung mangelt – von die Systeme vergleichenden Studien ganz zu schweigen.

Deutschland, wo Bildungsfragen unter die Aufsichtspflicht des Staates fallen und diese Verfassungsrang hat (vgl. Avernarius 2004), hat sich im Wettbewerb der Ideologien (hierzu z.B. Riddell 1997) und mit Rücksicht auf seine kulturellen Traditionen gegen die Privatisierung des Bildungssystems als Schlüsselelement alternativer Steuerung und für die Reform der staatlichen Steuerung entschieden. Entsprechend verfolgen gegenwärtig die nach dem Grundgesetz zuständigen deutschen Bundesländer, die ihre Bildungssysteme zentralbürokratisch organisieren und steuern (vgl. Holzapfel 2002), auf allen Ebenen des Systems, d. h. von der Spitze der Bildungsverwaltungen bis in die Schule, mit unterschiedlichem Engagement die Modernisierung (vgl. hierzu Brüsemeister 2004; Brüsemeister/Eubel 2003). Sie betreiben, spätestens seit PISA, nach Maßgabe des Ziels, die Wirksamkeit und Effizienz des Bildungssystems zu verbessern, die Restrukturierung der Educational Governance.

Als zentrales Element der Restrukturierung der Educational Governance muß mit Blick nicht nur auf die Schule, sondern auf alle Bildungsinstitutionen (vgl. Schimank hier im Band) die Umstellung der traditionellen Inputsteuerung auf die so genannte Outputsteuerung gesehen werden (vgl. Hutmacher 1998; Klemm 2005). Im Hinblick auf die zentralistisch-bürokratische Tradition in Deutschland steht diese Umstellung, die zum einen auf Deregulierung und Dezentralisierung und zum anderen auf Rechenschaftslegung setzt, für viele Beobachter für einen Paradigmenwechsel. Ihm liegt die Erkenntnis zugrunde, dass die traditionellen Instrumente bildungspolitischer und staatlicher Steuerung, wie z.B. Lehrpläne, nicht greifen (vgl. Vollstädt et al. 1999), wenn nicht zugleich an Bildungsstandards gemessen (vgl. Klieme 2004; kritisch Schlömerkemper 2004) die Schülerleistungen sowie die Resultate professionellen, schulischen Handelns qua Evaluation (vgl. Böttcher/Holtappels/Brohm 2006) überprüft und gegebenenfalls unter dem Gesichtspunkt der Verbesserung entsprechende Maßnahmen für Schule, Unterricht und die Professionalisierung des pädagogischen Personals ergriffen werden.[2]

Obwohl, hier bezogen auf die Schule, Zweifel an der Relevanz struktureller Veränderungen schulischer Governance für die Verbesserung der Schülerleistungen bestehen (vgl. z. B. Ditton 2000; Silins/Mulford 2002) und obwohl es in

---

2 Zur Diskussion über eine Reform der Lehrerbildung vgl. z.B. Terhart 2000; zur Rolle und Wirkung von Schulprogrammen z.B. Holtappels 2004; zum Unterricht z.B. Arnold 2007.

Deutschland wie anderswo an empirisch gesichertem Wissen über unterschiedliche Formen schulischer Governance und deren Wirkung auf den Unterricht fehlt (vgl. Rolff 1998; Tyack 1993), betreiben die Bundesländer die Umstrukturierung der Bildungsverwaltungen. Mit ihr ist die Veränderung historisch gewachsener Formen, Mechanismen und Instrumente der äußeren und inneren Steuerung der Schule und anderer Institutionen der Bildung verbunden.[3] Dabei gehen die Verantwortlichen davon aus, es mit einem gestaltungsfähigen Zusammenhang zwischen Steuerungsstrukturen einerseits und der Qualität des Unterrichts und des Lernens andererseits zu tun zu haben (vgl. z.B. Elmore 1993; kritisch: Zymek/Sikorski 2005) und mit der Umstellung von Inputsteuerung auf Outputsteuerung über die dazu notwendigen Instrumente zu verfügen. Diese Politik geschieht ungeachtet der Erfahrung, dass staatliche Steuerungsinstrumente in der Vergangenheit nur bedingt bis in den Unterricht hinein reichten. Die am Bildungssystem interessierte Politikwissenschaft erklärt sie mit zwei Interessen des Staates: mit dem Interesse an der Sicherung der Effektivität und der Erhaltung der Kontrolle einerseits sowie mit dem Interesse an der Stärkung und Aufrechterhaltung seiner Legitimation andererseits (vgl. Weiler 1993).

Vor diesem Hintergrund sind steuerungstheoretisch interessante Entwicklungen in mehreren deutschen Bundesländern zu beobachten. Baden-Württemberg verfolgt im Bereich der beruflichen Schulen mittelfristig die Einführung der operativ eigenständigen Schule (vgl. hierzu Clement/Wissinger 2004). Nordrhein-Westfalen betreibt das Projekt ‚selbständige Schule' (Lohre 2004; Projektleitung „Selbständige Schule" 2006) und in Hessen gibt es das Projekt ‚Selbstverantwortung Plus' (vgl. Clement 2005), um nur einige, im Pilotstatus betriebene deutsche Beispiele für Initiativen der Neuordnung des Verhältnisses zwischen Schule und Staat, und damit verbunden, der Restrukturierung der Bildungsverwaltungen wie auch der Schule zu nennen (hierzu Rürup/Heinrich in diesem Band). Die Zielbeschreibung z.B. des baden-württembergischen Projekts zur Stärkung der Eigenständigkeit Beruflicher Schulen (STEBS) lautet: „STEBS soll die Gestaltungsfreiräume auf den verschiedenen Ebenen des Systems ‚Schule' erweitern. Dieser offene Schulentwicklungsprozess ist verbunden mit einer größeren Verantwortung für die Sicherung und Weiterentwicklung der Qualität jeder einzelnen Schule. STEBS stärkt die pädagogische und fachliche Erstverantwortung der Schule" (MKJS B.-W. 2003, 6).

---

3   Zur Entwicklung in Österreich bzw. in der Schweiz vgl. Altrichter/Brüsemeister/Heinrich 2005
      sowie Büeler, hier im Band.

2.1 Restrukturierung als Weg und Ziel schulischer Governance

Von dieser Umorganisation ist das Verhältnis zwischen Schule und Staat berührt in dem Sinne, dass Aufgaben und Verantwortlichkeiten zwischen der Schulverwaltung, den Kommunen als Schulträgern, der unteren Schulaufsicht sowie der einzelnen Schule neu verteilt werden. So sollen z.b. Schulen im Rahmen des baden-württembergischen Projektes größere Eigenverantwortung in den vier Handlungsfeldern Schulorganisation, Schulprofil, Personalmanagement und Qualitätsmanagement übernehmen – mit Folgen für das berufliche Selbstverständnis, für Funktion und Rolle, für die inhaltliche Ausgestaltung des Arbeitsplatzes sowie für Fragen der Qualifikationen und Kompetenzen der schulischen Akteure. Dass gleichwohl nicht nur Schulleitungen und Lehrkräfte von Umstrukturierungsprozessen betroffen sind, sondern auch andere Akteure der Bildungsverwaltung, wird am Beispiel der Entwicklung der unteren Schulaufsicht (vgl. z.b. Schnell 2006) und im Zusammenhang mit der Einführung z.b. einer Schulinspektion in Hessen konkret (vgl. Wissinger 2006).

Für steuerungspolitische Maßnahmen dieser Art ist im Anschluss an einen international geführten governancetheoretischen Diskurs ein Motiv leitend, das da heißt: Schulen lassen sich unter dem Gesichtspunkt der Erbringung und Sicherung erwünschter Lern- und Leistungsergebnisse nur steuern, wenn sie über mehr Eigenständigkeit als bislang verfügen, als Institution ein Bewusstsein für ihre gesellschaftliche Rolle und die damit verbundenen Aufgaben entwickeln und durch Spielräume in der Selbstorganisation (Zielführung durch Schulprogramm) sowie durch spezifische Instrumente (Evaluation – z. B. Lernstandserhebung, Fort- und Weiterbildung) die Zuständigkeit und Verantwortung für die Ergebnisse ihres Handelns übernehmen (vgl. z.b. Hannaway 1993).

Aus der Sicht einer politikwissenschaftlichen Verwaltungsforschung ist auch eine Bildungspolitik, die dieses Leitmotiv praktisch umzusetzen gedenkt, unausgesprochen wie ausgesprochen an rationalistischen Organisations- und Managementmodellen orientiert (vgl. Jann 2001). Diese haben die Diskussion um Wirksamkeit und Effizienz im Bildungssystem insgesamt inspiriert und damit Versuchen den Weg geebnet, Bildungsinstitutionen wie die Schule in Kategorien der Organisations- sowie der Managementtheorie zu denken und zu analysieren (vgl. z.b. Dubs 1994). Bildungspolitik überall in der Welt wie auch in Deutschland ist insbesondere bei „top-down-Reformen" schulischer Governance der Gefahr ausgesetzt, „in Widerstreit zu den konkret Handelnden (zu) geraten", insbesondere zu den beruflich tätigen Mitgliedern der Schule, „die die Innovationen letztlich umsetzen und tragen sollen, und zwar zu ihren Werten und Motiven, Kenntnissen, Erfahrungen und Fertigkeiten, ihren Routinen und Orientierungen" (Holtappels 1995, 329). Studien zur Implementation von Reformen heben hervor, dass bildungspolitische Reformen, die durch Machtausübung der Bildungsverwaltung durchgesetzt werden (ebd.), für die beteiligten Akteure (z.B. Lehrpersonen) in der Umwelt Schule unterschiedliche Funktion und Bedeutung haben und mit je spezifischen Interessen kollidieren können (vgl. auch Elmore 1993).[4] Eine empirische Studie von Verdugo et al. (1997), die den Zusammenhang zwischen der Berufszufriedenheit von Lehrpersonen und zwei, mit ‚Bürokratie' und ‚Gemeinschaft' unterscheidbaren Governance-Regimes untersucht, kommt u.a. zu dem Schluß, dass Governance-Regimes ungeachtet ihrer Struktur Legitimation für sich beanspruchen können müssen.

2.2 School Effectiveness- und School Improvement-Forschung als Bezugssystem

Die School Effectiveness- und School Improvement-Forschung untersucht unter dem Gesichtspunkt der Frage, wie auf der Basis vorgegebener Standards die Lern- und Leistungsentwicklung von Schülerinnen und Schülern gewährleistet werden kann, die Bedingungen und Wirkungen der Schule als Handlungseinheit sowie die Möglichkeiten pädagogisch wirksamen Handelns von Lehr- und Leitungspersonen. Wenn man mit *Makro-, Meso-* und *Mikroebene* drei interdependente, nur analytisch trennbare Steuerungs- und Handlungsebenen unterscheiden kann (vgl. Fend 2006), die für die Organisation, Entwicklung und Sicherung der Qualität des Aufwachsen und der Bildung von Kindern und Jugendlichen in postindustriellen Gesellschaften von Bedeutung sind, dann bedient die School Effectiveness- und School Improvement-Forschung im Rahmen der Untersuchung von Anspruch und Wirklichkeit einer mit dem Ziel der Qualitätssicherung und -entwicklung versehenen Reform der schulischen Governance vornehmlich die *Mesoebene.*

Einmal ungeachtet internationaler wie nationaler Kritik an der Fokussierung der School Effectiveness- und School Improvement-Forschung, die von politikwissenschaftlicher, soziologischer und auch schultheoretischer Seite artikuliert wird (vgl. z.B. Thrupp 2001; auch Fend 2001), soll diese Perspektive unter der Beachtung ihrer Grenzen im Rahmen des vorliegenden Beitrags genutzt werden. Denn die School Effectiveness- und School Improvement-Forschung hat ausgehend von der Frage, was, gemessen an den Lernleistungen der Schüler, pädagogisch wirksame Schulen kennzeichnet, auf der Mesoebene schulischer Output-

---

4   Unter der bürokratisch-zentralistischen Organisation des Bildungssystems, das bislang über Inputsteuerung funktionierte, hatten die beruflich tätigen Mitglieder der Schule einen ungeahnten, relativen Handlungsspielraum, der unter den Bedingungen der Ziel- und Outputsteuerung eingebüßt wird.

steuerung Bedingungsfaktoren herausgearbeitet, die die Aufmerksamkeit der Analyse wie der praktischen Bildungsreform auf folgende Ebenen professionellen Handelns lenken: die Ebene der Schule, die Ebene des Unterrichts, die Ebene der Kooperation zwischen Schule und Umwelt sowie die Ebene der Aus- und Fortbildung.

Die Schulwirkungsforschung ist, was die Rolle der Schule im Hinblick auf Erziehungs- und Bildungsprozesse und, damit verbunden, Möglichkeiten ihres Einflusses auf den Lern- und Leistungserfolg von Schülerinnen und Schülern betrifft, trotz der Erkenntnis, dass schulisches Lernen multifaktoriell bedingt ist, sehr optimistisch. Von ihrem Ursprung her ist sie zwar auf den Unterricht und die Organisation sowie Gestaltung von Lehr-Lernprozessen orientiert. Auf der Grundlage der Beobachtung aber, dass sich Schulen hinsichtlich ihres Selbstverständnisses, ihrer Arbeitsweise sowie ihrer pädagogischen Ergebnisse qualitativ unterscheiden, hat sie sich unter der Berücksichtigung strukturtheoretisch, soziologisch sowie professionstheoretisch zugänglicher Bedingungsfaktoren sukzessive zur Schulentwicklungsforschung gewandelt. Für diesen Wandel ist typisch, dass sie systematisch Fragen der Organisation des Lernens von Schülerinnen und Schülern mit Fragen der schulischen Selbstorganisation und Arbeitsweise, des Managements und der Führung sowie der Professionalisierung der Lehr- und Leitungspersonen verbindet.

„Most school effectiveness studies show that 80 per cent or more of student achievement can be explained by student background rather than schools […]. On the other hand, school effectiveness supporters believe that, even with only 20 per cent of achievement accounted for by schools, their work has convincingly helped to destroy the belief that schools do not make any difference. They argue that schools not only make a difference but they add value despite the strong influence of family background on children's development […]" (Silins/Mulford 2002, 561f.).

Die School Effectiveness- und School Improvement-Forschung konzeptionell und methodologisch scharf kritisierende Kollegen räumen gleichwohl ein, dass sie wichtige Beiträge zur Diskussion geleistet habe (z.B. Hill/Rowe 1998). Zudem wendet sie sich in jüngerer Zeit im Rahmen großer Reformenprojekte zur Verbesserung der Schülerleistungen und der Frage ihres Erfolgs den schulexternen, sozio-ökonomischen Kontextbedingungen schulischer Qualitätssicherung und Qualitätsentwicklung zu (vgl. z.B. Harris et al. 2006; Reynolds et al. 2006).

3. School-Based-Management

Im Zusammenhang mit der Beschreibung und Analyse pädagogisch wirksamer Schulen und der Bearbeitung der Frage, welche Faktoren für die Verbesserung der Schülerleistungen von Bedeutung sind, spielt seit den 1960er Jahren des vergangenen Jahrhunderts insbesondere in den USA, aber auch in Kanada, in Australien, in Neuseeland sowie in Großbritannien und anderen europäischen Ländern eine schulische Governanceform eine zentrale Rolle, die unter dem Stichwort School-Based-Management oder Site-Based-Mangement in der Literatur diskutiert wird (vgl. z.B. Leithwood/Menzies 1998) und auf Dezentralisierung von Aufgaben und Verantwortung im Verhältnis von Staat und Schule setzt (vgl. Weiler 1993).[5]

> „Through decentralization of authority from central offices and participation in decision-making, school management tasks are set according to the characteristics and needs of the school itself. Therefore schoolmembers (including board of directors, supervisor, principal, teacher, parents, students etc.) have much greater autonomy and responsibility for the use of resources to solve problems and carry out effective teaching activities, and for the long-term development of the school [...]" (Cheng 1996, 41f.).

Diese Governanceform thematisiert aber nicht nur formal das Verhältnis von Staat und Schule und sieht damit nicht nur strukturelle Veränderungen auf und zwischen den unterschiedlichen Ebenen schulischer Steuerung (Politik, obere und untere Schulaufsicht, Kommunen und Schule) vor. Vielmehr nimmt sie nach ihren Befürwortern auch für sich in Anspruch, durch Einflussnahme auf die schulische Organisationsstruktur wie Organisationskultur und, damit verbunden, auf die Zufriedenheit von Lehrpersonen und Eltern wirkungsmächtige Bedingungen für Schülerleistungen herzustellen. Ohne dass hinreichend signifikante Befunde für unterstellte Wirkungen auf das Lernen vorliegen, was theoretische wie methodologische Gründe haben kann (vgl. z.B. Beck/Murphy 1998), wird immer wieder die Überlegenheit dieser auf Teilhabe an zentralen schulischen Entscheidungen sowie auf Kooperation insbesondere unter den Lehrpersonen setzenden Governanceform gegenüber der bürokratischen Form betont.

> „School-based management employs theories of ‚equifinality' and ‚decentralization', assumes that school is a self-managing system and regards initiative of human factor and improvement of internal process as important to school development and effectiveness. When compared with externally controlled schools, the characteristics

---

5   Für die deutsche Diskussion vgl. z.B. Klemm 2005.

of school-based management schools are very different in school functioning. They should have clear school mission and strong organizational culture. In these schools, managing strategies should encourage participation and give full play to members' initiative; there should also be considerable autonomy of procuring and using resources to solve problems in time; the role of people concerned should be active and developmental; human relationship are open, supportive with mutual commitment; administrators should be of high quality and always learning; and evaluation of school effectiveness should include multi-level and multi-facet indicators of input, process and output in order to help the school learn to improve" (Cheng 1996, 42).

Von dieser Governanceform, die Lehrerinnen und Lehrer eines Kollegiums in die unmittelbare Verantwortung für die pädagogischen Leistungen „ihrer" schulischen Handlungseinheit bringen will (Accountability) und die mit einer weitreichenden Umstrukturierung der schulischen Selbstorganisation und Arbeit die Kommunikation und Kooperation zwischen Schulleitung und Lehrerschaft, unter den Lehrpersonen sowie zwischen Professionals und Eltern und Schülern zu verändern beabsichtigt (vgl. Hannaway 1993), wird im folgenden unter dem Gesichtspunkt der mit ihr verbundenen Erwartungen und Wirkungen auf die Meso- und Mikroebene die Rede sein.

Bei School-Based-Management handelt es sich wie bei der „Schule mit erweiterter Verantwortung" um eine Reformstrategie, die für sich in Anspruch nimmt, zur Verbesserung der Schülerleistungen beizutragen, die aber im wesentlichen struktureller Natur ist, d.h. die in den USA zunächst bestrebt ist, Zuständigkeiten und Verantwortung von Staaten und Distrikten auf die Einzelschule zu verlagern und dazu innerhalb der Schule repräsentative Entscheidungsstrukturen zu etablieren. Die Ziele, die mit dieser Reformstrategie verfolgt werden, sind eher vielfältig als eindeutig, was daran liegt, dass angesichts der traditionell beteiligten Akteure im Mehrebenensystem schulischer Steuerung mindestens drei unterschiedliche Formen von School-Based-Management ausgemacht werden können: Administrative Control SBM, Professional Control SBM, Community Control SBM (vgl. Leitwood/Menzies 1998, 233).

Angesichts der Fokussierung der Mikro- bzw. Schulebene in diesem Beitrag, beziehen sich die weiteren Ausführungen auf die Form des Professional Control SBM. Diese Governanceform geht davon aus, dass im Zusammenhang einer Dezentralisierung schul- und unterrichtsrelevanter Entscheidungen veränderte innerschulische Organisations- und Arbeitsstrukturen eine direkte und positive Wirkung auf die Lernergebnisse der Schüler haben (Beck/Murphy 1998, 359f.). Sie unterstellt, in anderen Worten, ein Bedingungsverhältnis zwischen der Organisations- und Führungsstruktur in der Schule und der Qualität des Unterrichts und der Lernleistungen der Schüler (vgl. Robertson/Briggs 1998; Briggs/-Wohlstetter 2003).

3.1 Umorientierung – Vom Unterricht zum System

In Kategorien von Parsons ausgedrückt, sind im Reformkonzept des School-Based-Management drei Ebenen einer Organisation analytisch zu unterscheiden und praktisch zu integrieren (vgl. Murphy/Louis 1999, S. xxii-xxiv): die *technische Ebene*, die im Hinblick auf Bildung und Erziehung mit Lern- und Lehrprozessen zu tun hat, die *Managementebene*, die sich auf Führung, Verwaltung und die Organisation von Bildung und Erziehung bezieht, und schließlich die *institutionelle Ebene*, die auf die Beziehungen zwischen der Schule und ihrer äußeren Umwelt, also auf die Beziehungen zu Eltern und Bildungsabnehmern abstellt, darüber hinaus im weiteren Sinne auf Beziehungen zur ökonomischen, politischen und sozialen Umwelt einer Gesellschaft.

Im Hinblick auf die Verbesserung der pädagogischen Wirksamkeit des Unterrichts (technische Ebene), lenkt School-Based-Management die Aufmerksamkeit des Beobachters auf die Management- und die institutionelle Ebene und wirft im Zusammenhang mit der Restrukturierung der Schule, die im Dienste besserer Schülerleistungen stehen soll, die Frage der innerschulischen Führung auf. Es sind die Schulleitungen und weitere Führungspersonen unter den Lehrpersonen (vgl. Smylie 1997), die den einzelnen wie das Kollegium einer Schule insgesamt bei der Umstrukturierung anleiten und im Prozeß der Umorientierung schul- und vor allem unterrichtsbezogenen Denkens und Verhaltens führen sollen (für die deutsche Diskussion vgl. Wissinger 1996, 2000; Wissinger/Huber 2002; Rosenbusch 2005). Verstärkte Eigenverantwortung im Rahmen einer Strategie wie School-Based-Management geht, so eine zentrale Erkenntnis der Governanceforschung, nicht ohne Führung (vgl. Louis 1994) wie auch nicht ohne Kontrolle durch den Staat bzw. andere gesellschaftliche Institutionen (vgl. z.B. Liket 1993; Böttcher 2002).[6]

Diese strategische Ausrichtung impliziert angesichts der traditionellen beruflichen Sozialisation für und durch die „egg-crate"-world of schools (Lortie 1975) eine Umorientierung im berufsbezogenen Denken und Verhalten der Lehrpersonen, die einem Paradigmenwechsel im beruflichen Selbstverständnis gleichkommt.

3.2 Eigenverantwortung und Führung

Zwei Führungskonzepte, die aus der School Effectiveness- and School Improvement-Forschung kommen und die in diesem Zusammenhang erwähnt werden

---

6   Vgl. die kritischen Darlegungen zum Verhältnis von Dezentralisierung und Evaluation von Weiler 1993.

müssen, sind mit dem Konzept der „instructional leadership role" einerseits und dem Konzept der „transformational leadership role" andererseits benannt (vgl. Wissinger 2000). Während das Konzept der „instructional leadership role" ein traditionelles, im Primarstufenbereich entwickeltes Verständnis der Schulleitungsrolle repräsentiert, das die berufliche Kompetenz als Lehrer betont und Fragen der Führung ausschließlich auf den Unterricht und dessen Kontrolle orientiert, konzeptualisiert die „transformational leadership role" Fragen der Führung als Fragen der schulischen Restrukturierung *erster* und *zweiter* Ordnung (Leithwood 1994), d.h. a) als Fragen schulischer Verantwortung für die Qualität des Unterrichts und die Lernleistungen der Schüler und b), zur Absicherung auf die Veränderung des Unterrichts und des Lernens bezogener Initiativen, als Fragen der Professionalisierung des Lehrberufs sowie der Selbstorganisation und Neustrukturierung der jeweiligen Schule.

Dieses Führungskonzept akzentuiert entweder Rolle und Aufgaben des Schulleiters bzw. der Schulleiterin als Funktionsstelleninhaber und als Persönlichkeit, die die Initiative zur Verbesserung der schulischen Arbeit und des Lernens ergreift und die an der Schule beteiligten Gruppen unter dem Gesichtspunkt gemeinsam geteilter Ziele und dazu zu ergreifender Maßnahmen zusammenführt. Oder aber es formuliert ein umfassenderes Führungsverständnis, das vom Unterricht und der Funktion des einzelnen Lehrers über die Funktion des mittleren Managers oder des mit Führungsaufgaben zeitlich befristet betrauten Lehrers oder auch des informellen Leaders bis hin zu den Aufgaben der Schulleitung und der Schulverwaltung reicht (vgl. z.B. Silins 1994; Smylie 1997; auch Wissinger/Höher 1998).

In diesem Zusammenhang ist ein in Deutschland völlig vernachlässigter Forschungsansatz zu erwähnen, der „Teacher Leadership" in den Fokus der Aufmerksamkeit rückt (vgl. z. B. Smylie 1997; Silins/Mulford 2004). Mit Teacher Leadership wird jenes, in Restrukturierungsprozessen zu beobachtende Phänomen bezeichnet, dass Lehrpersonen mehr denn je in die Entscheidungsfindung einbezogen werden und dadurch ihren Einfluß erweitern. Teacher Leadersphip „is associated with the reform movements calling for greater professionalization, more teacher leadership and collaboration in schools [...]" (Anderson 2004, 100).

Wie Untersuchungen zeigen, lassen sich Lehrpersonen, von denen die meisten sich schwer tun, zu sagen, was unter Teacher Leadership zu verstehen ist (ebd.), vor allem dann zu Führungsaufgaben motivieren, wenn diese die Arbeit mit den Schülern betrifft oder aber dem beruflichen Fortkommen dient (vgl. auch Winterhager-Schmid 1997; Miller 2001; Kansteiner-Schänzlin 2002). Lehrpersonen vermeiden Führungsaufgaben, die in Konflikt mit der Unterrichtstätigkeit stehen oder die Beziehung zu Kollegen stören könnte. Insgesamt gesehen ziehen

Lehrpersonen Führungsaufgaben vor, die mit anderen Lehrpersonen partner-schaftliches Arbeiten erlauben und sie nicht in eine hierarchische Position bringen (Silins/Mulford 2004, 447). Es gibt signifikante Hinweise darauf, dass Teacher Leadership zum Organisationslernen beiträgt und derartige Prozesse umgekehrt und indirekt die Übernahme von Führungsaufgaben befördert. Wichtige vermittelnde Faktoren sind Zufriedenheit mit der eigenen Führungsleistung sowie das Gefühl, wertgeschätzt zu werden (vgl. auch Louis 1998). Teacher Leadership hat allerdings keinen, die positive Wahrnehmung der Lehrerarbeit verstärkenden Einfluß auf die Schüler, auch nicht, was ihre Teilhabe an und ihr Engagement für die Schule betrifft (a.a.O., 460f.).

3.3 Herausforderungen

Aus einer institutionstheoretisch orientierten Richtung in der School Effective-ness- und School Improvement-Forschung steht die Organisation Schule angesichts einer weltweit zu beobachtenden Politik der Restrukturierung schulischer Governance vor drei großen Herausforderungen, die sie bewältigen muss (vgl. Louis 1994, 17-19): Erstens die Überwindung der traditionellen Organisations- und Arbeitsstruktur, zweitens die Veränderung organisations-typischer Lernmuster und drittens die Überwindung der schultypischen Führungsstruktur. Diese Perspektive geht, in anderen Worten, zunächst davon aus, dass die Organisations- und Arbeitsstruktur der Schule, die dadurch gekennzeichnet ist, dass Lehrpersonen vereinzelt arbeiten und wenig Zeit haben, miteinander fachlich zu kommunizieren, nicht schon mit der Forderung nach und der rechtlichen Verankerung erweiterter Eigenverantwortung überwunden ist. Eine Schule mit erweiterter Eigenverantwortung steht, aus dieser Position, vor der Aufgabe, durch Restrukturierung Formen der Selbstorganisation, der Kommunikation und Kooperation unter Lehrern zu entwickeln, die die systematische Verständigung über Fragen der Erziehung und des Unterrichts erlauben (a.a.O., 17; vgl. auch Hannaway 1993). Wie Daten auf der Basis von 20 Fallstudien aus vier nordamerikanischen Schuldistrikten z.B. zeigen, verstehen es Schulen bzw. die in ihr tätigen Lehrerkollegien mehr oder weniger, den Rahmen erweiterter Verantwortung für die Selbstorganisation wie für die Qualität des Unterrichts zu nutzen (Robertson/Briggs 1998).

Schulen mit erweiterter Verantwortung sind aus dieser Sicht in doppelter Weise herausgefordert: Sie müssen nicht nur um eine Verbesserung der Schüler-leistungen bemüht sein und dazu entsprechende Maßnahmen ergreifen, sondern sie müssen zugleich angesichts der gemeinsamen Verantwortung der Lehrer-schaft und der Schulleitung für die Leistungsergebnisse der jeweiligen schulischen Handlungseinheit Formen der Koordination entwickeln, die je nach Schule und Schulform der beruflichen Erfahrung mehr oder weniger widersprechen und vom Niveau her über die Kooperationsmuster und Kooperationserfahrungen unter den Bedingungen der historisch gewachsenen, gefügeartigen Organisationsstruktur der Schule hinausweisen (vgl. Steinert u.a. 2006; auch Bauer 2004).

„In particular, the structure of teachers' work is an all-too-often ignored factor in research on effective schools and schooling, and is often overlooked in national and state reform efforts, which focus narrowly on standards, curriculum and instructional practices" (Louis 1998, 21f.).

Es wird darüber hinaus eine Herausforderung an die Einzelschule darin gesehen, eingefahrene Lernmuster verändern zu müssen, die in der Organisations- und Arbeitsstruktur der Institution Schule, in Normen und Werten sowie in Einstellungen und Haltungen der beruflich tätigen Mitglieder der Schule begründet liegen. Lehrerinnen und Lehrer sind gefordert mit der Vorstellung einer individuell autonomen Berufstätigkeit zu brechen. Und sie sind gefordert zu erkennen, dass die Einzelschule im vorgegebenen Rahmen über Ziele und Maßnahmen sowie über den Einsatz der vorhandenen Ressourcen, wie Zeit, Geld oder Personal selbst entscheidet und nicht übergeordnete Stellen.

Schließlich sind Lehr- und Leitungspersonen gefordert, ihrer Schule eine Führungsstruktur zu geben, die mit den Anforderungen einer ‚lernenden Organisation' kompatibel ist. Das beinhaltet für Leitungs- und Lehrpersonen gleichermaßen, Schutzräume der traditionellen Governancestruktur der Schule zu verlassen, alte Denk- und Verhaltensweisen aufzugeben, Gestaltungs- und Führungsverantwortung für das Ganze zu übernehmen, die Personen einzubinden, die einer Restruktuierung und organisationalen Lernprozessen kritisch gegenüberstehen, und schließlich den Blick auf die Pädagogik und Fragen des Unterrichts nicht zu verlieren.

4. Der Beitrag der School Effectiveness- und School Improvement-Forschung zum School Governance-Diskurs

Wie die School Effectiveness- und School Improvement-Forschung zeigt, hat School-Based Management, gemessen am eigenen Anspruch, keine zwingende Wirkung auf den Unterricht und auf die Lernleistungen der Schüler. Auf der Basis einer Analyse von 76 empirischen Studien kommen Kenneth Leithwood und Teresa Menzies (1998, 235) zu dem Schluss, dass es nahezu keine Sicherheit, keine empirischen Anhaltspunkte weder für direkte noch für indirekte Effekte von School-Based-Management auf Schülerinnen und Schüler gibt. Forschungsergebnisse jüngeren Datums von Kenneth Leithwood und Doris Jantzi (2006), die aus einer Large Scale-Untersuchung des Primarstufensystems in England hervorgehen, erlauben zwischenzeitlich einen differenzierteren Blick auf Restrukturierungsprozesse in der Schule. So geben die Befunde signifikante Hinweise darauf, dass School Leadership einen bedeutsamen Einfluss darauf hat, dass Lehrpersonen ihre Unterrichtspraktiken verändern. Das heißt allerdings nicht, dass Leitungspersonen damit Einfluss auf die Qualität und den Output des Unterrichts hätten. Für die Veränderung der Unterrichtspraxis ist vielmehr die Motivation sowie das Fähigkeitsselbstkonzept der Lehrpersonen entscheidend. Leadership hat aber direkten und signifikanten Einfluss auf vermittelnde Variablen wie Motivation, Fähigkeitsselbstkonzept und Arbeitsplatzgestaltung (vgl. auch Louis 1998). Gleichwohl konnte kein Zusammenhang zwischen Arbeitsplatzgestaltung und Änderung der Unterrichtspraktiken nachgewiesen werden. Auch vermochte das von den beiden Forschern entwickelte Leadership-Model die Unterschiede in den Resultaten der Schülerleistungen nicht zu erklären (vgl. Leithwood/Jantzi 2006, 218-221).

Michael Fullan und Nancy Watson (2000) referieren, dass z.b. Tayler und Teddlie (1992) mit ihrer vergleichenden Untersuchung von 16 SBM-Schulen und 17 Kontrollschulen zeigen konnten, dass Lehrer unter den Bedingungen von School-Based Management ihre Praxis nicht verändern und eine größere Teilhabe an schulischen Entscheidungen nicht notwendigerweise dazu beiträgt, Lehrer zu ermutigen, ihre relative Autonomie zugunsten der Zusammenarbeit mit Kollegen aufzugeben. Des weiteren fanden nach ihrer Rezeption der vorliegenden Forschungsbefunde Hallinger, Murphy und Hausman (1991) heraus, dass Lehrer und Schulleiter durchaus positiv gegenüber der Restrukturierung schulischer Governance eingestellt waren, aber überhaupt keine Verbindung herstellten zwischen neuen Governancestrukturen und dem Lehr-Lern-Prozess.

In diesem Zusammenhang kann ergänzt werden, dass z.B. Projekte, die Organisations- oder Personalmanagement zum Gegenstand haben, gerade am Anfang eines Restrukturierungsprozesses nicht nahe genug am Unterricht und an den unterrichtsbezogenen Interessen der Lehrer liegen können und insofern eine Verankerung der Restrukturierungsanliegen im Kollegium sowie eine Aktivierung des größeren Teils eines Kollegiums wenig Chancen haben kann (vgl. auch Clement/Wissinger 2004). Darüber hinaus gibt es Lehrerinnen und Lehrer, die mit „top-down-Reformen" und den damit verbundenen Implementationsprozessen „Probleme haben" (Siliens/Mulford 2002, 569).

4.1 Bedingungen für die innerschulische Restrukturierung

Vor diesem Hintergrund ist die Aufmerksamkeit auf eine Reihe von Diskussionsbeiträgen zu lenken, die fragen, warum School-Based Management gewöhnlich scheitert (z.b. Leithwood/Menzies 1998) oder die, positiv gewendet, nach Bedingungen und Prozessen suchen, unter denen es funktioniert (z.b. Briggs/-Wohlstetter 2003). Zu letzteren gehört der Beitrag von Michael Fullan und Nancy Watson (2000). Darin vertreten sie die Position, dass School-Based Management rekonzeptualisiert werden müsse, wenn es seinem Anspruch entsprechend erfolgreich sein solle.

Ihre Position kann dahin gehend interpretiert werden, dass die an vielen Orten auf den Weg gebrachte Restrukturierung der Schule – aus der schulischen Binnenperspektive betrachtet – von der falschen Seite aus aufgezäumt wird. Als Sollvorstellung formuliert vertreten die beiden Autoren den Standpunkt, dass eine Umstrukturierung der Schule von den Anforderungen des Unterrichts und des Lernens her aufgerollt werden müsse. Oder anders gesagt, eine Restrukturierung der Schulverwaltung folgt anderen Erfordernissen und Rationalitäten als eine Restrukturierung der Schule.

Einer Neustrukturierung schulischer Governance vorausgehend ist aus der Sicht von Michael Fullan und Nancy Watson (2000) die Frage zu beantworten, wie die Lehrerarbeit organisiert sein muss, um zur Verbesserung der Schülerleistungen beitragen zu können. Auf der Basis von Rekonstruktionen der Ergebnisse solcher Schulen, die die Leistungen von Schüler in Mathematik, Naturwissenschaften und Sozialwissenschaften mit Erfolg verbessern konnten, kommen sie zu dem Ergebnis, dass die Lehr- und Leitungs- bzw. Aufsichtspersonen dieser Schulen erstens eine ‚professional learning community' geformt haben, zweitens ihre Aufmerksamkeit auf die Arbeit mit den Schülern konzentrieren und drittens ihre Unterrichtspraxis verändert haben (a.a.O., 456).

Auch Lynn Beck und Joseph Murphy (1998) untersuchten in einer erfolgreichen Elementarschule, wie Site-Based Management funktioniert und arbeiteten an diesem Beispiel vier Erfordernisse heraus, die zu erfüllen sind, wenn dezentrale Entscheidungsstrukturen zum Lernerfolg der Schülerinnen und Schüler beitragen sollen (a.a.O., 369-374), nämlich 1. Learning imperative, 2. Community imperative, 3. Capacitybuilding imperative und 4. Leadership imperative:

Learning imperative
Nach den Erkenntnissen von Beck und Murphy setzt eine positive Wirkung von Entscheidungsstrukturen auf den Lernerfolg erstens voraus, dass die Lehrer eines Kollegiums, aber auch die mit Verwaltungs- und Leitungsaufgaben beschäftigten Mitglieder eine Vorstellung von den zentralen Lernzielen ihrer Schule entwickelt

haben und durch ihr Denken und Verhalten eine Schulkultur leben, die durch eine intensive Auseinandersetzung mit Fragen des Lernens und Unterrichtens, durch die permanente Reflexion der Handlungspraxis sowie durch die ständige Bereitschaft gekennzeichnet ist, sich weiterzubilden.

Community imperative
Sie setzt zweitens voraus, dass sich eine Schule als Gemeinschaft versteht und die Beziehungen sowohl professioneller als auch persönlicher Natur sind, dass sich die Lehrpersonen, die Grenzen zwischen Beruf und Privatem überschreitend füreinander und für die Sache engagieren, was Dissenzen sowie Konflikte um und zwischen Lehrern, Eltern und der Leitung nicht ausschließt.

Capacitybuilding imperative
Drittens arbeiten Beck und Murphy heraus, dass erfolgreiche Schulen ein Bewusstsein dafür entwickelt haben, dass Unterrichten und Lernen einer ständigen Investition in den Aufbau von Handlungsfähigkeiten bedarf, um Schülern beim Aufwachsen und Erwachsenen bei ihrer Weiterentwicklung zu helfen. Das ist aus ihrer Sicht nicht nur eine Sache des Geldes, sondern darüber hinaus eine Sache des gezielten Einsatzes der materiellen Ressourcen für die Unterstützung des Lernens. Erfordert ist zudem die Fähigkeit, mit Ressourcen aller Art, also vor allem mit Zeit, aber auch mit Qualifikationen oder Motivationen etc. sparsam und kreativ umzugehen.

Leadership imperative
Der ‚Leadership imperative' stellt schließlich auf das Führungsverhalten des Schulleiters bzw. der Schulleiterin ab, insbesondere in Schulen, deren Umstrukturierung im Anfang begriffen ist und bei denen es darauf ankommt, dass jedes Mitglied des Kollegiums aufgrund von Expertise die Möglichkeit bekommt, sich in die Entscheidungen über die Verbesserung des Unterrichts und des Lernens einzubringen und vorübergehend Führungsrollen zu übernehmen. Wie Halia Silins und Bill Mulford (2004), diesen Gesichtspunkt verstärkend, zeigen, besteht ein direkter Zusammenhang zwischen dem Lernen der Organisation und der fakultativen Übernahme informeller Führung durch die Lehrpersonen.

5. Fazit

Mit meinem Beitrag habe ich zu zeigen versucht, dass die Restrukturierung der schulischen Governance unter dem Gesichtspunkt ihrer Relevanz für die Verbesserung der einzelnen Schule und des Schulsystems ein bildungspolitisch wie handlungs- und forschungspraktisch komplexes Unternehmen ist. Der Rekurs auf die School Effectiveness- und School Improvement-Forschung ist in dem Bewusstsein gewählt worden, dass Erfahrungen und Erkenntnisse, die über die Umstrukturierung schulischer Governance und die Frage der Entwicklung und Sicherung der Lernleistungen von Schülerinnen und Schülern aus Ländern des anglo-amerikanischen Sprachraums vorliegen, nicht einfach auf deutsche Verhältnisse übertragen werden können. Gleichwohl wird hier der Standpunkt eingenommen, dass die Governanceforschung im deutschsprachigen Raum aus Mangel an eigenen empirischen Arbeiten, von wenigen Ausnahmen einmal abgesehen (z.b. Altrichter/Brüsemeister/Heinrich 2005), von der School Effectiveness- und School Improvement-Forschung lernen kann, ohne den Sachverhalt zu übersehen, dass es auch hier noch erheblichen Forschungsbedarf zu beklagen gibt. Denn ungeachtet der vorhandenen, ernstzunehmenden Basis zahlreicher empirischer, qualitativ wie quantitativ angelegter Studien wird dem Rezipienten dieser Forschungsrichtung sehr schnell deutlich, dass im nationalen und internationalen Diskurs über neue Governancestrukturen und deren Relevanz für die Lern- und Leistungsentwicklung von Schülerinnen und Schülern aller Schulstufen zwischen zivilgesellschaftlich, bildungspolitisch und auch wissenschaftlich-konzeptionell begründeten Erwartungen einerseits und empirisch gesicherter Evidenz unterstellter Kausalzusammenhänge andererseits eine große Kluft besteht.

1. Da bislang keine direkten, sondern nur indirekte, durch die Schulleitung induzierte positive Effekte einer schulischen Restrukturierung auf die Lern- und Leistungsentwicklung der Schüler nachgewiesen werden können, und da gibt es von Schulleitung zu Schulleitung empirisch nachweisbare Unterschiede, muß auch in Zukunft noch weiter der Frage nachgegangen werden, worauf die Restrukturierung schulischer Governance unter der Spannung von Anspruch und Wirklichkeit abstellt. Geht es um den Aufbau und die Entwicklung einer ‚Professional Community', zu der nicht nur die Lehrer, sondern gleichermaßen die Schulaufsicht, die kommunalen Schulämter sowie Kooperationsnetze mit den Eltern, mit der Wissenschaft oder mit Qualitätsagenturen gehören, oder geht es, eingedenk der Tatsache, dass es sich bei der Schule in Deutschland rein rechtlich gesehen nach wie vor um eine „nicht rechtsfähige öffentliche Anstalt" handelt (Avenarius 2004, 99), um eine Rationalisierung und Effektivierung der Schulverwaltung und in diesem Zusammenhang um eine Neuverteilung von Verwaltungsaufgaben und Verantwortung?

Beobachtungen der Governance-Reformen in Deutschland lassen vermuten, dass Verwaltungsaufgaben von oben nach unten neu verteilt und damit Strukturmaßnahmen eingeleitet werden, die zunächst einmal nichts oder nur peripär mit der Verbesserung der professionellen Seite der Schule zu tun haben, sondern auf eine Rationalisierung und Effektivierung des Verwaltungshandelns zielen. Nicht umsonst wird verstärkt darauf hingewiesen, dass insbesondere in Deutschland Dezentralisierung und Rezentralisierung Hand in Hand gehen (vgl. Klemm 2006, 112f.).

2. Die Professionalisierung der beteiligten Akteure darf nicht allein unter dem Gesichtspunkt der Erstausbildung gesehen werden[7], sondern, weitreichender, unter dem Gesichtspunkt der Frage, welche Rollen-, Qualifikations- und Kompetenzanforderungen unter den Bedingungen der Restrukturierung und im Hinblick auf künftige Entwicklungen auf die handelnden Akteure zukommen, und wie neue Anforderungen in Professionalisierungsangebote überführt werden können (vgl. z.B. Crow 1993). Aus der laufenden Reformpraxis heraus kann der Eindruck entstehen, dass nicht nur in der Schule, sondern auf allen Ebenen der School Governance implizit und vereinfacht davon ausgegangen wird, dass sich die Lehr- und Leitungspersonen in der Schule wie auch die Akteure in der unteren und oberen Schulaufsicht wenn nicht schon angeleitet, so zumindest durch ‚learning by doing' professionalisieren.

Diese implizite Annahme wäre erst noch empirisch zu überprüfen (vgl. z.B. Murphy 1994; Esslinger 2002). Aus professionstheoretischer wie aus organisationssoziologischer Sicht kann zumindest die Frage aufgeworfen werden, ob nicht vor allem Lehrpersonen, die mit neuen Aufgaben, insbesondere mit Managementaufgaben konfrontiert werden, unter dem Eindruck der Erwartungen, die durch das Konzept der lernenden Organisation erzeugt werden, das Risiko ihrer eigenen De-Professionalisierung mitbetreiben (vgl. Tacke 2004). Vor allem Restrukturierungs-, sowie Management- und Führungsaufgaben, die in der Schule mit erweiterter Eigenverantwortung auf die Lehr- und Leitungspersonen zukommen, sind nur mehr oder weniger durch Rollenkonzepte wie auch durch Qualifikationen und Kompetenzen gedeckt (vgl. z.B. Wissinger 1994). Darüber hinaus müsste angesichts der Tatsache, dass es allen Beteiligten an Qualifikationen, Kompetenzen und Erfahrungen im Umgang mit einer alle Ebenen der School Governance erfassenden Reform mangelt, unter bildungsökonomischen Gesichtspunkten untersucht werden, inwieweit im Übermaß Humanressourcen gebunden werden, die der Weiterentwicklung der Schule und ihrer institutionellen Umwelt zu einer ‚Professional Community' fehlen.

3. Eine weitere große Herausforderung der Untersuchung von Umstrukturierungsprozessen ist darin zu sehen, dass es sich um soziale Prozesse handelt, die im Ergebnis offen sind (vgl. Silins/Mulford 2002, 568). Hier fehlt es insbesondere mit Blick auf Effekte auf Unterricht und Lernen in Deutschland an quantitativ und qualitativ angelegten Längsschnittuntersuchungen (vgl. Hill/Rowe

---

7   Zur Diskussion der Lehrerausbildung vgl. z.B. Terhart 2000; zur Qualifikation von Schulleitungspersonen z.B. Wissinger/Huber 2002.

1998). Darüber hinaus mangelt es u.a. an Implementations- und mikropolitischen Studien, wie sie von Herbert Altrichter und Kollegen vorliegen (vgl. Altrichter/Posch 1996). Und es fehlt, ganz ähnlich der Lage in der angloamerikanischen Forschung, an empirischen Studien, die sich nicht auf die Beschreibung und Analyse von Mikroprozessen in der Schule konzentrieren, sondern die im Hinblick auf die Verbesserung der Lernleistungen der Schüler die Rolle und Effektivität der übrigen Akteure im Konzert der School Governance, wie z.b. die Schulträger, die untere Schulaufsicht oder die neu geschaffenen Schulinspektionen etc. untersuchen (vgl. hierzu z.b. Ranson et al. 2005).

4. Als nach wie vor unterentwickelt muss in diesem Zusammenhang das Feld der Führungsforschung angesehen werden, dass sich, wenn überhaupt, auf die Schule als Ort schulischer Governance beschränkt. Konkret mangelt es an Untersuchungen, die sich, wie die Studie von Martin Bonsen (2003), mit Führungsfragen beschäftigen, die also unterschiedliche Führungsstile, -formen und -strukturen untersuchen (vgl. auch Wissinger 1996). Wichtiger noch aber sind, auf die Schule bezogen, Studien wie die des Dortmunder Instituts für Schulentwicklungsforschung (vgl. Bonsen et al. 2002; Bonsen 2006), die am Beispiel von pädagogisch erfolgreichen und weniger erfolgreichen Schulen der Frage der Wirksamkcit unterschiedlicher Führungsansätze nachgehen (vgl. auch Wissinger 2000). Darüber hinaus gewinnen Studien an Bedeutung, die Schulen mit unterschiedlichen Organisations- und Führungskulturen vergleichen und darüber prüfen, wann und in welchem Umfang die Beteiligung der Lehrer an schulischen Entscheidungen der pädagogischen Wirksamkeit der Schule dient. In diesen Zusammenhang gehören auch Studien, die die Fokussierung der Binnenperspektive aufgeben und die Verbesserung der Qualität von Schule durch Restrukturierung im Kontext sozio-ökonomischer Bedingungsfaktoren sehen.

5. Schließlich könnten Studien ein Gewinn sein, die kulturvergleichend vorgehen, die sich also der Frage widmen, ob Lehrerinnen und Lehrer in Deutschland einer veränderten Organisations- und Leitungsstruktur überhaupt zugänglich sind, die in einer liberalen, angelsächsischen Tradition steht. In diesem Zusammenhang verdient auch die berufliche Sozialisationsforschung neue Aufmerksamkeit, die sich den unterschiedlichen berufsbiographisch relevanten Stationen von Lehrerinnen und Lehrern widmet und in diesem Zusammenhang auch die Einflüsse unterschiedlicher sozialer, schulischer Milieus auf die Erfahrungen, das Denken und Verhalten von Lehr- und Leitungspersonen untersucht (vgl. Rowan/Miskel 1999).

Literatur

Ackeren, Isabell van (2003): Evaluation, Rückmeldung und Schulentwicklung. Münster, u.a.: Waxmann.

Anderson, Kirk D. (2004): The Nature of Teacher Leadership in Schools as Reciprocal Influences Between Teacher Leaders and Principals. In: School Effectiveness and School Improvement Vol. 15, No. 1, 97-113.

Altrichter, Herbert/Posch, Peter (Hg.) (1996): Mikropolitik der Schulentwicklung. Förderliche und hemmende Bedingungen für Innovation in der Schule. Innsbruck: StudienVerlag.

Altrichter, Herbert/Brüsemeister, Thomas/Heinrich, Martin (2005): Merkmale und Fragen einer Governance-Reform am Beispiel des Österreichischen Schulwesens. In: Österreichische Zeitschrift für Soziologie (ÖZS), 30. Jg., Nr. 4, 6-28.

Arnold, Karl-Heinz (Hg.) (2007): Unterrichtsqualität und Fachdidaktik. Bad Heilbrunn/-Obb.: Klinkhardt.

Avenarius, Hermann (2004): Autonomie im Schulsystem – verfassungsrechtliche Möglichkeiten und Grenzen. In: Koch, Stefan/Fisch, Rudolf (Hg.): Schulen für die Zukunft. Neue Steuerung im Bildungswesen. Hohengehren: Schneider, 93-106.

Bauer, Karl-Oswald (2004): Lehrerinteraktion und -kooperation. In: Helsper, Werner/Böhme, Jeanette (Hg.): Handbuch der Schulforschung. Wiesbaden: VS Verlag für Sozialwissenschaften, 813-831.

Beck, Lynn G./Murphy Joseph (1998): Site-Based Management and School Success: Untangling the Variables. In: School Effectiveness and School Improvement Vol. 9, No. 4, 358-385.

Bonsen, Martin (2003): Schule, Führung, Organisation. Eine empirische Studie zum Organisations- und Führungsverständnis von Schulleiterinnen und Schulleitern. Münster, u.a.: Waxmann.

Bonsen, Martin (2006): Wirksame Schulleitung. In: Buchen, Herbert/Rolff, Hans-Günter (Hg.): Professionswissen Schulleitung. Weinheim: Beltz, 193-229.

Bonsen, Martin/v.d. Gathen, Jan/Iglhaut, Claus/Pfeiffer, Hermann (2002): Die Wirksamkeit von Schulleitung. Empirische Annäherungen an ein Gesamtmodell schulischen Leitungshandelns. Weinheim/München: Juventa.

Böttcher, Wolfgang (2002): Kann eine ökonomische Schule auch eine pädagogische sein? Schulentwicklung zwischen neuer Steuerung , Organisation, Leistungsevaluation und Bildung. Weinheim/München: Juventa.

Böttcher, Wolfgang/Holtappels, Hans Günter/Brohm, Michaela (2006): Evaluation im Bildungswesen. In: Böttcher, Wolfgang/Holtappels, Heinz Günter/Brohm, Michaela (Hg.): Evaluation im Bildungswesen. Eine Einführung in Grundlagen und Praxisbeispiele. Weinheim/München: Juventa, 7-21.

Briggs, Kerri L./Wohlstetter, Priscilla (2003): Key Elements of a Successful School-Based Management Strategy. In: School Effectiveness and School Improvement, Vol. 14, No. 3, 351-372.

Brüsemeister, Thomas (2004): Schulische Inklusion und neue Governance. Zur Sicht der Lehrkräfte. Münster: Monsenstein & Vannerdat.

Brüsemeister, Thomas/Eubel, Klaus-Dieter (Hg.) (2003): Zur Modernisierung der Schule. Leitideen – Konzepte – Akteure. Ein Überblick. Bielefeld: transcript

Cheng, Yin Cheong (1996): A School-Based Managment Mechanism for School Effectiveness and Development. In: School Effectiveness and School Improvement, Vol. 7, No. 1, 35-61.

Clement, Ute (2005): Selbstverantwortung Plus. Wissenschaftliche Begleitung – Forschungsdesign. Universität Kassel. Ms.

Clement, Ute/Wissinger, Jochen (2004): Implementation von Eigenverantwortung an beruflichen Schulen in Baden-Württemberg. In: Böttcher, Wolfgang/Terhart, Ewald (Hg.): Organisationstheorie in pädagogischen Feldern. Analyse und Gestaltung. Wiesbaden: VS, 221-234.

Crow, Gary M. (1993): Reconceptualizing the School administrator's Role: Socialization at Mid-Career. In: School Effectiveness and School Improvement, Vol. 4, No. 2, 1-27.

Ditton, Hartmut (2000): Qualitätskontrolle und Qualitätssicherung in Schule und Unterricht. In: Zeitschrift für Pädagogik, 41. Beiheft, 73-92.

Dubs, Rolf (1994): Die Führung der Schule. Zürich: Verlag des Schweizerischen Kaufmännischen Verbandes.

Elmore, Richard F. (1993): School Decentralization: Who Gains? Who Loses? In: Hannaway, Jane/Carnoy, Martin (Eds.): Decentralization and School Improvement. San Francisco: Jossey-Bass, 33-54.

Esslinger, Ilona (2002): Berufsverständnis und Schulentwicklung: ein Passungsverhältnis? Eine empirische Untersuchung zu schulentwicklungsrelevanten Berufsauffassungen von Lehrerinnen und Lehrern. Bad Heilbrunn/Obb.: Klinkhardt.

Fend, Helmut (2001): Qualität im Bildungswesen. Schulforschung zu Systembedingungen, Schulprofilen und Lehrerleistung. Weinheim/München: Juventa.

Fend, Helmut (2006): Neue Theorie der Schule. Einführung in das Verstehen von Bildungssystemen. Wiesbaden: VS.

Fullan, Michael/Watson, Nancy (2000): School-Based Management: Reconceptualizing to Improve Learning Outcomes. In: School Effectiveness and School Improvement Vol. 11, No. 4, 453-473.

Hallinger, Philip/Murphy, Joseph/Hausman, Charles (1991): Conceptualizing School Restructuring: Principals' and Teachers' Perceptions. Paper presented at the Annual Meeting of the American Educational Research Association. Chicago/IL.

Hannaway, Jane (1993): Decentralization in Two School Districts: Challenging the Standard Paradigm. In: Hannaway, Jane/Carnoy, Martin (Eds.): Decentralization and School Improvement. Can We Fulfill the Promise? San Francisco: Jossey-Bass, 135-162.

Harris, Alma/Chapman, Christopher/Muijs, Daniel/Russ, Jennifer/Stoll, Louise (2006): Improving Schools in Challenging Contexts: Exploring the possible. In: School Effectiveness and School Improvement Vol. 17, No. 4, 409-424.

Hill, Peter W./Rowe, Kenneth J. (1998): Modelling Student Progress in Studies of Educational Effectiveness. In: School Effectiveness and School Improvement Vol. 9, No. 3, 310-333.

Holtappels, Heinz Günter (1995): Innovationsprozesse und Organisationsentwicklung. In: Rolff, Hans-Günter (Hg.): Zukunftsfelder von Schulforschung. Weinheim: Deutscher Studien Verlag, 327-354.

Holtappels, Heinz Günter (Hg.) (2004): Schulprogramme – Instrumente der Schulentwicklung. Konzeptionen, Forschungsergebnisse, Praxisempfehlungen. Weinheim/München: Juventa.

Holzapfel, Hartmut (2002): Neue Steuerungsmodelle im Bildungswesen. In: Deutsche Gesellschaft für Bildungsverwaltung: „Neue Steuerungsmodelle im Bildungswesen - Folgen für Aufgaben und Qualifizierung von Bildungsverwaltern. Dokumentation der 22. DGBV-Jahrestagung vom 22. bis 24. November 2001 in Hamburg. Frankfurt am Main: DGBV, 53-67.

Hutmacher, Walo (1998): Strategien der Systemsteuerung. Von der Systemexpansion zum Systemumbau. In: Schulleitung und Schulaufsicht. Neue Rollen und Aufgaben im Schulwesen einer dynamischen und offenen Gesellschaft. Herausgegeben vom Bundesministerium für Unterricht und kulturelle Angelegenheiten. Innsbruck, 49-92

Jann, Werner (2001): Verwaltungsreform als Verwaltungspolitik: Verwaltungsmodernisierung und Policy-Forschung. In: Schröter, Eckhard (Hg.): Empirische Policy- und Verwaltungsforschung. Opladen: Leske + Budrich, 321-344.

Kansteiner-Schänzlin, Katja (2002): Personalführung in der Schule. Übereinstimmungen und Unterschiede zwischen Frauen und Männern in der Schulleitung. Bad Heilbrunn/Obb.: Klinkhardt.

Klemm, Klaus (2005): Dezentralisierung und Privatisierung im Bildungswesen. In: Holtappels, Heinz Günter/Höhmann, Katrin (Hg.): Schulentwicklung und Schulwirksamkeit. Systemsteuerung, Bildungschancen und Entwicklung der Schule. Weinheim/München: Juventa, 111-119.

Klieme, Eckhard (2004): Begründung, Implementation und Wirkung von Bildungsstandards: Aktuelle Diskussionslinien und empirische Befunde. In: Zeitschrift für Pädagogik 50. Jg., 2004, Heft 5, 625-634.

Leithwood, Kenneth (1994): Leadership for School Restructering. In: Educational Administration Quarterly, Vol. 30, No 4, 1994, 498-518.

Leithwood, Kenneth/Menzies, Teresa (1998): A Review of Research Concerning the Implementation of Site-Based Management. In: School Effectiveness and School Improvement Vol. 9, No. 3, 233-285.

Leithwood, Kenneth/Jantzi, Doris (2006): Transformational School Leadership for Large-Scale reform: Effects on student, teachers, and their classroom practices. In: School Effectiveness and School Improvement Vol. 17, No. 2, 201-227.

Liket, Theo M. E. (1993): Freiheit und Verantwortung. Das niederländische Modell des Bildungswesens. Gütersloh: Verlag Bertelsmann Stiftung.

Lewis, Dan A. (1993): Deinstitutionalization and School Decentralization: Making the Same Mistake Twice. In: Hannaway, Jane/Carnoy, Martin (Eds.): Decentralization and School Improvement. San Francisco: Jossey-Bass, 84-101.

Lohre, Wilfried (2004): „Selbständige Schule": Konzept und Profil eines gemeinsamen Projektes des Landes Nordrhein-Westfalen und der Bertelsmann Stiftung. In: Koch, Stefan/Fisch, Rudolf (Hg.): Schulen für die Zukunft. Neue Steuerung im Bildungswesen. Hohengehren: Schneider, 141-152.

Lortie, Dan C. (1975): Schoolteacher: A sociological analysis. Chicago: University of Chicago Press.

Louis, Karen Seashore (1994): Beyond ‚Managed Change': Rethinking How Schools Improve. In: School Effectiveness and School Improvement Vol. 5, No. 1, 2-24.

Louis, Karen Seashore (1998): Effects of Teacher Quality of Work Life in Secondary Schools on Commitment and Sense of Efficacy. In: School Effectiveness and School Improvement Vol. 9, No. 1, 1-27.

Miller, Susanne (2002): Der berufliche Werdegang von Schulleiterinnen. Ausgewählte Ergebnisse einer Untersuchung an Grundschulen in Nordrhein-Westfalen. In: Wissinger, Jochen/Huber, Stefan Gerhard (Hg.): Schulleitung – Forschung und Qualifizierung. Opladen: Leske + Budrich, 33-44.

Ministerium für Kultus, Jugend und Sport Baden-Württemberg (MKJS B.-W.) (2003): Projekt Stärkung der Eigenständigkeit Beruflicher Schulen. Erste Ergebnisse. Stuttgart.

Murphy, Joseph (1994): The Changing Role of the Superintendency in Restructuring Districts in Kentucky. In: School Effectiveness and School Improvement Vol. 5, No. 4, 349-374.

Murphy, Joseph/Louis, Karen Seashore (1999): Introduction. Framing the Projekt. In: Murphy, Joseph/Louis, Karen Seashore (Eds.): Handbook of Research of Educational Administration. Second Edition. San Francisco: Jossey-Bass, xxi-xxvii.

Projektleitung „Selbständige Schule" (Hg.) (2006): Entwicklung ist messbar. Zwischenbericht der wissenschaftlichen Begleitforschung zum Projekt „Selbständige Schule". Troisdorf: Bildungsverlag EINS.

Ranson, Stewart/Farrell, Catherine/Peim, Nick/Smith, Penny (2005): Does Governance Matter for School Improvement? In: School Effectiveness and School Improvement Vol. 16, No. 3, 305-325.

Reynolds, David/Harris, Alma/Clarke, Paul/Harris, Belinda/James, Sue (2006): Challenging the Challenged: Developing an improvement programme for schools facing exceptionally challenging circumstances. In: School Effectiveness and School Improvement Vol. 17, No. 4, 425-439.

Riddell, Abby Rubin (1997): Reforms of the Governance of Education: Centralization and Decentralization. In: Cummings, William K./Mc Ginn, Noel F. (Eds.): International Handbook of Education and Development: Preparing Schools, Students and Nations for the Twenty-First-Century. Oxford: Elsevier, 85-196.

Robertson, Peter J./Briggs, Kerri L. (1998): Improving Schools Through School-Based-Management: An Examination of the Process of Change. In: School Effectiveness and School Improvement Vol. 9, No. 1, 28-57.

Rolff, Hans-Günter (1998): Entwicklung von Einzelschulen: Viel Praxis, wenig Theorie und kaum Forschung – ein Versuch, Schulentwicklung zu systematisieren. In: Rolff, Hans-Günter/Bauer, Karl-Oswald/Klemm, Klaus/Pfeiffer, Hermann (Hg.): Jahrbuch der Schulentwicklung, Band 10. Weinheim/München: Juventa, 295-326.

Rosenbusch, Heinz S. (2005): Organisationspädagogik der Schule. Grundlagen pädagogischen Führungshandelns. München: Wolters Kluwer.

Rowan, Brian/Miskel, Cecil G. (1999): Institutional Theory and the Study of Educational Organizations. In: Murphy, Joseph/Louis, Karen Seashore (Eds.): Handbook of Research of Educational Administration. Second Edition. San Francisco: Jossey-Bass, 359-383.

Rürup, Matthias (2006): Innovationswege im deutschen Bildungssystem. Die Verbreitung der Politikidee ‚Schulautonomie' von 1990 bis 2004 im Ländervergleich. Dissertation Universität Erfurt.

Schlömerkemper, Jörg (Hg.) (2004): Bildung und Standards. Zur Kritik der „Instandardsetzung" des deutschen Bildungswesens. Die Deutsche Schule. Zeitschrift für Erziehungswissenschaft, Bildungspolitik und pädagogische Praxis, 8. Beiheft. Weinheim/München: Juventa.

Schnell, Herbert (2006): Schulaufsicht und die Steuerung der Schulentwicklung. Das Beispiel Hessen. Norderstedt: Books on Demand.

Silins, Halia C. (1994): The Relationship between Transformational and Transactional Leadership and School Improvement Outcomes. In: School Effectiveness and School Improvement Vol. 5, No. 3, 272-298.

Silins, Halia C./Mulford, Bill (2002): Leadership and School Results. In: Leitwood, Kenneth/Hallinger, Philip (Eds.): Second International Handbook of Educational Leadership and Administration. Dordrecht/NL, 561-612.

Silins, Halia C./Mulford, Bill (2004): Schools as Learning Organisations – Effects on Teacher Leadership and Student Outcomes. In: School Effectiveness and School Improvement Vol. 15, Nos. 3-4, 443-466.

Smylie, Mark A. (1997): Research on Teacher Leadership: Assessing the State of the Art. In: Biddle, Bruce J. et al. (Eds.): International Handbook of Teachers and Teaching. Dordrecht/NL: Kluwer, 521-592.

Steinert, Brigitte/Klieme, Eckard/Maag Merki, Katharina/Döbrich, Peter/Halbheer, Ueli/Kunz, André (2006): Lehrerkooperation in der Schule: Konzeption, Erfassung, Ergebnisse. In: Zeitschrift für Pädagogik, 52. Jg., Heft 2, 185-204.

Tacke, Veronika (2004): Organisation im Kontext der Erziehung. Zur soziologischen Zugriffsweise auf Organisationen am Beispiel der Schule als „lernender Organisation". In: Böttcher, Wolfgang/Terhart, Ewald (Hg.): Organisationstheorie in pädagogischen Feldern. Analyse und Gestaltung. Wiesbaden: VS, 19-42.

Taylor, Donald/Teddlie, Charles (1992): Restructuring and the Classroom: A View from a Reform District. Paper presented at the Annual Meeting of the American Educational Research Association, San Francisco, CA.

Terhart, Ewald (2000): Reform der Lehrerbildung. In: Frommelt, Bernd./Klemm, Klaus/Rösner, Ernst/Tillmann, Klaus-Jürgen (Hg.): Schule am Ausgang des 20. Jahrhunderts. Gesellschaftliche Ungleichheit, Modernisierung und Steuerungsprobleme im Prozeß der Schulentwicklung. Weinheim/München: Juventa, 249-265.

Thrupp, Martin (2001): Sociological and Political Concerns about School Effectiveness Research: Time for a New Research Agenda. In: School Effectiveness and School Improvement Vol. 12, No. 1, 7-40.

Tyack, David (1993): School Governance in the United States: Historical Puzzles and Anomalies. In: Hannaway, Jane/Carnoy, Martin (Eds.): Decentralization and School Improvement. Can We Fulfill the Promise? San Francisco: Jossey-Bass, 1-32.

Verdugo, Richard R./Greenberg, Nancy M./Henderson, Ronald D./Uribe Jr., Oscar/Schneider, Jeffrey M. (1997): School Governance Regimes and Teachers' Job

Satisfaction: Bureaucracy, Legitimacy, and Community. In: Educational Administration Quarterly Vol. 33, No. 1, 38-66.

Vollstädt, Witlof/Tillmann, Klaus-Jürgen/Rauin, Udo/Höhmann, Katrin/Tebrügge, Andrea (1999): Lehrpläne im Schulalltag. Opladen: Leske + Budrich.

Weiler, Hans N. (1993): Control Versus Legitimation: The Politics of Ambivalence. In: Hannaway, Jane/Carnoy, Martin (Eds.): Decentralization and School Improvement. San Francisco: Jossey-Bass, 55-83.

Winterhager-Schmid, Luise (1997): Berufsziel Schulleiterin. Professionalität und weibliche Ambition. Weinheim/München: Juventa.

Wissinger, Jochen (1994): Schulleiter-Beruf und Lehreridentität – zum Rollenkonflikt von Schulleiterinnen und Schulleitern. Ein Beitrag zur Schulentwicklungsforschung. In: Zeitschrift für Sozialisationsforschung und Erziehungssoziologie 14 (1), 38-57.

Wissinger, Jochen (1996): Perspektiven schulischen Führungshandelns. Eine Untersuchung über das Selbstverständnis von SchulleiterInnen. Weinheim/München: Juventa.

Wissinger, Jochen (2000): Rolle und Aufgaben der Schulleitung bei der Qualitätssicherung und -entwicklung von Schulen. In: Zeitschrift für Pädagogik, 46 (6), 851-865.

Wissinger, Jochen (2006): Qualitätsentwicklung durch Evaluation – Zur Diskussion der neuen Schulinspektion in Hessen. In: Institut für Qualitätsentwicklung (Hg.): Qualitätsentwicklung durch externe Evaluation. Konzepte – Strategien – Erfahrungen. Wiesbaden: IQ Forum 1, 223-227.

Wissinger, Jochen/Höher, Peter (1998): Personalführung – Von individueller Beratung und Kontrolle zum Entwicklungsmanagement. In: Ackermann, Heike/Wissinger, Jochen (Hg.): Schulqualität managen. Von der Verwaltung der Schule zur Entwicklung von Schulqualität. Neuwied: Luchterhand, 199-210.

Wissinger, Jochen/Huber, Stephan Gerhard (Hg.) (2002): Schulleitung – Forschung und Qualifizierung. Opladen: Leske + Budrich.

Zymek, Bernd (2004): Vom Bürger zum Kunden. Der Strukturwandel des Bildungssystems und der demokratischen Kultur in Deutschland. In: Schweizerische Zeitschrift für Bildungswissenschaften, 26 (1), 10-21.

Zymek, Bernd/Sikorski, Sandra (2005): Der Beitrag der empirischen Bildungsforschung zu einer dezentralen Schulpolitik. In: journal für schulentwicklung, 9 (1), 121-139.

Xaver Büeler

School Governance – Die Fallstudie Luzern

Das Governancemodell ist in der Bildungsforschung bisher kaum verbreitet, weder dem Begriff noch der Sache nach. Eine angemessene deutsche Übersetzung des Terminus „School Governance" würde nicht zwei Wörter, sondern eher zwei Abschnitte umfassen. Auch für die empirische Bildungsforschung stellt das Governancemodell weitgehend Neuland dar. Die im vorliegenden Band zusammengefassten Beiträge können denn auch als Versuch gelesen werden, die Übertragbarkeit dieses in anderen Wissenschaftsbereichen sich etablierenden Modells auf den Bildungsbereich auf theoretischer Ebene auszuloten. Der Band hat deshalb ein Stück weit Werkstattcharakter und so ist auch die untenstehende Fallstudie zur School Governance im Kanton Luzern zu sehen. Dabei verfolgt der Beitrag drei Ziele:

- Zunächst soll er in einer gewissen Ausführlichkeit ein real existierendes Schulsystem vorstellen und damit den Blick schärfen für die Topografie eines Praxisfeldes, auf das sich eine theoretische Diskussion bezieht, die sich zurzeit noch durch einen hohen Abstraktionsgrad auszeichnet. Neben der Vorstellung des Fallbeispiels Luzern sind – zumindest für die Leserinnen und Leser aus anderen Ländern – auch einige einleitende Bemerkungen zu den Rahmenbedingungen von School Governance in der Schweiz unabdingbar.
- Sodann wird der Versuch gewagt, die Anwendbarkeit des Governancemodells an diesem Praxisfall zu erproben, und zwar einerseits im Hinblick auf das Luzerner Bildungswesen im Allgemeinen sowie andererseits im Hinblick auf das kantonale Schulentwicklungsprojekt Schulen mit Profil, zu dem wir über Daten aus einer Längsschnittstudie (1997-2006) verfügen (Bucher/Imgrüth 2005; Büeler/Buholzer/Roos 2005). In diesem Abschnitt bedienen wir uns gleichsam der Logik eines „so tun als ob" und fragen danach, was man sieht, wenn man die Welt durch die Governancebrille betrachtet.

▪ Zum Schluss sollen die Erfahrungen aus dieser Fallstudie bilanziert und mögliche Ableitungen für die Anwendung des Governancemodells im Bildungsbereich diskutiert werden.

Luzern bietet sich aus mehreren Gründen als Fallstudie an. In diesem Zentralschweizer Kanton wurden in den letzten Jahren umfassende Reformen nach dem Modell des New Public Management durchgeführt. Die Erfahrungen mit diesen neuen Steuerungsformen stehen somit zur Verfügung bei der Analyse der Luzerner School Governance. Und: diese Erfahrungen liegen in einer Form vor, die es den interessierten Leserinnen und Lesern möglich macht, sie detailliert nachzuvollziehen. Bevor wir uns allerdings mit den Verhältnissen im Bildungsbereich des Kantons Luzern vertraut machen, sollen einige zentrale Begriffe und Konzepte in aller Kürze eingeführt und geklärt werden.

1. Einleitung

Unter *Governance* wird im vorliegenden Beitrag „das Gesamt aller nebeneinander bestehenden Formen der kollektiven Regelung gesellschaftlicher Sachverhalte" verstanden (Mayntz 2004, 66). Der Begriff der *Regelung*[1] ist bedeutsam: Die traditionelle Sichtweise einer hierarchischen politischen Steuerung wird nämlich innerhalb dieses analytischen Konzeptes erweitert um nicht-hierarchische Formen sozialer Handlungskoordination. Damit wird eine bis auf Platon zurückreichende Vorstellung revidiert, gemäss der Politik gleichsam als Kopf der Gesellschaft zu betrachten ist. Aus der Governance-Perspektive sind neben *Hierar-*

---

1   Die Begriffe Steuerung und Regelung werden in der Kybernetik definitorisch klar abgegrenzt. *Steuerung* bezeichnet dort einen „Vorgang in einem dynamischen System, bei dem eine oder mehrere Größen als Eingangsgrößen [...] andere Größen als Ausgangsgrößen [...] aufgrund der dem System eigenen Gesetzmässigkeit beeinflussen. Jedes System, das mit einem anderen System eine Wirkbeziehung aufweist, ‚steuert' über seinen Output also gleichsam das Verhalten des nachfolgenden Systems" (Vogt 1983, 133). Der Begriff der Steuerung bleibt somit reserviert für so genannte offene Wirkungsketten, respektive für Vorwärtskoppelungen. Im Gegensatz dazu basiert die *Regelung* „auf dem Prinzip der Rückkoppelung, d.h. die Ausgangsgrössen eines Systems wirken [...] auf die Eingangsgrössen zurück. Es handelt sich also bei dieser Beziehungsstruktur um einen geschlossenen Wirkungskreis" (ebd., 139). Gemäß diesen Notationsregeln haben wir es im Bereich der Sozial- und Geisteswissenschaften beinahe ausschliesslich mit geregelten Systemen zu tun, unbesehen der Tatsache, dass der Steuerungsbegriff kontrafaktisch weiter verwendet wird (vgl. dazu grundlegend Busshof 1992; Schwegler/Roth 1992). Der Governanceansatz ist gut beraten, sich stärker am Begriff der Regelung zu orientieren und den Begriff der Steuerung für jene Sonderfälle zu reservieren, in denen es sich um *triviale* Systeme (von Foerster 1988, 21) handelt. Zum Umgang mit *komplexen* Systemen im Kontext entwickelter Gesellschaften vergleiche auch Willke (1989, 71-74).

chien auch *Märkte, Netzwerke* und *Gemeinschaften* als komplementäre Koordinationsformen von Bedeutung.

Die Systemtheorie hat einen entscheidenden Beitrag zu einem angemesseneren Verständnis komplexer, *funktional differenzierter Gesellschaften* geleistet. In dieser Sichtweise wird Politik zu einem gesellschaftlichen Subsystem unter anderen, das strukturell gekoppelt ist mit anderen bedeutsamen Subsystemen, etwa dem Wirtschafts-, dem Wissenschafts-, dem Rechts- oder dem Bildungssystem (vgl. Luhmann 1971). Der Staat verliert damit seine Stellung als Steuerungszentrum und sieht sich in die Rolle eines Mitspielers versetzt, der sich neben anderen Spielern an der sozialen, über *Kommunikation* vermittelten Regelung gesellschaftlicher Sachverhalte beteiligt (Szaday/Büeler/Favre 1996, 96-100). Mehr und mehr ist der Staat darauf angewiesen, seine Probleme in Kooperation mit privaten und zivilgesellschaftlichen Akteuren zu regeln (Mayntz 2004, 68). Im Unterschied zur Government-Perspektive gilt das Interesse der Governance-Forschung somit nicht mehr alleine der Politik, sondern gleichzeitig auch anderen Regelungsformen wir Markt oder Netzwerke (Benz 2004a, 20).

Der ebenfalls der Systemtheorie entlehnte Begriff der *Kommunikation*[2] steht für die Einheit von Information, Mitteilung und Verstehen und verweist auf die latent immer vorhandene Gefahr, dass Kommunikation – und damit auch: Handlungskoordination – misslingen kann (für Illustrationen vgl. Luhmann 1988). Die Gefahr von Missverständnissen und Übersetzungsfehlern ist besonders ausgeprägt an den Schnittstellen sozialer Subsysteme, weil diese notwendigerweise je eigenen Rationalitätsvorstellungen folgen, unterschiedliche Sprachen (so genannte generalisierte Kommunikationsmedien) verwenden und differente Zielvorstellungen verfolgen. School Governance liefert, wie wir unten sehen werden, einigen Anschauungsunterricht für diese abstrakte These.

Ein weiteres Charakteristikum der modernen Gesellschaft ist ihre *Mehrebenenarchitektur*, und zwar in einem doppelten Sinne. Zunächst kann in allen sozialen Subsystemen entlang differenter Kommunikationsmodi zwischen Mikroebene, Mesoebene und Makroebene unterschieden werden (Szaday et al. 1996, 98-99). Mit Blick auf die Mesoebene – die Sphäre formal organisierter Sozialsysteme also – ist sodann eine weitergehende Ebenendifferenzierung notwendig, um Governance realitätsnah beschreiben zu können; zu erwähnen sind hierbei etwa unterschiedliche Organisationsebenen in Unternehmen, wie sie in Organi-

---

2 Der Begriff der Kommunikation setzt abstrakter an als derjenige der Handlung, was meines Erachtens für den Gegenstandsbereich der Governanceforschung heuristische Vorteile verspricht. Der Kommunikationsbegriff ermöglicht insbesondere eine präzisere Analyse von Prozessen an der Schnittstelle von sozialen und personalen Systemen (Büeler 1994, 84-95). Dabei lässt der Kommunikationsbegriff durchaus Durchgriffe auf die Intentionen von Akteuren zu. Handeln kann dann verstanden werden als „konkretisierende Zuschreibung bestimmter Kommunikationen zu einem bestimmten (psychischen oder sozialen System" (Willke 1989, 25).

grammen ihren Ausdruck finden, aber auch Binnenhierarchien innerhalb von Staatswesen mit ihren Unterscheidungen nach Legislative, Exekutive usw. (Benz 2004b).

Hier spielt nun der Begriff der *Hierarchie* – neben anderen Koordinations-modi wie Wettbewerb, Netzwerk oder Verhandlung – durchaus wieder eine bedeutende Rolle, diesmal allerdings weniger im Bezug auf das wechselseitige Verhältnis unterschiedlicher gesellschaftlicher Subsysteme als auf ebenenspezi-fisch ausgeprägte Einflusspotenziale *innerhalb der Subsysteme*. Machtasymmet-rien sind allerdings nicht nur zwischen den Ebenen, sondern auch zwischen den Akteuren auf gleicher Ebene zu erwarten. In der Ausblendung solcher Herr-schaftsaspekte liegt ein gewisses Risiko einer Governance-Forschung, die sich allzu sehr auf das Gelingen oder Misslingen von sozialen Regelungsprozessen konzentriert und bei den Akteuren politische und opportunistische Motive zu wenig herausarbeitet (Mayntz 2004, 74f.).

2. Rahmenbedingungen und Koordinationsformen von School Governance in der Schweiz

„In der Governance-Perspektive gelten der *Staat*, der *Markt* und soziale *Netzwerke und Gemeinschaften* als institutionelle Regelungsmechanismen, die in variablen Kombinationen genutzt werden. Der Blick richtet sich dabei auf die Steuerungs- und Koordinationsfunktion dieser institutionellen Strukturen, in denen Elemente von Hierarchie, Wettbewerb (sei es in Markt oder in Form von Qualitätswettbewerben zwischen Organisationen) und Verhandlungssystemen verbunden sein können." (Benz 2004a 20; Hervh. XB)

Bevor auf das Beispiel der School Governance im Kanton Luzern eingegangen wird, sollen in der gebotenen Kürze wesentliche Elemente von Governance in der Schweiz eingeführt werden. Im Zentrum des Interesses steht dabei der Staat als Regelungsmechanismus, nachdem sich die Koordinationsformen in den Be-reichen Markt und Netzwerke nicht wesentlich von denjenigen in den Nachbar-ländern unterscheiden dürften.

Das Schweizer Staatswesen stellt eine *demokratische parlamentarische Bundesrepublik* dar, die bis 1999 auf der Verfassung vom 29. Mai 1874 beruhte. Diese wurde zwar mehrfach geändert, aber während immerhin 125 Jahren nicht ersetzt. Die neue Verfassung wurde im April 1999 durch Volksentscheid ange-nommen und stützt sich auf die traditionellen Pfeiler der Exekutive, Legislative und Judikative.

Die Schweiz, die international als das Exempel einer gelungenen Konföderation und später eines Bundesstaates gilt, begann den Prozess der Vereinigung im Jahr 1290 mit Verträgen zwischen den drei Kantonen Uri, Schwyz und Unterwalden zu einem ewigen Bündnis. Die Zahl der in die Verträge aufgenommenen Kantone nahm allmählich zu, und die Konföderation dauerte, mit einer kurzzeitigen Unterbrechung als Einheitsstaat unter französischem Einfluss, bis 1848. Seitdem ist die Schweiz ein *föderalistischer Bundesstaat*[3], der aus zwanzig Vollkantonen und sechs Halbkantonen besteht.

Besonders ausgeprägt ist – gerade in der Volksschulbildung – das Element des Föderalismus. Alle von der schweizerischen Verfassung nicht an den Bund übertragenen Vollmachten liegen bei den Kantonen, beispielsweise der Erlass der Schulgesetze[4], der Prozessordnungen und der Vorschriften der Gerichtsverfassung. Die staatliche Organisation der Kantone wird von diesen selbst bestimmt, sie muss jedoch demokratischen Prinzipien entsprechen. Aufgrund der kantonalen Bildungshoheit muss deshalb in der Schweiz der Kanton als Staat verstanden werden und nicht etwa der Bund; dieser gewinnt erst im Bezug auf die Tertiärbildung eine dominierende Position. Die Kantone delegieren ihrerseits weit reichende Kompetenzen an die Bezirke und Gemeinden, die auf Primar- und Sekundarstufe die Schulen rechtlich und operativ tragen.

Wenden wir uns in der Folge fünf idealtypischen Koordinationsformen und ihrer Bedeutung im Kontext von School Governance zu:

1. Soweit wir uns auf staatliche Rahmenbedingungen von School Governance konzentrieren, denen – anderen gesellschaftlichen Einflüssen zum Trotz – nach wie vor eine übergeordnete Bedeutung zukommt, dominieren hierarchische Koordinationsformen im Sinne der zentralen politischen Steuerung deutlich.[5] Die Kantone als Repräsentanten staatlicher Bildungshoheit versuchen ihre politi-

---

3   Der Begriff des Bundesstaates geht zurück auf Niccolò Machiavelli (von lateinisch *status*: Zustand, Verfassung) und bezeichnet heute ein politisches Gemeinwesen, das innerhalb der Grenzen seines Territoriums über die oberste Regelungsgewalt verfügt. Das entscheidende Merkmal des modernen Staates ist seine Souveränität, seine Grundlage bildet das Recht. Als föderalistisch wird dabei ein Regierungssystem bezeichnet, in dem die politische Macht zwischen einer zentralen Autorität und kleineren, regional autonomen Verwaltungseinheiten (z.B. Provinzen, Bundesstaaten, Länder oder in der Schweiz: Kantone und Gemeinden) aufgeteilt ist.
4   Nach der Verfassung von 1999 besteht eine 9-jährige Schulpflicht. Das Schulwesen ist in erster Linie Sache der Kantone und wird von der Bundesregierung nicht kontrolliert. Deshalb bestehen zwischen den kantonalen Bildungssystemen erhebliche Unterschiede, die nun im Zuge laufender Reformbestrebungen harmonisiert werden sollen. Ein diesbezüglicher neuer Bildungsartikel wurde am 21. Mai 2006 vom Stimmvolk mit 85.6 % sehr deutlich angenommen.
5   Es muss aber nochmals betont werden, dass hierarchische Steuerung ein *Idealtypus* darstellt, der in der Realität ständig durchbrochen wird von wechselseitigen Abhängigkeiten, die mithin die hierarchische Struktur sogar konterkarieren können.

schen und normativen Ziele vorwiegend „top down" umzusetzen, indem sie die
operative Umsetzung an die Gemeinden und diese wiederum an die Schulen als
lokalen Einheiten delegieren. Daran ändern letztlich auch die in der Schweiz
recht weit vorangeschrittenen Reformen in Richtung eines New Public Management[6] relativ wenig; diese richten sich nicht gegen die hierarchische Steuerung
an sich, sondern sind eher als Versuch zu sehen, die staatliche Verwaltung zu
kunden- und effizienzorientierten Dienstleistungsunternehmen zu transformieren, respektive, Bürokratie durch datenbasiertes Management zu ersetzen. Die
Realisierung politischer Ziele erfolgt dabei idealtypisch in einem rekursiven
Prozess der Setzung normativer und strategischer Vorgaben durch die Bildungspolitik und deren operativen Umsetzung durch die institutionellen Träger, beispielsweise die Schulen (vgl. Abb. 1).

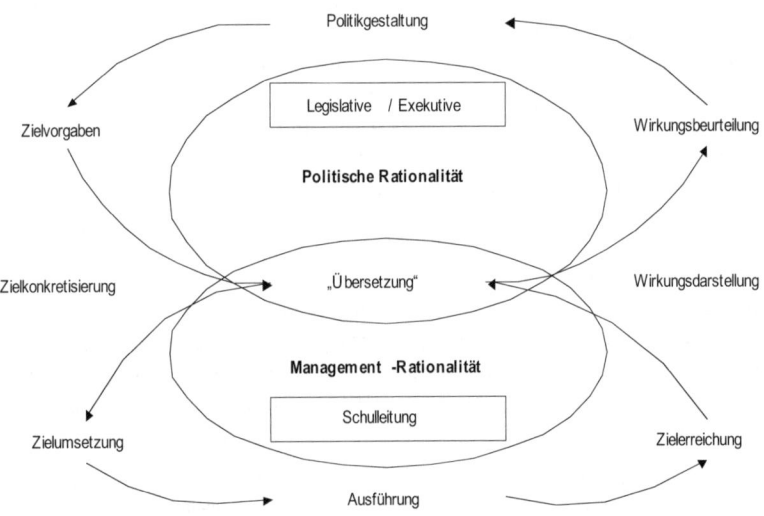

Abb. 1   Die stufenweise Umsetzung politischer Vorgaben nach dem New
          Public Management-Modell (Schedler/Proeller 2000, 53) am Beispiel
          von School Governance.

---

6   In der Schweiz wird anstelle von NPM oft von wirkungsorientierter Verwaltungsführung
     gesprochen (vgl. für Einzelheiten Dubs 1996; Schedler 2002).

Dass politische Rationalität nicht einfach in pädagogischer Rationalität aufgeht, sondern dieser mithin diametral gegenüber steht, ist eine Erfahrung aus zahlreichen Schweizerischen Schulreformvorhaben (Maag Merki/Büeler 2002). Dabei darf nicht übersehen werden, dass noch nicht einmal Politik für sich genommen einheitlichen Rationalitätsmassstäben folgt (Kussau 2002, 120): "Politik besteht nicht nur aus 'guten' und 'schlechten' Absichten, sondern enthält auch den Streit zwischen guten Absichten" (a.a.O., 2002, 13). Im Bereich der pädagogischen Rationalität muss mit analogen Problemen gerechnet werden. Weder in normativer noch in methodischer Hinsicht darf zwischen Pädagogen ein Konsens darüber, wie politische Ziele pädagogisch zu bewerten und umzusetzen sind, unterstellt werden.

Ungeachtet dieser evidenten Probleme wird im derzeitigen bildungspolitischen Diskurs das in Abbildung 1 dargestellte Steuerungsmodell favorisiert. Und dort, wo Zielvorgaben nicht erreicht werden, wird dies weniger als Hinweis auf Schwächen des zugrunde liegenden Steuerungsmodells interpretiert denn als Implementationsschwierigkeiten, die durch Nachsteuern zu beheben sind.

2. Das Verhältnis zwischen Politik und Schule ist somit eher gekennzeichnet durch Hierarchie als durch Verhandlung oder Markt. Besondere Bedeutung erlangen *Verhandlungssysteme* dagegen (a) innerhalb der Bildungspolitik, respektive (b) innerhalb von Schule als lokaler Einheit.

Ad a) Bei der Koordination der Kantone untereinander spielen Verhandlungskonstellationen eine wichtige Rolle. In Ermangelung einer zentralen Steuerung des Bildungswesens auf nationaler Ebene haben sich diese schon früh in verschiedenen Gremien zusammengeschlossen, die der Koordination der Bildungspolitik auf regionaler und nationaler Ebene dienen. Das bedeutendste Gremium stellt dabei die Erziehungsdirektorenkonferenz EDK dar, die dem Idealtypus von verhandlungsorientierter Koordination recht nahe kommt. Ihre Beschlüsse sind zwar von grossem Gewicht, aber der EDK mangelt es an Druckmitteln und Sanktionsmöglichkeiten, um die Kantone zur Umsetzung allfälliger Entscheide zwingen zu können. Deshalb variieren bis heute selbst fundamentale strukturelle und curriculare Elemente von Kanton zu Kanton in erstaunlichem und rational kaum zu begründendem Masse. Als Verhandlungssysteme sind ebenfalls vertragliche Vereinbarungen mehrerer Kantone zur Zusammenarbeit in so genannten Konkordaten zu betrachten. Diese sind besonders verbreitet im Bereich der tertiären Bildung, in dem sich beispielsweise die Zentralschweizer Kantone zur gemeinsamen Führung einer Fachhochschule gefunden haben. Auch die Aushandlung der Bildungspolitik auf kantonaler und kommunaler Ebene – etwa zwischen unterschiedlichen Parteien und Interessengruppen – folgt durchgehend (politischen) Verhandlungsregeln.

Ad b) Besondere Bedeutung kommt der Koordinationsform Verhandlung auch in der Schule als lokaler Einheit zu. Hier dominiert die Kommunikation in schwach formalisierten Strukturen und insbesondere die Face-to-Face-Interaktion. Zu erwähnen ist hier etwa die Koordination innerhalb des Klassenzimmers, innerhalb des Schulteams sowie zwischen Schule und Elternhaus. Eine gewisse Hierarchisierung der Schule als lokaler Einheit hat in der Schweiz erst in den letzten zehn Jahren mit der Einführung von Schulleitungen Einzug gehalten; vorher wurden Volksschulen durch eine im Turnus wechselnde Lehrperson nach dem Modus primus inter pares geleitet.

3. Während die Kantone schon immer in einem partiellen, durch vielerlei Umverteilungsmechanismen (z.b. den nationalen Finanzausgleich) politisch und wirtschaftlich entschärften *Wettbewerb* standen, greift diese Koordinationsform nun zunehmend auch auf den Bildungssektor über. Ablesen lässt sich dies etwa am Trend zur Aussendarstellung der Kantone und Regionen entlang von Bildungsmonitoringstudien (Hochschulrankings, Ergebnisse internationaler Leistungsstudien usw.). Die damit suggerierte Bildungsqualität soll qualifizierte Arbeitnehmer und Investoren anlocken, und hier scheint im Zuge der erhöhten Mobilitätsbereitschaft durchaus auch in begrenztem Masse ein Markt zu spielen zwischen den Kantonen, Gemeinden und Quartieren.

Eingeschränkt erscheinen die Auswirkungen von Wettbewerb und Markt im Hinblick auf School Governance alleine schon deshalb, weil wichtige Voraussetzungen für diese Koordinationsform nicht gegeben sind (Straubhaar/Winz 1992, 31-67; Wolter/Nagel-Drdla/Waibel 2001, 23-28).

Die bisherigen Möglichkeiten, Unterschiede zwischen der Bildungsqualität von Kantonen (und erst recht: von Kommunen) zu *beobachten*, müssen bisher aus normativer[7] und empirischer Sicht als defizitär bezeichnet werden. Ein systematisches Bildungsmonitoring[8] existiert in der Schweiz bisher höchstens ansatzweise und die Kantone zeigen wenig Neigung, wechselseitig echte Transparenz zu schaffen. Auch haben neue Beobachtungsformen wie Benchmarking (Dubs 1997) und Best Practice-Studien (Moser/Tresch 2003) weder Breitenwirksamkeit erlangt noch Zweifel an

---

7   In evaluationsbasierten Steuerungsmodellen findet sich fast durchgehend eine „implizite Normativität" (Kussau/Brüsemeister, in diesem Band), indem die eingesetzten Instrumente und Methoden hochselektiv einzelne Wirkungsbereiche von Schule herausgreifen und messen. Gemessen wird weitgehend die Qualifikationsfunktion von Schule und hier jene Leistungsbereiche, die relativ einfach zu messen sind. Viele andere gesellschaftlich relevante Funktionen und Leistungen von Schule geraten so in Gefahr, nicht gemessen und ergo auch nicht steuerungsrelevant zu werden.

8   Broszewski (2007) weist auf den bedeutsamen Umstand hin, dass Bildungsmonitoring weniger mit Bildung als mit Politik zu tun hat: „Bildungsmonitoring ist eine politische Beobachtung des Bildungssystems". Zwischen dieser Fremdbeschreibung und der Selbstbeschreibung des Bildungssystems gibt es nur beschränkt Überlappungen. Selbst absolut basale Grundoperationen wie Lehren, Lernen oder Erziehen tauchen auf dem Radar des Bildungsmonitoring nicht auf und werden deshalb auch nicht handlungswirksam innerhalb des Bildungssystems.

ihrer Angemessenheit ausräumen können. Die Nachfrager für Bildungsangebote verfügen somit in der Regel nicht über genügend Informationen, um aus den Angeboten rational begründet auswählen zu können. Analoge Vorbehalte bestehen im Bezug auf die Möglichkeit, auf Anbieterseite die Qualität der Schulen zielorientiert zu *beeinflussen*. Auch die zeitgenössische Schuleffektivitätsforschung (Teddlie/Reynolds 2000) konnte bisher den Eindruck eines erheblichen Technologiedefizites in der Pädagogik (Luhmann/Schorr 1982) nicht grundlegend ändern. Dass der Markt im Schulbereich kaum spielt, hat auch mit der geografisch und strukturell eingeschränkten Wahlmöglichkeiten der Kunden (Eltern) von Schule zu tun. Zumindest im Volksschulbereich geniessen Eltern denn auch keine echte Wahlfreiheit.

Die Bedeutung des Wettbewerbs darf deshalb für das Volksschulwesen der Schweiz als gering veranschlagt werden (Altrichter/Heinrich 2005, 132). Der Wettbewerb spielt nicht so sehr zwischen Schulen als zwischen Gemeinden, Kantonen und Regionen. Bildungsqualität spielt dabei eine gewisse Rolle, doch wichtiger bleiben Faktoren wie Lebensqualität, Arbeitsmarktbedingungen und Steuerklima. Gewisse marktähnliche Strukturen finden sich allenfalls auf Sekundarstufe II (Konkurrenz von privaten und öffentlichen Gymnasien) und auf der Tertiärstufe (Konkurrenz von Universitäten und Fachhochschulen mit überlappenden Angebotsstrukturen), wobei auch hier erhebliche, strukturelle und geografische Verzerrungseffekte zu unterstellen sind.

4. An Bedeutung gewonnen hat die Koordinationsform *Netzwerke*, die auf freiwilliger Einigung der Akteure basiert und kollektive Handlungsfähigkeit nicht erzwingen kann. Klassische Beispiele dafür sind die im Schulbereich weit verbreiteten Vereine (für Lehrpersonen, Schulleitungen, Eltern usw.), Verbände und Gewerkschaften, die sich im politischen Prozess fallweise zu interessensbezogenen Netzwerken zusammenschliessen. Diesen kommt eine nicht zu unterschätzende Bedeutung zu, indem sie sich in den Meinungsbildungsprozess einschalten und teilweise auch über erhebliche Druckmittel (z.b. eine Referendumsdrohung, Vetoandrohung usw.) verfügen. Ein weiteres innovatives Beispiel sind Netzwerke zwischen Schulen, die in einigen Kantonen zur Unterstützung von Schulentwicklung neu hinzugekommen sind (Bucher/Imgrüth 2005, 88).

5. Auch Formen der *Gemeinschaft*, die Handlungen entlang affektiver Bindungen und gemeinsam getragener Werte und Überzeugungen koordinieren, finden sich in der Schullandschaft viele. Besonders ausgeprägt waren und sind sie in Schulen, die durch religiöse Orden oder reformpädagogischen Institutionen getragen werden. Gemeinschaftliche Elemente finden sich aber auch in der Bin-

dung von Eltern an die kommunale Schule (Dorfschule) oder von Lehrpersonen zu ihrem Kollegium.

Mit Blick auf das Fallbeispiel Luzern wird sich zeigen, dass School Governance in der Praxis immer mit Mischformen der fünf erwähnten Koordinationsformen arbeitet.

3. School Governance im Kanton Luzern

Die Geschichte der Volksschule im Kanton Luzern geht bis in die Mitte des 19. Jahrhunderts zurück, als sich die allgemeine Schulpflicht in der Schweiz durchzusetzen begann. In einem langen und konfliktträchtigen Prozess erkämpften sich die Kantone gegenüber dem Bund die Bildungshoheit im Volksschulbereich. So kommt es, dass bis heute die oberste Schulaufsicht beim Kanton liegt, der den Vollzug der Schulpflicht an die Gemeinden delegiert. Verantwortlich zeichnen dafür die demokratisch gewählten Behörden, namentlich der Gemeinderat und die Schulpflegen.

Mit dem neuen Gemeindegesetz, das auf den 1. Januar 2005 in Kraft getreten ist, verleiht der Kanton Luzern dem föderalistischen Prinzip kantonsintern zusätzliches Gewicht. Das Hauptziel dieser Gesetzesrevision war die Stärkung der Gemeinden. Die Gemeinde soll möglichst viele Aufgaben selbständig und eigenverantwortlich erfüllen können. Aus diesem Grund wir sie verpflichtet, eine Gemeindeordnung zu erlassen, in der sie die wichtigsten Grundsätze der Organisation und Führung festlegt. In diesem Zusammenhang ist auch die Stellung, die Form und die Funktion der Schulpflege[9] neu festzulegen.

In den letzten zehn Jahren haben sich die Rahmenbedingungen der School Governance in Luzern auch in anderen Hinsichten grundlegend verändert. Dafür verantwortlich sind die folgenden, in der Schweiz vielerorts zu beobachtende Tendenzen:

---

9   Den Schulpflegen kamen historisch gesehen in der Gründungszeit der Volksschule drei Funktionen zu. Sie waren zunächst verantwortlich für den Vollzug, respektive die Beaufsichtigung der kantonalen Schulpflicht auf kommunaler Ebene. Andererseits hatten sie auch die Funktion, die Gemeindeschule vor einer allzu direkten Indienststellung durch den Kanton zu bewahren. Und drittens kam der Schulpflege zentrale Bedeutung zu bei der Vermittlung zwischen unterschiedlichen kommunalen Interessen, etwa derjenigen von Wirtschaft, Politik und Kirche. Die beiden ersten Funktionen können dem Koordinationstypus Hierarchie zugeordnet werden, die letztere dem Verhandlungstypus.

1. *Schulen* werden zunehmend als *teilautonome* und *lernfähige Organisationen* betrachtet, die für ihre eigene Qualität Verantwortung tragen. Sie sollen sich auf ihr Umfeld einstellen und ein unverwechselbares *Profil* entwickeln.
2. Der Bildungsbereich gerät in den Sog der *wirkungsorientierten Verwaltungsreform*. Damit verbunden sind der Wechsel von einer Input- zu einer Outputsteuerung (inklusive der damit zwingend verbundenen *Evaluationsmassnahmen*), die Unterscheidung von strategischer und operativer Führung sowie die Orientierung am Kundennutzen.
3. Bildungspolitik und Schulbehörden zeichnen verantwortlich für die Bereitstellung der normativen, strategischen und finanziellen Rahmenbedingungen für die Schule. Die wichtigsten Instrumente der *strategischen Führung durch die Schulbehörden* sind: Zielvorgaben, Leistungsaufträge, Globalbudget und Controlling.
4. Das operative Management der Schule wird einer *professionellen Schulleitung* übertragen. Dieser obliegt die pädagogische, die personelle und die administrative Führung. Die *operative Führung* durch die Schulleitung basiert auf dem Leitbild, dem Schul- und Jahresprogramm, der Ressourcenallokation, dem internen Qualitätsmanagement und der Mitarbeiterführung.

Jede dieser Tendenzen ist für sich allein genommen gut begründbar. Zu gewissen Problemen führt allerdings ihre Koordination und Synchronisierung. Namentlich die Einführung von professionellen Schulleitungen hat das Kräfteparallelogramm im Schulwesen nachhaltig verändert. Eine übergeordnete Bedeutung kommt dabei dem Dreieck zwischen (kantonaler) Schulbehörde, (kommunaler) Schulpflege und Schulleitung zu. Ihr Zusammenspiel soll anhand von Abbildung 2 näher erläutert werden.

Das herkömmliche Steuerungsmodell, gemäss dem die politisch-normativen Vorgaben der Legislative und Exekutive durch die politischen Schulbehörden in strategische Vorgaben übersetzt und durch Schuladministration und Schulleitungen operativ umgesetzt werden, findet sich auch in der Luzerner School Governance-Architektur wieder. Handlungskoordination stellt man sich in der Praxis – widersprüchlichen Erfahrungen zum Trotz – vor allem entlang von hierarchischen Aufbau- und Ablaufstrukturen vor.

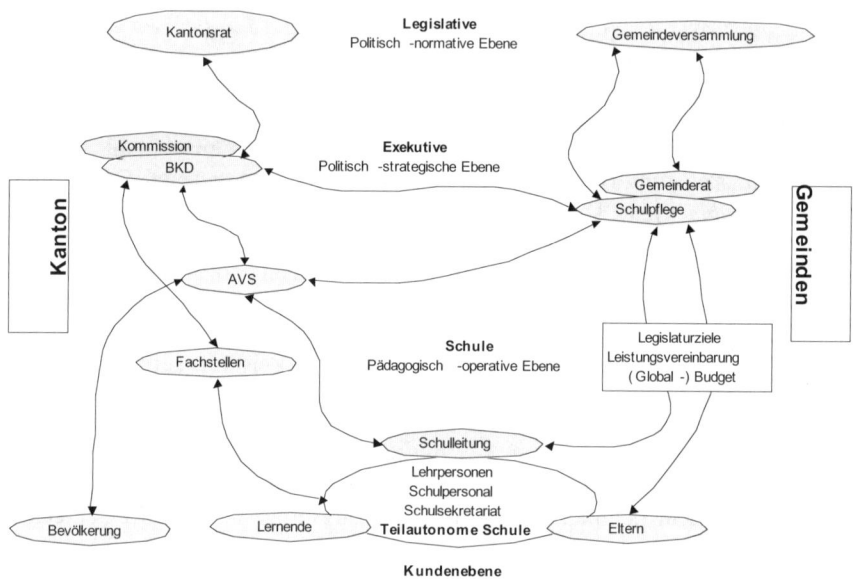

Abb. 2   Wichtige Elemente der School Governance im Kanton Luzern im
          Überblick. (Legende: BKD = Bildungs- und Kulturdepartement; AVS
          = Amt für Volksschulen).

Verkompliziert wird die Lage im föderalistischen Kanton Luzern nun dadurch,
dass jede dieser Ebenen sowohl kantonal (linke Hälfte der Abbildung) als auch
kommunal (rechte Hälfte) repräsentiert ist. Wenn wir in dieses Grundraster nun
nur schon die wichtigsten an School Governance beteiligten Akteure eintragen,
ergibt sich ein Bild, das nicht nur auf den ersten Blick verwirrend ist. In Anbet-
racht des hohen Grades an rekursiver Vernetzung erscheint die vertikale Steuerungsperspektive als defizitär: „Zwar besteht zwischen staatlicher Politik und
Schule eine politisch hierarchische Beziehung, die jedoch in funktionaler Hinsicht als horizontale Beziehung ausgebildet ist." (Kussau/Brüsemeister 2007, 13)
In der Tat spielen im schulischen Alltag solche horizontalen Koordinationsmus-
ter eine ausserordentlich bedeutsame Rolle. Den Akteuren ist überwiegend bewusst, dass ein Durchsteuern von oben in der Praxis nicht möglich ist. Allfällige
Steuerungsimpulse von höheren Ebenen diffundieren zwar in niedrigere Ebenen;
sie erzeugen dort allerdings nicht zwangsläufig gleichsinnige Anschlussreaktio-
nen, sondern können auch verpuffen oder gegenläufige Reaktionen auslösen.

Gleichzeitig veranschaulicht die Abbildung, was man sich einhandelt, wenn man die Herstellung kollektiver *Handlungsfähigkeit in Mehrebenensystemen* analysieren will. Die Aufmerksamkeit gilt dann weniger der hierarchischen Steuerung (top down) durch den Staat; sie verlagert sich stattdessen auf die grosse Anzahl an rekursiven Koordinationsformen, die oft nur sublim und informell ausgebildet und empirisch schwierig zu beobachten sind. In solchen Regelkreisen dominieren Koordinationsformen der Verhandlung (etwa zwischen kantonalen und kommunalen Behörden), der Netzwerke (z.b. zwischen Projektschulen) und der Gemeinschaften (etwa innerhalb eines Quartierschulhauses).

Bei näherer Betrachtung zeigt sich allerdings, dass auch dort, wo entlang der Hierarchie „gesteuert" wird, de facto *Regelung* (also Rückkoppelungsbeziehungen – sei es in Form von Beobachtung, Beeinflussung oder Verhandlung) die zentrale Rolle spielt. Dies lässt sich illustrieren am Beispiel der rekursiven Beziehung von Schulpflege und Schule nach dem Modell der Leistungsvereinbarung (nicht: Verordnung!). Die Schulpflege ist bei der Erarbeitung und Umsetzung dieser Vereinbarung in vielerlei Hinsicht auf Inputs aus der Schule (Knowhow, Zeit, Information usw.) angewiesen – et vice versa. Dass dabei die scheinbar Schwächeren in diesem Regelkreis in Verhandlungen über nicht zu unterschätzende Machtpotenziale verfügen, wird mittlerweile offen diskutiert (vgl. Strittmatter 2005, 70-72). Somit bestätigt sich die theoretische Annahme in der Praxis, wonach zwischen den verschiedenen Ebenen im System ein hohes Mass an aufgabenbezogener *Interdependenz* besteht, dass also Sachfragen letztlich zwischen allen Ebenen zu koordinieren (verhandeln usw.) sind (Benz 2004b, 127).

Beeindruckend sind die langen Interaktionskaskaden, die das Schulsystem bei der Erbringung seiner Leistungen – der Organisation von Lehr-Lernprozessen – erzeugt. Wenn man die Hierarchie differenziert erfasst und auch die Schulhaus-, Ressort-, Fachschafts-, Stufenleiter usw. berücksichtigt, weist das Luzerner Bildungssystem eine Führungsspanne von zehn bis zwölf Ebenen auf. Wenn man die Umsetzung eines bestimmten Steuerungsimpulses in dieser vernetzten Hierarchie beobachtet, kann es durchaus sein, dass bis zu zwanzig Instanzen in diesem Prozess involviert sind. Die Ausgangslage ist überdies in anderen Kantonen vergleichbar. Zu hinterfragen ist in solchen Konstellationen sowohl die Effektivität als auch die Effizienz der Strukturen, wie sie beispielsweise in der Transaktionskostentheorie[10] analysiert werden. Jedenfalls besteht im Falle

---

10   Im Transaktionskostenansatz interessieren „alle Opfer und Nachteile, die von den Tauschpartnern zur Verwirklichung der Leistungsaustausches zu tragen sind" (Picot/Dietl/Franck 2002, 68), wobei monetäre und nicht-monetäre Grössen (z.B. Zeit) zu berücksichtigen sind. Zur Identifizierung dieser Kosten ist die Messung zentraler (Leistungs-)Grössen notwendig. Paradoxerweise treiben aber diese Messungen (etwa in Form von Evaluationen und Studien) die Kon-

des Kantons Luzern wenig Grund zur Annahme, dass sich im Zuge der Einführung von NPM-Strukturen das Schulsystem entbürokratisiert oder gar ent-
schlackt hätte. Vielmehr legen unsere Beobachtungen nahe, dass mit der Umstellung auf eine evaluationsbasierte Steuerung ein erheblicher zusätzlicher Bedarf
nach Wirkungsmessung (über Evaluationen, Controlling, Monitoring) einher-
geht.

Die Komplexität und Dynamik solch fein verästelter Sozialsysteme kann
mit handlungstheoretischen Ansätzen alleine kaum mehr zureichend begriffen
werden. Willke (1989, 24) verweist zurecht darauf, dass „unter gegenwärtigen
Bedingungen gesellschaftlicher Komplexität die Bedeutung langer Handlungsketten in den Schatten gestellt wird durch die kaum begriffene Bedeutung der
Wirkung von Netzwerken symbolischer Kommunikationen, welche sich von
Subjekten oder Akteuren unabhängig gemacht haben". Handlungstheoretische
Ansätze sind deshalb zu ergänzen um Ansätze, die die Dynamik und Riskanz
moderner Gesellschaften und ihrer Teilsysteme nach dem Modell der Selbstorganisation interpretieren (Bucher 2005, 60). Lebende Systeme können – ganz
ähnlich wie es Jean Piaget in der Entwicklungspsychologie vorgeführt hat – aus
ihrer Genese rekonstruiert und ihr aktuelles Verhalten als Ausdruck einer Selbstorganisationsdynamik gedeutet werden, die dem System eine Stabilisierung in
einer zunehmend veränderlichen Umwelt erlaubt (Jantsch 1988; Szaday et al.
1996, 96). Doch damit betreten wir das noch weitgehend ungeklärte Feld des
Zusammenhangs zwischen bürokratischer Regelung und Selbstorganisationsdynamik im Bildungswesen, in dem erheblicher Forschungsbedarf zu konstatieren
ist (Kussau 2002, 31). Dieser Diskursast kann hier nicht weiter verfolgt werden.

---

trollkosten ihrerseits in die Höhe. Dieses Faktum wird in der gegenwärtigen NPM-Diskussion
systematisch unterschätzt.

4. School Governance in Aktion – Illustrationen und Erkenntnisse aus dem Innovationsprojekt „Schulen mit Profil"

„Das Projekt ‚Schulen mit Profil' war der Versuch, den Übergang von der herkömmlichen zur neu gedachten Schule zu erleichtern, Schulen organisatorisch so auszustatten, dass sie die bürokratischen Fesseln allmählich abwerfen und sich selber nach professionellen Massstäben organisieren können." (Bucher/Imgrüth 2005, 61)

Das grosse Luzerner Schulentwicklungsprojekt „Schulen mit Profil" darf als besonders frühes Beispiel eines Innovationsvorhabens gelten, das allen Schwierigkeiten zum Trotz eine ganzheitliche Vision schulischen Wandels nicht nur in besonders motivierten Projektschulen erprobt, sondern von Anbeginn an in allen Volksschulen eines Kantons parallel umgesetzt hat. Und man darf an dieser Stelle vorweg nehmen: erfolgreich umgesetzt hat.

Dieses durch das Bildungs- und Kulturdepartement des Kanton Luzern geführte Innovationsprojekt ist von seinem Anspruch her insofern als ambitiös zu bezeichnen, als es alle Anspruchsgruppen in den Innovationsprozess mit einbezogen hat – von der Schulleitung, Schulpflege, Schulaufsicht über die Lehrpersonen und Eltern bis hin zu den Schüler/-innen. Ambitiös am Projekt ist auch der Anspruch, Qualitätsentwicklung simultan auf verschiedenen Ebenen voranzutreiben – von der Makroebene der Bildungspolitik und Bildungsadministration über die Mesoebene von Schule als lokaler Einheit bis hin zur Mikroebene, auf der die eigentlichen Lehr-Lern-Prozesse ablaufen.

Hinter dieser Projektanlage steht die These, dass erst durch die Verschränkung von top-down- und bottom-up-Impulsen nachhaltige Entwicklung möglich werde. Aufgrund mehrjähriger Datenreihen (Erhebungen in den Jahren 1997, 2000, 2003 und 2005) war es uns im Rahmen der wissenschaftlichen Projektbegleitung (Büeler et al. 2005) möglich, diese These einer kritischen Prüfung zu unterziehen. Um dem Leser einen Überblick zu ermöglichen, werden die fünf Hauptthesen, denen das Projekt gefolgt ist, sowie die wichtigsten diesbezüglichen Ergebnisse kurz vorgestellt:

- These 1, *Verhältnis Kanton-Gemeinden*: Der Kanton gibt den Gemeinden die Kompetenz ab, ihre Schulen den lokalen Bedürfnissen entsprechend zu gestalten. Konkret gibt sich jede Schule ihr eigenes Profil. Um die Qualität zu sichern, legt der Kanton die Rahmenvorgaben fest. Die Abgabe der Kompetenzen vom Kanton an die Gemeinden ist tatsächlich erfolgt. Heute entscheiden die Gemeinden in verschiedenen Schulfragen eigenständiger.

Weiter haben sich die Schulen tatsächlich ein Profil gegeben. Ebenso kann festgestellt werden, dass der Paradigmenwechsel von "ich und meine Klasse" hin zu "wir und unsere Schule" weitgehend vollzogen ist. Auf der negativen Seite entpuppte sich in den Untersuchungen das kantonale Ressourcenproblem als Dauerthema.

- These 2, *Teamarbeit und Schulentwicklung*: Die Lehrpersonen eines Schulhauses sind ein Team und erfüllen den Bildungsauftrag gemeinsam. Die Eltern werden in die Arbeit einbezogen, und die Behörden unterstützen sie. Indem in dieser Lehr- und Lerngemeinschaft alle ihren Teil der Verantwortung tragen, sind die einzelnen entlastet. Der Teambegriff hat sich in den letzten Jahren definitiv etabliert; die Kollegien verstehen sich inzwischen tatsächlich als Team, das gewisse Aufgaben gemeinsam bewältigt. Einen positiven Einfluss hatte „Schulen mit Profil" auch auf den Indikator „Schulentwicklung und Projekte". In der Zusammenarbeit zwischen den Lehrpersonen entstand eine beeindruckende Projektvielfalt. Kaum einen nennenswerten Einfluss hatte „Schulen mit Profil" hingegen auf das Schulklima und auf die Mitverantwortung der Eltern für Erziehung und Ausbildung. Wohl wurden in einzelnen Gemeinden Elternforen (usw.) geschaffen. Ein flächendeckender Einbezug der Eltern in die Schulen ist jedoch noch in weiter Ferne.

- These 3, *Lehrpersonen*: Der berufliche Auftrag der Lehrerinnen und Lehrer wird neu umschrieben. Er trägt den anspruchsvollen und vielschichtigen Aufgaben Rechnung. Dazu gehören Unterricht und Erziehung, Teamarbeit, Aufgaben für die Schulgemeinschaft, Zusammenarbeit mit ausserschulischen Instanzen sowie Fortbildung. Der Einfluss von „Schulen mit Profil" auf den Unterricht ist insgesamt als gering zu bezeichnen, da es sich bei „Schulen mit Profil" schwerpunktmässig um eine Innovation auf Schulebene handelt und weniger um eine Unterrichtsinnovation. Das von den Lehrpersonen selber wahrgenommene Berufsbild hat sich in den letzten Jahren aber verändert. Die Fokussierung auf den Unterricht wurde ergänzt durch Teamarbeit und Aktivitäten im Qualitätsbereich usw. Dennoch leiden die Lehrpersonen zunehmend unter der verminderten Wertschätzung, welche ihrem Beruf von Aussenstehenden entgegengebracht wird. Eine klare, auf „Schulen mit Profil" zurück zu führende Zunahme ist im Hinblick auf die Aufgaben für die Schulgemeinschaft zu verzeichnen.

- These 4, *Schulleitungen*: Eine Schule, die Profil gewinnen will, braucht eine kompetente Führung in betrieblicher und pädagogischer Hinsicht. Die Schulleitung übernimmt eine Einzelperson oder ein Team – Personen, die eigens dafür ausgebildet sind. Aufgrund von „Schulen mit Profil" wurde die betriebliche Führung optimiert und professionalisiert. Hier lassen sich grosse Veränderungen im positiven Sinne feststellen. Weniger gross, aber immer noch deutlich spürbar war der Einfluss von „Schulen mit Profil" auf die pädagogische Führung der Schule. Vorerst zaghaft, dann aber immer offensiver begannen Schulleitungen im Bereich der Schulentwicklung Akzente zu setzen. Es wurde sichtbar, dass nicht mehr nur reagiert, sondern häufig auch proaktiv agiert wird. Zu den Wirkungen lässt sich festhalten, dass „Schulen mit Profil" zu einer hohen Zufriedenheit bei den Schulleitungen geführt hat. Sie haben sich in kurzer Zeit Glaubwürdigkeit und Akzeptanz aufgebaut. Lehrpersonen und Schulpflegen attestieren ihnen eine hohe Professionalität. Die Einführung von „Schulen mit Profil" wirkte sich jedoch negativ auf die Belastung der Schulleitungen aus. Besonders anfänglich war es schwierig, diese Belastungen zu quantifizieren und auszugleichen.

- These 5, *Schulaufsicht und Schulpflege*: Zur Qualitätssicherung der dezentral organisierten Schule gehören Instrumente der Evaluation und der Aufsicht: Das Schulhausteam beurteilt seine Arbeit periodisch selber. Die kommunalen Schulbehörden und die kantonale Schulaufsicht prüfen die Durchführung dieser Evaluation und führen eigene Beurteilungen durch. Ihr Interesse gilt primär der Schule als ganzer, nicht der einzelnen Lehrperson. Die Evaluation der Schulqualität (z.B. Hospitationen und Mitarbeitergespräche) stossen auf positive Resonanz beim Lehrkörper. Die Q-Prozesse sind weitgehend etabliert – auch dies eine Folge von „Schulen mit Profil". Die kantonale Schulaufsicht ist insofern institutionalisiert, als die Fachstelle für Schulevaluation ihre Arbeit aufgenommen hat. Die Schulpflegen suchen nach wie vor nach ihrer neuen Identität im Rahmen von „Schulen mit Profil". Es treten noch gewisse Synchronisierungsprobleme zwischen Gemeinderat, Schulpflege, Schulleitung und Schulhausleitung auf. Die Schulpflegen haben sich zwar in der Regel verkleinert und die Ressorts entsprechend neu verteilt. Der Einfluss von „Schulen mit Profil" auf die Schulpflegen ist jedoch – abgesehen von diesen äusseren Veränderungen – insgesamt gering

Soviel zu den Projektthesen und einigen ausgewählten Ergebnissen. Das Projekt Schulen mit Profil ist im Hinblick auf das Thema Governance insofern instruktiv, als es von Anbeginn an darauf angelegt war, Handlungskoordination vorwiegend über *Verhandlung und Kooperation* zwischen den wichtigen Anspruchsgruppen zu erreichen. Im Projektausschuss mit einbezogen waren so neben dem Bildungs- und Kulturdepartement der Verband der Schulpflege-Präsidenten, der Lehrerinnen- und Lehrerverband sowie der Schulleitungsverband. Natürlich könnte man auch im Falle von Schulen mit Profil argumentieren, dass das gewählte nicht-hierarchische Koordinationsmodell nur „im Schatten der Hierarchie" (Benz 2004a, 18) funktionieren konnte. Damit würde man allerdings einer

Realität kaum gerecht, die gekennzeichnet ist durch den spürbaren Willen der Beteiligten zu verhandeln, bis ein tragfähiger Konsens erreicht ist: „Gerade weil im Projekt für die Aushandlung und Erarbeitung der Inhalte viel Zeit eingeräumt wurde, konnten Fehlentscheide der Projektträger nie zum Scheitern des Projektes führen" (Franz Gassmann, Präsident des Lehrerverbandes, in Bucher/Imgrüth 2005, 72).

Der Begriff der *Partnerschaft* scheint für einmal nicht zu weit hergeholt, auch wenn es keine durchgängig freiwillige war: „Irgendwie muss man miteinander, wenn die Partner gegeben sind. Der für Schulen typische Mix aus Laien und Professionellen, aus multiplen und überlappenden Verantwortlichkeiten und Zuständigkeiten erlaubt jedoch nur ganz besondere Kooperationsmodelle" (Strittmatter 2005, 70). Nachdem Über- oder Unterordnungsmodelle in diesem Falle unangebracht wären, spricht vieles für *Verhandlungsmodelle*, die zu überlegenen Resultaten führen können: „Sie erlauben eine angemessene Komplexität, das Durchspielen der verschiedenen Interessen, Optionen, Kehrseiten und Gegenargumente. Es entsteht hohe Identifikation mit der errungenen Lösung und eine entsprechende Aussicht auf Nachhaltigkeit" (ebd.).

Empirische Befunde deuten darauf hin, dass das Projekt Schulen mit Profil in der Tat nachhaltige Veränderungen ausgelöst hat. Zwischenzeitlich interessieren sich denn auch viele andere Kantone für das Luzerner Modell, dessen Erfolg zumindest teilweise auch mit einem wesentlich auf Verhandlung basierenden Governancemodell zu erklären ist. Im Begleitreader (Bucher/Imgrüth 2005, 70-74) zum Projekt Schulen mit Profil diskutieren die Beteiligten sehr differenziert die Bedingungen dafür, dass ein solches Modell funktionieren kann. Strittmatter (2005) erwähnt die Folgenden:

- Vorteilhaft wirkt sich aus, wenn das Verhandlungsmodell eine gewisse Flexibilität beinhalte, sodass bewusst gewechselt werden kann zwischen Konsens, Präsidialentscheid, Mehrheitsentscheid usw.
- Die Verhandlungsregeln (Interessen und Informationsquellen offen legen, auf das Gehörte Bezug nehmen usw.) sind bewusst zu pflegen.
- Täuschungsfallen – etwa das Ignorieren unterschiedlicher Freiheitsgrade und Machtausstattungen der Delegierten, oder das Ignorieren unterschiedlicher Verantwortlichkeiten und Betroffenheiten bei Beteiligten – sind zu vermeiden.
- Bestrafungsfreier und professioneller Umgang mit Konflikten und Dissens.

Neben dem Verhandlungsmodell hat durch das Projekt SmP die Koordinationsform *Netzwerke* eine deutliche Aufwertung erfahren. Durch den freiwilligen Zusammenschluss von Schulen, die in thematischen Schwerpunkten eng zusammenarbeiten, ist ein offener Verbund von sich selbst entwickelnden Schulen entstanden (Imgrüth 2005). Solche Netzwerke transzendieren dabei die etablierten Systemebenen und involvieren sehr unterschiedliche Akteursgruppen – von den Lehrpersonen über die Schulpflegen bis hin zu den kantonalen Behörden. Für viele Beteiligte stellen die horizontale Kommunikation und der direkte Erfahrungsaustausch zwischen einzelnen Schulen eigentliche „Tankstellen der Schulentwicklung" dar. Auch die Ergebnisse der Evaluation dieses Netzwerkes fielen ausserordentlich positiv aus (Büeler et al. 2005, 72). Aufgrund dieser Erfolgsgeschichte hat Luzern dieses Netzwerk flächendeckend eingeführt und zu einem tragenden Pfeiler in der Schulentwicklungsstrategie des Kantons gemacht (für Erfolgsbedingungen in Netzwerken vgl. Imgrüth 2005, 82).

Vielerorts wird der Kanton Luzern auch als Beispiel einer *evaluationsbasierten Steuerung* herangezogen. Diese Ansicht ist insofern gerechtfertigt, als in Luzern mit Schulen mit Profil zwei wesentliche Bedingungen dafür eingeführt wurden: Einerseits eine staatliche Input-Regulierung, die mit rechtlichen, finanziellen und inhaltlichen Vorgaben operiert; andererseits Controlling- und Monitoringmassnahmen, vermittels derer der Zielerreichungsgrad einzelner Schulen wie auch des Schulsystems insgesamt in festen Intervallen erhoben werden kann.

Trotzdem fällt eine Bewertung dieses Steuerungsmodell ambivalent aus (Büeler et al. 2005, 114-123). Die grundsätzlichen Vorbehalte (hohe Komplexität, fehlende Technologien, überschiessende Kosten usw.) gegenüber der Vorstellung, das Schulsystem nicht nur in einem metaphorischen, sondern einem kybernetischen Sinne steuern zu können, sollen an dieser Stelle nicht wiederholt werden. Auch aus handlungstheoretischer Sicht sind grosse Vorbehalte angebracht. Unklar bleibt, was das Objekt der politischen Steuerung ist; und unverstanden scheint, dass Bildungspolitik die wichtigsten Determinanten des Bildungserfolges (vor allem: die vererbten Anlagen, das familiäre und das sozioökonomische Umfeld eines Kindes) überhaupt nicht erreicht (vgl. dazu Brosziewski 2007).

Auch das Beispiel des Kanton Luzern kann deshalb durchaus dazu beitragen, einen „enthusiastischen Steuerungsoptimismus auf den Boden zu holen" (vgl. Kussau/Brüsemeister in diesem Band). Es existieren zwar auf kantonaler Ebene je eine Institution für Bildungscontrolling und für Schulevaluation. Alleine schon aufgrund ihrer Ausstattung mit Ressourcen und Kompetenzen dürfen von diesen Institutionen keine Steuerungswunder erwartet werden. Sie erfüllen bis zum heutigen Zeitpunkt weniger die Funktion eines schulischen Autopiloten als diejenige eines Brandmelders, der bei Unterschreiten bestimmter Sollwerte im System Alarm auslöst. Die Rasterung des Radarbildes, mit dem diese Institutionen das Schulfeld absuchen, ist noch sehr grob und ergibt kein schlüssiges Bild über den Zielerreichungsgrad einzelner Schulen.

Es ergibt sich insgesamt ein Bild, das mit einer Regelungssemantik wesentlich treffender zu beschreiben ist als mit einer Steuerungsmetaphorik. Daten aus
internen und externen Evaluationen (inklusive Bildungsmonitoring und Controlling) fliessen in die Selbstorganisationsdynamik von Schulen ein und erzeugen
dort auch Resonanz, allerdings in einer viel selektiveren und kontingenteren
Weise, als das Bildungspolitik vorgibt. Zudem nimmt die Bereitschaft von Schulen, sich an Evaluationsmassnahmen zu beteiligen, im Zeitverlauf systematisch
ab[11]. Es ist vor diesem Hintergrund damit zu rechnen, dass parallel mit der Einführung verbindlicher Bildungsstandards die Chancen abnehmen, ihren Erfül-
lungsgrad empirisch verlässlich zu kontrollieren. Bildungsmonitoring würde
dann zu einem Ritual, mit dem Politik ihren Steuerungsanspruch öffentlich-
keitswirksam inszeniert, ohne sich darüber Rechenschaft zu geben, dass sie diesen Anspruch in keiner Art und Weise einlösen kann. Zumindest aus Sicht der
Politik muss dies nicht zwangsläufig ein Problem darstellen; unbefriedigend ist
diese Perspektive vielmehr für die Schulen, deren Aufwand dabei in keinem
Verhältnis zum Nutzen steht, denn sie selber daraus ziehen. Der Unmut darüber
könnte dann – mit einer gewissen zeitlichen Verzögerung – durchaus auch wieder politisch artikuliert werden.

Das Beispiel Schulen mit Profil vermag eine weitere Grundthese der
Selbstorganisation von komplexen Systemen zu illustrieren. Lebende Systeme
verfügen über die Fähigkeit zur Entwicklung, d.h. sie können sich nach Massga-
be interner Strukturen auf eine veränderliche Umwelt immer wieder neu einstellen. Das damit verbundene Innovationspotenzial kann nur unter dem Einsatz von
Systemressourcen (Energie, Zeit usw.) aktualisiert werden und ist demnach nicht
unbeschränkt vorhanden. Die Schulen im Projekt Schulen mit Profil haben in der
Tat ein beachtliches Mass an Innovationsbereitschaft an den Tag gelegt und auf
die veränderten bildungspolitischen Rahmenbedingungen positiv reagiert. Mehr
noch: Das Projekt hat die *Innovationsfähigkeit* von Schulen insgesamt etwas
angehoben, wenngleich bei Schulleitungen in höherem Masse als bei Lehrpersonen (Büeler et al. 2005, 104).

Es zeigte sich allerdings auch, dass Schulen – wie alle anderen lebenden
Systeme – auf einen gewissen Ausgleich zwischen Entwicklung und Routine (in
Termini der Informationstheorie: zwischen Erstmaligkeit und Bestätigung) an-
gewiesen sind. Die Steuerungsgruppe Schulen mit Profil hat die diesbezüglichen
Signale aus den Schulen aufgenommen und glaubhaft (z.B. mit einem längeren
Time-Out) reagiert. Die dahinter stehende Koordinationsform stellt eine Mi-

---

11 Wir können das daran ablesen, dass die Rücklaufquoten bei Befragungen zwischen 1997 und
    2006 regelrecht eingebrochen sind. Lehrpersonen etwa beteiligten sich an den letzten Erhebun-
    gen nur noch etwa zu einem Drittel, obwohl die Teilnahme an kantonalen Evaluationen in ih-
    rem Berufsauftrag festgeschrieben ist.

schung zwischen Beobachtung und Verhandlung dar und genügt eher einem Regelungs- als einem Steuerungsmodell. Hierarchie spielte dabei eine Rolle; wichtiger noch als Hierarchien waren auch hier Interdependenzgeflechte im Verbundsystem Schule. Auch hier zeigt sich, dass die mit dem Governancemodell verbundene Grundannahme einer ebenübergreifenden Handlungskoordination dem Schulbereich wesentlich besser gerecht wird als eine Steuerungssemantik.

Nach diesen, zweifellos unvollständigen und mithin skizzenhaften Versuchen einer Übertragung des Governancemodells auf das Fallbeispiel des Luzerner Schulwesens soll nun abschliessend Bilanz gezogen werden. Im Zentrum steht dabei die Frage, ob diese neue analytische Perspektive im Vergleich zum herkömmlichen Steuerungsmodell einen gewissen Mehrwert zu generieren in der Lage ist.

5. Bilanz

Aus distanzierter Warte betrachtet stellt das Governancemodell eher eine *analytische Perspektive* dar als ein Element einer Gegenstandstheorie, wenngleich sich in der Literatur diese Grenzen oft verwischen. Unterstellt wird also nicht, dass die Realität nach diesem Modell funktioniert (deskriptives Urteil) oder gar besser funktioniert (normatives Urteil). Unterstellt wird vielmehr, dass sich die Wirklichkeit von Schulsystemen angemessener beobachten lässt, wenn man sie als komplexe Regelsysteme rekonstruiert[12]. Als Gütekriterium steht somit nicht eine wie auch immer geartete Richtigkeit des Modells im Vordergrund, sondern sein heuristischer Nutzen, respektive seine *Brauchbarkeit* (Viabilität) im Hinblick auf die theoretische und empirische Forschung.

In diesem Sinne hat sich das Governancekonzept durchaus als fruchtbar erwiesen. Sowohl bei der einleitenden Explikation zentraler Begriffe und Elemente des School Governancemodells wie auch bei dessen beispielhafter Übertragung auf den Fall Luzern hat sich die Nützlichkeit einer analytischen Perspektive bestätigt, die nicht primär von hierarchischen Steuerungsverhältnissen ausgeht, sondern von einem Modell rekursiver Handlungskoordination in einem Mehrebenensystem. Schulsysteme können zweifellos angemessener beschrieben werden als komplexe, selbstorganisierende Sozialsysteme denn als triviale Input-Output-Systeme. Auch die Bedeutung nicht-hierarchischer Handlungskoordina-

---

12 Zu der hier vorausgesetzten erkenntnistheoretischen Position des Konstruktivismus vergleiche Schmidt 1987 oder Watzlawick 1991.

tion (namentlich über Verhandlung und Netzwerke) findet durchgehende Bestätigung.

Allerdings stellt sich die Frage, ob damit ein für die Schul(entwicklungs)forschung neuer Erkenntnisstand erreicht wird. Immerhin gehen bereits in den 90er-Jahren des letzten Jahrhunderts zahlreiche Autoren von ähnlichen Modellannahmen aus (Büeler 1994; Huschke-Rhein 1989; Rolff 1993; Voss 1996). Wichtige Referenzen beziehen diese aus der Systemtheorie, dem Konstruktivismus, der Kybernetik, der Informationstheorie sowie der Komplexitätsforschung. Die Analogien zwischen – beispielsweise – einem neuronalen System und einem Mehrebenenmodell eines Schulsystems sind auffällig (vgl. Roth 1992). Auch bei neuronalen Systemen hat man die These einer zentralen Steuerung aufgeben müssen zugunsten eines nicht-hierarchischen Modells. Verhaltenskoordination kommt zustande durch wechselnde Aktivierung von Millionen von Neuronen nach Prinzipien der Selbstorganisation. Der Zustand eines einzelnen Knotens ist bedeutungslos, einen Informationswert kommt einzig den wechselnden dreidimensionalen Aktivierungsmustern von vielen Tausend, ja Millionen von Knoten zu. Der Steuerungsbegriff wird einer solchen Dynamik nicht gerecht, denn die Verhaltensregulierung erfolgt durch rekursive Informationsverarbeitungsprozesse in wechselnden semantischen Netzwerken. Hierarchie ist in hochkomplexen Systemen generell suboptimal, weil „zentrale Vorgaben die Möglichkeiten der Teile nicht erfassen können und deshalb unterlaufen werden" (Willke 1989, 57f.).

Die Analogie mag ihre Schwächen haben, aber sie dokumentiert den möglichen Nutzen der erwähnten Referenztheorien für die Erforschung von School Governance. Und sie verweist auf die Gefahr einer allzu starken Engführung der Governancethematik auf handlungstheoretische Kalküle. Die Bedeutung der Intentionen und Verhaltensmuster von Akteuren soll damit nicht bestritten werden. Die Selbstorganisationsdynamik im Mehrebenensystem Schule lässt sich allerdings nicht reduzieren auf individuelle Handlungsmuster. Wir haben im Zusammenhang mit der wissenschaftlichen Begleitung von Schulen mit Profil einige hundert Interviews geführt und dabei viel über die Deutungen und Absichten der Akteure in Erfahrung bringen können. Und wir haben erfahren müssen, wie wechselhaft und mithin widersprüchlich Intentionen sein können, respektive wie oft bewusstes Handeln zu nicht intendierten Konsequenzen führt. Um die Dynamik hinter einem solchen Reformprojekt zu verstehen, genügt es deshalb nicht, die Motive und Intentionen der Akteure zu analysieren. Die soziale Realität der Schule kann man sich nicht als blosse Aggregation von Menschen und Handlungen vorstellen (a.a.O., 21f.). Die Analyse schulischer Governance muss im Gegenteil von diesen individuellen Deutungen abstrahieren können, um an die spezifischen Koordinationsformen im Schulsystem heranzukommen. Dies alles steht nicht im Widerspruch zu den Grundannahmen des Governancekonzeptes (Benz 2004a, 25). Es mahnt einfach zur Vorsicht im Umgang mit Begriffen (Akteur, Handlung, Steuern usw.), die eine akteurzentrierte Sicht allzu sehr betonen. Ob diesem Anliegen mit begrifflichen Konstruktionen wie kollektive Akteure, respektive kollektive Handlungen genügend Rechnung getragen ist, wird sich noch weisen.

Die Viabilität des Governanceansatzes für die Schulforschung wird auch davon abhängen, ob er zu einem besseren Verständnis der aktuellen Problemlagen einen Beitrag zu leisten imstande ist. Für eine abschliessende Bilanz wäre es sicherlich zu früh. Auffallend ist zunächst der beträchtliche Abstraktionsgrad der Diskussion, der die Anschlussfähigkeit an den pädagogischen Diskurs erschwert. Sie teilt dieses Schicksal mit ähnlich abstrakt ansetzenden Theorienangeboten, beispielsweise mit der Systemtheorie. Auffallend ist weiter, dass sich die laufende Governancedebatte stark an den Politikwissenschaften orientiert und damit ein genuin pädagogisches Erkenntnisinteresse weniger bedient. Mit der vermehrten Rezeption des Ansatzes innerhalb der Pädagogik dürfte sich dies ändern. Auffallend ist ebenfalls, dass eine empirische Umsetzung für den Schulbereich noch aussteht. Auf dem Weg dahin gilt es noch manche Hürde zu nehmen, von der Klärung zentraler Konzepte bis hin zu ihrer Operationalisierung im Rahmen empirischer Studien.

Insgesamt ist dem Governancekonzept zuzutrauen, einen wesentlichen Beitrag zur Aufklärung der Struktur und Dynamik des Mehrebenensystems Schule zu leisten. Mit dem vorliegenden Beitrag wurde der Versuch unternommen, die Übertragbarkeit des Konzeptes anhand eines konkreten Fallbeispiels auszuloten. Wenn das Potenzial dieses analytischen Ansatzes dadurch ansatzweise illustriert werden konnte, wäre sein Ziel erreicht.

Literatur

Altrichter, Herbert/Heinrich, Martin (2005): Schulprofilierung und Transformation schulischer Governance. In: Büeler, Xaver/Buholzer, Alois/Roos, Markus (Hg.): Schulen mit Profil. Forschungsergebnisse – Brennpunkte – Zukunftsperspektiven. Innsbruck: Studienverlag; 141-154.

Benz, Arthur (2004a): Einleitung: Governance – Modebegriff oder nützliches sozialwissenschaftliches Konzept? In: Benz, Arthur (Hg.): Governance – Regieren in komplexen Regelsystemen. Eine Einführung. Wiesbaden: VS, 11-28.

Benz, Arthur (2004b): Multilevel Governance – Governance in Mehrebenensystemen. In: Benz, Arthur (Hg.): Governance – Regieren in komplexen Regelsystemen. Eine Einführung. Wiesbaden: VS, 125-146.

Broszewski, Achim (2007): Bildungsmonitoring in der Globalisierung der Bildungspolitik. In: Bemerburg, Ivonne/Niederbacher, Arne (Hg.): Die Globalisierung und ihre Kritik(er). Wiesbaden: VS (im Druck).

Bucher, Beat (2005): Person, Organisation, Profession. In: Bucher, Beat/Imgrüth, Peter (Hg.): Lesebuch Schulen mit Profil. Luzern: Lehrmittelverlag des Kantons Luzern, 55-61.

Bucher, Beat/Imgrüth, Peter (Hg.). (2005): Lesebuch Schulen mit Profil. Luzern: Lehrmittelverlag des Kantons Luzern.

Büeler, Xaver (1994): System Erziehung. Ein bio-psycho-soziales Modell. Bern: Haupt.

Büeler, Xaver/Buholzer, Alois/Roos, Markus (Hg.). (2005): Schulen mit Profil. Forschungsergebnisse – Brennpunkte – Zukunftsperspektiven. Innsbruck: Studienverlag.

Busshof, Heinrich (Hg.). (1992): Politische Steuerung. Steuerbarkeit und Steuerungsfähigkeit – Beiträge zur Grundlagendiskussion. Baden-Baden: Nomos.

Dubs, Rolf (1996): Schule, Schulentwicklung und New Public Management. St. Gallen: Institut für Wirtschaftspädagogik, HSG.

Dubs, Rolf (1997): Schulindikatoren und Benchmarking. Wie können Leistungen und Zielerreichung gemessen werden? In: Buchen, Herbert/Horster, Leonhard/Rolff, Hans-Günter (Hg.): Schulleitung und Schulentwicklung. Erfahrungen – Konzepte – Strategien. Stuttgart: Raabe, S. E1.3/1 - E1.3/15.

Foerster, Heinz von (1988): Abbau und Aufbau. In: Simon, Fritz B. (Hg.): Lebende Systeme. Wirklichkeitskonstruktion in der systemischen Therapie (1 Aufl.). Berlin: Springer, 19-33.

Huschke-Rhein, Rolf (1989): Systemtheorien für die Pädagogik. Umrisse einer neuen Pädagogik: Rhejn-Verlag.

Imgrüth, Peter (2005): ‚Netzwerk Schulen mit Profil' - Energieverteilzentrum für Schulentwicklung. In: Bucher, Beat/Imgrüth, Peter (Hg.): Lesebuch Schulen mit Profil. Luzern: Lehrmittelverlag des Kantons Luzern, 80-82.

Jantsch, Erich (1988): Die Selbstorganisation des Universums. Vom Urknall zum menschlichen Geist. München: Deutscher Taschenbuch Verlag.

Kussau, Jürgen (2002): Schulpolitik auf neuen Wegen? Eine Annäherung am Beispiel zweier Schweizer Kantone. Aarau: Sauerländer.

Kussau, Jürgen/Brüsemeister, Thomas (2007): Governance, Schule und Politik – Zwischen Antagonismus und Kooperation. Wiesbaden: VS.

Luhmann, Niklas (1971): Moderne Systemtheorien als Form gesamtgesellschaftlicher Analyse. In: Habermas, Jürgen/Luhmann, Niklas: Theorie der Gesellschaft oder Sozialtechnologie. Frankfurt a.M.: Suhrkamp, 7-24.

Luhmann, Niklas (1988): Was ist Kommunikation. In: Simon, Fritz B. (Hg.): Lebende Systeme. Wirklichkeitskonstruktion in der systemischen Therapie. Berlin: Springer, 10-18.

Luhmann, Niklas/Schorr, Karl Eberhard (1982): Zwischen Technologie und Selbstreferenz. Fragen an die Pädagogik. Frankfurt a.M.: Suhrkamp.

Maag Merki, Katharina/Büeler, Xaver (2002): Schulautonomie in der Schweiz. Eine Bilanz auf empirischer Basis. In: Rolff, Hans-Günter/Holtappels, Heinz Günter/Klemm, Klaus/Pfeiffer, Hermann/Schulz-Zander, Renate (Hg.): Jahrbuch der Schulentwicklung, Band 11. Weinheim/München: Juventa, 131-161.

Mayntz, Renate (2004): Governance im modernen Staat. In: Benz, Arthur (Hg.): Governance – Regieren in komplexen Regelsystemen. Wiesbaden: VS, 65-76.

Moser, Urs/Tresch, Sarah (2003): Best Practice in der Schule. Von erfolgreichen Lehrerinnen und Lehrern lernen. Buchs: Lehrmittelverlag des Kantons Aargau.

Picot, Arnold/Dietl, Helmut/Franck, Egon (2002): Organisation. Eine ökonomische Perspektive. Stuttgart: Schäffer-Poeschel.

Rolff, Hans-Günter (1993): Wandel durch Selbstorganisation. Theoretische Grundlagen und praktische Hinweise für eine bessere Schule. Weinheim/München: Juventa.

Roth, Gerhard (1992): Kognition: Die Entstehung von Bedeutung im Gehirn. In: Krohn, Wolfgang/Küppers, Günter (Hg.): Emergenz. Die Entstehung von Ordnung, Organisation und Bedeutung. Frankfurt a.M.: Suhrkamp, 105-133.

Schedler, Kuno (2002): Produktedefinition und Kundenorientierung an der Schule. In: Thom, Norbert/Ritz, Adrian/Steiner, Reto (Hg.): Effektive Schulführung. Chancen und Risiken des Public Managements im Bildungswesen. Bern: Haupt.

Schedler, Kuno/Proeller, Isabella (2000): New Public Management. Bern: Haupt/UTB.

Schmidt, Siegfried J. (1987): Der Diskurs des Radikalen Konstruktivismus. Frankfurt a.M.: Suhrkamp.

Schwegler, Helmut/Roth, Gerhard (1992): Steuerung, Steuerbarkeit und Steuerungsfähigkeit komplexer Systeme. In: Busshof, Heinrich (Hg.): Politische Steuerung. Baden-Baden: Nomos, 11-50.

Straubhaar, Thomas/Winz, Manfred (1992): Reform des Bildungswesens. Kontroverse Aspekte aus ökonomischer Sicht. Bern: Paul Haupt.

Strittmatter, Anton (2005): "Drum prüfe, wer sich (ewig) bindet." – Die Stärke schwacher Beziehungen. In: Bucher, Beat/Imgrüth, Peter (Hg.): Lesebuch Schulen mit Profil. Luzern: Lehrmittelverlag des Kantons Luzern, 70-72.

Szaday, Christopher/Büeler, Xaver/Favre, Bernard (1996): Schulqualitäts- und Schulentwicklungsforschung: Trends, Synthesen und Zukunftsperspektiven. Aarau: SKBF/NFP33.

Teddlie, Charles/Reynolds, David (2000): The international handbook of school effectiveness research. London: Falmer Press.

Vogt, Roland (1983): Die Systemwissenschaften. Grundlagen und wissenschaftstheoretische Einordnung. Frankfurt: Haag und Herchen.

Voss, Reinhard (1996): Die Schule neu erfinden. Systemisch-konstruktivistische Annäherungen an Schule und Pädagogik. Neuwied: Luchterhand.

Watzlawick, Paul (1991): Die erfundene Wirklichkeit. Wie wissen wir, was wir zu wissen glauben? Beiträge zum Konstruktivismus (7. Aufl.). München: Piper.

Willke, Helmut (1989): Systemtheorie entwickelter Gesellschaften. Dynamik und Riskanz moderner gesellschaftlicher Selbstorganisation. Weinheim/München: Juventa.

Wolter, Stefan C./Nagel-Drdla, Andrea/Waibel, Roland (2001): Bildungsfinanzierung zwischen Markt und Staat. Chur: Rüegger.

Matthias Rürup & Martin Heinrich

Schulen unter Zugzwang – Die Schulautonomiegesetzgebung der deutschen Länder als Rahmen der Schulentwicklung

Vor nunmehr fast zehn Jahren rekonstruierte Johannes Bastian die Autonomie-entwicklung der 1980er und 1990er Jahre als eine „bottom-up-Bewegung", die wenig später von der Bildungspolitik emphatisch aufgegriffen worden sei (Bastian 1998, 18). Ein Grund für die rasche Adaption des Autonomiegedan-kens durch die Bildungspolitik lag in der Erkenntnis, dass Überregulierung dazu führte, dass vor Ort vielfach nur noch nach dem Wortlaut der Vorschriften, nicht aber mehr in deren „Sinne" gehandelt wurde. Das bewirkte in der Konsequenz eine Aushöhlung der ministeriellen Vorgaben, sodass die Gefahr bestand, dass der Staat durch „Übersteuerung" seine Steuerungsfähigkeit im Schulwesen verlieren würde (Avenarius 1995; Lange 1995; Maritzen 1996; 1997; 1998). Die neuen Modelle seien entsprechend alles andere als ein Steuerungsverzicht, argumentierte der damalige Hamburger Staatsrat Lange: „Man muß sie vielmehr als den Versuch einer Rückgewinnung und Effektivierung von Steuerung verstehen." (Lange 1999, 426) Gegenüber der behäbigen Systemplanung auf der Makroebene wurde eine verstärkte „Mikrosteuerung" des Bildungssystems intendiert, ansetzend an den Aufgaben der einzelnen Bildungseinrichtungen. Schon Anfang der 1990er Jahre empfahl die OECD, die Überlegungen zur Schulreform auf die Einzelschule zu fokussieren (OECD 1991). Die im neuen Steuerungsmodell geforderte Dezentralisierung (Böttcher 2002, 97-126) würde jedoch nur zu einem erweiterten Handlungsspielraum der einzelnen Schule führen, wenn die Regelungsdichte so verringert würde, dass nicht nur auf der institutionellen Ebene eine Entbürokratisierung stattfinde, sondern auch auf der formalen, rechtlichen Ebene eine tatsächliche Deregulierung (Altrichter 1992, 562-564).

Dass sich die Erweiterung der Schulautonomie als veränderte Strategie politisch-administrativer Steuerung von Schule inzwischen in Deutschland bundesweit durchgesetzt hat, zeigte sich bereits im Jahr 2003, als im Rahmen der Erstellung des „Bildungsberichts für Deutschland: Erste Befunde" alle 16 Bundesländer nach ihren aktuellen bildungspolitischen Leitkonzepten befragt wurden (vgl. Avenarius u.a. 2003, 274-280). Ausdrücklich votierten 12 Länder für eine Stärkung der Eigenverantwortung der Schulen, drei weitere Länder hatten in ihrem schulrechtlichen Handeln ebenfalls schon entsprechende Schwerpunkte gesetzt (Avenarius/Kimmig/Rürup 2003) – nur ein Land, das Saarland, zeigte keine entsprechenden Bestrebungen.

Das nahezu bundesweite politisch-administrative Bekenntnis zu schulischer Selbstständigkeit und Eigenverantwortung, so eindeutig es ist, dokumentiert allerdings lediglich die Intentionen der Kultusadministrationen der deutschen Länder. Demgegenüber gehört das Wissen um die große Differenz zwischen rechtlichem Sollen und pädagogisch-organisationalem Sein zum common sense der Akteure im Schulsystem (z.B. Schüler 1995). Angesichts dieser Differenz stellt sich die Frage nach der Rezeption, Adaption bzw. Reinterpretation der Intentionen der Kultusadministrationen durch die schulischen Akteure. Die governancetheoretische Perspektive verweist auf die beständige Notwendigkeit für die einzelschulischen Akteure, kontextsensitive Reinterpretationen der vorliegenden Gesetzesimpulse zu leisten. Empirisch fundierte Forschungen zur Rechtswirksamkeit der Schulautonomiegesetzgebung auf der Schul- bzw. sogar der Unterrichtsebene liegen jedoch unseres Wissens bislang nicht vor. Wohl gibt es bereits seit längerem Studien zur Rezeption der Autonomieidee (z.B. Bohnsack 1995; Arnold u.a. 1999; Terhart 1998; 2000; 2001). Diese stellen aber nicht unmittelbar einen Bezug zwischen Gesetzestext und lokaler Rezeption her, sondern thematisieren den Umgang mit den Autonomievorgaben immer bereits stark vermittelt über bildungspolitische oder schulöffentliche Adaptionen bzw. Rezeptionsweisen. Auch unsere eigenen Studien zur Autonomiegesetzgebung (Rürup 2006; Heinrich 2007, 151-175) bleiben den empirischen Nachweis spezifischer Relationen zwischen Gesetzestext und schulischer Rezeption schuldig. Ein Grund hierfür ist, dass eine governancetheoretisch argumentierende empirische Erforschung der Rechtswirksamkeit der Schulautonomiegesetzgebung aufgrund der vielfältigen Kategorien einer Governanceforschung (vgl. Kussau/Brüsemeister und Altrichter/Heinrich in diesem Band) ein äußerst komplexes Forschungsdesign erfordern würde:

Nach a) einer Identifizierung aller relevanten Akteure im schulischen Mehrebenensystem wären b) für die Rechtswirksamkeit bedeutsame Akteurkonstellationen herauszuarbeiten, die c) wiederum auf ihre je spezifischen Formen der Handlungskoordination hin zu untersuchen wären.

Im vorliegenden Beitrag können wir einen solchen Anspruch nicht einlösen, wollen aber doch Vorarbeiten zu diesem Unternehmen leisten. Wir haben dieses Forschungsdesiderat für uns bearbeitbar gemacht, indem wir im Sinne einer Komplexitätsreduktion zunächst nur den ersten Schritt in Richtung einer Rechtswirksamkeitsforschung zur Autonomiegesetzgebung gehen. Wir beschränken uns in den vorliegenden Analysen auf einen für die Frage nach der Rechtswirksamkeit der Autonomiegesetzgebung bedeutsamen Akteur im Mehrebenensystem und dessen initialen Impuls für die Handlungsskoordination: Es handelt sich hierbei um den Gesetzgeber und den von ihm gesetzten ersten Impuls zur weiteren Handlungskoordination, nämlich die veröffentlichten Gesetzestexte und Verordnungen selbst. Wir möchten im Folgenden dokumentieren, welche Impulse der Gesetzgeber durch die Autonomiebestimmungen gegeben hat, um daran zu zeigen, welche vielfältigen Anschlussmöglichkeiten sich den anderen Akteuren durch diese Handlungsaufforderung bieten.

In Abschnitt 1 werden wir dazu unseren theoretisch-begrifflichen Ansatz kurz vorstellen: Schulgesetzgebung als einzelschulisch zu reinterpretierendes Kommunikationsangebot mit spezifischen Anschlussmöglichkeiten an diesen eröffnenden kommunikativen Akt. Der Schwerpunkt unseres Beitrages ist dann die Anwendung unserer theoretischen Prämissen auf die Konkretisierungen der Idee der „Schulautonomie" im Schulrecht aller 16 Länder von 1990 bis 2004. Datengrundlage hierfür ist eine am Deutschen Institut für Internationale Pädagogische Forschung kürzlich abgeschlossene Studie (s. ausf. Rürup 2006). In Abschnitt 2 erörtern wir sowohl die konzeptuelle Anlage der Studie als auch die mit ihr verbundenen Möglichkeiten, die deutsche Schulautonomiegesetzgebung als ein komplexes Gefüge unterschiedlicher und zum Teil widersprüchlicher Handlungsaufforderungen an die einzelnen Schulen zu betrachten. In Abschnitt 3 werden wir dann die ermittelten Schwerpunkte der politisch umgesetzten Idee „Schulautonomie" in der Bundesrepublik Deutschland vorstellen und in Abschnitt 4 im Zeitverlauf von 1994 bis 2004 beobachtbare inhaltlich-thematische Akzentverschiebungen innerhalb der rechtlich implementierten „Schulautonomie" erläutern. Diese Befunde sollen schließlich (Abschnitt 5) dahingehend befragt werden, welche Konsequenzen sich hieraus für die Konzeption einer governancetheoretisch fundierten und empirisch gesättigten Rechtswirksamkeitsforschung zur Schulautonomiegesetzgebung im Mehrebenensystem „Schule" ziehen lassen.

1. Die Reformidee „Schulautonomie" als politisch-administrative Handlungsaufforderung

Im Blick auf die formal-strukturelle Aufbauorganisation des Mehrebenensystems „Schule" erscheint die Kultusadministration (das Kultusministerium bzw. die entsprechende Senatsbehörde in den Stadtstaaten) als hierarchische Spitze einer top-down integrierten und gesteuerten Verwaltung mit lokalen Dienstleistungsaufgaben. Von der einzelnen Schule als einer grundsätzlich eigenständigen – sich selbst regulierenden und entwickelnden – Organisation zu reden, ist zumindest für Deutschland und für die nähere Vergangenheit nur sehr begrenzt möglich. Kennzeichnend für die deutschsprachigen Bildungssystemkonfigurationen ist vielmehr „die hochgradige Verrechtlichung aller Vorgänge" (Fend 2003, 4). Sowohl finanzielle, personelle als auch curriculare und unterrichtsorganisatorische Entscheidungen wurden und werden im starken Maße durch die Kultusadministrationen der Länder entschieden oder zumindest durch deren Vorgaben weitgehend vorstrukturiert. Diese im Wesentlichen als bürokratische Steuerung von Schule beschreibbare Praxis ist allerdings dadurch relativiert, dass die Implementation kultusadministrativer Vorgaben grundsätzlich auf die Kooperation oder zumindest Tolerierung einer weitgehend in ihrem Handlungskontext funktional-autonomen Lehrerschaft angewiesen ist. Wie in anderen „people change organizations" auch lassen sich die Möglichkeiten, Inhalte und Grenzen der beabsichtigten Produktion (von Wissen, Wohlbefinden oder Gesundheit) erst in den konkret-situativen Interaktionen zwischen Klient und professionellem Akteur vollständig bestimmen (vgl. Rolff 1992; Kuper 2001). Die Aufgabe, Lernprozesse zu gestalten, impliziert so eine weitgehende Handlungsautonomie und je persönliche Kompetenz der Lehrkräfte, die durch politisch-administrative Vorgaben grundsätzlich nicht ersetzt oder auch aufgehoben werden kann. So gelten Einzelschulen innerhalb der Organisationstheorie geradezu als Paradebeispiel für „organisierte Anarchien" (vgl. March/Olsen 1976), als „ebenso undurchschaubare wie unbeherrschbare soziale Einheiten" (Terhart 1986, 216; vgl. Weick 1976; Meyer/Rowan 1977; Lortie 2002).

Bürokratietheoretische Erklärungen von Schulsystementwicklungen werden mit diesen Einsichten in die begrenzte Steuerbarkeit und Technologisierbarkeit von Erziehung und Unterricht allerdings nicht obsolet (Kuper 2001, 103). Sie sind weithin brauchbar als Beschreibungsansatz politisch-administrativer Reformambitionen, die prinzipiell auf einer Vorstellung direkt-linearer Implementation innerhalb hierarchischer Strukturen gründen – und sei es auch in der abgeschwächten Variante eines bloßen Versuchs, durch eigenes Handeln „die Zufälligkeiten und Beliebigkeiten von Folgehandlungen einzuschränken" (Altrichter/Heinrich 2005, 126). Auch wenn bezüglich der Wirksamkeit des administrativen Steuerungshandelns Zweifel berechtigt sind, verweist die bürokratietheoretische Betrachtungsweise auf die herausgehobene kommunikative Stellung von Schulpolitik und Schulverwaltung im Schulsystem (Fuchs 2004). Sie verfügen in besonderem Maße über Möglichkeiten, Entscheidungsbedarfe thematisch auszuwählen, zu definieren und in ihrer Bedeutsamkeit zu ordnen, entsprechende Entscheidungsprozesse auch hinsichtlich ihres Ortes und der jeweils Beteiligten anzuregen und anzuleiten, sie zeitlich zu strukturieren und sie auf abschließende Beratungen mit ausgewählten Entscheidungsoptionen hinzuführen. Als Teil des demokratischen Rechtsstaates kommen Schulpolitik und Schulverwaltung zudem besondere Möglichkeiten der (demokratischen) Legitimation, der (rechtlichen) Verlautbarung und der (verwaltungsintern-hierarchischen) Übermittlung und Durchsetzung ihrer Themen und ihrer Entscheidungen zu. Auch wenn sie keine Gewähr besitzen, dass ihre Aufforderungen gemäß den dahinter liegenden Intentionen aufgegriffen und umgesetzt werden, so wirken Schulpolitik und Schulverwaltung mit ihrem Handeln zumindest irritierend (Gräsel/Jäger/Willke 2006). Sie setzen Schulen und Lehrkräfte immer wieder einem Zwang aus, sich mit neuen politisch-administrativen Themen und Entscheidungen auseinander zu setzen, sie wahrzunehmen und irgendwie mit ihnen umzugehen. Gerade die Forschungsperspektive der „Educational Governance" verweist auf die Bedeutung der Rekontextualisierung administrativer Vorgaben durch die Akteure vor Ort (Fend 2006, 181).

Zum Verständnis der praktischen Wirksamkeit politisch-administrativer Vorgaben ist insbesondere einzurechnen, dass den Kultusadministrationen nur begrenzte Mittel zur Kommunikation ihrer Vorstellungen gegenüber den einzelnen Schulen und Lehrkräften zur Verfügung stehen: die Veröffentlichung von Konzepten, die Anregung von entsprechenden Fortbildungen und Diskussionen oder die ausdrückliche Änderung bisheriger Festlegungen in Rechts- und Verwaltungsvorschriften. Gerade im Hinblick auf die Implementation der Idee einer größeren Eigenständigkeit und Eigenverantwortung der einzelnen Schulen ist dies bedeutsam. So sehr die Kultusadministration auch überzeugt sein mag, dass selbstständige Schulen bessere Schulen seien, so kann sie diese Vorstellung letztlich doch nur über neue Regulierungen durchzusetzen versuchen. Ihr bleibt nur paradox zu kommunizieren: Freiheit anzuweisen, Eigenständigkeit einzufordern, Selbstverantwortung aufzuerlegen.

So werden aber auch die AdressatInnen der politisch-administrativen Vorgaben (die Schulen und Lehrkräfte) vor ein grundsätzliches Abwägungsproblem gestellt, an welchen Aspekt der politisch-administrativen Kommunikation (den Inhalt oder die Form der Mitteilung) sie anschließen sollen. Sie können wählen, ob sie eher dem Text vertrauen und so zu der Einschätzung gelangen: „Ich darf endlich auch offiziell selbsttätiger sein und erhalte dazu Möglichkeiten, Ressourcen und Unterstützung." Möglich ist ihnen aber auch, eher die Form der Benachrichtigung wahrzunehmen: die Vorgabe, den Befehl, die letztlich sanktionsbewehrte Anweisung. Dann stellt sich womöglich eher die Frage ein: „Warum muss ich eigentlich Aufgaben übernehmen und mich mit Problemen quälen, die vorher von anderen bearbeitet werden konnten?" „Schulautonomie" erscheint dann möglicherweise als Trojanisches Pferd, so das Titelbild der Ausgabe 1/2004 der GEW-Zeitschrift „Erziehung und Wissenschaft", als Versuch der besseren Ausschöpfung von Finanzreserven in staatlichen Bildungshaushalten und Verantwortungsdelegation lediglich für unliebsame und unangenehme Entscheidungen (Böttcher 1994; Vieluf 1997; Markstahler 1998).

Die verstreuten empirischen Befunde zur Aufnahme und Nutzung von erweiterten Gestaltungsmöglichkeiten im Rahmen von Modellversuchen zur „Schulautonomie" verweisen ebenfalls auf entsprechende Hürden der Implementation (vgl. z.B. Specht 1997; Weishaupt/Weiß 1997; Riedel 1998; Avenarius u.a. 2006). Statt dynamische Wandlungsbereitschaft zu fördern, wird mancherorts eher die Praxis vorsichtigen Optimierens des Status Quo verstetigt (Altrichter 2000); statt Bürokratie abzubauen, werden eher Orientierungen an der formalen verwaltungsförmigen Erfüllung externer Erwartungen gestärkt (Heinrich 2001/02; 2007, 202-217); statt ein gemeinsames Interesse der Lehrkräfte einer Schule an kontinuierlicher und gemeinsamer Qualitätsentwicklung hervorzubringen, wird unter Umständen eher nahe gelegt, innerschulische Konflikte und Kritiken einer bewusst positiv-harmonischen Außen- und Selbstdarstellung unterzuordnen (s. ähnlich Buer u.a. 1997; Arnold u.a. 2004).

Nichtsdestotrotz kommuniziert die Kultusadministration ihre Intentionen durch Gesetzestexte, gerade auch im Hinblick auf die Idee stärkerer schulischer Eigenständigkeit und Eigenverantwortung. Das Recht wird entsprechend geändert und die Schulen werden zu seiner Befolgung aufgefordert. „Schulautonomie" ist so eine konkrete Anforderung, der sich die Schulen in Deutschland zu stellen haben und zu der sie sich irgendwie verhalten müssen, sei es nun zustimmend oder ablehnend, sei es durch Aktivität und Kreativität oder durch formale Absolvierung der Vorgaben mit minimalem Aufwand. Im Einzelfall ist die einzelschulische Interpretation der administrativen Vorgaben sicherlich nicht vorauszusehen, dennoch lässt sich mit der Analyse der konkreten Inhalte und Schwerpunktsetzungen der Schulautonomiegesetzgebung der Raum potenzieller Anschlussmöglichkeiten an diesen initiierenden kommunikativen Akt bestimmen.

Unser Argument hierbei ist ein kommunikationstheoretisches, wie es sich im Anschluss an Oevermanns Konzept der Sequenziertheit sozialen Handelns bestimmen lässt, dem zufolge alle Erscheinungsformen sozialer Praxis durch Sequenzierung strukturiert bzw. konstituiert sind. Mit dieser Begrifflichkeit der

Sequenzierung ist nicht die simple Tatsache der chronologischen Abfolge gemeint, sondern die Bedingtheit eines sozialen Aktes durch den ihm vorausgehenden. Diese Bedingtheit ist zudem nicht schlicht als ein kontingenter Zusammenhang zu fassen, der entsprechend unbegriffen bleiben muss, sondern vielmehr als ein regelhaft konstituierter. Soziale Praxis wird damit in dem Sinne als regelhaft vorgestellt, dass die Emergenz von sozialem Handeln sich nicht zufällig ereignet, sondern einer Logik unterliegt, die sich dementsprechend auch rekonstruieren lässt (vgl. Oevermann 2000, 64f.). Durch die regelhafte Handlungseröffnung erscheint die Bedeutung der darauf folgenden Handlung immer schon ein Stück weit festgelegt, nämlich als an diesen Akt anschließende Reaktion: Selbst das Ignorieren der Eröffnungssequenz der Kommunikationspartnerin/des Kommunikationspartners ist noch als Reaktion auf die Eröffnungssequenz zu fassen. Eine governancetheoretische Analyse der Reinterpretations- und Rekontextualisierungsleistungen der Autonomiegesetzgebung durch die schulischen Akteure wäre demnach anhand einer Rekonstruktion der Sequenziertheit des Adaptionsprozesses denkbar. Im vorliegenden Beitrag werden wir uns allerdings – sowohl aus Platzgründen, als auch aufgrund mangelnden empirischen Materials – auf die Analyse der Eröffnungssequenz durch den Gesetzgeber beschränken, indem wir die konkreten Selektionen aus den Möglichkeiten einer Autonomiegesetzgebung herausstellen und damit die mit dieser Auswahl zugleich einhergehende Eröffnung des Handlungsspielraums für die schulischen Akteure auszuleuchten versuchen.

2. Schulautonomiegesetzgebung in Deutschland – Ein Erfassungs- und Systematisierungsvorschlag

Je nachdem, welchen Zeitpunkt und Referenzautor man wählt, erhält man unter Umständen eine andere Definition dessen, was „Schulautonomie" als Gestaltungsprogramm beinhaltet und ausmacht (bspw. Deutscher Bildungsrat 1973; Deutscher Juristentag 1981; Richter 1994; 1999; Aurin/Wollenweber 1997; Radtke 1997; Holzapfel 1998; Radtke/Weiß 2001; Wolff 2001; Zukunftskommission 2005). Mehrheitlich und im Hinblick auf das Jahr 2007 scheinen allerdings bestimmte Deutungstendenzen vorzuherrschen bzw. sich faktisch durchzusetzen. Demnach ist „Schulautonomie" eine neue schulpolitische Steuerungsstrategie, die angelehnt an vergleichbare Konzepte der Verwaltungsreform eine dezentrale Eigenverantwortung der unteren Organisationseinheiten für das operative Management verstärkt, während sich die Leitungsebene auf strategische Führungsaufgaben beschränkt und die Systementwicklung über verstärkte

Informations- und Bewertungsstrukturen sowie eine Simulierung von Wettbewerb und Märkten auf Outputsteuerung umstellt.

Die historische Vielfalt und Widersprüchlichkeit der Definitionen und Ansätze ist demgegenüber Ausdruck von konzeptuellen Wandlungsprozessen des Gestaltungsprogramms. Unter dem Label „Schulautonomie" finden sich im Zeitverlauf unterschiedliche „Portfolios" aus einzelnen schulorganisatorischen Gestaltungsmaßnahmen und Instrumenten (Heinrich 2007, 59-70). Dies erfordert zum einen besondere Anstrengungen bei der systematischen Erfassung des mit „Schulautonomie" jeweils Gemeinten. Andererseits ergibt sich so die Möglichkeit, sich verändernde politisch-administrative Vorgaben konkret zu erfassen und als Abfolge sich ergänzender oder widersprechender Reformimpulse zu analysieren.

Mit dem kürzlich abgeschlossenen DIPF-Forschungsprojekt „Innovationswege im deutschen Bildungssystem" liegen aktuell umfassende Daten dazu vor, in welchem Jahr sich welches Bundesland auf welche Weise und in welchem Umfang bei der Umsetzung der Idee „Schulautonomie" engagiert hat (s. Rürup 2006, Avenarius/Kimmig/Rürup 2003 als Vorerhebung). Ausgewertet wurden dazu die Gesetz- und Verordnungsblätter, die Amtsblätter der Kultusministerien und die Lehrpläne und Richtlinien für die Fächer Deutsch und Mathematik für die Schulen der Primarstufe und Sekundarstufe der Jahre 1990 bis 2004 sowie die beständig aktualisierten Sammlungen schulrechtlicher Vorschriften der Länder aus dem Luchterhand-Verlag. Auf Schulautonomie bezogene Aktivitäten wurden so als konkrete Änderungen von Rechtstexten erfasst. Dabei wurde die Kennzeichnung bestimmter Textänderungen als „schulautonomiebezogen" selbst anhand eines inhaltsanalytischen Durchgangs durch die Änderungen des deutschen Schulrechts und ihrer politisch-administrativen Interpretationen vorgenommen. Grundlage dafür waren neben dem Schulrecht auch im Auftrag der Schulministerien vorgelegte Konzepte und Selbstdarstellungen.

Als erstes Ergebnis dieser Untersuchung konnten insgesamt 82 durch die Schulpolitik selbst so gekennzeichnete, im Schulrecht länderübergreifend vergleichbar beobachtbare und auf die allgemein bildenden Schulen der Primarstufe und Sekundarstufe I bezogene Aspekte des Reformprogramms „Schulautonomie" identifiziert werden. Um eine inhaltlich-konzeptuelle Diskussion dieser Vielfalt von Einzelaspekten zu ermöglichen, wurden diese nach bestimmten Merkmalen kategorisiert.

Unterschieden wurde zwischen politisch-rechtlichen Maßnahmen und Instrumenten, mit denen den Schulen konkrete Gestaltungsspielräume neu eröffnet werden, und solchen Maßnahmen und Instrumenten, mit denen neue Formen der administrativen Beeinflussung der einzelnen Schule eingeführt, d.h. neue Steuerungsimpulse gesetzt werden.

Zur detaillierteren Kennzeichnung der jeweils eröffneten Gestaltungsspielräume wurden dabei vier Felder schulorganisatorischer Entscheidungen differenziert (vgl. ähnlich Posch/Altrichter 1993; Avenarius u.a. 1998; Avenarius/Kimmig/Rürup 2003):

- zur *Lernorganisation*, d.h. zum Inhalt und der zeitlichen Abfolge des Curriculums bzw. der zu unterrichtenden Stundentafel sowie zur Leistungsbewertung (Anzahl von Klassenarbeiten, Gewichtung der Noten, Art der Bewertung);
- zur *Unterrichtsorganisation*, d.h. zur Festlegung von Größe und Zusammensetzung der Lerngruppen, zur Verteilung der Unterrichtszeit im Schuljahr, in der Schulwoche und am Schultag sowie zur konkreten Verteilung der Fachanteile im Schuljahr und im gesamten Bildungsgang;
- zur *Personalbewirtschaftung*, d.h. zur schulbezogenen Auswahl von Lehrkräften, der Planung und Organisation ihrer Arbeitszeit, der Personalführung und zur Möglichkeit der Schulen, eigene Führungs- und Entscheidungsstrukturen aufzubauen, sowie
- zur *Sachmittelbewirtschaftung,* als politisch-administrative Erlaubnis gegenüber den einzelnen Schulen (zusätzliche) finanzielle Mittel eigenständig einzuwerben, sie selbst im Rahmen von globalisierten Budgets zu verwalten und einzusetzen sowie die Übertragung entsprechender vertragsrechtlicher Befugnisse.

Die veränderten administrativen Steuerungsimpulse wurden auf Grundlage der politikwissenschaftlichen Theorie der Steuerungsmedien nach Görlitz/Burth (1998) ebenfalls in vier Unterkategorien differenziert. Unterschieden wurden politisch-rechtliche Maßnahmen und Instrumente zur Steuerung:

- durch *Reflexionsaufforderung*, d.h. über die politisch-administrative Definition von Verfahren, Beteiligten und Anlässen schulinterner Entscheidungsfindungen, ein Ansatz, der im Wesentlichen durch Intensivierung und Formalisierung schuleigner Abstimmungsprozesse gekennzeichnet ist und durch Instrumente wie das Schulprogramm, Mitarbeitergespräche, Bildungsvereinbarungen mit den Eltern, schulinterne Lehrerfortbildungen und Parallelarbeiten repräsentiert wird;
- durch *Unterstützungsangebote*, d.h. die Bereitstellung von zusätzlichen finanziellen und personellen Ressourcen zur Förderung und Begleitung schulinterner Entscheidungen und Entwicklungen, u.a. auch durch die Neustrukturierung der Schulaufsicht, der Schulinstitute und der Lehrerfort- und weiterbildung;

- durch *Rechenschaftslegung*, d.h. die Ergänzung bisheriger politisch-administrativer Regulierungen durch neue Beobachtungsstrukturen der einzelschulischen Arbeit und ihrer Ergebnisse, u.a. die Einführung von Berichtspflichten der Einzelschulen und neuer öffentlicher Berichterstattungssystemen über Bildung sowie durch die Formalisierung und Systematisierung externer Evaluationen schulischer Arbeit auf Grundlage ebenfalls neu festgelegter und verbindlicher Qualitätsstandards sowie
- durch *Orientierungsvorgaben*, d.h. durch die politisch-administrative Verlautbarung von allgemeinen Wünschen und Zielen der Schulentwicklung, die einzelschulisch erst auszufüllen sind. Unterschieden wurde dabei zwischen zwei zentralen abstrakt-rethorischen Impulsen: Zum einen die Aufforderung an die Schulen, „innovativ zu sein", also den eigenen dynamischen und ständigen Wandel als etwas Positives und zu Intensivierendes zu betrachten (eigene Schul- oder Qualitätsentwicklung zu betreiben), und zum anderen die Aufforderung an die Schulen, „sich als autonom zu verstehen", als eigenständige und eigenverantwortliche Organisation mit einzigartigen Handlungsherausforderungen und -möglichkeiten und einem besonderen, selbst auszugestaltendem Profil.

Diese Kategorisierung der im deutschen Schulrecht vorfindbaren Schulautonomieaspekte erlaubt aber nicht nur einen besseren Überblick über die Vielfalt und die Schwerpunkte dessen, was als Schulautonomie in der Bundesrepublik Deutschland konkret eingeführt wird. Mit den einzelnen Bereichen und Feldern der Schulautonomie sind zudem konkrete administrative Hauptbotschaften hervorgehoben, die sich im Sinne der Sequenziertheit sozialen Handelns dahingehend analysieren lassen, welche initialen Impulse für die Handlungsskoordination im Mehrebenensystem Schule mit ihnen grundlegend gesetzt werden.

So ist mit den Maßnahmen und Instrumenten erweiterter Gestaltungsspielräume vor allem die Botschaft verbunden, dass die einzelnen Schulen als kompetente Entscheidungsträger angesehen werden. Je nachdem, welches schulorganisatorische Entscheidungsfeld letztlich durch die konkret offerierten Entscheidungsaspekte betont wird, erfolgt dabei eine Spezifizierung, worin die Kompetenzen der Einzelschule gesehen werden: im Kernbereich pädagogischer Professionalität (Lern- und Unterrichtsorganisation) und/oder auch bei stärker managementbezogenen Aufgaben der personellen, sächlichen, finanziellen und rechtlichen Selbstorganisation und Selbstverwaltung.

Je nachdem, welche Steuerungsimpulse mit welcher Gewichtung hinzutreten, wird sich jedoch die Glaubwürdigkeit der administrativen Zuschreibung an die Schulen, als kompetente Entscheidungsträger zu fungieren, verstärken oder abschwächen. Wir gehen davon aus, dass eine Begleitung der Kompetenzübertragungen durch Orientierungsvorgaben und Unterstützungsangebote einen verstärkenden Effekt haben. Schließlich stellen die in der DIPF-Studie gefundenen Orientierungsvorgaben lediglich generelle Erwartungen dar, wozu die Schulen die ihnen gewährten Entscheidungsfreiräume nutzen sollen, ohne dass konkrete Wege, Anlässe und Termine direkt mit ihnen verknüpft werden. So rahmen die gewährten Freiheiten schulisches Handeln, ohne die Autonomie konkreter Handlungen zu begrenzen. Die Unterstützungsangebote sind ebenfalls im Kern Maßnahmen und Instrumente, die die Wahrnehmung von Entscheidungsmöglichkeiten durch die Schulen befördern sollen, ohne diese selbst zu erzwingen oder direkt anzuleiten. Anders ist dies bei den Aspekten der Steuerung durch Reflexionsaufforderung und Rechenschaftslegung. Sie stellen Strukturierungen der einzelschulischen Entscheidungsprozesse dar, die die Freiheitsgrade der einzelschulischen Entscheidungsfindungen systematisch begrenzen. So werden durch die Maßnahmen und Instrumente der Reflexionsaufforderung die einzelschulischen Möglichkeiten der Nischenbildung und der die Öffentlichkeit exkludierenden Selbstbezüglichkeit aktiv beschnitten. Schulen, Schulleitungen bzw. Lehrerkollegien wird auferlegt, sich diskursiv gegenüber schulexternen Anreizen und Interessen zu öffnen, sich schulintern untereinander stärker abzustimmen und die Entwicklung der Schule insgesamt und gemeinsam zu verantworten. Die Möglichkeiten, offerierte Gestaltungsspielräume nicht zu nutzen und Vereinbarungen nicht zu treffen, werden reduziert und die vielleicht guten Gründe, keine selbstständige Schule sein zu wollen, unter Verlautbarungs- und Begründungszwang gestellt. Noch stärker normierend wirken die Maßnahmen und Instrumente der Rechenschaftslegung, die die einzelnen Schulen und die Schulsysteme unter einen Rechtfertigungszwang stellen, mit welchem Erfolg sie die jeweils gewährten Freiheiten nutzen. Sie dokumentieren so vor allem die Begrenzungen der administrativen Fehlertoleranz gegenüber einzelschulischen Entscheidungen. Über die Fixierung von Bildungsstandards und Indikatorentableaus als Grundlage von Lernstandserhebungen und Schulinspektionen werden z.B. nicht nur die Maßstäbe für den Erfolg einzelschulischer Entscheidungen administrativ vorgegeben, sondern diese Erfolgsmaßstäbe werden auch als systematisch und objektiv beobachtbar behauptet. Entsprechend werden Schulen bei Gewährung von Gestaltungsautonomie und Selbstverantwortung zugleich unter Androhung von Autonomieverlust gestellt, sofern die administrativ beobachteten bzw. für die Administration dokumentierten einzelschulischen Entscheidungen, Arbeitsweisen und Arbeitsergebnisse nicht den politischen Erwartungen entsprechen.

Eine andere Situation stellt sich ein, wenn Steuerungsimpulse gegenüber den Schulen administrativ vorgebracht werden, ohne dass zugleich (!) auch Gestaltungsspielräume eröffnet werden. Aufforderungen, sich ein einzelschuli-

sches Profil oder ein Schulprogramm zu entwerfen, ohne (zusätzliche) Möglichkeiten der Variation von Stundentafeln, Curricula oder Lerngruppengestaltung
oder der Verfügbarkeit und eigenständigen Disponierbarkeit (zusätzlicher)
personeller und sächlicher Ressourcen, erscheinen so von vornherein bezüglich
der politischen Intentionen hinterfragungsbedürftig. Die Aufforderungen könnten ins Leere laufen, selbst wenn vordem schon bestehende schulische Entscheidungsmöglichkeiten durchaus Möglichkeiten einer Profilbildung und gehaltvol-
len Schulprogrammarbeit geboten hätten. Auch das zeitliche Aufeinanderfolgen
von Steuerungsimpulsen und offerierten Gestaltungsspielräumen ist beachtens-
wert. Eine immer stärkere Ausweitung von schulischen Entscheidungsmöglichkeiten kann als Dokumentation der administrativen Einsicht in die Entschei-
dungskompetenz der Schulen gelesen werden, insbesondere wenn keine weiteren zentralen Evaluationsmaßnahmen damit einhergehen. Nachdem in größerem
zeitlichen Abstand vorher Gestaltungsspielräume eröffnet wurden, dürfte eine
stärkere Betonung von Maßnahmen und Instrumenten der Rechenschaftslegung
hingegen eher als Aufweis genährten administrativen Misstrauens gegenüber
schulischer Eigenverantwortung erscheinen und die entsprechend immer auch
risikobehaftete Aktivitätsbereitschaft der einzelnen Schulen minimieren.

Soweit die Skizze einiger Handlungsmöglichkeiten bzw. schulischer Re-
zeptionsoptionen, die prinzipiell aus den einzelnen Kategorien von Schulautonomie, wie sie die administrativen Botschaften enthalten, entstehen. In einem
zweiten Schritt wollen wir untersuchen, welches Verständnis von „Schulautonomie" den deutschen Schulen durch das Schulrecht nahe gelegt wird, indem –
rein quantitativ – bestimmte Maßnahmen und Instrumente akzentuiert werden.

3. Schwerpunkte der juridisch verwirklichten Schulautonomie

Abbildung 1 dokumentiert als ersten empirischen Befund zur Verbreitung der
Idee „Schulautonomie" im deutschen Bundesstaat die Häufigkeit der gefundenen Schulautonomieaspekte in den einzelnen Kategorien von Schulautonomie.

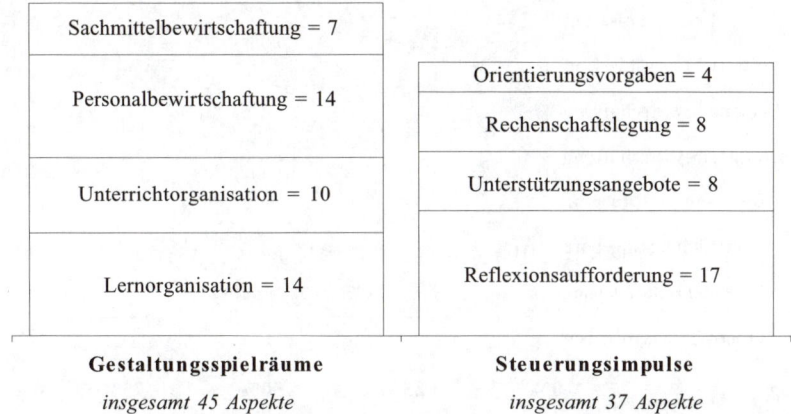

Abb. 1: Verteilung der im deutschen Schulrecht insgesamt 82 Schulautonomieaspekte auf die Bereiche und Felder der Schulautonomie (nach Rürup 2006)

Der Blick auf Abbildung 1 macht deutlich, dass im Bereich der offerierten Gestaltungsspielräume eine tendenziell höhere Vielfalt von Schulautonomieaspekten zu beobachten ist als im Bereich der Steuerungsimpulse. Diese Einschätzung ist allerdings dadurch relativiert, dass über die Erfassung der puren Anzahl von Maßnahmen und Instrumenten noch nichts über ihre unterschiedliche Wirksamkeit (ihre Stärke) gesagt ist. Hinzuweisen ist auf die eher geringe Anzahl von erfassten Maßnahmen und Instrumenten im Feld der Sachmittelbewirtschaftung. Dies ist womöglich ein Ergebnis des Erhebungsvorgehens. Aufgrund der Kompetenzverteilung zwischen Land und Schulträger in inneren und äußeren Schulangelegenheiten sind Sachmittel- und Ausstattungsfragen im untersuchten Schulrecht tendenziell unterrepräsentiert. Die geringe Anzahl von erfassten Orientierungsvorgaben gründet andererseits darauf, dass das Schulrecht nicht zwangsweise und damit über alle Länder hinweg vergleichbar genutzt werden muss, um die Interessen und Zwecke darzustellen, die die Politik womöglich mit „Schulautonomie" verbindet. Insofern konnten nur sehr elaborierte und begrifflich gefestigte Leitvorstellungen davon erfasst werden, welchen Zielen Schulen im Rahmen der Idee „Schulautonomie" generell nachgehen sollten. Die Darstellung der Anzahl gefundener Aspekte je Kategorie von Schulautonomie hat so vor allem informatorischen Wert: jede Kategorie ist mehrfach und unterschiedlich häufig besetzt. Der Vergleich der konkreten politischen Aktivitäten der 16 Bundesländer in den einzelnen Feldern und Bereichen erfordert entsprechend deren ausgleichende Gewichtung.

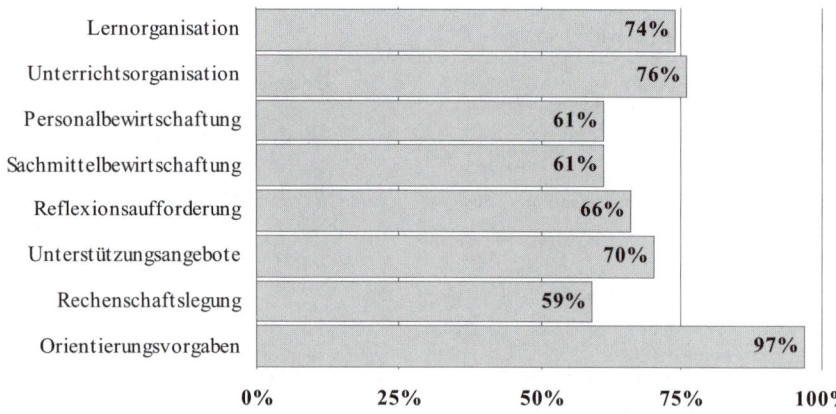

Abb. 2.: Prozentuale Verwirklichung der im deutschen Schulrecht gefundenen Schulautonomieaspekte je Feld der Idee „Schulautonomie" (Zeitpunkt Dezember 2004)

Mit Abbildung 2 wird ein solcher Blick auf die Schwerpunkte der schulautonomiebezogenen Rechtssetzungen der deutschen Länder ermöglicht. In ihr ist dargestellt, in welchem Umfang die einzelnen Maßnahmen und Instrumente bezogen auf die einzelnen Felder von Schulautonomie bis zum Dezember 2004 im deutschen Schulrecht aufgegriffen wurden.[1]

Insgesamt erscheint die im deutschen Schulrecht verwirklichte Idee „Schulautonomie" als beides: eine Mischung aus offerierten Gestaltungsspielräumen und Steuerungsimpulsen, wobei die Kommunikation der allgemeinen, rhetorisch-konzeptuellen Zielsetzungen (Orientierungsvorgaben) eine quantitativ herausgehobene Stellung einnimmt. Einzelschulische Gestaltungsspielräume werden etwas stärker in den eher pädagogisch-unterrichtsorganisatorischen Maßnahmefeldern offeriert als in den managementbezogenen, am zurückhaltendsten scheinen – deutschlandweit gesehen – die Kultusadministrationen noch bei der Implementation von Maßnahmen und Instrumenten der Rechenschaftslegung. Allein diese relative Ausgewogenheit der rechtlich implementierten „Schulautonomie" macht aber schon deutlich, dass konzeptuell „Schulautonomie" etwas anderes ist als eine generelle Freistellung der einzelnen Schulen von staatlicher Beaufsichtigung und Anerkennung ihrer einzelschulischen und

---

1   Angegeben sind die prozentualen Anteile der verwirklichten Übernahmeereignisse je Feld von Schulautonomie. Da jeder Schulautonomieaspekt maximal von jeweils 16 Akteuren (den Bundesländern) verwirklicht werden kann, ergibt sich die Gesamtzahl der möglichen Übernahmeereignisse je Schulautonomiefeld (100%) aus der Multiplikation der in Abbildung 1 ausgewiesenen Häufigkeiten der Besetzung der einzelnen Schulautonomiefelder mit 16.

pädagogisch-professionellen Selbstorganisationskompetenzen. Zwar werden scheinbar deutliche Entscheidungsspielräume zugestanden, diese Dezentralisierungen von Kompetenzen gehen aber einher mit neuen Steuerungsimpulsen, die zur Nutzung, Reflexion und zur Rechtfertigung der einzelschulisch getroffenen Entscheidungen auffordern. In einer differenzierten Betrachtung nur derjenigen Maßnahmen und Instrumente, die als wirklich neue Ansätze der Idee „Schulautonomie" von 1990 bis 2004 hervortreten, verändern sich die Umfänge der gefundenen Schulautonomiemaßnahmen und beobachtbaren Implementationsanstrengungen der Länder in den einzelnen Bereichen und Feldern erheblich (vgl. Rürup 2006): die Bedeutung pädagogisch-unterrichtsorganisatorischer Entscheidungsübertragungen tritt deutlich zurück. Insbesondere mit Blick auf die Maßnahmen und Instrumente, die sich in nahezu allen Bundesländern bis 2004 verwirklicht finden, tritt „Schulautonomie" als ein weitgehend rhetorisches Konzept der Aufforderung der Schulen zur Selbstentwicklung hervor, das durch Ansätze systematischer Selbst- und Fremdevaluation und einen Umbau der Kultusadministration begleitet wird. Maßnahmen und Instrumente der Verantwortungsübertragung auf die Einzelschulen sind weitaus weniger prägend als neue Ansätze der Beeinflussung und Orientierung der schulischen Arbeit. Eine Zurücknahme staatlicher Verantwortung für Schule ist ebenso wenig zu konstatieren wie ein forcierter Wettbewerb der Schulen untereinander um knappe Ressourcen (Mittel und Schüler).

Schulen, das kann als erster analytischer Befund festgehalten werden, werden durch diese Form der juristisch kommunizierten Handlungsaufforderung kaum – wenn dann zumindest nur durch höchstselektive Reinterpretation – zu der Einschätzung gelangen können, dass sie in eine generelle pädagogische Freiheit entlassen werden. Vielmehr wird deutlich signalisiert, dass alle offerierten Gestaltungsspielräume letztlich an politisch-administrative Interessen und Steuerungsansprüche rückgebunden sind und sich vor diesen bewähren müssen.

4. Die Verbreitung der Idee „Schulautonomie" von 1994 bis 2004

Noch weiter vertieft wird diese Einschätzung, wenn man die Gewichtungen der gesetzlich implementierten Schulautonomieaspekte im Zeitverlauf betrachtet. Schon im Oktober 1990 (also zum Zeitpunkt der deutschen Wiedervereinigung) finden sich 253 umgesetzte Maßnahmen und Instrumente der Idee „Schulautonomie" im Schulrecht nur der alten Bundesländer, d.h. mehr als ein Viertel der im Jahr 2004 beobachtbaren Umsetzungen (= 899 Ereignisse).[2] „Schulautonomiegesetzgebung", darauf deutet dieser Befund, ist schon älter als vielfach angenommen. In das, was durch die deutsche Schulpolitik seit den 1990er Jahren an „Schulautonomie" umgesetzt wird, gehen in scheinbar erheblichem Umfang schon vordem existierende schulorganisatorische Maßnahmen und Instrumente ein. Die rechtliche Implementation von Schulautonomie, so wird auf diese Weise deutlich, erfolgt auf jeden Fall schrittweise und kumulativ – in Anlehnung an Vorhergehendes und womöglich auch mit Umbrüchen.

Wir wollen dieser Frage zur Genese der juridisch kodifizierten Schulautonomieidee im Folgenden durch Vergleich der inhaltlichen Schwerpunkte der deutschlandweit implementierten rechtlichen Regelungen zur Schulautonomie im Zeitverlauf nachgehen.

Abbildung 3 stellt dazu den Stand der bundesweiten Implementation von Schulautonomie je Schulautonomiekategorie zum Zeitpunkt 1994 und die prozentual hinzukommenden Maßnahmen und Instrumente je Schulautonomiekategorie für die Jahre bis 1999 und bis 2004 dar.

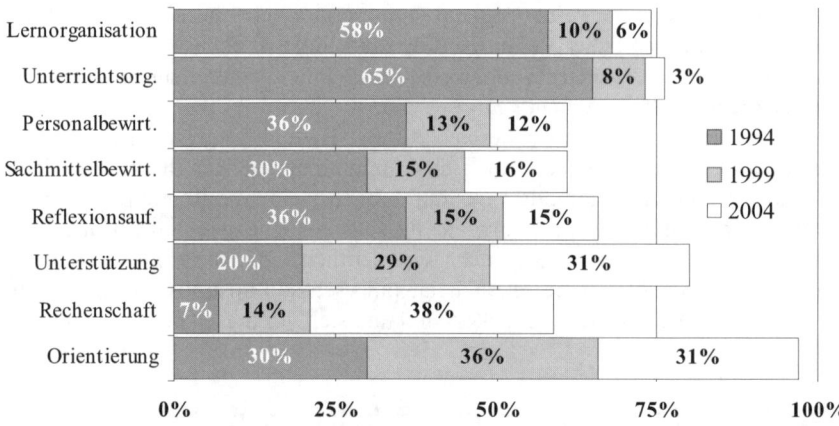

Abb. 3: Anteil der Verwirklichung von Schulautonomieaspekten in den Jahren 1994, 1999 und 2004 in den Feldern der Idee „Schulautonomie"

---

2   Dieser Befund war Ausgangspunkt der in dem DIPF-Projekt vorgenommenen Eingrenzung der ursprünglich gefundenen 82 Maßnahmen und Instrumente der Idee „Schulautonomie" auf lediglich 64 Einzelaspekte, die für die Zeit von 1990 bis 2004 prägend sind. In diesem Beitrag wird hingegen auf diese Eingrenzung verzichtet. Dies ermöglicht einerseits eine umfassendere Beobachtung der bis zum Jahr 2004 einzelschulisch gewährten Freiheiten und auferlegten Steuerungsimpulse, unabhängig von ihrem Neuigkeitswert, andererseits wird die Differenzierung von traditionellen und neuen Gehalten der Idee „Schulautonomie" tendenziell erschwert.

Der Eindruck einer alle Schulautonomiekategorien annähernd gleich gewichtenden administrativen Implementation – bei einer herausgehobenen Betonung der Orientierungsmaßnahmen – korrigiert sich erheblich, wenn der zeitliche Verlauf einbezogen wird. Im Jahr 1994 scheint die juridisch fixierte Idee „Schulautonomie" deutlich durch Maßnahmen und Instrumente der pädagogischen und unterrichtsorganisatorischen Gestaltungsspielräume dominiert, insbesondere Maßnahmen und Instrumente der Rechenschaftslegung spielen zu diesem Zeitpunkt noch kaum ein Rolle.

In Tabelle 1 wird zum vertieften Verständnis der 1994 im Rahmen von Schulautonomie implementierten rechtlichen Vorgaben wiedergegeben, welche Maßnahmen und Instrumente schon damals in zehn und mehr Ländern vorhanden waren. In zwei Maßnahmenfeldern (Rechenschaftslegung und Orientierungsvorgaben) waren keine solchen Maßnahmen und Instrumente zu finden; in diesen wird die jeweils bedeutendste Maßnahme aufgelistet. Der Blick in Tabelle 1 bestätigt dabei nicht nur die quantitative Bedeutung von Maßnahmen und Instrumenten der Lern- und Unterrichtsorganisation, er verweist zugleich auf letztlich doch deutliche Begrenzungen im Umfang der 1994 schon offerierten Gestaltungsspielräume oder im Grad der Neuheit der damals schon vorhandenen Steuerungsimpulse. Die lernorganisatorischen Entscheidungskompetenzen sind deutlich auf der Ebene des einzelnen Unterrichts angesiedelt (Lehrplaninhalte, Themenabfolgen, Stundenrichtwerte), die gesamtschulischen Flexibilisierungsmöglichkeiten (Lernbereiche, Schulbuchzulassung, Benotungsgrundsätze, Anzahl von Klassenarbeiten) sind spezifisch begrenzt und geben kaum Gelegenheit zu einer eigenständigen curricularen Profilbildung – der mit neun Verwirklichungen 1994 dominierenden Orientierungsvorgabe.

Ähnlich funktional begrenzt auf eine optimierte Unterrichtsgewährleistung sind die gewährten Gestaltungsspielräume auch bei der Unterrichtsorganisation und der Personal- und Sachmittelbewirtschaftung. Es handelt sich mehrheitlich um traditionelle (schon 1990 in den alten Bundesländern) vorfindbare einzelschulische Gestaltungsmöglichkeiten. Auch auf der Seite schulautonomiebezogener Steuerungsimpulse findet sich eine spezifische Begrenzung auf stark curricular-unterrichtsbezogene Anregungen. Besonders verbreitet sind Aufforderungen zur Entwicklung schulinterner Arbeitspläne und Schulleiterhospitationen (im Unterricht der einzelnen Lehrkräfte) oder gerade nicht auf die Schule als eigenständiger Organisation bezogene Beratungsaufgaben der Schulaufsicht.

Kategorien	1994 in 10 und mehr Ländern implementierte Aspekte
Lernorganisation	– Ausgestaltung von Lernbereichen – Schuleigene Zulassung von Schulbüchern in bestimmten Fächern – Festlegung von Benotungsgrundsätzen – Entscheidung zur Klassenarbeitenanzahl – Teilweise eigene Festlegung von Lehrplaninhalten – Teilweise eigene Festlegung von Themenabfolgen – Teilweise eigene Festlegung von Stundenrichtwerten
Unterrichtsorganisation	– Flexibilitäten der Lerngruppengröße – Jahrgangsübergreifender Unterricht – Variable Lerngruppenformen – Entscheidung zu 5- oder 6-Tage-Woche – Festlegung beweglicher Ferientage – Abweichungen vom 45 Minuten Takt – Verschiebungen in der Stundentafel im Schuljahres
Personalbewirtschaftung	– SchulleiterInnenauswahl – Verteilung von Anrechnungsstunden – Verfügbarkeit zusätzlicher frei disponibler Lehrerwochenstunden
Sachmittelbewirtschaftung	– Spenden als Vorform von Sponsoring – Einzelschulisch verfügbare Sachmittel (in begrenztem Umfang)
Reflexionsaufforderung	– Aufforderungen zur Öffnung von Schule – Aufforderung zur Entwicklung schulinterner Arbeitspläne – Möglichkeit gemeinsamer Fortbildungsplanung (SCHILF) – Schulleiterhospitationen
Unterstützungsangebote	Schulaufsichtsberatung (ohne direkten Verweis auf Förderung einzelschulischer Eigenständigkeit)
Rechenschaftslegung	(in 6 Ländern: Zentrale Abschlussprüfung in Sek I)
Orientierungsvorgaben	(in 9 Ländern: Schulprofilierung)

Tab. 1: Im Jahr 1994 implementierte Schulautonomieaspekte je Feld der Idee „Schulautonomie" mit Verwirklichung in zehn und mehr Ländern

Als besondere („autonome") Entscheidungsebene gestärkt und anerkannt wird die einzelne Schule vor allem durch die Reflexionsaufforderungen der „Öffnung von Schule" oder der schulinternen „LehrerInnenfortbildung". Im Kontext der juristischen Orientierungsvorgabe der „Schulprofilierung" erscheint die Idee „Schulautonomie" im Jahre 1994 vor allem als funktionale Aufgabenverteilung innerhalb des Schulsystems, bei der die notwendige lokale Situierung unterrichtsorganisatorischer Entscheidungen betont wird. Schulautonomie ist funktionale Autonomie – letztlich und vor allem der einzelnen Lehrkräfte.

Der quantitative Zuwachs verwirklichter Schulautonomieaspekte bis zum Jahr 1999 liegt, so macht Abbildung 3 (s.o.) deutlich, vor allem in den Feldern „Unterstützungsangebote" und „Orientierungsvorgaben" – am geringsten ist er hingegen bei Maßnahmen und Instrumenten der Lern- und Unterrichtsorganisation. Mit Tabelle 2 ist wiederum ein mehr inhaltlicher Einblick in das besondere der Schulautonomieentwicklung von 1995 bis 1999 möglich. Wiedergegeben werden in ihr all jene Maßnahmen und Instrumente je Maßnahmenfeld, die seit 1994 in mindestens fünf Ländern neu aufgegriffen wurden.

Kategorien	Seit 1994 in mind. 5 Ländern neu eingeführte Aspekte
Lernorganisation	- Stundentafelfreiräume
Unterrichtsorganisation	-
Personalbewirtschaftung	- Honorarkräfteauswahl - Zwischen Schuljahren verschiebbare Lehrerwochenstunden - Arbeitszeitmodelle - Schulscharfe LehrerInnenauswahl
Sachmittelbewirtschaftung	- Sponsoring - Schulbudget
Reflexionsaufforderung	- Schulzusammenarbeit - Schulprogramm - Selbstevaluation
Unterstützungsangebote	- Fortbildungsbudget - Lehrerfortbildungsumbau - Sondermittel für Schulentwicklung - Extra-Anrechnungsstunden für Schulentwicklung - Verwaltungszentralisierung - Aufbau expliziter Beratungsstrukturen - Beratung durch Schulaufsicht mit Bezug auf eigenständige Schulen
Rechenschaftslegung	- Externe Evaluation - Genehmigungspflicht des Schulprogramms
Orientierungsvorgaben	- Schulautonomie - Schulprofilierung - Qualitätsentwicklung - Schulentwicklung

Tab. 2: Von 1995 bis 1999 in fünf und mehr Ländern neu implementierte Schulautonomieaspekte je Feld der Idee „Schulautonomie"

Der quantitative Vorrang der Felder „Unterstützungsangebote" und „Orientierungsvorgaben" bestätigt sich auch im Blick auf die konkreten Maßnahmen und Instrumente. Schulen werden in ihrem Bemühen, eigenständig und innovativ zu sein, durch zusätzliche Ressourcen und eine strukturell wie in ihren Aufgaben und Aufgabenvollzügen umgestaltete Schulverwaltung und LehrerInnenfortbildung aktiv begleitet. Sie erhalten insbesondere in Feldern des Schulmanagements ihnen vorher fremde Kompetenzen. Im Rahmen der Aufgaben der Personalbewirtschaftung wird den Schulen ermöglicht, deutlich flexibler mit Personalressourcen umzugehen, selbst Honorarkräfte anzustellen und sich an der LehrerInnenauswahl bis hin zu schuleigenen Stellenausschreibungen zu beteiligen. Sponsoring wird als eigenständiges Konzept des einzelschulischen Mittelerwerbs eingeführt. Auch das Konzept des „Schulbudgets" findet sich neu in fünf Ländern. Hingegen konnte keine einzige Maßnahme der eigenschulisch verantworteten Unterrichtsorganisation, die das Auswahlkriterium für Tabelle 2 erfüllt, gefunden werden und auch nur eine Maßnahme der Lernorganisation: die Offerte einzelschulisch ausgestaltbarer Freiräume in den Stundentafeln für die einzelnen Bildungsgänge.

Als neue Maßnahmen und Instrumente der Reflexionsaufforderung finden sich im Jahr 1999 die Aufforderung zur Zusammenarbeit von Schulen, das „Schulprogramm" (zugleich als genehmigungspflichtiges Schulprogramm ein Steuerungsimpuls im Feld der Rechenschaftslegung), und das Konzept der „Selbstevaluation" (begleitet aber auch schon von der administrativen Vorstellung der Notwendigkeit „externer Evaluation"). Insgesamt erscheint „Schulautonomie" zum Zeitpunkt 1999 als eine forcierte Offerte der Kultusadministration an die einzelnen Schulen, sich als eigenständige Organisationen zu verstehen, sich selbst zu managen und weiterzuentwickeln. Das pädagogische Kerngeschäft der Schulen und der einzelnen Lehrkräfte tritt dabei eher in den Hintergrund der Aufmerksamkeit: Freiräume bei der Gestaltung der Stundentafel dienen der einzelschulischen Profilbildung wie auch das Schulprogramm oder Möglichkeiten der LehrerInnenauswahl und des Sponsorings. Das Konzept „Schulautonomie" des Jahres 1999 formiert sich deutlich neu als Aufforderung zur „Organisationsentwicklung".

Der quantitative Anstieg rechtlich implementierter Maßnahmen und Instrumente je Maßnahmenfeld von 1999 bis 2004 verweist wiederum auf eine Veränderung des inhaltlichen Konzepts „Schulautonomie" (s. erneut Abbildung 3). Zwar findet sich erneut ein deutlicher Zuwachs in den Feldern der Unterstützungsangebote und Orientierungsvorgaben – bei vergleichsweise geringen Zuwächsen in den Feldern der Lern- und Unterrichtsorganisation, ähnlich wie im Jahr 1999. Neu ist hingegen die herausgehobene Bedeutung, die das Maßnahmenfeld der Rechenschaftslegung in den Jahren 2000 bis 2004 erlangt. Tabelle 3 stellt wiederum – für eine vertiefte inhaltliche Diskussion des Besonderen des Schulautonomiekonzepts 2004 – jene Maßnahmen und Instrumente je Maßnahmenfeld vor, die seit 1999 in mindestens fünf Ländern neu implementiert wurden.

Kategorien	Seit 1999 in mind. 5 Ländern neu eingeführte Aspekte
Lernorganisation	Verhaltensbewertung
Unterrichtsorganisation	–
Personalbewirtschaftung	– Schulscharfe LehrerInnenauswahl – SchulleiterInnen mit erweiterten Dienstvorgesetztenaufgaben
Sachmittelbewirtschaftung	– Schulbudget
Reflexionsaufforderung	– Schulübergreifender Benotungsvergleich – Schulinterne Parallelarbeiten
Unterstützungsangebote	– Schulinstitutsumbau
Rechenschaftslegung	– Genehmigungspflichtiges Schulprogramm – Schulinspektion – Externe Evaluation – Bildungsstandards – Zentrale Lernstandserhebungen
Orientierungsvorgaben	– Schulautonomie – Qualitätsentwicklung

Tab. 3: Von 2000 bis 2004 in fünf und mehr Ländern neu implementierte Schulautonomieaspekte je Feld der Idee „Schulautonomie"

Das Konzept der Schulautonomie im Jahr 2004 wird – darauf soll mit Tabelle 3 zuallererst der Blick gelenkt werden – vor allem durch eine stärkere externe Standardisierung sowohl der einzelschulischen Rechenschaftslegungen (zentrale Lernstandserhebung, Schulinspektionen) als auch der Verfahren der Reflexionsaufforderung (schulübergreifender Benotungsvergleich, Parallelarbeiten) bestimmt. Durch die Übertragung erweiterter Dienstvorgesetztenaufgaben auf die SchulleiterInnen werden diese aus dem bisher vorwiegend kollegial-professionellen Arbeitszusammenhang der einzelnen Schule stärker herausgehoben und als funktional eigenständige innerschulische Hierarchieebene konstituiert. Die Eigenständigkeit von Schule wird verstärkt in den Kontext von Qualitätsentwicklung gestellt. Während wiederum im Feld der Unterrichtsorganisation keine expliziten Zuwächse von Gestaltungsspielräumen auszumachen sind, so wird den Schulen im Feld der Lernorganisation offeriert, bei der administrativ auferlegten Einführung von Verhaltensbewertungen der SchülerInnen bestimmte eigene Entscheidungen des „Wann" und Wie" selbst zu treffen. Der Umbau der „Schulinstitute" im Feld der Unterstützungsangebote steht weniger im Kontext des Aufbaus und der Konzentration neuer Beratungskompetenzen als in der Schaffung von Zentren der Entwicklung von Bildungsstandards und von Qualitätskriterien der Schule und ihrer Evaluation. Das Konzept „Schulautonomie" wandelt sich von einem der einzelschulischen Organisationsentwicklung im Jahr 1999 zu einem der gesamtsystemischen Qualitätsentwicklung im Jahr 2004.

5. Desiderate einer governancetheoretisch fundierten Rechtswirksamkeitsforschung zur Schulautonomiegesetzgebung

Was bedeuten nun diese Befunde zur implementierten Schulautonomie in der Bundesrepublik Deutschland in den Jahren 1994 bis 2004 und insbesondere die Veränderung der Schulautonomiekonzepte im Zeitverlauf für die Möglichkeiten der Untersuchung ihrer einzelschulischen Rezeption und Adaption?

Die schulrechtlich verwirklichte Idee „Schulautonomie" in der Bundesrepublik Deutschland, das zeigen die vorgestellten Befunde, ist von 1994 bis 2004 einem deutlichen inhaltlichen Transformationsprozess ausgesetzt: Von einer funktionalen Aufgabenverteilung im Mehrebenensystem „Schule" im Jahr 1994, bei der insbesondere die professionelle pädagogisch-unterrichtsorganisatorische Eigenverantwortung der einzelschulischen Akteure betont wird, erweitert sie sich zu einem auf einzelschulische Organisationsentwicklung fokussierten Reformansatz im Jahr 1999 und verändert sich schließlich erneut zu einer auf einzelschulischer Accountability aufbauenden Strategie gesamtsystemischer Qualitätsentwicklung im Jahr 2004. Insbesondere für die einzelschulischen Akteure bedeutet dies, dass sie so nicht nur aufgefordert sind, konkrete administrative Reformvorgaben zu rezipieren und für sich zu adaptieren, sondern dass ihnen im Zeitverlauf deutliche Anforderungen, umzulernen auferlegt sind. In ihrer Rezeption der administrativen Steuerungsvorgaben haben sie immer mit zu vollziehen, was sich an der ihnen offerierten Idee „Schulautonomie" inhaltlich und intentional verändert hat und wiederum verändert. Gerade der Wandel von „Schulautonomie" als einzelschulischer Organisationsentwicklung zu einer gesamtsystemischen Strategie der Qualitätsentwicklung erscheint hierbei als tiefgreifender Einschnitt, der einzelschulisch offen lässt, ob er inhaltlich überhaupt zureichend wahrgenommen bzw. als sinnvolle Ergänzung und Fortführung früherer Reforminitiativen angesehen wird (ausf. Heinrich 2007, 291-313). Während im Übergang vom Ansatz funktionaler Aufgabenverteilung im Mehrebenensystem „Schule" zur Anregung einzelschulischer Organisationsentwicklung die politisch-administrative Anerkennung einzelschulisch vorhandener Entscheidungs- und Selbstentwicklungskompetenzen „nur" noch intensiver kommuniziert wird, verändert sich im Übergang zur Gesamtsystemstrategie „Systementwicklung" der Tenor: die einzelnen Schulen erscheinen stärker in einer Gewährleistungspflicht stehend, wobei ihre Handlungskompetenz durchaus als fraglich vorgestellt wird, schließlich werden ihre Entscheidungen und Leistungen intensivierten und systematischen Begutachtungen ausgesetzt. So zugespitzt, wie wir hier unsere Analysen zur Schulautonomie insgesamt auch summieren, so verbleiben unsere Pointierungen zur Relation von gesetzlichen Intentionen und einzelschulischer Rezeption im Status von Hypothesen. Der anhand der Analyse des Schulrechts aufgewiesene Wandel der Idee „Schulautonomie" im deutschen Bundesstaat vermochte lediglich die Seite der politisch-administrativen Botschaften zu beleuchten. Es sollte aber anhand unserer Analysen deutlich werden, welchen Möglichkeitsraum diese initialen kommunikativen Akte für die noch zu untersuchenden folgenden Handlungssequenzen eröffnen. Viele Fragen – insbesondere der Triangulation – bleiben so unbeantwortet und sind zukünftig innerhalb eines Mehrebenendesigns governancetheoretisch fundierter Rechtswirksamkeitsforschung auszubuchstabieren.

Aber auch jenseits methodologischer Fragen und der Notwendigkeit komplexerer empirischer Untersuchungsdesigns lassen sich an unsere Erörterungen weiterführende Forschungsperspektiven knüpfen. So wurde in unserem Beitrag die Verbreitung der Idee „Schulautonomie" ohne Differenzierung eventueller unterschiedlicher Implementationsgeschichten in den Ländern erörtert. Wie in den weitergehenden Untersuchungen im Forschungsprojekt des DIPF aufgezeigt werden konnte, ist dies zumindest ein ergänzungsbedürftiges Vorgehen (s. im Detail Rürup 2006). Zwar konnte zum Zeitpunkt 2004 letztlich eine bundesweit vergleichbare – lediglich unterschiedlich intensive – Verwirklichung der Idee „Schulautonomie" beobachtet werden. Unterschiede zwischen den einzelnen Ländern bestanden allerdings in dem Zeitpunkt des Beginns und in ihrem Vorgehen bei der Implementation von Schulautonomie. Neben mehreren schon seit Anfang der 1990er Jahre sehr aktiven Ländern, die den konzeptuellen Wandel der Schulautonomieidee selbst aktiv mitvollzogen und trugen, waren auch mehrere zögerliche Länder zu identifizieren, die die Idee „Schulautonomie" erst als Konzept gesamtsystemischer Qualitätssicherung aufgriffen. In diesen Ländern tritt Schulautonomie dann von vornherein als ein ganzheitliches und inhaltlich stabiles Konzept auf, das die Eröffnung von einzelschulischen Gestaltungsspielräumen grundsätzlich mit einer Praxis externer Evaluation schulischen Handelns verknüpft – und so die unterschwellige Misstrauenserklärung gegenüber der einzelschulischen Handlungskompetenz vermeidet, die entsteht, wenn die Rechenschaftspflichten erst später als die Gestaltungsfreiheiten kommuniziert werden. Aufbauend auf unserer hier vorgestellten Argumentation ist so zu vermuten, dass es einzelschulisch deutliche Rezeptionsunterschiede der offerierten oder auferlegten „Schulautonomie" geben müsste, je nachdem, welches deutsche Bundesland konkret beobachtet wird. Die Rekonstruktion solcher Unterschiedlichkeiten in der Setzung von Steuerungsimpulsen und

den sich in der Folge ergebenden divergierenden Rezeptionsformen sowie der
daraus resultierenden verschiedenartigen Formen der Handlungskoordination
auf den unterschiedlichen Systemebenen wäre die Aufgabe einer noch zu
entwickelnden governancetheoretisch fundierten Rechtswirksamkeitsforschung.

Literatur

Altrichter, Herbert (1992): Autonomie der Schule als Chance zukunftsorientierter
    Schulentwicklung. In: Erziehung und Unterricht (10), 558-568.
Altrichter, Herbert (2000): Konfliktzonen beim Aufbau schulischer Qualitätssicherung
    und Qualitätsentwicklung. In: Zeitschrift für Pädagogik 41. Beiheft, 93-110.
Altrichter, Herbert/Heinrich, Martin (2005): Schulprofilierung und Transformation
    schulischer Governance. In: Büeler, Xaver/Buholzer, Alois/Roos, Markus (Hg.):
    Schulen mit Profil. Forschungsergebnisse – Brennpunkte – Zukunftsperspektiven.
    Innsbruck: StudienVerlag, 125-140.
Altrichter, Herbert/Posch, Peter (1999): Wege zur Schulqualität: Studien über den
    Aufbau von qualitätssichernden und qualitätsentwickelnden Systemen in berufsbil-
    denden Schulen. Innsbruck: StudienVerlag.
Altrichter, Herbert/Brüsemeister, Thomas/Heinrich, Martin (2005): Merkmale und
    Fragen einer Governance-Reform am Beispiel des österreichischen Schulwesens.
    In: Österreichische Zeitschrift für Soziologie 30 (4), 6-28.
Arnold, Eva/Bastian, Johannes/Combe, Arno/Leue-Schack, Kerstin/Reh, Sabine/Schelle,
    Carla (1999): Schulentwicklung und Wandel der pädagogischen Arbeit. Arbeitssi-
    tuation, Belastung und Professionalisierung von Lehrerinnen und Lehrern in Schul-
    entwicklungsprozessen. In: Carle, Ursula/Buchen, Herbert (Hg.): Jahrbuch für Leh-
    rerforschung. Band 2. Weinheim/München: Juventa, 97-122.
Arnold, Eva/Bastian, Johannes/Reh, Sabine (2004): Spannungsfelder der Schulpro-
    grammarbeit – Akzeptanzprobleme eines neuen Entwicklungsinstruments. In: Hol-
    tappels, Heinz Günter (Hg.): Schulprogramme – Instrumente der Schulentwicklung.
    Konzeptionen, Forschungsergebnisse, Praxisempfehlungen. Weinheim/München:
    Juventa, 44-60.
Aurin, Kurt/Wollenweber, Hans (Hg.) (1997): Schulpolitik im Widerstreit. Brauchen wir
    eine „andere Schule"? Bad Heilbrunn: Klinkhardt.
Avenarius, Hermann (1995): Verfassungsrechtliche Grenzen und Möglichkeiten schuli-
    scher Selbstverwaltung. In: Daschner, Peter/Rolff, Hans-Günther/Stryck, Tom
    (Hg.): Schulautonomie – Chancen und Grenzen. Impulse für die Schulentwicklung.
    Weinheim/München: Juventa, 253-274.
Avenarius, Hermann /Baumert, Jürgen/Döbert, Hans/Füssel, Hans Peter (Hg.) (1998):
    Schule in erweiterter Verantwortung. Positionsbestimmungen aus erziehungswis-
    senschaftlicher, bildungspolitischer und verfassungsrechtlicher Sicht. Neuwied:
    Luchterhand.

Avenarius, Hermann/Ditton, Hartmut/Döbert, Hans/Klemm, Klaus/Klieme, Eckhard/ Rürup, Matthias/Tenorth, Heinz-Elmar/Weishaupt, Horst/Weiß, Manfred (2003): Bildungsbericht für Deutschland: Erste Befunde. Opladen: Leske & Budrich.

Avenarius, Hermann/Kimmig, Thomas/Rürup, Matthias (2003): Die rechtlichen Regelungen der Länder in der Bundesrepublik Deutschland zur erweiterten Selbständigkeit der Schule. Eine Bestandsaufnahme. Berlin: Berliner Wissenschafts-Verlag.

Avenarius, Hermann/Brauckmann, Stefan/Döbert, Hans/Isermann, Katrin/Kimmig, Thomas/Seeber, Susan (2006): Durch größere Eigenverantwortlichkeit zu besseren Schulen. Berlin; Frankfurt a.M.: Dipf.

Bastian, Johannes (1998): Autonomie und Schulentwicklung. Zur Entwicklungsgeschichte einer neuen Balance von Schulreform und Bildungspolitik. In: Ders. (Hg.): Pädagogische Schulentwicklung, Schulprogramm und Evaluation. Hamburg: Leske & Budrich, 13-24.

Bohnsack, Franz (1995): Widerstand von Lehrern gegen Innovationen in der Schule. In: Die Deutsche Schule 87 (1), 21-37.

Böttcher, Wolfgang (1994): Schule darf nicht autonom werden. In: Erziehung und Wissenschaft 45 (1), 7-8.

Böttcher, Wolfgang (2002). Kann eine ökonomische Schule auch eine pädagogische sein? Schulentwicklung zwischen Neuer Steuerung, Organisation, Leistungsevaluation und Bildung. Weinheim/München: Juventa.

Buer, Jürgen van/Lehmann, Rainer H./Venter, György/Seeber, Susan/Peek, Rainer (1997): Erweiterte Autonomie der Einzelschule. Zur schwierigen Balance zwischen einer pädagogischen Wünschdebatte und empirischer Enthüllung. In: Buer, Jürgen van/Venter, György/Peek, Rainer/ Seeber, Susan (Hg.) (1997): Erweiterte Autonomie von Schule. Qualität von Schule und Unterricht. Berlin; Nyiregyháza, 131-169.

Deutscher Bildungsrat (1973): Empfehlungen der Bildungskommission. Zur Reform von Organisation und Verwaltung im Bildungswesen. Teil 1: Verstärkte Selbständigkeit der Schule und Partizipation der Lehrer, Schüler und Eltern. Stuttgart: Ernst Klett.

Deutscher Juristentag (1981): Deutscher Juristentag. Schule im Rechtsstaat. Band I: Entwurf für ein Landesschulgesetz. Bericht der Kommission Schulrecht des Deutschen Juristentages. München: C.H. Beck.

Fend, Helmut (2003): Beste Bildungspolitik oder bester Kontext für Lernen? Über die Verantwortung von Bildungspolitik für pädagogische Wirkungen. Online: http:// dipf.de/publikationen/tibi/tibi6_fend_1.pdf. (Letzter Zugriff: Februar 2007)

Fend, Helmut (2006): Neue Theorie der Schule. Wiesbaden: VS.

Fuchs, Hans Werner (2004): Schulentwicklung und Organisationstheorie. In: Böttcher, Wolfgang/Terhart, Ewald (Hg.): Organisationstheorie in pädagogischen Feldern. Analyse und Gestaltung. Wiesbaden: VS, 206-220.

Görlitz, Axel/Burth, Hans-Peter (1998): Politische Steuerung. Ein Studienbuch. 2. Auflage. Opladen: Leske & Budrich.

Gräsel, Cornelia/Jäger, Michael/Willke, Helmut (2006): Konzeption einer übergreifenden Transferforschung und Einbeziehung des internationalen Forschungsstandes. In: Nikolaus, Reinhold/Gräsel, Cornelia (Hg.): Innovation und Transfer – Expertisen zur Transferforschung. Baltmannsweiler: Schneider Verlag Hohengehren, 445-566.

Heinrich, Martin (2007): Governance in der Schulentwicklung. Von der Autonomie zur evaluationsbasierten Steuerung. Wiesbaden: VS.

Heinrich, Martin (2001/02): Das Schulprogramm als effektives Reforminstrument? Von den Versuchen, alte Strukturen aufzubrechen. In: Pädagogische Korrespondenz (28), 87-103.

Holzapfel, Hartmut (1998): Vorwort zur Schriftenreihe „Schulprogramme und Evaluation in Hessen." Hg. v. Hessischen Kultusministerium. Bd. 3: Evaluation in der Schule und für die Schule. Wiesbaden: Hessisches Kultusministerium.

Kuper, Harm (2001): Organisationen im Erziehungssystem. Vorschläge zu einer systemtheoretischen Revision des erziehungswissenschaftlichen Diskurses über Organisation. In: Zeitschrift für Erziehungswissenschaft 4. (1), 83-106.

Lange, Hermann (1999): Schulautonomie und Neues Steuerungsmodell. In: Recht der Jugend und des Bildungswesens 47 (4), 423-438.

Lange, Hermann (1995): Schulautonomie und Personalentwicklung für Schulen. In: Daschner, Peter/Rolff, Hans-Günther/Stryck, Tom (Hg.): Schulautonomie – Chancen und Grenzen. Weinheim/München: Juventa, 207-226.

Lortie, Dan C. (2002): Schoolteacher. A Sociological Studie. 2. Auflage. Chicago; London: University of Chicago Press.

March, James G. /Olsen, Johan P. (1976): Ambiguity and Choice in Organizations. Bergen: Universitetsforlaget.

Maritzen, Norbert (1998): Autonomie der Schule: Schulentwicklung zwischen Selbst- und Systemsteuerung. In: Altrichter, Herbert/Schley, Wilfried/Schratz, Michael (Hg.): Handbuch für Schulentwicklung. Innsbruck; Wien: StudienVerlag.

Maritzen, Norbert (1997): Schule zwischen Staat und Markt? Für kritische Genauigkeit beim Reden über Schulautonomie. In: Die Deutsche Schule 89 (3), 292-305.

Maritzen, Norbert (1996): Im Spagat zwischen Hierarchie und Autonomie. Steuerungsprobleme in der Bildungsplanung. In: Die Deutsche Schule 88 (1), 22-36.

Markstahler, Jürgen (1998): Entwicklung aus eigener Kraft? Bemerkungen zur Autonomiedebatte aus Sicht der Einzelschule. In: Hessisches Landesinstitut für Pädagogik (Hg.) (1998): Schule zwischen Autonomie und Aufsicht. Wiesbaden: HELP, 37-46.

Meyer, John W. /Rowan, Brian (1977): Institutionalized Organizations: Formal Structure as Myth and Ceremony. In: American Journal of Sociology 83 (2), 340-363.

OECD (1991): Schulen und Qualität. Ein internationaler OECD-Bericht (Original: Schools and Quality. Paris 1989). Frankfurt a.M.

Oevermann, Ulrich (2000): Die Methode der Fallrekonstruktion in der Grundlagenforschung sowie der klinischen und pädagogischen Praxis. In: Kraimer, Klaus (Hg.): Die Fallrekonstruktion. Sinnverstehen in der sozialwissenschaftlichen Forschung. Frankfurt a.M.: Suhrkamp, 58-157.

Posch, Peter/ Altrichter, Herbert (Hg.) (1993): Schulautonomie in Österreich. 2. Auflage. Wien: Bundesministerium für Unterricht und Kunst.

Radtke, Frank-Olaf (1997): Schulautonomie und Sozialstaat. Wofür ist die Bildungspolitik (noch) verantwortlich? In: Die Deutsche Schule 89 (3), 178-219.

Radtke, Frank-Olaf/Weiß, Manfred (Hg.) (2000): Schulautonomie, Wohlfahrtsstaat und Chancengleichheit. Opladen: Leske & Budrich.

Richter, Ingo (1994): Theorien der Schulautonomie. Hellmut Becker zum Gedächtnis. In: Recht der Jugend und des Bildungswesens 42 (1), 5-16.

Richter, Ingo (1999): Die Steuerung des Schulwesens durch Autonomie. In: Neue Sammlung 30 (1), 81-95.

Riedel, Klaus (1998): Schulleiter urteilen über Schule in erweiterter Verantwortung: Ergebnisse einer empirischen Untersuchung. Neuwied; Krieftel: Luchterhand.

Rolff, Hans-Günter (1992): Die Schule als besondere soziale Organisation. Eine komparative Analyse. In: Zeitschrift für Sozialisationsforschung und Erziehungssoziologie 12 (4), 306-324.

Rürup, Matthias (2006): Innovationswege im deutschen Bildungssystem. Die Verbreitung der Politikidee ,Schulautonomie' von 1990 bis 2004 im Ländervergleich. Dissertation Universität Erfurt, 455 S.

Schüler, Harald (1996): Ein Alltag voller Verstöße. In: Böttcher, Wolfgang/Brandt, Hjalmar/Rösner, Ernst (Hg.): Lehreralltag – Alltagslehrer. Authentische Berichte aus der Schulwirklichkeit. Weinheim/Basel: Beltz, 125-129.

Specht, Werner (1997): Autonomie und Innovationsklima an Schulen. Rezeption und Wirkungen der Schulautonomie an Hauptschulen und allgemeinbildenden höheren Schulen. Graz: Zentrum für Schulentwicklung des BMUK.

Terhart, Ewald (1986): Organisation und Erziehung. Neue Zugangsweisen zu einem alten Dilemma. In: Zeitschrift für Pädagogik 32 (2), 205-223.

Terhart, Ewald (1998): Die autonomer werdende Schule und ihr Personal: Einige kritische Rückfragen. In: Avenarius, Hermann/Baumert, Jürgen/Döbert, Hans/Füssel, Hans-Peter (Hg.): Schule in erweiterter Verantwortung. Neuwied: Luchterhand, 133-145.

Terhart, Ewald (2000): Zwischen Autonomie und Abhängigkeit. Geplanter und ungeplanter Wandel im Bildungsbereich. In: Neue Sammlung 40 (1), 123-140.

Terhart, Ewald (2001): Zwischen Aufsicht und Autonomie. Geplanter und ungeplanter Wandel im Bildungsbereich. Essen: Klartext.

Vieluf, Ulrich (1997): Pädagogische Freiheit in staatlicher Verantwortung. In: Venter, György/Buer, Jürgen v./Lehmann, Rainer (Hg.) (1997): Erweiterte Autonomie für Schulen. Grundlagen und nationale Sichtweisen. Berlin: Nyiregyháza, 71-81.

Weick, Karl Edward (1976): Educational Organizations as Loosley Coupled Systems. In: Administrative Science Quarterly 21 (1), 1-19.

Weishaupt, Horst/Weiß, Manfred (1997): Schulautonomie als theoretisches Problem und als Gegenstand empirischer Schulforschung. In: Döbert, Hans/Geißler, Gert (Hg.) (1997): Schulautonomie in Europa: Umgang mit dem Thema, Theoretisches Problem, Europäischer Kontext, Bildungstheoretischer Exkurs. Baden-Baden: Nomos, 27-45.

Wolff, Karin (2001): Vorwort zur Schriftenreihe „Schulprogramme und Evaluation in Hessen." Hg. v. Hessischen Kultusministerium. Bd. 13: Abschlussbericht zum Projekt „Schulprogramme und Evaluation" der Pilotschulen und der Unterstützungssysteme in Hessen. Wiesbaden.

Zukunftskommission (Haider, Günter/Eder, Ferdinand/Specht, Werner/Spiel, Christiane/Wimmer, Manfred) (2005): Abschlussbericht der Zukunftskommission, 6.4. 2005. Wien: Bundesministerium für Bildung, Wissenschaft und Kultur.

Wolfgang Böttcher

Zur Funktion staatlicher „Inputs" in der dezentralisierten und outputorientierten Steuerung

Seitdem die Befunde internationaler Vergleichsstudien auf breiter Front das Vertrauen in die Leistungsstärke der deutschen Schule erschüttern konnten, werden in der deutschen Schulpolitik Reformen intensiv diskutiert und initiiert, die in vergleichbaren Staaten seit wenigstens 15 Jahren systematisch – und vielerorts auch radikal – betrieben werden. Der folgende Beitrag hat zum Ziel, das politische Reformprogramm an seinen eigenen Prinzipien zu messen. Der analytische Fokus soll hierbei auf die Rolle der staatlichen Führung eingestellt werden. Hierdurch werden systematische Steuerungsdefizite deutlich, die aktuell und in Zukunft zu Lasten der Einzelschulen und ihrer Akteure gehen.

Ich werde zunächst im Abschnitt 1 einige wesentliche Elemente der politisch gesetzten Schulreform beschreiben, die sich mit den Konzepten von Dezentralisierung und Outputsteuerung geradezu antinomisch von einer vorgeblich bislang betriebenen und gescheiterten bürokratischen Inputsteuerung abzusetzen sucht. Im Abschnitt 2 soll das diesem neuen Steuerungsmodell unbestritten, wenn auch mehr implizit als explizit zu Grunde liegende Programm moderner betriebswirtschaftlicher Unternehmenssteuerung skizziert werden. Dabei werde ich insbesondere Rolle und Aufgabe der Unternehmensführung thematisieren, da es meine Absicht ist, das Reformhandeln der politischen Führung an den Annahmen des Modells zu messen, das sie selbst favorisiert. Dieses soll im Abschnitt 3 am Beispiel ausgewählter prominenter bildungspolitischer Aktivitäten versucht werden. Meine Analyse verfolgt demnach eine Strategie der immanenten Kritik, wobei der Fokus durch die Betonung der Aufgaben der Führung im dezentralen Outputparadigma von der aktuell in normativen, theoretischen und empirischen Diskursen dominierenden Ebene der Schule als Organisation („Mikropolitik") hin zur übergeordneten Systemebene („Makropolitik") verschoben wird. Im letzten, 4. Abschnitt sollen daran anknüpfend einige Fragestellungen

entwickelt werden, die ihren legitimen Ort innerhalb des Konzeptes einer empirischen „Governance-Forschung" (siehe Kussau/Brüsemeister in diesem Band
haben dürften. Zwar konzentrieren sie sich auf die Evaluation politischen Führungshandelns, sie sind jedoch von großer Tragweite für die praktische Gestaltung des Schulwesens, der es kompilierenden Einzelschulen und der dort handelnden Akteure. Dies ist jedenfalls dann plausibel zu vermuten, wenn die Struk-
turparameter dezentraler Outputsteuerung nicht beliebig selektiv oder vulgari-
siert auf die Governance des Schulwesens übertragen werden sollen.

1. Die Übertragung ökonomischer Prinzipien auf die Schulreform

Die Bildungsreformen, die in der jüngeren Vergangenheit in vielen Staaten
durchgeführt wurden, folgen einigen allgemeinen Prinzipien (vgl. zum Folgenden ausführlicher Böttcher 2002). Nicht zuletzt deshalb, weil die Ergebnisse
schulischer Arbeit, gespeist durch die Auswertung zentraler Prüfungen oder die
Befunde empirischer Leistungsstudien, Gegenstand erheblicher Kritik waren und
sind, zielen Reformen wesentlich auf die schulische „Produktionsfunktion". Sie
dienen dem primären Zweck, Schülerleistungen zu verbessern. Gleichzeitig wird
in aller Regel das Ziel verfolgt, geschlechts- und herkunftsspezifische Bildung-
sungleichheiten zu reduzieren. Die simultane Thematisierung von „Excellence
und Equity" hat insbesondere in skandinavischen und angloamerikanischen Ländern Tradition.

Was die Steuerung von Reformen betrifft, so lassen sich cum grano salis die
einschlägigen Reformen durch die Absicht kennzeichnen, wesentliche und als
erfolgreich erachtete Verfahren moderner Unternehmenssteuerung zu adaptieren.
Bei diesen Versuchen lassen sich in Abhängigkeit von nationalen Bildungstradi-
tionen, politischen Machtverhältnissen oder strukturellen Bedingungen unterschiedliche Varianten ausmachen, die zwei grundlegenden Prinzipien unterliegen: Dezentralisierung und Ergebnisorientierung.

Empirisch belegte – oder politisch wirksam unterstellte – unzureichende
Leistungen der Schulsysteme wurden in erster Reaktion durch eine Politik der
Dezentralisierung zu beheben versucht. Knapp gesagt geht es darum, dass die
staatlichen Zentralen Kompetenzen auf die Ebene der einzelnen Schule delegieren. Erhöhte Selbstständigkeit und Verantwortung der einzelnen Einrichtung
sollten eine Verbesserung der Lernergebnisse erzeugen. In manchen Ländern
wurde dieses Prinzip radikal umgesetzt, so dass Einzelschulen vollständige Verfügungsrechte über das Personalmanagement, die Verwendung finanzieller Ressourcen oder die pädagogische Organisation zugebilligt wurden. England kann

als das beste Beispiel hierfür dienen (vgl. Bellenberg/Böttcher/Klemm 2001, 135ff.). Gleichzeitig aber musste gesichert werden, dass die erweiterte Autonomie nicht die staatliche Verantwortung außer Kraft setzt: Die Austarierung der Dezentralisierung erfolgte durch Re-Zentralisierung mittels staatlicher Aufgabendefinitionen. Diese politische Maßnahme lässt sich dem Paradigma der Ergebnisorientierung zuordnen, denn zentrale Vorgaben wie Bildungsstandards oder nationale Curricula lassen sich nicht nur als schlichte Inputinstrumente begreifen. Sie sollen die Ergebnisüberprüfung der schulischen Leistung ermöglichen und werden deshalb häufig – einseitig – als Outputinstrumente verstanden (vgl. z.B. KMK 2005).

Das skizzierte Leitkonzept politischer „Governance" lässt sich mit dem nur scheinbar in sich widersprüchlichen Begriffspaar „Dezentralisierung – Rezentralisierung" (vgl. zum Folgenden Böttcher 2002, 97ff.) beschreiben: Die Vorgaben demonstrieren die staatliche Verantwortung für das Schulwesen und verweisen auf die Notwendigkeit, trotz eines durch die „Autonomisierung" angelegten Schul-Wettbewerbs, der ja per definitionem auf Differenz abstellt, eine gewisse Einheitlichkeit des Gesamtsystems zu sichern. Die Gewährung von Freiheit rechtfertigt – oder erzwingt gar – die Einforderung von Orientierung an die Ergebnisse betreffenden Systemvorgaben, eine schulische Rechenschaftslegung gegenüber der Zentrale und das Bemühen des Staates, der gewährten und gleichzeitig geforderten Individualisierung der Schulen Grenzen zu setzen. Schließlich haben Schulen einen nicht beliebigen und nicht beliebig zu erledigenden gesellschaftlichen Auftrag zu erfüllen. Die Spannung innerhalb der neuen Steuerung kommt bereits früh in dem Titel eines programmatischen Buches von Theo Liket (1993) zum Ausdruck: Freiheit und Verantwortung.

Die Ergebnis- oder Outputorientierung des politischen Führungsansatzes kann seinerseits durch vier Leitideen präzisiert werden: Effektivität, Effizienz, Evidenz und Erfolgsorientierung. Spätestens hier wird die betriebswirtschaftliche Provenienz neuer Steuerung offensichtlich.

Effektivität fragt, bis zu welchem Grad ein Handlungssystem, also z.B. ein pädagogisches Programm, eine Schule oder ein Schulsystem, Ziele erreicht hat. Ein Effektivitätsvergleich stellt auf das Verhältnis unterschiedlicher, aber vergleichbarer Arbeitsergebnisse vergleichbarer Systeme ab. Effektivität sagt nichts über den Einsatz von Ressourcen aus.

Mit der Frage nach *Effizienz* hingegen werden Handlungsergebnisse mit Kosten und Aufwand, also dem Ressourcenverbrauch, konfrontiert. Es wird nach der Zweckmäßigkeit von Aktivitäten, die der Zielerreichung dienen sollen, gefragt. Effizienz setzt Inputs und Ergebnisse in ein Verhältnis, sie operiert als normative Richtschnur: In der einen Variante soll der Einsatz verfügbarer Ressourcen mit bestmöglicher Outputmaximierung erfolgen (Maximierungsprinzip).

In der anderen Variante soll ein definiertes Produkt bzw. eine definierte Leistung mit möglichst niedrigem Einsatz erreicht werden (Minimierungsprinzip). Diese Leitidee betont Sparsamkeit und Wirksamkeit: „Es ist für alle Akteure im Bildungssektor notwendig, kostenbewusst zu werden, nach allen nur möglichen Einsparungen zu streben und sicherzustellen, dass die Ressourcen da eingesetzt werden, wo sie im größtmöglichen Lerngewinn resultieren" (OECD 1991, 186).

Mit dem dritten Kriterium, *Evidenz*, ist der Sachverhalt angesprochen, dass pädagogische Maßnahmen oder Organisationen nachweisen müssen, ob sie ihren Zweck oder ihre Zwecke erreichen. Die bloße Behauptung von Erfolgen oder Erfolgsversprechen reichen nicht aus. Fehlende empirische Erfolgskontrolle unterstützt die These von der (möglichen) Verschwendung oder wenigstens mangelnden Zieltreue von Ressourcen in pädagogisch organisierten Prozessen. Wenn es richtig ist, dass bislang Effekte pädagogischer Neuerungen eher unterstellt als untersucht wurden, dann ist hiermit ein bedeutendes Defizit angesprochen, das nicht nur ökonomisch, sondern auch pädagogisch negative Konsequenzen hat: Wenn tatsächlich für ineffektive Maßnahmen Geld ausgegeben wird, dann fehlt dieses Geld solchen Maßnahmen, die erfolgreich sind oder sein könnten. In Konzepten wie der „Evidence Based Policy Research" oder „Evidence Based Reforms in Education" feiert die Leitidee der Evidenz zurzeit weltweit eine Hausse.

Als viertes Leitprinzip in einschlägigen Reformen findet sich die Idee der *Erfolgsanreize.* Prozesse geplanten Wandels werden demnach vor allem dann eingeleitet und erfolgreich abgeschlossen, wenn es entsprechende Anreize (Incentives) für die relevanten Akteure gibt. Leistungsanreize sind Belohnungen als Folge von spezifischen Handlungsergebnissen. Sie verfolgen im Wesentlichen zwei Ziele: Sie sollen erstens die Arbeit der Akteure auf das Organisationsziel oder bestimmte Organisationsziele hin ausrichten, sie sollen zweitens dafür sorgen, dass kompetente Personen in den Beruf eintreten und in ihm gehalten werden.

Mit einiger Verspätung reagierte auch die deutsche Bildungspolitik auf die Leistungskrise der Schule und schlägt – in spezifischen Varianten – nunmehr Reformen ein, die sich an internationale Reformkonzepte anlehnen. Die Homepages der Schulministerien und die aktuellen Überarbeitungen der Schulgesetze legen Zeugnis ab von der neuen Orientierung an Ergebnissen, die durch Verfahren der Evidenz mittels interner oder externer Evaluation und ein breit aufgestelltes Programm der Formulierung von Bildungsstandards bei gleichzeitigem Verweis auf die Selbstständigkeit der Einzelschule gesichert werden soll.

Die neuen Steuerungsversuche in (internationalen) Bildungsreformen lassen sich als „ökonomisches Programm" bezeichnen, dessen grundsätzliche Ergebnisorientierung bei gleichzeitiger Gewährung relativer Autonomie der Einzelschulen die Rede vom „Paradigmenwechsel" – jedenfalls angesichts der ehedem ergebnisindifferenten und unter Überbürokratisierungsverdacht stehenden deutschen Schulgovernance – als gerechtfertigt erscheinen lässt.

2. Outputsteuerung und Dezentralisierung in der Betriebswissenschaft

Mit Dezentralisierung und Ergebnisorientierung adaptiert die Schulpolitik Konzepte betriebswirtschaftlicher Provenienz. Ich werde nunmehr einige der Merkmale dieses Steuerungskonzeptes darlegen, um sie dann im folgenden Kapitel als Bewertungsmaßstab für die aktuelle Bildungspolitik heranziehen zu können.

Outputorientierung und Autonomisierung sind die Pfeiler einer Philosophie neuer Steuerung, die im Unternehmensbereich seit Jahren populär ist und der schulischen Steuerung als explizites oder implizites Vorbild dient, wobei es hier nicht Ziel sein kann, das von Politik und Administration favorisierte Steuerungsmodell mit betriebswirtschaftlichen Alternativen zu konfrontieren. Da es mir darum geht, die Rolle der politischen Führung in den Blick zu nehmen, wird meine folgende Skizze besonders die Rolle der Unternehmensspitze eines Konzerns, der durch Organisationen mit vergleichbaren Aufgaben kompiliert wird, beleuchten. Dieser Blick dürfte sich anbieten, begreift man ein staatlich gesteuertes und verantwortetes Schulsystem in ähnlicher Weise: das Schulministerium als oberste Managementebene in einem System von aufgabenähnlichen operativen Einheiten.

Die Idee der (Teil-)Autonomisierung von Organisationseinheiten eines Unternehmens zu Leistungscentern stellte auch in der Betriebsführung eine dramatische Neuorientierung dar. Dezentralisierung löste das traditionelle Vertikalprinzip unternehmerischer Entscheidungen durch das Horizontalprinzip ab. In diesem Zusammenhang hat das „Management by Objectives", also eine zielorientierte Führung, die Unternehmenssteuerung nachhaltig geprägt. Und auch wenn diese Schule ihre Vormachtstellung im Streit der konkurrierenden betriebswirtschaftlichen Angebote eingebüßt haben dürfte, so finden sich doch ihre wesentlichen Elemente in allen gängigen Konzepten (vgl. Böllhoff/Wewer 2005).

Teilautonomisierung lässt sich als Modularisierung eines Unternehmens in Organisationseinheiten beschreiben. Sie ist nicht nur ein Prinzip des Managements innerhalb einer Organisation, sondern auch Prinzip der Steuerung von Organisationen innerhalb eines durch diese gebildeten Unternehmens. Es gilt also sowohl auf Mikro- wie auf Makroebene der Steuerung. Mit erhöhter Autonomie wird die klassische Entscheidungskaskade eines Unternehmens, welche die Funktionen Zielvorgabe, Kontrolle und Aufgabenausführung trennt und hierarchisch ordnet, abgelöst (vgl. Wildemann 2003, 337). Die Neugestaltung wandelt eine verrichtungsorientierte Organisation in eine, in der es eine durchgängige Produktverantwortung gibt. Es erfolgen also Veränderungen in zentralen Unternehmensfunktionen mit dem Ziel, hierarchieorientierte Verhaltensweisen zu überwinden. Insbesondere wird auch das Aufgabenwesen der Führung umgebaut.

Im neuen Modell werden Strategie und Operation unterschieden, dabei aber systematisch miteinander vernetzt. Der Schwerpunkt der Führungsarbeit liegt im Bereich der Strategie: Die Unternehmensspitze ist für die Strategieformulierung zuständig. Sie hat auch die Aufgabe, die Unternehmenseinheit trotz Autonomie zu sichern. „Die strategische Unternehmensführung erstreckt sich (...) auf einen Ausgleich von Kreativität und Freiheit der Module" (a.a.O., 337). Das gelingt unter anderem auch durch die Formulierung solcher Unternehmensvisionen oder Leitbilder, „welche die Chance eröffnen, neue Werte, Prozesse und Produkte schaffen zu können", die eine „Abkehr von Altgewohntem und Sicherem bedeuten" (a.a.O., 338).

Folgt man Wildemann, so lassen sich als weitere Aufgabenschwerpunkte der Führung benennen: Ressourcenallokation bezüglich Finanzmitteln und Managementkapazität, Koordination von Querschnitts- und Schlüsseltechnologien, Koordination zur Realisierung von Größen- und Synergieeffekten, Ermöglichung eines aussagefähigen Berichtswesens oder die Überwachung der Ergebnisentwicklung (vgl. ebd.). Weitere Aufgaben sind die Beratung der autonomen Einheiten sowie Führungskräfteentwicklung (a.a.O., 339). Auch ist das Verbinden der Module durch Netzwerkstrukturen, die durch Informationsaustausch zur Erfahrungsakkumulation und Wissensvermehrung beitragen, zu sichern. Aufgabe der Führung wäre es, den Zugriff auf zentrale Datenbanken zu sichern, um so den Entscheidungsaufwand zu reduzieren und schnelle Reaktionen zu ermöglichen. Im Prinzip sind alle Funktionen zentral organisiert, die „kerngeschäftsrelevant für die Führung aus der Einheit des Ganzen heraus sowie für die langfristige Entwicklung des Unternehmens von entscheidender Bedeutung sind" (ebd.).

Die Trennung von Strategie und Operation definiert demnach zwar anspruchsvolle Aufgaben für die Organisationsführung, „unter dem Strich" jedoch soll sie zu ihrer Entlastung führen: kurze Regelkreise, Entbürokratisierung und die klare Definition der Aufgaben der Organisations-Module. Die teilautonomen organisatorischen Leistungscenter sollen nämlich verantwortlich übernehmen:

▪   Entwicklung und Realisierung der Geschäftsstrategie,
▪   Wahrnehmung aller Funktionen des Tagesgeschäftes,
▪   Entwicklung und Ausbau operativer Kernkompetenzen sowie
▪   Ausbau der technologischen und organisatorischen Kompetenz.

Auch Funktionen wie Forschung, Entwicklung oder Controlling können – zumindest teilweise – in den Leistungscentern erfolgen. Mit der Erweiterung der Handlungsspielräume der Module kann insbesondere ein neues Controllingverständnis umgesetzt werden.

Wesentliche Aufgabe des Controlling ist die Bereitstellung von Schlüsselinformationen zu Inputs, Leistungsprozessen und Ergebnissen und ggf. ihre Interpretation, die ein Management zur Steuerung und Planung beliebiger Organisationsbereiche und beliebiger Organisationen benötigt (vgl. z.B. Schöni 2006, 31). Es geht über die Funktion eines reinen Berichtswesens hinaus. Neben einer Versorgung mit Informationen erfüllt Controlling Planungs- sowie Kontrollfunktionen. Schließlich geht es in der Steuerungsfunktion darum, mögliche Abweichungen von Zielwerten zu erfassen und die Optimierung der Produktion zu erreichen. Diese vier Funktionsbereiche lassen sich zwar unterscheiden, aber erst zusammengenommen dienen sie der Unternehmensführung und Leistungserstellung in maximaler Weise. Basis sind definierte Zielgrößen, Kennzahlen oder Indikatoren, die eine Messung ermöglichen. Sie müssen eine Relevanz für die Organisation haben, sie können Ergebnis von Zielvereinbarungen sein. Die Daten müssen nach stringenten formalen und inhaltlichen Verfahren erfasst werden. Controlling ist ein systematischer und kontinuierlicher Soll/Ist-Vergleich, der Qualität unterstützen und entwickeln soll. Nicht nur deshalb, weil die Modularisierung das Konzept der durchgängigen Produktverantwortung einschließt (s.o.), sondern auch, weil Controlling Bestandteil des Führungssystems auf strategischer wie auch auf operativer Ebene ist, überwiegt die „Strategie der Selbstkontrolle durch die Mitarbeiter" (Wildemann 2003, 342). Hierdurch kann auch eine Minimierung der Kosten für Qualitätssicherung erreicht werden, denn externe Kontrollsysteme erfordern erfahrungsgemäß hohe Personalkosten.

Unternehmerische Führung ist eine Dienstleistung, die alle Mitarbeiter befähigt und motiviert, Unternehmensziele zu erreichen (a.a.O., 338). Fragen wie: woher Ziele kommen, welche man braucht, wie sie operative Gültigkeit erlangen, wie manifeste und latente Ziele harmonisiert werden können, gehören zu zentralen und klassischen Themen der Unternehmensforschung. „Management by Objectives" ist in Theorie und Praxis kein einheitliches Konzept, aber Konsens ist: „Ohne Ziele ist weder die Führung eines Unternehmens noch Personalmanagement möglich" (Malik 2003, 1021). Hiermit wird auch die doppelte Bedeutung der Arbeit an Zielen deutlich: Sie ist Basis sowohl der Personal- als auch der Organisationsentwicklung (vgl. auch Schröter/Wollmann 2005).

Als Voraussetzung für brauchbare Zielvereinbarungen muss im Unternehmen eine klare Unternehmenspolitik oder Strategie bestehen. Nach der Strategieentwicklung ist es eine der wichtigsten Aufgaben der obersten Führungsspitze, jenen Mitarbeitern Schwerpunkte zu vermitteln, die mit Zielen innerhalb ihres operativen Bereiches Mitarbeiter führen sollen. Es wird empfohlen, Informationen kurz und präzise zu halten. Wenn auch hier von Vereinbarungen die Rede ist, also von einer partizipativen Erarbeitung klarer Ziele, so ist auch die Vorgabe von Zielen eine durchaus vernünftige Option. Die Bedingungen für eine Vereinbarung sind sogar höchst anspruchsvoll: ausreichende Zeit und Kompetenz der Mitarbeiter. Zwar mag Partizipation der Akteure unterhalb der Spitze bei der Zielfindung eine aus verschiedenen Gründen erstrebenswerte, gar nützliche Option sein; der erste Zweck der Zielvereinbarung ist jedoch nicht, Partizipation, sondern Verantwortlichkeit und Rechenschaft zu ermöglichen. Klarheit betreffend übergeordneter Ziele oder auch Teilziele ermöglicht erst eine Sicherung der Aufgabentreue (Malik 2003, 1026). Vielleicht muss man auch vorsichtiger formulieren: Nur wenn Ziele, also Ergebniserwartungen definiert sind, lassen sich Systeme optimieren. Ob sie sich tatsächlich steuern lassen, ist eine andere Frage.

Wichtiger als die Frage, wer Ziele bestimmt, ist die Notwendigkeit, Ziele, also konkrete, terminierte und überprüfbare Zustände, auf Grundlage und in Übereinstimmung mit der Strategie zu formulieren. Wenn Zielfindung und Zielformulierung auch mit der Komplexität von Produkten oder Dienstleistungen variieren, so sind diese Prozesse in jeder Organisation kompliziert: Wer erarbeitet Ziele, wie sicher ist ihre Übereinstimmung mit Strategie und Politik, wie viele Ziele und Teilziele werden benötigt, bis zu welchem Ausmaß sollen sie quantifiziert werden, sind sie widerspruchsfrei, lassen sie sich in Maßnahmen übersetzen, sind sie hinreichend ambitioniert, inwieweit decken sie sich mit persönlichen Zielen wichtiger Akteure oder Gruppen von Akteuren, welche Zeithorizonte sind realistisch? Aber auch diese „natürliche" Komplexität lässt sich überbieten, indem ein in Wissenschaft und Praxis unstrittiges und vernünftiges Prinzip bürokratisiert wird (vgl. a.a.O., 1021).

Bei der Erstellung von Zielen muss die Umsetzung mitgedacht werden: „Man darf es nicht bei den Zielen allein bewenden belassen, sondern man muss auch die zu ihrer Erreichung notwendigen Ressourcen durchdenken" (a.a.O., 1024). Es ist also nicht nur nötig, Ziele realistisch zu formulieren, sondern sie konkret an Mittel und (mögliche) Maßnahmen zu koppeln. Man kann also der Betriebswirtschaft nicht vorwerfen, Outputsteuerung als ein Prinzip zu behandeln, das die Inputs ignoriert. Die Notwendigkeit, Inputs und erwartete Outputs realistisch in ein Verhältnis zu setzen, ist gerade bei Zielen nötig, die mit „Begeisterung und Faszination" verbunden sind (ebd.).

Betriebswirtschaftliches Denken lässt sich zwar durch Kostenbewusstsein charakterisieren; man kann die Prinzipien der Outputorientierung und Dezentralisierung durchaus als unternehmenswissenschaftliches Modell eines „ganzheitlichen Kostensenkungsprozesses" verstehen. Sonderegger/Allgoewer (2003, 1185f.) machen jedoch deutlich, welche zentralen Aufgaben (u.a.) dabei der

Unternehmensspitze zukommen: „*Es muss die notwendige Klarheit über die mittel- und langfristige strategische Stoßrichtung des Unternehmens bestehen oder hergestellt werden.* Deshalb muss man *zuerst* wissen,

- welche Geschäftsfelder gehalten, abgebaut oder forciert werden,
- welche Aktivitäten neu begonnen werden,
- welche Märkte, Produkte, Dienstleistungen etc. pro Geschäftsfeld forciert werden und
- welche Technologien, Kernkompetenzen vertieft werden".

Deutlich wird hier auch, wie sehr die zitierten Autoren – ganz im Sinne der oben dargstellten Definition des Effizienzbegriffes – die „Methode Rasenmäher", also ein Konzept gleichmäßiger Ressourcenkürzung über alle Unternehmensbereiche hinweg, ablehnen. Eine solche Politik könne dazu führen, „lebenswichtige Stärken" zu beschneiden (vgl. ebd.). Auch wenn analytisch die strategische und die operative Ebene im Unternehmen getrennt sind: Eine Zusammenarbeit wird sich gerade im Bereich der eben beschriebenen Entscheidungen insbesondere dann anbieten, wenn die Unternehmensspitze davon ausgehen kann, dass die operative Ebene zur Lösung von Ressourcenproblemen wichtige Informationen liefern kann.

3. Ansprüche an eine Bildungs-Governance, die der modernen Unternehmensführung folgen will

Das politische Regiment, das diesem Modell der Unternehmenssteuerung folgt, muss sich an diesem selbst messen lassen. Es könnte sich selbstverständlich als sinnvoll erweisen, dieses Modell zu kritisieren, indem etwa geprüft wird, ob es empirisch fundiert oder eher modisch, ob es umsetzbar und wenn ja, ob es tatsächlich erfolgreich ist. Selbst wenn es sich als Erfolgsmodell erweisen sollte, bleibt die Frage, ob es Vorschläge für Lösungen von Steuerungsproblemen aller organisierten Systeme anbietet oder ob es für Bildungssysteme – aufgrund deren Besonderheiten – unangemessen ist. Hier geht es ausschließlich um eine immanente Kritik. Bei aller Problematik, die mit dem Transfer betriebswissenschaftlicher Konzepte auf die Steuerung von Bildungssystemen verbunden sein könnte (vgl. auch Blanke 2005), scheint doch – auch angesichts des Bildungsföderalismus – die Vorstellung nicht unplausibel zu sein, sich das Schulsystem eines Bundeslandes als ein modularisiertes Unternehmen vorzustellen, seine Unternehmensspitze im Ministerium zu verorten und die Einzelschulen als Module bzw. „Filialen" zu begreifen. Ich will deshalb nun die im vorangegangenen Absatz referierten Kernaussagen des ökonomischen Paradigmas an drei zentralen bildungspolitischen Maßnahmen spiegeln, um zu fragen, was die die bildungspolitischen Protagonisten im Top-Bildungsmanagement („Unternehmensspitze"), tun müssten, würden sie Dezentralisierung und Outputsteuerung dem Vorbild folgend umsetzen.

Die drei folgenden Fragekomplexe beziehen sich (1) auf die Managementverpflichtung, mit der die Einzelschule konfrontiert ist, dann thematisiere ich (2) Zielformulierungen, soweit sie im neuen Paradigma der Outputsteuerung in den Bildungsstandards ihren Ausdruck finden, und es geht schließlich (3) um die Leistungsevaluation, in der sich der Sinn des Outputparadigmas beweisen muss.

3.1 Zur notwendigen Gewährung von Verfügungsrechten im Ergebnisparadigma

Mit den 90er Jahren konstatiert die Erziehungswissenschaft einen Wandel der Steuerung von der Systemebene zur Ebene der Einzelschule, die als Organisation beschrieben wird (vgl. z.B. Rolff 1993; Holtappels 1995; Schratz 2003). Dieser Wandel ist u.a. deshalb bemerkenswert, weil es in der Tradition der Disziplin eher üblich war, den Organisationskontext pädagogischen Handelns zu leugnen und die Antinomie von Pädagogik und Organisation zu behaupten (vgl. Terhart 1986 und Böttcher/Terhart 2004). Eine Annäherung erfolgte eher vorsichtig und insbesondere dadurch, dass theoretische Konzepte adaptiert wurden, die Organisationen als „weiche" und „relativ diffus" zu bestimmende Gebilde beschreiben, die für ihre Ergebnisse kaum verantwortlich gemacht werden können (Terhart 1986, 212): Schulen seien „ebenso undurchschaubare wie unbeherrschbare soziale Einheiten" (a.a.O., 216). Terhart sucht auf der Grundlage solcher Modellvorstellungen lediglich noch „Organisierbarkeitsreste" (a.a.O., 217). Auch Oelkers Einschätzung der „Schule als komplexe, widersprüchliche, sensible und nicht selten paradoxe Organisation" (Oelkers 1995, 162) lässt Zweifel, ob dieses System überhaupt zu steuern ist. Mit Rolff, der Schule zwar als „besondere Organisation" definiert, wobei er ihre Besonderheiten z.B. im „pädagogischen Bezug", der mangelnden Technologisierbarkeit der pädagogischen Interaktionen oder dem Bildungsauftrag sieht (Rolff 1993, 121ff.), die „Saldierungen von Input und Output" nicht zuließen, wird die Idee der „Schule als Organisation" leitend (vgl. zur Kritik Göhlich 2001, 37ff. und Böttcher 2005). Der Titel einer einschlägigen Aufsatzsammlung macht deutlich, wo Bildungsreform anzusetzen hat: „Wandel durch Selbstorganisation" (Rolff 1993).

Diese Organisationsperspektive ist mittlerweile im pädagogischen Milieu so selbstverständlich, dass gar komplexe und selbst in der Unternehmenswissenschaft eher als Vision denn als Realität verstandene Organisationsmodelle wie das der lernenden Organisation die Leitidee für die Schulentwicklung sind (vgl. z.B. Rolff 1993; Schratz/Steiner-Löffler 1999). Die verführerische Semantik der „Lernenden Schule" verdeckt schwerwiegende Probleme (vgl. Tacke 2004; Böttcher 2004). Zwar scheint der Lernbegriff einerseits das Vorhandensein von Kreativität, Individualität oder Spontaneität in Organisationen zu akzeptieren, andererseits jedoch zeigt er an, dass Lernen von Individuen durch kluges Management in das Lernen von Kollektiven transformiert werden könne. Es ist nunmehr zurechenbar, wenn Schulen scheitern: Die Individuen waren nicht lernfähig, oder das Management hat die Klugheit der Individuen nicht genutzt.

Spätestens seitdem die Schule zur lernenden Organisation wurde, überrollt uns eine Flut theoretischer und empirischer, insbesondere aber Praxis anleitender Literatur zur Organisationsentwicklung und zum Management, begleitet von einem unüberschaubaren einschlägigen Seminarangebot. Der Wandel von der Organisationsphobie zur Organisationseuphorie wird begleitet vom politischen Autonomie-Paradigma, das Schulgesetznovellen prägt.

Die „managerial" zu erzeugende Emergenz einer kollektiven Klugheit durch eine betriebswirtschaftliche Organisation der Akteure muss aber Rhetorik bleiben, solange eine Schule sich zwar als Organisation beschreiben lässt, faktisch aber kein Akteur und auch keine Akteurgruppe die nötigen Verfügungsrechte zum Management der Organisation hat. Folgen wir einer (beliebig ausgewählten) Definition von Organisation (vgl. Banner/Gagné 1995), lassen sich folgende Elemente unterscheiden: Zielorientierung, identifizierbare Grenzen, soziale Interaktion, strukturiertes Aktivitätensystem und Kultur.

Vor diesem Hintergrund muss aus Sicht einer dem Autonomie-Gebot gehorchenden Organisation nach den – bezogen auf Akteure und Methoden – tatsächlichen Möglichkeiten gefragt werden,

- Organisationsziele verbindlich zu formulieren,
- Grenzen zur Umwelt in förderlicher Weise zu definieren,
- die Komplexität sozialer Interaktion organisationskompatibel zu gestalten,
- die Struktur einer Organisation, also „die Gesamtsumme aller Mittel und Wege, die der Organisation zur Arbeitsteilung und dann zur Koordinierung der Einzelaufgaben dienen" (Mintzberg 1992, 17), zu managen oder
- das Glaubens-, Werte- oder Einstellungssystems, das die Struktur und die Aktivitäten der Organisation stützt, zu verändern.

Die Aufforderung zur Organisationsentwicklung oder zum Reform-Management ist legitimerweise nur an eine Organisation zu richten, die über Kompetenzen im doppelten Sinne des „Könnens und Dürfens" verfügt. Betrachten wir die Schulleitung, die im Zentrum der Gestaltungsanforderungen steht: Hat sie die Möglichkeit zum Managen angesichts teilweise minimaler Freistellungen, enger Beschränkungen bei der Personalrekrutierung, noch größerer Hindernisse bei der Personalentwicklung einschließlich der Etablierung von Belohnungssystemen und in der Regel oberflächlichen Schulungen durch selbsternannte Berater? Wenn in der deutschen pädagogischen Literatur häufig die Schulleitung als Motor der Organisationsentwicklung beschrieben wird, dann ist das nur insofern richtig, als es in der internationalen Forschung für diese These eine hinreichende Evidenz gibt, der Kontext sich aber vom deutschen wesentlich unterscheidet. Nicht, dass es beliebig wäre, wer eine deutsche Schule leitet; aber es ist ein gewaltiger Unterschied zwischen einem deutschen Schulleiter auf der einen Seite und einem englischen oder kanadischen auf der anderen.

Betriebswirtschaftliches Denken gibt nicht nur Anlass, die Organisationsebene zu adressieren, sie liefert auch gute Argumente dafür, empirisch nach Managementdefiziten zu forschen, die auf der Ebene der Instanzen oberhalb der einzelnen Organisation gemacht werden. Das Dezentralisierungskonzept unterscheidet klare Zuständigkeiten und stattet die operative Ebene mit den Kompetenzen für die relative Autonomie aus. Autonomie ist also zunächst nicht eine Verpflichtung für das Unternehmensmodul, sondern sie ist eine Gestaltungsaufgabe für die Unternehmensspitze. Sie ist Zumutung und nicht Gewährung von Freiheit, wenn das Top-Management Dezentralisierung nicht entsprechend organisiert, steuert und die nötigen Selbstverpflichtungen übernimmt. Die von mir angeführten Probleme des Spitzenmanagements wiederholen sich auf der Ebene der Zuständigkeit für die äußeren Schulangelegenheiten in der Halbherzigkeit bei der Budgetierung von Sach- und Investitionsmitteln.

3.2 Zur Notwendigkeit von Zielvorgaben als Steuerungsgrößen

Abgesehen von einer relativ kurzen Phase in den 70er Jahren des letzten Jahrhunderts, als Curricula als zentrale Reforminstrumente diskutiert wurden (grundlegend und auslösend: Robinsohn 1967), ist die Frage nach Zielen in der Erziehungswissenschaft zwar zentral, aber doch nur sehr allgemein behandelt worden. Die Unschärfe der Zielbeschreibung scheint im pädagogischen Milieu Programm zu sein. Erfolgsunsicherheit, Technologievagheit oder die Tatsache, dass im pädagogischen Prozess häufig Unerwartetes passiert, mögen Anlass geben, die Schule von klaren Zielvorgaben zu befreien.

Die Beschreibungen ihrer Aufgaben sind in hohem Maße unpräzise und zudem ambivalent, resultieren sie doch aus einer Vielzahl divergierender – und meist ad hoc formulierter – gesellschaftlicher Ansprüche (vgl. OECD 1989).

Solange die Schule Objekt multipler Forderungen bleibt, wird, so Oelkers, die Entwicklung zur „lernenden Organisation" verhindert: „Gefordert wird im Prinzip alles, was bestimmten Interessengruppen oder auch der allgemeinen Oeffentlichkeit als sinnvoll erscheint; Institutionen können aber nur dann wirklich lernen, wenn sie von ihrer *Spezialisierung* ausgehen" (Oelkers 1995, 183). Hier lässt sich eines der basalen Probleme einer Schule verorten, die als Organisation im Output-Paradigma agieren soll. Unverzichtbare Bedingung dafür, dass das „Output-Modell" funktioniert, ist die Erarbeitung von realistischen Zielvorgaben, von Ergebniserwartungen also, die eine reale Schule tatsächlich auch erreichen kann (ausführlich: Böttcher 2003). Eine allgemeine Programmatik wie „bessere Leistungen und weniger soziale Auslese" ist im Kontext eines Outputparadigmas nicht ausreichend.

Der Notwendigkeit von Zielvorgaben begegnet die Bildungspolitik auf nationaler Ebene mit den „nationalen Bildungsstandards" und auf Länderebene mit Versuchen, diese in z.B. „Kernlehrpläne" (Nordrhein-Westfalen), „Erwartungshorizonte" (Rheinland-Pfalz) oder ähnliches umzusetzen (vgl. KMK 2005, 19). In den Publikationen der KMK klingt es so, als sei eine Wende vollzogen (vgl. http://www.kmk.org/schul/home1.htm). Bildungsstandards dienen „der Schul- und Unterrichtsentwicklung. Sie formulieren Anforderungen an das Lehren und Lernen in der Schule. Sie benennen Ziele für die pädagogische Arbeit, ausgedrückt als erwünschte Lernergebnisse der Schülerinnen und Schüler. Damit konkretisieren Standards den Bildungsauftrag, den allgemein bildende Schulen zu erfüllen haben" (a.a.O., 10).

Eine weitere Präzisierung der Vorgaben wird von den Ländern erwartet. In der Sprache der KMK heißt es, Standards geben „die Zielperspektive vor, während Lehrpläne u.ä. strukturierendes Element von Unterricht sein können" (a.a.O., 18). Weiter: „Die Kompatibilität der Lehrpläne mit den Bildungsstandards ist je landesspezifisch zu prüfen. Die Länder verpflichten sich […] die Standards zu implementieren und anzuwenden. Dies wird insbesondere die Lehrplanarbeit, die Schulentwicklung und die Lehreraus- und -fortbildung betreffen" (a.a.O., 18f.).

Offenbar sind also die „bundesweit geltenden Bildungsstandards" (ebd.) noch kein Führungsinstrument, vielmehr sind sie eine Richtungsangabe. Die eigentliche und unterrichtswirksame Vorgabe soll von den Ländern kommen. Die problematische Relation zwischen Bund und Ländern außer Acht lassend, ist es eine wichtige Frage, wie Standards auszusehen haben, die im Unterricht – also im operativen Geschäft – ankommen sollen. Ohne allzu großen Aufwand sollten sie in den Schulen so zu bearbeiten sein, dass aus ihnen Curricula entstehen, also sinnvoll strukturierte und aufeinander aufbauende ausgewählte Lehrinhalte für die (je spezifische) Schülerschaft. Denn Lehrer veranstalten keinen abstrakten

Unterricht, sie arbeiten an konkreten Gegenständen: dem Satz des Pythagoras, dem „present continuous", der Struktur von Symphonien oder dem Westfälischen Frieden.

Können die Vorgaben tatsächlich die Qualitätsentwicklung der Schule steuern? Die Grundideen von Bildungsstandards formulieren z.b. Gandal und Vranek (2001), zwei Protagonisten der US-amerikanischen „standards based reform". Wenn Standards den Unterricht verändern sollen, so müssten sie „unterrichtbar" („teachable") sein: klar und knapp. „Klarheit" meint, dass Standards genügend detailliert und präzise sind, damit Lehrer, Eltern und Schüler (genau) wissen, was gelernt werden soll. „Knappheit" meint die notwendige Selektion von Standards, das Vermeiden von „Wunschkatalogen". Eine nicht zu bewältigende Ansammlung von Standards führe zum gleichen Resultat wie deren Vagheit: Es bliebe unentschieden, was Schüler tatsächlich lernen müssen. Das zentrale Anliegen der Standardsetzung, nämlich allgemeine und verbindliche Erwartungen an Lernergebnisse zu formulieren, werde so torpediert. Die Bildungsgewerkschaft American Federation of Teachers (AFT) sieht das genauso: Standards müssten demzufolge so präzise („specific") formuliert sein, dass sie zu einem gemeinsamen und allgemein gültigen Kerncurriculum ausbuchstabiert werden können (vgl. AFT 1996).

Um es als Frage zu formulieren: Sind Ziele so präzisiert, dass ergebnisorientierte Steuerung ein systematisches Controlling, den Abgleich also zwischen Ist und Soll, ermöglicht (vgl. Böttcher/Klemm 2002)? Können auf ihrer Grundlage ein konsistentes System zur Bewertung von Bildungsentwicklung und ein evidenzgestütztes Fördersystem aufgebaut werden? Und kann so die Sicherung eines gemeinsamen Bildungsauftrages gelingen?

3.3 Evaluation als Prinzip der Qualitätsverbesserung

Mit der Vorgabe von Bildungsstandards soll eine Qualitätsentwicklung der Schule und des Unterrichts gefördert werden. Es ist nicht daran gedacht, die Standards und ihre Wirkungen unbeobachtet zu lassen. Für die KMK ist selbstverständlich, dass „systemische Schulentwicklung" (KMK 2005, 10) – ganz im Sinne der Outputorientierung – „mit interner und externer Evaluation" (ebd.) gekoppelt sein müsse. Das gilt ganz besonders für den Unterricht:

„Wenn Schulen aufgefordert werden, verstärkt Unterrichtsentwicklung zu betreiben, heißt das auch, sich regelmäßig des Erfolgs der Arbeit zu vergewissern (interne Evaluation) und sich einer „standardisierten" Rückmeldung der Unterrichtsergebnisse zu stellen (externe Evaluation)" (ebd.). Im Kern gibt es hierzulande zwei Instrumente der Evaluation: Tests und Inspektion.

Wenn Bildungsstandards (und aus ihnen abgeleitete Instrumente) Zielvorgaben beschreiben, muss auch ein System vorhanden sein, mit dem überprüft werden kann, ob Ziele erreicht oder verfehlt wurden. Ziele sind demnach so zu formulieren, dass sie einer Prüfung zugänglich sind. Hier stellt sich die Frage des inneren Zusammenhangs von Prüfungsverfahren und -inhalten einerseits und Standards andererseits. Wie man aus der schon länger andauernden US-amerikanischen Debatte weiß, ist das „Alignment" von Tests und Standards – ihr inneres „Auf-Linie-Sein" – nicht nur eine pädagogische, sondern auch eine steuerungspolitische Notwendigkeit. Ist der innere Zusammenhang nicht gesichert, werden Standards zugunsten der Tests an Bedeutung verlieren. Das umso mehr, je unpräziser und ausufernder die Standards sind. In diesem Sinne schwache Standards führen zu einer Dominanz der Testung. In politischen Erklärungen ist das aber nicht sichtbar, so dass hier mögliche nicht intendierte Effekte vermutet werden können.

Eine bewusst betriebene Dominanz externer Testung wäre auch nicht empfehlenswert, wenn Evaluation in der Schulpolitik das Pendant zum Controlling der modernen Betriebswirtschaft sein sollte. Während die klassische Kontrolle am Ende der Produktionsprozesse einsetzt, markiert Controlling eine durchgängige Produktverantwortung in einem kontinuierlichen Soll-Ist-Vergleich. Das hat auch pragmatische Gründe: Eine Qualitätskontrolle am Schluss der Produktion würde sich im Fall unzureichender Ergebnisse als viel zu kostspielig erweisen. Und, auch das lehrt das betriebliche Beispiel: Am sinnvollsten werden diese Evaluationen in die Prozessebene verlegt und nicht permanent extern organisiert. Bildungsstandards sollten die Evaluation der Lehrertätigkeit durch die Lehrer selbst ermöglichen und die Bereitschaft, Unterrichtskonzepte neu zu planen, wenn Standards nicht erreicht werden.

Ein weiterer Punkt ist damit bereits tangiert. Bildungsstandards wollen im Hinblick auf die Prozessgestaltung abstinent sein: Die KMK will den „Schulen Gestaltungsräume für ihre pädagogische Arbeit" eröffnen (a.a.O., 9), also nicht die Prozesse standardisieren. Pädagogische Methodenfreiheit hat jedoch dort ihre Grenzen, wo anvisierte Ergebnisse dauerhaft verfehlt werden und es begründete Vermutungen dafür gibt, dass die Prozesse suboptimal gestaltet werden. Bislang ist die durchaus paradoxe Situation, Unterricht verändern zu wollen, ohne in die Unterrichtsprozesse einzugreifen, nicht diskutiert. Mit der Einführung von Schulinspektionen ist dieses Problem allenfalls angerissen.

Dieses Problem dürfte sich beim Kontrollinstrument Inspektion noch verstärken. Qualitätstableaus, die eine Inspektion leiten sollen, müssten Indikatoren für Prozessqualität verwenden, ohne die Prozessautonomie zu beschneiden. Es gibt Grund zu der Annahme, dass Inspektionen jedoch genau zu dieser Grenzüberschreitung führen. Avenarius (2006) hat diese Gefahr am Beispiel der hessischen Schulinspektion dargelegt, die eine relativ fixierte Vorstellung von einer guten Schule transportiert.

4. Zur empirischen Untersuchung einiger staatlicher Aufgaben im Wandlungsmanagement

Vielfach wird gegen Autonomie und Ergebnissteuerung eingewendet, der Staat leite hiermit seinen Rückzug aus der öffentlichen Bildung ein. Mit dem betriebswirtschaftlichen Dezentralisierungskonzept wäre eine solche staatliche Haltung nicht vereinbar. Braun (2003, 40) warnt vor dem Missverständnis, zentrale Verantwortung werde durch Dezentralisierung abgeschafft. Die „Übertragung eines fallspezifisch als sinnvoll betrachteten Anteils von Entscheidungskompetenzen an die operativen Einheiten" (ebd.) definiert im Gegenteil präzise die notwendigen Aufgaben auch der strategischen Unternehmensführung. Eine empirische Governanceforschung, die die Arbeit der politischen Führung in den Blick nähme, könnte aus empirischen und theoretischen Beiträgen der Unternehmenswissenschaft die Verantwortlichkeiten für den spezifischen Gegenstand der staatlichen Bildungspolitik als „Unternehmensspitze" genauer definieren und das Interaktionssystem von staatlichen Systeminputs, Prozessen und ihrer Wirkungen analysieren.

In der aktuellen Debatte stellt das Paradigma der Outputsteuerung die Organisation in den Mittelpunkt: Der Staat erwartet Management und Rechenschaft von den Bildungseinrichtungen. Für die Rechenschaftslegung spielt die interne, selbst verantwortete Evaluation offenbar eine geringere Rolle als die staatliche, mittels zentralisierter Leistungsmessung der Schüler und Inspektion der Schulen vorgenommene. Mögliche Zweifel an dieser Aussage dürften sich verflüchtigen, wenn man nur an die Kosten von Vergleichsarbeiten und Schulinspektion denkt. Zwar wird man möglicherweise nicht darum herumkommen, in einem System, das vorher inputgesteuert war, neue Investitionen in Ergebnismessung zu tätigen, die womöglich nicht durch Einsparung im Bereich alter Steuerung kompensiert werden können. Aber man muss erinnern, dass eine wesentliche Wirkungserwartung der dezentralen Ergebnissteuerung in der Wirtschaft eine Reduktion von Kosten gegenüber alten Kontrollmethoden ist. Durch die Einführung dezentraler Organisationseinheiten sollen sich gegenüber traditionellen Konzepten Datenströme und Personalaufwand reduzieren. Es wäre also darauf zu achten, die Outputsteuerung im Sinne der Autonomisierung in überwiegendem Maße in der Organisation zu belassen. Allerdings wären solche Strategien und Methoden zentral zu entwickeln, die helfen, Selbstevaluationen intersubjektiv überprüfbar, transparent, verlässlich und mit möglichst geringem Aufwand zu gestalten. Nicht nur unter der Kostenperspektive könnte sich die Haltung zugunsten verstärkter externer Kontrolle als problematisch erweisen. Im betriebswirtschaftlichen Programm jedenfalls soll die Verlagerung zur Mitarbeiterverantwortung deren Motivation und Kompetenz steigern und die Qualität der Produkte oder Dienstleistungen durch selbst verantwortete Produktqualität verbessern. Ob aufwändige Verfahren der externen Evaluation eben diese Wirkungen erzielen, dürfte bezweifelt werden. Empirische Bildungsforschung könnte diese Frage aufnehmen.

Mit einer organisationsfokussierten Sicht auf neue Steuerung gerät die schulische Prozessebene unter Beobachtung. Problematisch ist es, wenn dabei der Blick von der Bedeutung der Inputs abgelenkt wird, insbesondere solcher, die durch die Schule nicht beeinflusst werden können, von denen aber ihre Prozessgestaltung in hohem Maße abhängig ist. Unter Inputs lassen sich alle Ressourcen fassen, über die eine Organisation verfügt bzw. verfügen muss. Da die drei analytischen Dimensionen – Input, Prozess, Output – immer miteinander interagieren, kann auch in der Outputsteuerung die Verantwortung für Ergebnisse nicht nur auf operativer Ebene gesucht werden. Wesentliche Inputs, die eine Organisation wie die Einzelschule speisen, liegen in der Verantwortung des Staates. Der Hinweis darauf, dass Schulen unter gleichen staatlichen Bedingungen unterschiedliche Ergebnisse produzieren, manche möglicherweise ausgesprochen gute, kann nicht einen Verzicht auf Ressourcenkritik begründen. Positive Anomalien sind allenfalls Belege dafür, dass trotz adverser Bedingungen positive Ausnahmen möglich sind. Genauso, wie von einzelnen Schulen Rechenschaft erwartet wird, müsste die Governance Rechenschaft über ihre Instrumente und Investitionen ablegen: über die Lehrerbildung, die Finanzierung, die eingesetzten Evaluationsinstrumente, die Versorgung mit operativ relevanten Informationen oder über die Kommunikation und Disseminierung strategischer Ziele. Für all dieses (und mehr) liegt die Verantwortlichkeit nicht in den Modulen, sondern in der Systemspitze. Allgemein gesagt: Es muss geprüft werden, ob die Implementierung von dezentralen Leistungscentern die Reorganisation von Zentralfunktionen mit eingeschlossen hat. Wie und inwieweit diese Reorganisation gelingt, ist ein in der deutschen Debatte weitgehend forschungsfreies Feld. Gleiches gilt für Fragen, wie das Delegationsrisiko reduziert werden kann oder wie nicht intendierte Effekte durch das Zusammenwirken eingesetzter Steuerungsinstrumente kontrolliert werden können. Ein aufgeklärtes „Educational Government" sollte daran interessiert sein.

„Evidence based policy research", das neue Leitkonzept der OECD, ist nicht nur ausgerichtet an der Evaluation pädagogischer oder sozialer Programme und dem Makeln empirischer Befunde („Brokerage"), die politisches Handeln leiten und legitimieren könnten (vgl. Davies 2006); das Konzept bezieht auch dieses Handeln selbst als Evaluationsgegenstand mit ein. Das mag in Deutschland noch ein mutiger Gedanke sein. Ich unterstelle der Politik aber ein zunehmendes Interesse daran, ihr eigenes Handeln zu evaluieren, weil nicht die Erkenntnis, dass ein Steuerungsinstrument nicht oder nicht optimal funktioniert, schädlich ist, sondern ein bewusstloses Weitermachen lediglich aufgrund politisch formulierter Hoffnungen – insbesondere angesichts knapper Ressourcen.

Prominent und auch heute noch wegweisend für die Organisations- und Institutionentheorie ist das Theorem des „loose coupling", das der US-amerikanische Organisationsforscher Weick am Beispiel der Schule erläuterte (vgl. Weick 1976). Anders als im rationalistischen Zweck-Mittel-Schema sei demnach ein Schulsystem dadurch gekennzeichnet, dass seine Elemente (zum Beispiel Politik, Verwaltung und Schule) nur schwach miteinander verbunden sind. Dieses impliziert eine hohe Eigenständigkeit der Elemente und eine geringe Wirkungsdichte zwischen ihnen. Demnach herrscht im bürokratischen Modell der Governance lediglich eine Illusion der Steuerung. In einem neuen Paradigma, das tatsächlich real führen will, müssen Wege erarbeitet werden, diese lockeren Beziehungen so zu gestalten, dass Governance überhaupt gelingen kann. Dabei wäre darauf zu achten, welche Beziehungen wie zu verkoppeln sind, und dass die Vorgaben der strategischen Ebene trotz Dezentralisierung im Sinne der Führung operativ wirksam werden – und nicht durch den „Stille-Post-Effekt" verstümmelt oder pervertiert werden.

Ich möchte noch knapp auf die im letzten Kapitel skizzierten bildungspolitischen Aktionsbereiche zurückzukommen und einige weitere Forschungsfragen andeuten. Was die Managementkompetenz der dezentralen Module anbetrifft, so dürfte Wissen darüber besonders bedeutsam sein, wie tatsächlich ein Abgeben von Verfügungsrechten von oben nach unten gesteuert werden kann. Bleibt dieser Prozess Rhetorik, sehen sich die Organisationen nicht nur in der problematischen Lage, de facto ihre Probleme nicht selbst bearbeiten zu können, obwohl sie verantwortlich gemacht werden. Es entsteht zudem tendenziell eine Verdoppelung von Bürokratie, wenn die Spitze nicht abgibt, das Modul aber zum – wenn auch womöglich folgenlosen – eigenem Handeln gezwungen wird. Angesichts des Ziels, bürokratische Hemmnisse abzubauen, wäre diese Entwicklung zynisch.

Was das Controlling anbelangt, so wurde schon erwähnt, dass die Verlagerung dieser Kompetenz auf die Ebene der Module plausibel ist. Ein empirisch zu entscheidender Wettbewerb zwischen externen und internen Evaluationsverfahren könnte Argumente für das eine oder andere Verfahren stärken. Sollten externe Verfahren nötig sein, und das scheint zurzeit Konsens zu sein, dann müssten sich die unterschiedlichen länderspezifischen Konzepte einem Vergleich stellen. Bei der staatlichen Zieldefinition durch Bildungsstandards könnte u.a. geprüft werden, ob die Organisation Schule in ausreichendem Maße „bedient" wurde, so dass tatsächlich durch Vorgaben standardisierende Effekte generiert werden. Dabei interessiert nicht die Frage, ob Standards Lernen verbessern. Auf Steuerungsebene interessiert, ob die Standards durch die Steuerungspfade des Schulwesens auf die Ebene vordringen, wo sie Wirkung erzeugen sollen, nämlich in die kooperative Zusammenarbeit der Lehrer und schließlich in die Klassenzimmer.

Die nachvollziehbare Schwierigkeit, für Bildungseinrichtungen Ziele zu formulieren, darf staatlicherseits nicht zu einem Verzicht auf Zielformulierung führen. Sich durch allzu unklare Vorgaben gegen eine andernfalls vorauszusehende konfliktreiche Debatte um Ziele zu immunisieren, dürfte sehr gefährlich sein. Schulen sind nämlich keine Veranstaltungen inhaltlicher Beliebigkeit, sondern sie haben die Pflicht, den jungen Menschen eine selbstbewusste soziale Partizipation zu ermöglichen und tragfähige Grundlagen fürs Weiterlernen zu vermitteln. Ihr zentrales Ziel ist es, für eine Grundbildung zu sorgen, die diese beiden Aspekte umfasst. Gerade in einem staatlichen System ist das Risiko einer zu großen Auseinanderentwicklung der Qualität unterschiedlicher Module nicht zu legitimieren. Wer meint, auf Zielklarheit verzichten zu können, betätigt sich – womöglich wider jede Absicht – als Totengräber der öffentlichen Schule. Gerade weil schulische Aufträge einen besonderen öffentlichen Charakter haben und in besonderem Maße auch Idealen verpflichtet sind, ist ein Verzicht auf Präzisierung (wesentlicher) Ziele kaum zu tolerieren. Für die Forschung stellen sich hier Fragen danach, wie diese Ziele empirisch gestützt werden können oder wie ein Kommunikationsprozess gestaltet werden kann, der zu einem zufrieden stellenden Abschluss führt.

In allen Fällen geht es auch darum, Steuerungskonzepte vergleichend zu analysieren: Welches Modell der Disseminierung von Standards ist im Bundesländervergleich erfolgreicher, oder welcher Typus externer Evaluation kann unter welchen Kontextbedingungen helfen, schlechte Schulen zu verbessern? Die Vergleiche zwischen Modellen der Länder-Governance sind logische Folge der wettbewerblichen Struktur des Bildungsföderalismus, den die Bundesländer selbst gewollt haben.

Auf einen Tatbestand muss ich noch hinweisen, der hier fast völlig unterdrückt werden musste. Um zur ökonomischen Analogie zurückzukommen: Ich habe betriebswirtschaftlich argumentiert. Dass freilich der notwendige Egoismus des betrieblichen Denkens zu erheblichen volkswirtschaftlichen Problemen führen kann, ist unbestritten. Wer staatliche Bildungspolitik bewahren will, muss über Wissen darüber verfügen, welche Systemeffekte – also gesellschaftliche, kulturelle, politische, gesamtökonomische Wirkungen – durch betriebswirtschaftliche, mithin auf Wettbewerb ausgerichtete Instrumente generiert werden. Ein Staat, der das versäumt, könnte am Ende feststellen, dass er sich selbst abgeschafft hat.

Literatur

American Federation of Teachers (AFT) (1996): Setting Strong Standards. Washington D.C.

Avenarius, Hermann (2006): „Standard-Konzepte" und „Qualitätsrahmen" für „eigenständige Schulen" – Ein Widerspruch? In: Gesellschaft zur Förderung Pädagogischer Forschung. Nachrichten 2/2006, 21-33.

Banner, David K./Gagné, T. Elaine (1995): Designing Effective Organizations. Traditional and Transformational Views. Thousand Oakes, CA et al.

Bellenberg, Gabriele/Böttcher, Wolfgang/Klemm, Klaus (2001): Stärkung der Einzelschule. Neues Management der Ressourcen Zeit, Geld und Personal. Kriftel und Neuwied: Luchterhand.

Blanke, Bernhard (2005): Verwaltungsreform als Aufgabe des Regierens. In: Blanke, Bernhard et al. (Hg.): Handbuch zur Verwaltungsreform. Wiesbaden: VS, XIII-XIX.

Böllhoff, Dominik/Wewer, Göttrik (2005): Zieldefinition in der Verwaltung. In: Blanke, Bernhard et al. (Hg.): Handbuch zur Verwaltungsreform. Wiesbaden: VS, 147-153.

Böttcher, Wolfgang (2002): Kann eine ökonomische Schule auch eine pädagogische sein? Schulentwicklung zwischen Neuer Steuerung, Organisation, Leistungsevaluation und Bildung. Weinheim/München: Juventa.

Böttcher, Wolfgang (2003): Starke Standards. Bessere Lernergebnisse und mehr Chancengleichheit. In: Lernende Schule, Heft 24, 4-9.

Böttcher, Wolfgang (2004): Neuere Entwicklungen der Bildungsreform und ihr Potenzial für den Lehrerberuf und die Lehrerbildung. In: Beckmann, Udo/Brandt, Hjalmar/Wagner, Heinz (Hg.): Ein neues Bild vom Lehrerberuf? Pädagogische Professionalität nach PISA. Beiträge zur Reform der Lehrerbildung. Ludwig Eckinger zum 60. Geburtstag. Weinheim/Basel: Beltz, 72-86.

Böttcher, Wolfgang (2005): Pädagogik in Organisationen. Potenziale eines ökonomischen Programms der Bildungsreform. In: Göhlich, Michael/Hopf, Caroline/Sausele, Ines (Hg.): Pädagogische Organisationsforschung. Wiesbaden: VS, 217- 231.

Böttcher, Wolfgang (2006): „Standards-Based Reform". Oder: Kann man für die Schulreform von den USA lernen? In: Eder, Ferdinand/Gastager, Angela/Hofmann, Franz (Hg.): Qualität durch Standards? Münster, u.a.: Waxmann.

Böttcher, Wolfgang/Klemm, Wolfgang (2002): Kann man Schule verändern? Eine Skizze gegen den Voluntarismus in der Schulreform. In: Weegen, Michael u.a. (Hg.): Bildungsforschung und Politikberatung. Weinheim/München: Juventa, 167-184.

Böttcher, Wolfgang/Terhart, Ewald (Hg.) (2004): Organisationstheorie. Beiträge zur Analyse und Gestaltung pädagogischer Felder. Wiesbaden: VS.

Braun, Jochen (2003): Grundlagen der Organisationsgestaltung. In: Bullinger, Hans-Jörg/Warnecke, Hans Jürgen/Westkämper, Engelbert (Hg.): Neue Organisationsformen im Unternehmen. Berlin: Springer, 1-67.

Burr, Günther (2003): Führung dezentraler und teilautonomer Leistungseinheiten. In: Bullinger, Hans-Jörg/Warnecke, Hans Jürgen/Westkämper, Engelbert (Hg.): Neue Organisationsformen im Unternehmen. Berlin: Springer, 1131-1152.

Davies, Philip (2006): Is Evidence-Based Government Possible? Jerry Lee Lecture 2004. To be presented at the 4th annual Campbell Collaboration Colloquium Washington D.C. 19 February 2004 (http://www.policyhub.gov.uk/down-loads/JerryLee Lecture1202041.pdf; letzter Zugriff: 23.01. 2007).

Gandal, Matthew/Vranek, Jennifer (2001): Standards: Here Today, Here Tomorrow: In: Educational Leadership, Volume 59, Number 1, 6-13 (http://www.ascd.org/ed_ topics/el200109_gandal.html; letzter Zugriff: 25.05. 2006).

Göhlich, Michael (2001): System, Handeln, Lernen unterstützen. Eine Theorie der Praxis pädagogischer Institutionen. Weinheim/Basel: Beltz.

Holtappels, Heinz Günter (Hg.) (1995): Entwicklung von Schulkultur. Ansätze und Wege schulischer Erneuerung. Neuwied: Luchterhand.

Liket, Theo (1993): Freiheit und Verantwortung. Gütersloh: Bertelsmann.

Malik, Fredmund (2003): Zielvereinbarungen. In: Bullinger, Hans-Jörg/Warnecke, Hans Jürgen/Westkämper, Engelbert (Hg.): Neue Organisationsformen im Unternehmen. Berlin: Springer, 1021-1026.

Mintzberg, Henry (1992): Die Mintzberg-Struktur. Organisationen effektiver gestalten. Landsberg/Lech: Moderne Industrie.

Oelkers, Jürgen (1995): Schulreform und Schulkritik. Würzburg: Ergon.

Organization for Economic Co-operation and Development (OECD) (1989): Schools and Quality. Paris (Deutsch: Schulen und Qualität, Frankfurt 1991).

Robinsohn, Saul B. (1967): Bildungsreform als Revision des Curriculums. Neuwied: Luchterhand.

Rolff, Hans-Günter (1993): Wandel durch Selbstorganisation. Theoretische Grundlagen und praktische Hinweise für eine bessere Schule. Weinheim/ München: Juventa.

Schöni, Walter (2006): Handbuch Bildungscontrolling. Steuerung von Bildungsprozessen in Unternehmen und Bildungsinstitutionen. Zürich/Chur: Rüegger.

Schratz, Michael (2003): Qualität sichern, Schulprogramme entwickeln. Seelze/Velber: Kallmeyer.

Schratz, Michael/Steiner-Löffler, Ulrike (1999): Die Lernende Schule: Schulentwicklung zwischen Kundenbeziehung und pädagogischem Eros. In: Hofmann/Weishaupt/Zedler (Hg.): Organisationsentwicklung in Schulen, in Unternehmen und im sozialen Bereich. PH Erfurt, 111-152.

Schröter, Eckhard/Wollmann, Hellmut (2005): New Public Management. In: Blanke, Bernhard et al. (Hg.): Handbuch zur Verwaltungsreform. Wiesbaden: VS, 63-74.

Sekretariat der Ständigen Konferenz der Kultusminister der Länder in der Bundesrepublik Deutschland (KMK): Bildungsstandards (http://www.kmk.org /schul/home1.htm; letzter Zugriff: 07.08. 2006).

Sekretariat der Ständigen Konferenz der Kultusminister der Länder in der Bundesrepublik Deutschland (KMK) (Hg.) (2005): Bildungsstandards der Kultusministerkonferenz. Erläuterungen zur Konzeption und Entwicklung. München/Neuwied: Luchterhand.

Sonderegger, Willi/Allgoewer, Ludwig W. (2003): Ganzheitliches Kostenmanagement zur permanenten Steigerung der Produktivität. In: Bullinger, Hans-Jörg/Warnecke, Hans Jürgen/Westkämper, Engelbert (Hg.): Neue Organisationsformen im Unternehmen. Berlin: Springer, 1184-1192.

Tacke, Veronika (2004): Organisation im Kontext der Erziehung. In: Böttcher, Wolfgang/Terhart, Ewald (Hg.): Organisationstheorie. Beiträge zur Analyse und Gestaltung pädagogischer Felder. Wiesbaden: VS.

Terhart, Ewald (1986): Organisation und Erziehung. Neue Zugangsweisen zu einem alten Dilemma. In: Zeitschrift für Pädagogik 32. Jg., Nr. 2, 205-223.

Weick, Karl E. (1976): Organizations as Loosely Coupled Systems. In: Administration Science Quarterly 21, 1-19.

Wildemann, Horst (2003): Dezentralisierung von Kompetenz und Verantwortung. In: Bullinger, Hans-Jörg/Warnecke, Hans Jürgen/Westkämper, Engelbert (Hg.): Neue Organisationsformen im Unternehmen. Berlin: Springer, 334-351.

Ute Clement

Educational Governance an der Schnittstelle sozialer Systeme – Das Beispiel der beruflichen Bildung

Angesichts der Ressourcenknappheit öffentlicher Haushalte sehen sich Bildungspolitiker und Schulen zunehmend mit der Notwendigkeit konfrontiert, Kosten des Bildungssystems zu legitimieren und seinen Nutzen sichtbar zu machen. Bildung als Ziel und Mittel schulischen Handelns gilt nicht mehr unhinterfragt als Rechtfertigung für öffentliches Engagement. Verbände, Akteure und Medien fordern verwertbare Kompetenzen, ein gutes Abschneiden in Leistungstests, Beschäftigungsfähigkeit der Absolventen und die Anschlussfähigkeit des Erlernten an lebenslanges Lernen.

Von Schulen wird daher heute vielfach erwartet, dass sie – anders als früher – ihre Leistungen transparent darstellen und z.B. Kennzahlen hinsichtlich Abschlussquoten, Erreichen von Bildungsstandards oder Unterrichtsausfall darstellen. Sie werden zunehmend extern evaluiert oder nehmen an Leistungsmessungen und Querschnittstests teil. Teilweise legen Kultusbehörden auch benchmarks (z.B. in Bezug auf Abbrecher- oder Durchfallquoten) fest, deren Erreichung angestrebt und dokumentiert werden soll.

Die Rechenschaftslegung gegenüber gesellschaftlichen Bereichen, die – wie die Finanzverwaltung oder der Arbeitsmarkt – selbst nicht Teil des Bildungssystems sind, bringt jedoch spezifische Unsicherheiten und Interpretationsbedarfe mit sich. Pädagogen, die sich gegenüber staatlichen Behörden oder potenziellen Arbeitgebern ihrer Absolventinnen und Absolventen zu rechtfertigen haben, müssen nicht nur mit Schwierigkeiten rechnen, die aus unterschiedlichen Formen der Organisation und Steuerung resultieren. Sie beziehen sich auch auf andere Wertvorstellungen, verschiedene kulturelle Codes und professionelle Präferenzen. An der Schnittstelle zwischen verschiedenen sozialen Systemen muss Schule heute lernen, sich mit neuen und zunächst systemfremden Formen der Rechenschaftslegung auseinander zu setzen.

Berufliche Bildung kann aus verschiedenen Gründen als Prototyp eines Bildungssektors „zwischen den Systemen" gelten. Sie ist von ihrem Auftrag her immer schon stärker als andere Bildungsbereiche auf die Bedarfe des Arbeitsmarktes hin orientiert. Innerhalb des dualen Systems beruflicher Bildung spielen betriebliche Akteure und privatwirtschaftliche Rahmenbedingungen strukturell wie inhaltlich eine erhebliche Rolle. Entscheidende Steuerungsfunktionen innerhalb des dualen Systems werden von privatwirtschaftlichen Verbänden wahrgenommen – kurz: Die berufliche Bildung liegt in Bezug auf Ziele, Verfahren und Ergebnisse in einem *Überschneidungsbereich* (Schriewer) der gesellschaftlichen Systeme. Hier lassen sich daher – so meine Vorannahme – bestimmte Mechanismen der Kommunikation über Systemgrenzen hinweg besonders deutlich machen, die im Bereich der Allgemeinbildenden Schulen bislang weniger ausgeprägt waren, hier inzwischen aber auch eingefordert werden. Am Beispiel der beruflichen Bildung lässt sich, so meine grundsätzliche Überlegung, gut zeigen, welche inhaltlichen und strukturellen Probleme aus entsprechenden Grenzüberschreitungen erwachsen und wie diese Prozesse analytisch und konzeptionell gefasst werden können.

Auf den folgenden Seiten möchte ich am Beispiel der Zertifizierung von Ausbildungsgängen und der Festlegung der entsprechenden Lehr-/Lerninhalte die unterschiedlichen Mechanismen und Verfahren des dualen Systems beruflicher Bildung darstellen und theoretische Zugangsweisen erläutern, mit deren Hilfe sich diese analysieren lassen. Auf dieser Grundlage möchte ich die analytische Perspektive der Governanceforschung am konkreten Beispiel der beruflichen Bildung klären und den mit ihr verbundene Erkenntnisgewinn gegenüber anderen Perspektiven darstellen.

1. Inhalte und Zertifikate beruflicher Bildung

Aus der Sicht der Politik ist die berufliche Bildung von jeher ein schwieriges Geschäft mit vielen Unwägbarkeiten und einer komplexen Beteiligungsstruktur: Außer den Jugendlichen selbst sind auch Schulen und Schulverwaltungen, Kammern und Innungen, außerschulische Bildungsinstitutionen sowie Betriebe involviert. Bildungspolitikerinnen und Arbeitsmarktexperten, Gewerkschaften und Arbeitgeberorganisationen entwerfen Curricula und rechtlich verbindliche Leitlinien. Regelungen aus Schulgesetzen, Jugendschutz, Arbeitsrecht und Berufsbildungsrecht greifen ineinander und stehen teilweise in Konkurrenz. Bund und Länder sind ebenso betroffen wie Wirtschafts- und Fachministerien, kurz: Es besteht ein kompliziertes Geflecht aus Institutionen, rechtlichen Regelungen und politischer Willensbildung, das durch externe politische Steuerung kaum noch beeinflussbar scheint.

Im Jahr 2003 haben rund 930.000 Jugendliche in Deutschland die allgemein bildenden Schulen verlassen. Etwa 560.000 junge Menschen haben eine Ausbildung im deutschen Dualen System beruflicher Bildung begonnen, d.h. sie haben einen Ausbildungsvertrag mit einem Betrieb abgeschlossen (Berufsbildungsbericht 2005, 87).

Nach Abschluss eines Ausbildungsvertrages werden die Jugendlichen von den Betrieben eingestellt und sind dort an 3 bis 3 ½ Tagen pro Woche in Ausbildung. An 1 ½ Tagen in der Woche werden die Auszubildenden in staatlichen Berufsschulen beschult. Die Jugendlichen erhalten vom jeweiligen Betrieb eine Ausbildungsvergütung. Nach drei bis dreieinhalb Jahren schließt die Ausbildung mit der Abschlussprüfung ab, die von den Kammern oder anderen zuständigen Stellen koordiniert wird. Unter bestimmten Voraussetzungen können die Absolventinnen und Absolventen dann ins allgemeinbildende Schulsystem einmünden und eine weiterführende Schule oder eine Universität anstreben. In der Regel werden sie jedoch einen Arbeitsplatz suchen. Auf dem Arbeitsmarkt konkurrieren sie teilweise mit Absolventinnen und Absolventen anderer beruflicher Bildungsgänge (berufliche Vollzeitschulen, Fachhochschulen u.a.).

Obgleich berufliche Bildung in Deutschland im Kern betrieblich organisiert ist, besteht eine Reihe staatlich finanzierter Lernorte, an denen die privatwirtschaftlich organisierte Ausbildung vorbereitet, ergänzt oder ersetzt wird. Berufliche Schulen finden sich in Vollzeitform im Bereich der Berufsvorbereitung (Berufsvorbereitungsjahr, 1-jährige Berufsfachschule, technisches Gymnasium) und der beruflichen Ausbildung (Berufsfachschulen, Kollegs) und in Teilzeitform als Partner der dualen Berufsbildung. Auch in der beruflichen Weiterbildung erobern sich berufliche Schulen zunehmend ihren Platz (Fachschulen, Berufsbildungszentren).

Das grundsätzliche curriculare Dilemma beruflicher Bildung im „Überschneidungsbereich" zwischen Bildungssystem und Arbeitsmarkt besteht nun darin, dass Lehr-/Lerninhalte sowohl dem Ziel einer breiten, auf Erweiterung der persönlichen Optionen und Kompetenzen ausgerichteten beruflichen Bildung als auch dem Ziel der Verwertbarkeit der erworbenen Qualifikationen auf dem Arbeitsmarkt verpflichtet ist. Während den Betrieben an spezifischer Ausbildung für die bei ihnen vorhandenen Arbeitsplätzen gelegen ist, um das Risiko der Abwanderung zu anderen Firmen zu verringern, hat die Gesellschaft ein Interesse an funktionierenden Arbeitsmärkten mit hoher Mobilität, aber auch an staatsbürgerlich-demokratischer Erziehung und Persönlichkeitsentwicklung ihrer jungen Bürgerinnen und Bürger. Das daraus entstehende Spannungsfeld ist seit langem Gegenstand berufspädagogischer Reflexionen und wird – je nach theoretischer Perspektive – unterschiedlich interpretiert (Fischer 2000; Grüner 1975; Heid 1977; Klauser 2000; Lempert 2000; Lipsmeier 2000; Pätzold 1995; Reetz 1996; Reinisch 1988; Sloane 1995; Stratmann 1975; Tenfelde/Uhe 1996; Tramm 1992; Witt 1996; Wittwer 1992; Zabeck 1973).

Für die berufliche Bildung nennen Reetz/Seyd drei Wege der Konzeptionierung von Curricula (1995, 204):

Erstens, das *Wissenschaftsprinzip*, das eine Ableitung von Lehr-/Lerninhalten aus wissenschaftlichen Systematiken und Kernbeständen nahe legt. Bezugspunkt curricularer Entscheidungen ist hier eine Wissenschaftsdisziplin bzw. ein Fach, bei dem sich die Curriculumkonstrukteure an einer konsensfähigen Vorstellung davon orientieren, welche nach Schulfächern geordneten Lehrinhalte in einer umfassend angelegten beruflichen Ausbildung zu vermitteln seien.[1]

Zweitens, das *Situationsprinzip*, bei dem Unterrichtsinhalte aus der Beschreibung und Analyse relevanter Handlungssituationen bzw. lebensweltlicher Bezüge abgeleitet werden. Situationsorientierte Curricula nehmen auf Handlungssituationen Bezug, mit denen die Absolventinnen und Absolventen des Ausbildungsganges in ihrer beruflichen Praxis voraussichtlich konfrontiert sein werden und wählen diese zum Relevanz- und Ordnungsprinzip des Lehrplans.

Drittens, das *Persönlichkeitsprinzip*, welches eine Auswahl von Lehr-/Lerninhalten „*nach dem Kriterium der Förderlichkeit für die Person des Educandus bzw. Bildungsbedürfnissen, Leitideen und Kompetenzen vornimmt.*" (Ebd.)

Innerhalb der Debatte über die Legitimität und Effizienz dieser Konstruktionsprinzipien werden Argumente aus ganz unterschiedlichen Bereichen geltend gemacht: So wird lernpsychologisch argumentiert, um die Wirksamkeit und Nachhaltigkeit bestimmter Wissens- und Vermittlungsformen für die Handlungskompetenz von Individuen herauszuarbeiten. Auch bildungspolitische Gründe können für oder gegen die Fächersystematik versus Situationsorientierung bei der Auswahl von Lehr-/Lerninhalten sprechen, soll doch der jeweilige (Aus-)Bildungsgang mit weiterführenden Studienmöglichkeiten kompatibel sein. Vor allem aber werden in der Auseinandersetzung um curriculare Auswahlprinzipien Argumente aus der Zieldebatte geltend gemacht. Soll berufliche Bildung vor allem Fachkompetenz oder Handlungskompetenz, Arbeitsprozesswissen oder

---

1 Die Terminologie hinsichtlich des ‚Faches' im beruflichen Bildungswesen ist recht verwirrend. Unterschieden werden in dieser Arbeit ‚Schulfächer' wie Technisches Zeichnen oder Technische Mathematik, deren Charakteristika weiter unten noch ausführlich erläutert werden, Studienfächer, die Lehramtstudierende an der Universität belegen und studieren, sowie die berufliche Fachrichtung, die in Komposita wie ‚Fachwissen' oder ‚fachliche Kompetenz' auf die berufliche Handlungskompetenz einer Person verweist.

theoretisches Zusammenhangwissen, Schlüsselqualifikationen oder fundiertes Fachwissen vermitteln?

An anderer Stelle (Clement 2002) habe ich gezeigt, dass im historischen Verlauf der Ruf nach einer möglichst unmittelbaren Verwertbarkeit der Inhalte beruflicher Bildung und damit an der inhaltlichen Orientierung an Arbeitsverfahren dann besonders laut wurde, wenn das Wirtschaftssystem einen besonders starken Einfluss auf die berufliche Bildung auszuüben vermochte. Inhaltlich und unterrichtsorganisatorisch schlug sich dieser Trend jeweils in der Ausrichtung des Unterrichtsgeschehens an der betrieblichen Ausbildung und strukturell in der Erosion des fächergebundenen Unterrichts nieder, denn für die Verfechter der situationsorientierten Ausbildung haben die Unterrichts*fächer* mit der ihnen immanenten Eigendynamik nur wenig Bedeutung. Stattdessen machten die situationsorientierten Curriculumkonzepte bestimmte Arbeitsaufgaben oder - verfahren als Strukturprinzipien von Ausbildung geltend.

In Zeiten dagegen, in denen die gesellschaftliche Wertschätzung pädagogischer Systemlogik besonders hoch war und das Bildungssystem seine Ansprüche gegenüber der Berufsbildung erfolgreicher durchsetzen konnte, richteten sich die Inhalte der beruflichen Bildung stärker an gesellschaftlich relevanten Themen (Allgemeinbildung, Staatsbürgerkunde, politische Bildung) aus. In diesen Phasen wurde das Fächerprinzip an beruflichen Schulen jeweils institutionell gefestigt, ausdifferenziert und rechtlich verankert.

Das bedeutet: Die Systemansprüche des Wirtschaftssystems schlagen sich inhaltlich in der Orientierung berufsschulischer Curricula an Arbeits- und Anwendungssituationen nieder. Die Strukturierung der Ausbildung nach Schulfächern gilt dann nicht nur als überflüssig, sondern wegen der ihnen eigenen Dynamik auch als kontraproduktiv und störend. Organisatorisch wird ein möglichst weitgehender Gleichlauf der Curricula zwischen Schule und Betrieb angestrebt.

Systemansprüche der pädagogischen Sphäre dagegen materialisieren sich inhaltlich in einer Ausrichtung an allgemeinbildenden und gesellschaftspolitisch relevanten Themenfeldern, unterrichtsorganisatorisch in einer weitgehend autonomen Gestaltung berufsschulischer Lehre und strukturell im Fächerprinzip der beruflichen Schulen.

In den letzten Jahren verlieren fächergebundene, kontinuierliche Inhaltsordnungen zunehmend an Boden, versprechen diskontinuierliche Formen doch den Anforderungen eines vernetzten, an komplexen Situationen orientierten Wissenstypus, wie er heute allerorten als sinnvoll proklamiert wird, in besonderer Weise zu entsprechen. Eher diffuse Zielvorstellungen von Ganzheitlichkeit (vgl. dazu kritisch Moegling 1998) und situiertem, multiperspektivischem Lernen tragen ebenfalls zur Konjunktur der diskontinuierlichen Unterrichtsstrukturierung bei.

Ein recht erstaunliches Phänomen der Geschichte des beruflichen Schulwesens ist jedoch, dass die Systemansprüche des Bildungs- bzw. des Wirtschaftssystems stets nur zum Teil, im Ergebnis aber mit komplementärer Wirkung erfolgreich gewesen sind: Trotz der mannigfaltigen Versuche, die – institutionell nur unzulänglich gefestigten, weder durch Bezugsdisziplinen an Universitäten, noch durch ausdifferenzierte Fachdidaktiken verankerten – Schulfächer aufzulösen und fächerintegrierten Unterricht einzuführen, erweist sich das Fächerprinzip als ausgesprochen widerstandsfähig. Und trotz zahlreicher, bürokratisch wie theoretisch unterstützter Ansätze, die beruflichen Schulen so weit an allgemeinbildenden und gesellschaftlich relevanten Themen auszurichten, dass ihre Gleichwertigkeit mit den allgemeinbildenden Bildungsgängen konsolidiert werden könnte, ist die grundsätzliche Ausrichtung an den Anforderungen der Arbeitswelt weitgehend unangefochten geblieben.

So wie die inhaltliche Ausrichtung beruflicher Bildung sich im Spannungsfeld zwischen Verwertbarkeit auf dem Arbeitsmarkt einerseits und Bezugnahme auf allgemeine Bildungsziele andererseits bewegt, so nimmt auch die Zertifizierung beruflicher Bildung Bezug auf Anforderungen des Arbeitsmarktes und des Bildungswesens.

Verschiedene Abschlüsse beruflicher Bildung lassen sich im Sinne der Durchlässigkeit von Bildungswegen für weiterführende Bildung nutzen (so wird ein Ausbildungsabschluss unter bestimmten Bedingungen als mittlerer Bildungsabschluss anerkannt). Weder ist eine Ausbildung im dualen System beruflicher Bildung allein auf Beschäftigungsfähigkeit am Arbeitsmarkt ausgerichtet, noch orientiert sie sich ausschließlich an der Option, weiterführende Bildungswege zu besuchen. Wie im weiteren Verlauf dieses Artikels gezeigt werden soll, ergeben sich aus dieser doppelten Gebundenheit beruflicher Zertifikate an das Bildungs- und das Beschäftigungssystem auf den unterschiedlichen Ebenen des Systems Friktionen und Spannungsverhältnisse, auf die Akteure auf unterschiedliche Weise Einfluss nehmen.

1.1 Teilzeitberufsschule

Auf der Mikroebene, d.h. in der Ausbildung von Jugendlichen in Schule und Betrieb ist der Widerspruch zwischen Verwertungsorientierung im Betrieb und Orientierung an Bildungszielen des Schulwesens im Alltag der Betroffenen immer wieder aufs Neue erfahrbar. Der Forderung nach Nützlichkeit des Erlernten in der beruflichen Praxis, dem Vorwurf, das in der Schule Erlernte sei für die Arbeit im Betrieb nicht relevant, steht die gefühlte Überlegenheit akademisch ausgebildeter Lehrkräfte über die betriebliche Praxis entgegen. Während Betriebsinhaber und Ausbilder den Nutzen beruflicher Qualifikationen im betrieblichen Alltag als letztgültige Begründung für die Auswahl von Unterrichtsinhalten setzen, beziehen sich Lehrkräfte und schulische Akteure auf ihren in Wissenschaftsdisziplinen erworbenen Ausbildungshintergrund und die Logik eines in Fächer strukturierten Schul- und Wissenschaftssystems.

Nach der Rahmenvereinbarung über die Berufsschule (Beschluss der KMK vom 15.03.1991) verfolgen Berufsschulen die folgenden Ziele:

- Berufsschulen vermitteln Berufsfähigkeit. Sie verbinden Fachkompetenz mit allgemeinen Fähigkeiten humaner und sozialer Art, bereiten also nicht nur in einem allgemeinen Sinne auf Berufstätigkeit vor, sondern qualifizieren unmittelbar für den Beruf.
- Berufsschulen entwickeln berufliche Flexibilität zur Bewältigung der sich wandelnden Anforderungen in Arbeitswelt und Gesellschaft auch im Hinblick auf das Zusammenwachsen Europas. Berufsschulen qualifizieren daher nicht nur für spezifische Arbeitsplätze, sondern für die gesamte Breite eines Berufs.
- Berufsschulen wecken die Bereitschaft zur beruflichen Fort- und Weiterbildung. Sie entwickeln Methodenkompetenz und die Fähigkeit zum selbstständigen Weiterlernen.
- Berufsschulen fördern die Fähigkeit und Bereitschaft, bei der individuellen Lebensgestaltung und im öffentlichen Leben verantwortungsbewusst zu handeln.

Vertreter der Wirtschaft dagegen sehen die Ausbildungsbetriebe als „Kunden der Berufsschule" (IHK/DIHT 2000, 3) und fordern „eine klare Prioritätensetzung für die Teilzeitberufsschule als Ergänzung der betrieblichen Ausbildung im dualen System" (ebd., 11).

Diese Widersprüche in der Alltagspraxis aufzulösen, obliegt den einzelnen Lehrkräften und Ausbildern im Rahmen einer allgemein geforderten „Lernortkooperation", d.h. dem Zusammenwirken dieser Personen bei der Erfüllung ihrer pädagogischen und organisatorischen Aufgaben. Dabei kooperieren sie vor allem im Bereich erzieherischer bzw. disziplinarischer Aufgaben, häufig aber auch bei der Abstimmung von Lehrinhalten oder bei der Entwicklung und Durchführung gemeinsamer Unterrichtsprojekte.

Einen Schub erhielten diese Kooperationsaktivitäten durch die Einführung sogenannter Lernfeldcurricula, denn im November 1996 verabschiedete die Kultusministerkonferenz mit den „Handreichungen für die Erarbeitung von Rahmenlehrplänen für den berufsbezogenen Unterricht in der Berufsschule", Vorgaben für Lehrpläne an beruflichen Schulen, die sich nicht mehr an der üblichen Fächeraufteilung, sondern an Arbeitshandlungen orientierten. Seither richten sich Inhaltsauswahl und Struktur der Rahmenlehrpläne an Lernfeldern aus, die mit Blick auf berufliche Arbeitssituationen und betriebliche Geschäftsprozesse ausgewählt werden. Statt der bisherigen Fächerstruktur der Abschlussprüfung sollen nun die Prüfungen in so genannten handlungsorientierten Prüfungsgebieten erfolgen.

Als Begründung für die Curriculumreform führt die Kultusministerkonferenz an, die Veränderungen in Wirtschaft und Gesellschaft der letzten Jahrzehnte ließen es sinnvoll erscheinen, den berufsschulischen Unterricht inhaltlich an beruflichen Tätigkeitsfeldern auszurichten.

> „Lernen in der Berufsschule vollzieht sich grundsätzlich in Beziehung auf konkretes, berufliches Handeln sowie in vielfältigen gedanklichen Operationen, auch gedanklichem Nachvollziehen von Handlungen anderer. Dieses Lernen ist vor allem an die Reflexion der Vollzüge des Handelns (des Handlungsplans, des Ablaufs, der Ergebnisse) gebunden. [...] Dies bedeutet für den Rahmenlehrplan, dass die Beschreibung der Ziele und die Auswahl der Inhalte berufsbezogen erfolgt." (Kultusministerkonferenz 1999, 10)

Mit Hilfe der Lernfeldstruktur ließe sich der Unterricht praxisnäher gestalten, die Lernortkooperation werde gefördert, die Lebensdauer der Lehrpläne würden durch die Erhöhung flexibler Ausgestaltungskompetenzen an den einzelnen Schulen erhöht und die Kompetenzentwicklung werde durch die Betonung handlungsorientierter Unterrichtsgestaltung gefördert (vgl. Kuklinski/Wehrmeister 1999, 47).

Die curriculare Neustrukturierung zielt einerseits auf eine gewandelte didaktische Perspektive: Curriculumkonstrukteure sollen zukünftig die Lehrinhalte und -methoden nicht mehr aus der traditionellen Fächerstruktur (z.B. Technologie, Technische Mathematik und Zeichnen), sondern aus betrieblichen Handlungssituationen ableiten. Passungsprobleme zwischen den in der Berufsschule vermittelten Qualifikationen und Anforderungen des Betriebes sollen dadurch minimiert, der Praxis- und Handlungsbezug der Lehrinhalte erhöht werden. Auch halten die Vertreter des Lernfeldkonzeptes ein handlungsorientiertes Vorgehen für lernpsychologisch sinnvoller und erwarten höhere Transferleistung zwischen Lernen und Anwenden der Inhalte.

Gleichzeitig bringt das Lernfeldkonzept umfangreiche unterrichtsmethodische und schulorganisatorische Veränderungen mit sich. Die Aufhebung der Fächerstruktur sowie die Notwendigkeit, die Lernfelder in Lernsituationen zu konkretisieren, machen erhebliche Kooperationsleistungen der Lehrenden untereinander sowie auch mit Betriebspraktikern erforderlich. Die neue Inhaltsstruktur legt methodische Neuerungen nahe, die wiederum schulorganisatorische Modifikationen in Bezug auf Raum- und Stundenverteilung, Kooperation zwischen Lehrenden und Ressourcenvergabe notwendig machen. Die Form der Klassenarbeiten und Prüfungen ändert sich dadurch, dass Fächernoten oder auch reine „Kenntnisnoten" entfallen (vgl. Umsetzungskommission 1999, G 1-13). Kurz: Die Folgewirkungen der von der Kultusministerkonferenz zunächst nur verordneten Reform sind umfangreich und komplex, so dass in der Folge erhebliche Anpassungsleistungen in den Schulen und zuständigen Gremien notwendig wurden – ein Prozess, der nicht ohne heftige Diskussionen und Kritik vonstatten ging.

Ein wesentliches Problem der Implementation des Lernfeldkonzeptes liegt in der Beschaffenheit der Zwischen- und Abschlussprüfungen. Diese werden nämlich von den sog. zuständigen Stellen, d.h. z.B. von Kammern und Innungen koordiniert und von ehrenamtlichen Prüfern abgenommen, die anteilig von Arbeitgebern, Arbeitnehmern und der Lehrkraft einer Berufsschule gestellt werden (vgl. § 40 BbiG). Die ehrenamtlichen Mitglieder der Prüfungsausschüsse sind also nicht Teil des Bildungswesens und sind in unterschiedlichem Ausmaß über Sinn und Hintergrund der Lernfelder informiert. Wenn jedoch der Unterricht handlungs- und situationsorientiert erfolgt, die Abschlussprüfung jedoch in einer klassischen, auf Fächer bezogenen Kenntnisabfrage besteht, so ergeben sich erhebliche Friktionen. Lehrkräfte ziehen aus der antizipierten Annahme, die Prüfungen werden sich den neuen Strukturen der Lehrpläne nicht anpassen, häufig den Schluss, die neuen Lernfeldcurricula nicht oder nur in Ansätzen zu implementieren.

Paradoxerweise gerät hier eine Curriculumreform, die ursprünglich auf größere Anpassung der schulischen Ausbildung an die betrieblichen Bedarfe zielte, dadurch ins Stocken, dass Akteure aus der betrieblichen Sphäre an den Veränderungen (noch?) nicht in ausreichendem Maße teilhaben.

Im Resultat wirft die duale Struktur beruflicher Bildung zwischen Schule und Betrieb eine Reihe von Abstimmungsproblemen auf, die hier beispielhaft für den Bereich der Lehrinhalte und der Zertifizierung skizziert werden sollen:

- Die Lehr-/Lerninhalte, die eine Azubi im Betrieb vermittelt bekommt, unterscheiden sich in Struktur und Gehalt nicht nur von den Inhalten, die der Kollege in einem Nachbarbetrieb erfährt, sondern auch von den in der Schule vermittelten Inhalten.
- Die übliche Kooperation zwischen Schulen und Betrieben bleibt auf organisatorische Absprachen oder disziplinarische Probleme beschränkt.
- Die Kultusministerkonferenz als Teil des Bildungssystems setzt seit 1996 schrittweise lernfeldorientierte Lehrpläne im berufsbildenden Bereich mit

erheblichen schulorganisatorischen, didaktischen und methodischen Konsequenzen durch.

- Trotz der Heterogenität der Inhalte zwischen einzelnen Ausbildungsbetrieben und zwischen Betrieb und Schule, werden Zwischen- und Abschlussprüfungen auf der Grundlage bundesweit einheitlicher Ausbildungsordnungen durchgeführt und wesentlichen von betrieblichen Akteuren verantwortet.

- Die Zertifizierung berufsschulischer Leistungen erfolgt in der Regel mit Hilfe eines Schulzeugnisses, dessen Noten in das Abschlusszeugnis der Ausbildung allenfalls mittelbar eingehen.

- Das weiter oben skizzierte Spannungsfeld zwischen Wissenschaftsprinzip und Fachsystematik versus Situationsprinzip und Handlungssystematik wird in der Kooperation zwischen Schule und Betrieb nur punktuell aufgelöst. Im Wesentlichen bestehen beide Logiken nebeneinander fort und treten – häufig genug auf Kosten der Auszubildenden – in Konflikt miteinander.

- Dies gilt selbst dann, wenn wie im Falle der Lernfeldcurricula eine politische Entscheidung schon (hier zugunsten der Situationsorientierung) getroffen wurde, da auf der Umsetzungsebene in Schulen und bei Kammerprüfungen die Steuerungsmöglichkeiten offenbar begrenzt sind.

1.2 Betriebliche Ausbildung

In Deutschland dürfen Jugendliche unter 18 Jahren nach Berufsbildungsgesetz nur in anerkannten Ausbildungsberufen ausgebildet werden. Für diese anerkannten Ausbildungsberufe legen Ausbildungsordnungen wichtige Rahmenbedingungen (Bezeichnung, Dauer der Ausbildung, Berufsbild, Struktur der Ausbildung und Prüfungsanforderungen) fest. Ein Teil der Ausbildungsordnung, das Berufsbild, beschreibt diejenigen Kenntnisse und Fähigkeiten, die in der Ausbildung vermittelt werden sollen. Ein weiterer Teil, der Ausbildungsrahmenplan, macht Angaben über die zeitliche und sachliche Gliederung der Ausbildung. Schließlich sind mit der Bestimmung der Prüfungsanforderungen wesentliche Inhalte der Ausbildung mit definiert.

Im Vergleich zu anderen Ländern, in denen ausbildende Betriebe über Inhalte, Dauer, Ziele und Ausbildungsbedingungen selbst entscheiden, besteht in Deutschland eine ganze Reihe überbetrieblicher Regelungen für die Ausbildung. Diese Regelungen werden nur zum Teil vom Staat getroffen. Wichtige Steuerungsinstrumente liegen auch in der Hand der Tarifparteien (Gewerkschaften und Arbeitnehmerverbände) bzw. in der Hand der Kammern und Innungen. Die Steuerung und Reglementierung beruflicher Bildung ist daher ebenso dual wie die Ausbildungsorganisation: Sie liegt in den Händen privatwirtschaftlicher Verbände einerseits und des Staates andererseits. Der Staat bietet durch rechtliche Regelungen (Berufsbildungsgesetz, Jugendschutzgesetz, Handwerksordnung etc.) Rechtssicherheit für ausbildende Betriebe. Gleichzeitig stellt er eine Vielfalt von Unterstützungsmaßnahmen zur Verfügung (z.b. durch das Bundesinstitut für Berufsbildung oder die Arbeitsämter). Der berufsschulische Teil der Ausbildung wird vom Staat verwaltet und finanziert.

Arbeitgeberverbände (einschließlich der Kammern) und Gewerkschaften haben über die gesetzlich abgesicherte Beteiligung an Gremien und Ausschüssen einen hohen Einfluss auf die inhaltliche Normierung und Durchführung der Berufsausbildung. Kammern und Innungen nehmen die Abschlussprüfungen ab. Die Prüfung und Verwaltung der Ausbildungsverträge obliegt ebenfalls den Kammern und Innungen.

Arbeitgeber- und Arbeitnehmerverbände sind paritätisch an der Entwicklung und Verabschiedung dieser curricularen Grundlage beteiligt. Ausbildungsordnungen schreiben für anerkannte Ausbildungsberufe Ausbildungsinhalte über die gesamte Breite des Ausbildungsberufes vor. (Kleinere) Betriebe, die eine solch breite Ausbildung nicht anbieten können, haben verschiedene Möglichkeiten: Entweder sie bilden Ausbildungsverbünde, so dass Auszubildende von einem Betrieb zum anderen wechseln und dort unterschiedliche Arbeitsplätze kennen lernen. Oder sie ermöglichen den Jugendlichen neben der Ausbildung im Betrieb und der Berufsschule den Besuch eines weiteren dritten Lernorts, dem überbetrieblichen Bildungszentrum. Diese Zentren werden von Kammern und Innungen betrieben und bieten fachpraktische Ausbildungsinhalte vor allem im Handwerk an.

Die korporative Aushandlung von Ausbildungsordnungen zwischen Arbeitgebern und Arbeitnehmern beinhaltet insofern politischen Zündstoff, als beide Gruppen zwar auf der Verlautbarungsebene nicht müde werden, ihr vorrangiges Interesse an einer qualitativ hochwertigen und soliden Ausbildung zu betonen, es ihnen im Detail aber durchaus um unterschiedliche Dinge geht: Arbeitgeberverbände haben vor allem die Passgenauigkeit der Ausbildungsinhalte mit den Anforderungen betrieblicher Arbeitsplätze im Blick. Ihnen geht es um Beschäftigungsfähigkeit und um die Möglichkeit, geleistete Investitionen in Ausbildung durch Erhöhung der Produktivität der Beschäftigten zu amortisieren. Das Verhältnis zwischen Ausbildungskosten und -nutzen soll möglichst in der Balance gehalten, die Gefahr des Abwanderns ausgebildeter Fachkräfte zu Konkurrenzbetrieben im Regelfall minimiert werden. Arbeitnehmerorganisationen dagegen fordern vor allem eine breite Ausbildung, die den Beschäftigten langjährige Beschäftigung auf einem akzeptablen Lohnniveau an einer möglichst breiten

Palette von Arbeitsplätzen bietet. Selbst wenn im Einzelfall spezifische Konstellationen dazu führen, dass beide Positionen zu ähnlichen Maßnahmen und Ergebnissen kommen, so bleibt dieser grundsätzliche Interessenwiderspruch doch
bestehen und führt dazu, dass sich Entscheidungs- und Abstimmungsprozesse oft
mühselig und langwierig gestalten. Im Resümee bedeutet das:

- Alle anerkannten Ausbildungsberufe haben Ausbildungsordnungen zur
  Grundlage, die von Arbeitnehmern, Arbeitgebern und Staat gemeinsam
  entwickelt werden. Auf Seiten des Staates sind zusätzlich Bund (betriebliche Ausbildung) und Länder (schulische Ausbildung) involviert.

- Jede dieser Parteien verfolgt spezifische Interessen in Bezug auf Ausbil-
  dungsdauer, Ausbildungsstruktur und Ausbildungsinhalte. Entscheidungen
  in diesen Gremien erfordern in der Regel einen Konsens.

- Die Verfahren und Routinen, die sich im Laufe der Jahre aus dieser Konstellation entwickelt haben, sind von einer gewissen Starrheit und einer großen bürokratischen Komplexität geprägt, was Flexibilität und Innovationsfähigkeit der Abläufe und Ergebnisse erheblich beeinträchtigt.

- Auch auf der Mesoebene werden inhaltliche Differenzen zwischen Orientierung am Wissenschaftsprinzip bzw. Situationsprinzip so gelöst, dass beide
  im Wesentlichen unverbunden nebeneinander existieren. Zwar sind an der
  Entwicklung von Ausbildungsordnungen auch die Länderministerien in einem komplexen Verfahren mit einbezogen. Doch die Koordination führt
  nicht dazu, dass die grundsätzliche Differenz zwischen breiter Grundbildung versus spezialisierter Fachbildung bzw. Orientierung an der Struktur
  des allgemeinbildenden Schulsystems versus betrieblicher Orientierung
  aufgelöst werden könnte.

2. Der Europäische Qualifikationsrahmen

Im Falle der europäischen Berufsbildungspolitik wird die Freiwilligkeit der Kooperation sogar zur Grundlage der Verhandlungen. Auf internationalem Parkett
verfügen Akteure und Gremien im Bildungsbereich in der Regel gar nicht über
Entscheidungs- und Durchsetzungskompetenzen. Da die Europäische Union im
§ 149 des Europäischen Vertrages eine Harmonisierung der Bildungssysteme
explizit ausgeschlossen hat, sind hierarchische Über- und Unterordnungsverhält-
nisse ebenso wenig vorhanden wie klare Abgrenzungen der Herrschaftsbereiche.
Verhandlung und Kooperation ersetzen daher Steuerung und Kontrolle (Benz
2004).

Dass sich die Europäische Union überhaupt mit Fragen beruflicher Bildung auseinander setzt, ist keineswegs selbstverständlich, gehört sie doch zu den Bereichen, bei denen es seit vielen Jahren nicht gelang, eine gemeinsame Politik zu etablieren. Nicht nur das bereits erwähnte Harmonisierungsverbot im Bildungssektor verhinderte dies, sondern auch die historisch gewachsenen, ausgesprochen stabilen Akteurkonstellationen erschweren neue Regulationen im Berufsbildungsbereich. Entsprechend diffizil sind die Einigungen, die nun mit Hilfe der Offenen Koordinierungsmethode zustande kommen und entsprechend vorsichtig sind die Ergebnisse formuliert.

Auf der Grundlage sehr allgemeiner Vorgaben u.a. der Konferenzen von Lissabon und Maastricht veröffentlichte die Europäische Arbeitsgruppe zur Entwicklung eines European Framework (EQF) am 27.05.2005 ein Consultation Document (Europäische Kommission 2005), das nach einer Phase europaweiter Konsultation nun in der Endfassung vorliegt. Im Kern besteht der Vorschlag der Arbeitsgruppe aus einer Tabelle mit 8 vertikal angeordneten Stufen, welche jeweils durch die Deskriptoren Kenntnisse, Fertigkeiten und Kompetenzen (knowledge, skills und wider competences) beschrieben werden. Kompetenzen lassen sich mit Hilfe des Schemas hinsichtlich ihrer Komplexität, Spezialisierung und ihres Verantwortungsgehaltes hierarchisieren (Europäische Kommission 2005).

Über die outcome-orientierte Beschreibung von Kompetenzen auf einer bestimmten Niveaustufe sollen berufliche Zertifikate wechselseitig besser verstanden und bewertet werden können.

Der EQF stellt dabei das Übersetzungsinstrument dar, innerhalb dessen die beruflichen Zertifikate zueinander in Beziehung gesetzt werden können. In einigen Staaten existieren darüber hinaus Nationale Qualifikationsrahmen (NQF), die als Ordnungsinstrument der Kompetenzstandards dienen. Da der EQF als Metarahmen fungieren soll, ist es die Aufgabe der einzelnen Staaten, das Zertifikatswesen ihres Bildungssystems in Nationalen Qualifikationsrahmen abzubilden. Die meisten europäischen Länder entwickeln bereits einen NQF bzw. planen eine Entwicklung. In Deutschland laufen dazu die Vorbereitungen im BMBF und BiBB (vgl. Hanf/Rein 2006).

Die nationale Diskussion über den EQF ist ebenfalls durch das Zusammenwirken unterschiedlicher Akteure in hohem Maße geprägt: In Deutschland steht die Auseinandersetzung der staatlichen Institutionen mit Verbänden sowie den (mit ihnen z.T. in Verbindung stehenden) Wissenschaftlerinnen und Wissenschaftlern im Vordergrund. Im Kern geht es dabei um die Frage, inwieweit der EQF und ein damit in Verbindung stehender Nationaler Qualifikationsrahmen die Struktur der beruflichen Bildung in Deutschland beeinflussen und verändern würde. Die Debatte konzentriert sich – und sei es aus reiner Gewohnheit – auf die viele Jahrzehnte alte Diskussion um Beruflichkeit in Deutschland und den Beitrag, den das duale System für sie leistet. Die Gegner des EQF befürchten, im Zuge seiner Implementation würden sich Ausbildungsabschlüsse unterhalb der Facharbeiterebene etablieren und gehen davon aus, dies beschleunige die Erosion des Ausbildungsplatzangebots. Die Befürworter wiederum argumentieren, nur eine aktive Teilhabe Deutschlands an der Konstruktion des EQF und die Stärkung der Position betrieblicher Ausbildungsanteile könnten im internationalen Wettbewerb die duale Ausbildung rechtfertigen und sichern.

Unseres Erachtens werden bei den aktuell verbreiteten Bedrohungsszenarien die Möglichkeiten absichtsvoller Politikgestaltung eher überzeichnet. Das duale System ist mit der deutschen Arbeitskultur und Gesellschaft vielfach verkoppelt. Diese Verwobenheit wird sich durch den Wegfall bestimmter gesetzlicher Regelungen nicht auflösen – das zeigt z.B. die zögerliche Bereitschaft, trotz bestehender rechtlicher Möglichkeiten zweijährige Berufsausbildungen anzubieten. Der Ausschließlichkeitsgrundsatz des Berufsbildungsgesetzes steht nicht als einsames Bollwerk gegen einen übermächtigen Druck zur Abschaffung des Dualen Systems (Drexel 2005) – wenn dem so wäre, dann würden Betriebe längst über 18-Jährige in anderer Weise ausbilden oder unter 18-Jährige in nicht zertifizierten Anlernkursen qualifizieren. Die Befürchtung, kompetenzbasierte Zertifizierung würde „das Duale System und berufliche Erstausbildung generell mittel- und längerfristig in eine Abwärtsspirale führen" (ebd.), teile ich nicht.

Gleichwohl: Die Debatte, die politische Akteure von Arbeitgeber- und Gewerkschaftsseite über die Einführung des EQF führen, verweist deutlich auf unterschiedliche Interessenkonstellationen und Machtpotenziale, die eine geradlinige Durchsetzung politisch gewollter Konzepte unwahrscheinlich machen. Dies bedeutet für die europäische Berufsbildungspolitik:

▪ Das Harmonisierungsverbot für Bildungssysteme auf europäischer Ebene bringt es mit sich, dass Initiativen zur wechselseitigen Abstimmung von Ausbildungsinhalten und Zertifikaten mit der Methode der Offenen Kooperation verfochten werden.

▪ Dadurch ist politische Umsetzung der europäisch initiierten Konzepte nur auf der Grundlage der Beteiligung und breiter Akzeptanz der beteiligten Akteure denkbar.

▪ Seit langer Zeit kultivierte Verhandlungsroutinen, Formen der Kommunikation von Themen in diesem Bereich (Beruflichkeit) und Akteurkonstellationen bewirken einen spezifisch berufsbildungspolitischen Umgang mit dem Europäischen Qualifikationsrahmen, der eine unmittelbare Umsetzung der gemeinsam formulierten Konzepte unwahrscheinlich erscheinen lässt.

3. Theoretische Zugriffsmöglichkeiten

Insgesamt zeigt sich, dass Ausbildungsinhalte und Zertifikate in der beruflichen Bildung auf den unterschiedlichen Ebenen des Berufsbildungssystems zwischen Akteuren auszuhandeln sind – und zwar Akteuren, die unterschiedlichen Interessengruppen und sozialen Systemen angehören.

Aus Sicht der Wissenschaftlerin entsteht daraus das analytische Problem, wie – jenseits einer rein deskriptiven Ebene – Prozesse wie die oben geschilderten theoretisch zu konzeptualisiert sind. Wenn nämlich Wissenschaft Politik erklären und letztlich auch beraten soll, dann reicht es nicht aus, die Positionen der unterschiedlichen Akteure lediglich darzustellen: Sie müssen auch systematisch und unter Verwendung gesellschaftswissenschaftlicher Konzepte aufeinander bezogen werden. Die Governance-Perspektive scheint mir für diese Aufgabe besonders fruchtbar zu sein. Gleichwohl möchte ich mit der Systemtheorie und der Akteurtheorie zwei alternative Theorieansätze vorstellen, mit deren Hilfe sich bestimmte Aspekte der beschriebenen Abstimmungsproblematiken ebenfalls erhellen lassen.

3.1 Systemtheorie

Aus der Sicht der klassischen Systemtheorie Luhmannscher Prägung geht es bei dem angerissenen Thema um ein Koppelungsproblem. Luhmann konstatiert, gesellschaftliche Systeme seien untereinander kaum kommunikationsfähig, da sie auf je spezifischen, mit anderen Systemen nicht kompatiblen Wachstumslogiken beruhen. Das Bildungssystem entfaltet demnach (vgl. insbesondere Luhmann et al. 1988) eine auf sich selbst bezogene Wachstumslogik, die sich vor allem an den Sinnkategorien *'Qualifikation und Selektion'* orientiert. Veränderungen werden aus dieser Perspektive nicht aufgrund von Dysfunktionalitäten und Inkongruenzen mit der Systemumwelt (z.B. Arbeitslosigkeit der Absolventen) vorgenommen und sind auch durch externe Interventionen nicht steuerbar. Einwirkungen z.B. des politischen oder des Wirtschaftssystems auf das Bildungssystem müssen – so nehmen Luhmann et al. an – in die Spezialsemantik des Bildungssystems übersetzt werden, um verstanden werden zu können. Die Tiefenstruktur des Systems bleibe von externen Interventionen unberührt;[2] Wan-

---

2   Dieses Spannungsverhältnis zwischen Notwendigkeit und der gleichzeitigen Unmöglichkeit, von außen auf selbstreferenzielle Systeme einzuwirken, spiegelt sich auch im Inneren des Erziehungssystems und ist für seine Begründung geradezu konstitutiv: Erst durch die Intentionalisierung des Erziehens, also der geplante Eingriff in das an sich geschlossene psychische System des Educandus, differenzieren sich Erziehungssysteme aus. Das daraus zwangsläufig ent-

del geschehe ausschließlich durch Prozesse entlang systemeigener Sinnkategorien und Interessenkonstellationen.

Aus dieser Perspektive wird deutlich, wie die Kommunikationsprobleme zwischen schulischer und betrieblicher Sphäre in Bezug auf Unterrichtsinhalte zustande kommen: LehrerInnen, die über Persönlichkeitsentwicklung, Autonomie und politische Selbstbestimmung sprechen, haben Schwierigkeiten, sich mit Ausbildern zu verständigen, die auf der Grundlage von Produktivitätssteigerungen, benchmarks und Kosten-Nutzen-Analysen argumentieren.

Die These von der operationalen Geschlossenheit sozialer Systeme verweist auf erhebliche Steuerungs- und Integrationsprobleme auf gesamtgesellschaftlicher Ebene. Luhmann schließt zunächst jede Möglichkeit aus, von außen im Sinn einer *direkten* Einflussnahme steuernd auf ein Sozialsystem einzuwirken, es sei denn durch dessen Zerstörung.[3] Indirekte Beeinflussung des Systems erfolgt über den bislang wenig konkretisierten Mechanismus der ‚strukturellen Koppelung'. Zwar verbleibt auch hier die Kommunikations- und Handlungsdynamik in der systemeigenen Semantik, doch die strukturelle Koppelung mehrerer Sozialsysteme lässt Einflüsse von außen in ‚übersetzter' Form auf der untergeordneten Ebene von Programmen (Ziel-Mittel-Definitionen zur Handlungsorientierung) zu und ermöglicht so mittelbar gesellschaftliche Integration (vgl. Neumann 1996, 15).

Der Hauptausschuss des Bundesinstituts für Berufsbildung zum Beispiel gerinnt in dieser theoretischen Sichtweise zu einem Gremium, in dem Vertreter unterschiedlicher sozialer Systeme (staatliche Bürokratie, Privatwirtschaft und Gewerkschaften) den Versuch der strukturellen Koppelung unternehmen. Sie tauschen dabei Kommunikationsbeiträge aus, die systemisch unterschiedlich codiert sind. Die Übersetzung in die eigene systemisch gebundene Begrifflichkeit führt jedoch allenfalls dazu, dass z.B. pädagogisch codierte Begriffe (wie Selbstverantwortung) ökonomisch umgedeutet werden (eigenverantwortliches Arbeiten). Auf diese Weise verständigt man sich auf gemeinsame Entscheidungen und Konzepte, interpretiert sie jedoch jeweils auf der Grundlage des eigenen Systemzusammenhangs. Eine tatsächliche Einigung, im Sinne einer Synthese unterschiedlicher Auffassung zu einem neuen, eigenen Selbstverständnis wird immer aufs Neue durch selbstreferentielle Bezüge der Subsysteme gebrochen.

---

stehende strukturelle Defizit, dass nämlich auch Lernen nur als *„Prozeß der Restrukturierung innerhalb eines geschlossenen Systems begriffen werden"* kann (Luhmann 1987, 60), wird von Anfang an in Kauf genommen. Dieses Paradoxon bezeichnet Luhmann als das ‚Technologiedefizit' des Bildungssystems (vgl. Luhmann 1987).

3   „Über fremde System/Umwelt-Beziehungen kann jedoch kein System ganz verfügen, es sei denn durch Destruktion." (Luhmann 1994, 37)

3.2 Akteurtheorie

Aus politikwissenschaftlicher Sicht wird allerdings die These Luhmanns, gesellschaftliche Steuerung sozialer Subsysteme sei im Grunde gar nicht möglich (vgl. Luhmann 1988, Kapitel 2.8), heftig kritisiert (vgl. z.b. die Debatte zwischen Luhmann und Scharpf in: dies. 1989 sowie Braun 1993, 200ff.). Nach Ansicht dieser Autoren vernachlässigt die neuere Systemtheorie nämlich die Tatsache, dass – trotz einer zugestandenen *„selbstreferentiellen Borniertheit der funktionsspezifischen Kommunikation"* (Scharpf 1991, 23) – Kommunikation auch zwischen Akteuren unterschiedlicher Sozialsysteme stattfindet. Akteure in bestimmten Funktionssystemen, so wird argumentiert, „können es sich [...] nicht leisten, nur eine Funktionssprache zu sprechen – sie müssen multilinguale Kommunikationskompetenz erwerben und je nach Bedarf zwischen Funktionslogiken wechseln können." (Ebd.) Dies gelingt u.a. deswegen, weil die individuellen Akteure in aller Regel selbst Angehörige unterschiedlicher Sozialsysteme sind und daher gelernt haben, die Art ihrer Kommunikation an unterschiedliche situative Gegebenheiten mindestens teilweise anzupassen.

Um die Integrationsleistung der sozialen Systeme bzw. der in ihr tätigen Akteure thematisieren zu können, bemühen sich verschiedene Autoren und Autorengruppen, systemtheoretische Anregungen mit akteurtheoretischen Ansätzen zu verknüpfen (vgl. Braun 1993; Messner 1995; Schimank 1996; Scharpf 1991).

Akteurtheoretische Ansätze halten – in Abgrenzung von der Systemtheorie Luhmanns – nicht *Kommunikation* für die basale Operation von Gesellschaft, sondern stellen die *Handlung* bzw. die handelnden *Akteure* ins Zentrum der Aufmerksamkeit (vgl. Luhmann/Scharpf 1989, 20ff.). Analytisches Interesse wecken in diesem Zusammenhang weniger einzelne Personen als vor allem ihre kollektive Vertretung in Form von *korporativen* Akteuren (Coleman).[4]

Korporative Akteure treten in soziale Beziehungen zueinander, verfolgen Interessen, bilden Koalitionen, und sie stützen oder verändern – wie neokorporatistische Studien überzeugend nachweisen (vgl. Czada 1996; Streeck/Schmitter 1985) – bestehende gesellschaftliche Arrangements. Interesse, Macht, Konflikt und Kooperation werden aus dieser Sicht zu Schlüsselvariablen gesellschaftlicher Veränderungsprozesse.

---

4 Korporative Akteure sind „handlungsfähige, formal–organisierte Personen–Mehrheiten, die über zentralisierte, also nicht mehr den Mitgliedern individuell zustehende Handlungsressourcen verfügen, über deren Einsatz hierarchisch (zum Beispiel in Unternehmen oder Behörden) oder majoritär (zum Beispiel in Parteien oder Verbänden) entschieden werden kann." (Mayntz/Scharpf 1995, 49f.) Korporative Akteure können, müssen jedoch nicht auf der Grundlage gemeinsamer objektiver Interessen kooperieren.

Bei der Formulierung und Kanalisierung ihrer jeweiligen Interessen beziehen sich die Akteure zwar auf die durch das jeweilige Sozialsystem vorgegebenen Kategorien und Begrifflichkeiten, sind aber gleichzeitig auch zu systemübergreifendem Denken und Handeln fähig. Die Akteure wissen um die institutionelle und soziale Eingebundenheit sowohl ihrer selbst als auch ihrer Gegenüber und stellen sie in Rechnung. Berufspädagogische Handlungsproblematiken in Bezug auf die Abstimmung von Lerninhalten und Zertifizierungsformen lassen sich im Verständnis von Akteurtheorien z.b. hinsichtlich der Durchsetzungsfähigkeit einzelner Akteure diskutieren. Gelingt es den Gewerkschaften, eine breit angelegte Grundausbildung langfristig gegenüber Flexibilisierungsinteressen der Wirtschaft durchzusetzen? Welche Berufsgruppen können neu entstehende Ausbildungsberufe für ihre Professionalisierungsinteressen nutzen? In welcher Weise nehmen europapolitische Maßgaben Einfluss auf die Gestaltung von Ausbildungsordnungen? Innerhalb welcher Machtkonstellationen kommen bestimmte politische Entscheidungen zustande und wie sind sie am ehesten umsetzbar?

Auch die aktuellen Auseinandersetzungen um die Einführung eines Europäischen Qualifikationsrahmens lassen sich aus der akteurtheoretischen Perspektive mit Gewinn deuten: Unterschiedliche Korporationen (z.b. das Wissenschaftsministerium und die Kultusministerien einer föderal gestärkten Republik, Einzelgewerkschaften und Arbeitnehmerverbände, Industrie und Handwerk) konkurrieren im Prozess der Offenen Koordinierung miteinander und versuchen, ihre jeweiligen Partikularinteressen möglichst umfassend in das Gesamtkonzept einzubringen. Diese Sicht lässt sich vom Europäischen Einigungsprozess (Beteiligung unterschiedlicher Nationen mit je spezifischen Interessen und politischer Gesamtkonstellation) bis in die einzelnen Organisationen hinein verfolgen, denn natürlich ist auch eine Gewerkschaft oder ein Ministerium kein monolithischer Block, sondern wird vom mehr oder minder harmonischen Abgleich von Einzelinteressen im Inneren bewegt.

3.3 Governance-Perspektive

Sowohl die Systemtheorie als auch die akteurtheoretische Perspektive ermöglichen also eine fruchtbare Sicht auf Aushandlungsprozesse innerhalb der beruflichen Bildung. Die Systemtheorie rückt Verständigungsprobleme in den Blick und thematisiert vor allem die (relative) Unmöglichkeit, von außen auf in sich geschlossene Systeme Einfluss zu nehmen. Aus ihrer Sicht wird erklärlich, warum es für die berufliche Bildung vielfach so schwer ist, sich bruchlos in bestehende Systemzusammenhänge einzufügen[5] – eine Problematik, aus der sich die marginalisierte Position der beruflichen Bildung in vielen Bereichen erklären lässt. Der analytische Bezugspunkt der Systemtheorie ist dabei Kommunikation. Die Akteurtheorie dagegen klärt politische Entscheidungs- und Handlungsprozesse auf. Mit ihrer Hilfe kann z.b. erklärt werden, warum in bestimmten historischen Phasen Lehrinhalte in die berufliche Bildung integriert wurden oder welche Zertifikatsformen mit welchen Zugangsberechtigungen versehen wurden. Sie erhellt Aushandlungsprozesse zwischen Verbänden und Staat im Kontext der Implementation des Europäischen Qualifikationsrahmens oder erklärt wie die Revision des Berufsbildungsgesetzes politisch zustande kam. Akteurtheorien thematisieren insbesondere den Aspekt der Macht.

Der Governance-Ansatz integriert in gewisser Weise beide Theorietraditionen und entwickelt sie fort, indem er den Aspekt der Handlungskoordination in den Mittelpunkt der Analyse rückt. Menschen sind gezwungen, ihr Handeln miteinander zu koordinieren, wenn sie ohne die Ressourcen anderer ihr Handlungsziel nicht erreichen können. Sie treten deshalb mit anderen Personen in Beziehung und koordinieren Handlungsziele, -voraussetzungen und -prozesse mit diesen. In komplexen Gesellschaften der Moderne nimmt diese Handlungskoordination besondere Formen an, die rechtlich, sozial oder kulturell verstetigt werden. So werden Verfügungsrechte vergeben, die Definitionsmacht von Begriffen, Ideen und Konzepten verhandelt oder korporative Vereinbarungen getroffen.

Die Dynamik des gesellschaftlichen Wandels führt jedoch dazu, dass solche Verbindlichkeiten sich in immer wieder neuen Konstellationen zu bewähren haben, neu verhandelt werden müssen und Widersprüche erzeugen. Akteure sind kontinuierlich damit beschäftigt, eigene Positionen zu neuen Gegebenheiten zu entwickeln, sie miteinander zu koordinieren und – unter Verwendung bereits erprobter Routinen und Verfahren – gegenüber anderen durchzusetzen. Dabei setzen sie sich mit den Positionen anderer auseinander, antizipieren sie bereits im Vorhinein und richten ihre eigenen Handlungsstrategien entsprechend aus. Steuerung scheint unter diesen Voraussetzungen ein relativ aussichtsloses Unterfangen zu sein. Schimank identifiziert drei Großformen der Handlungskoordination, nämlich Beobachtung, Beeinflussung und Verhandlung (Schimank 2000). Diese analytischen Kennzeichnungen machen die unterschiedliche Intensität deutlich, mit der Akteure versuchen, ihre Handlungsziele und -prozesse miteinander zu koordinieren. Ihnen entsprechen – da in unseren Gesellschaften Handeln ge-

---

5   Sichtbar wird dies schon daran, dass es für die akademische Berufspädagogik konkurrierende Möglichkeiten der Organisation in Berufsverbänden gibt: die Zugehörigkeit zur Deutschen Gesellschaft für Erziehungswissenschaften oder zur Deutschen Gesellschaft für Arbeitswissenschaft.

wöhnlich innerhalb von Institutionen stattfinden – jeweils Regelsysteme (Gemeinschaft, Profession, Wettbewerb, Polyarchie, Netzwerke, Hierarchie), die Beobachten, Verhandeln oder Beeinflussen als dominante Mechanismen nahe legen.

Aus dieser Perspektive stellen sich dann Probleme der Steuerung bzw. Koordination (oder auch des Regierens) vorrangig als Problem des Managements von Interdependenzen zwischen (meist kollektiven) Akteuren dar. In Bezug auf Steuerung erhellen Governanceansätze ein doppelt indirektes Verhältnis[6]: Zum einen handelt der Steuernde in aller Regel nicht selbst, sondern muss andere Menschen dazu bewegen, die Handlung für ihn auszuführen. Und zum zweiten delegiert er in der Regel die zu erledigenden Aufgaben nicht direkt in Form einer Handlungsanweisung, sondern stellt lediglich Bedingungen und Verfahren zur Verfügung, mit deren Hilfe andere zum Handeln veranlasst werden sollen. Diese immer schon vorhandenen Brüche in der Steuerung politischer Systeme machen Handlungskoordination unabdingbar – ein Aspekt, der weder von systemtheoretischer noch von akteurtheoretischer Seite thematisiert wird.

Der Unterschied zwischen der Perspektive auf Steuerung und der Governance-Perspektive besteht darin, dass Steuerung einen einzigen Akteur zum Gegenstand hat, während Governance unterschiedliche Akteure wahrzunehmen in der Lage ist. Zugleich werden – anders als beim Steuerungskonzept – auch Handlungskontexte systematisch in der Analyse berücksichtigt, z.B. wenn Prozesse der Makro-, Meso- oder Mikroebene oder wenn Beziehungen zwischen dem Prinzipal (Staat) und Agenten (Schulen) zu analysieren sind.

Im Berufsbildungsbereich ist – das sollte aus der Beschreibung curricularer Abstimmungsprozesse deutlich geworden sein – Steuerung besonders schwierig und die Nutzung governancetheoretischer Analyseinstrumente daher besonders naheliegend. Governance nimmt Interdependenzen zwischen kollektiven Akteuren nicht als Hemmnis für politisches "Durchregieren" wahr, sondern macht das Management von Aushandlungen und Koordination explizit zum Fokus des Interesses (Benz 2004). So werden Probleme auf der Implementationsebene, wie sie weiter oben z.B. für die Durchsetzung des Lernfeldkonzeptes geschildert werden, darstellbar. Hier geht es ganz offensichtlich weniger um die Durchsetzung korporativer Interessen, als vielmehr um Probleme der Handlungskoordination zwischen Kammern und Schulen sowie innerhalb des Schulteams.

Die berufliche Bildung – so kann am Ende dieser Überlegungen festgehalten werden – bietet aufgrund ihrer spezifischen Situation im Überschneidungsbereich unterschiedlicher Sozialsysteme einen großen Erfahrungsschatz in zwischensystemischer Kommunikation und Handlungskoordination. Darüber hinaus

---

6   Diesen Hinweis verdanke ich Uwe Schimank.

kann an ihr exemplarisch gezeigt werden, welche theoretisch-analytischen Zugriffsweisen zur Darstellung und Erklärung des Geschehens besonders fruchtbar sein können. Governancetheoretische Ansätze scheinen hier deswegen hilfreich, weil sie über die Aspekte der systemabhängigen Kommunikation und der akteurspezifischen Handlungen auch die Handlungskoordination zwischen Akteuren und unterschiedlichen Bezugsebenen in den Blick rücken.

Literatur

Benz, Arthur (2004): Governance – Modebegriff oder nützliches sozialwissenschaftliches Konzept? In: Benz, Arthur (Hg.): Governance – Regieren in komplexen Regelsystemen. Eine Einführung. Wiesbaden: VS, 11-28.

Berufsbildungsbericht (2005) des Bundesministeriums für Bildung und Wissenschaft, Bonn.

Braun, Dietmar (1993): Akteurstheoretische Sichtweisen funktionaler Differenzierung moderner Gesellschaften, In: Héritier, Adrienne (Hg.): Policy-Analyse. Kritik und Neuorientierung, Politische Vierteljahresschrift, Sonderheft 24, Opladen.

Clement, Ute (2002): Berufspädagogik zwischen Erkenntnis und Erfahrung, Hohengehren: Schneider Verlag.

Czada, Roland (1996): Korporatismus/Neokorporatismus. In: Nohlen, Dieter (Hg.): Wörterbuch Staat und Gesellschaft. Bonn: Lizenzauflage für die Bundeszentrale für politische Bildung.

Drexel, Ingrid (2005): Das duale System und Europa. Ein Gutachten im Auftrag von ver.di und IG Metall. (http://www.igmetall-wap.de/publicdownload/Gutachten _Drexel.pdf; letzter Zugriff 14.3.07)

Europäische Kommission (2005): Auf dem Weg zu einem europäischen Qualifikationsrahmen für lebenslanges Lernen. Arbeitsunterlage der Kommissionsdienststellen. Brüssel, 8.7. 2005. Brüssel. (http://ec.europa.eu/education/policies/2010/doc/consultation_eqf_de.pdf; letzter Zugriff 14.3.07)

Fischer, Martin (2000): Arbeitsprozesswissen von Facharbeitern – Umrisse einer forschungsleitenden Fragestellung, In: Pahl, Jörg-Peter/Rauner, Felix/Spöttl, Georg (Hg.): Berufliches Arbeitsprozesswissen. Ein Forschungsgegenstand der Berufsfeldwissenschaften. Baden-Baden: Nomos, 31-48.

Grüner, Gustav (1975): Das Problem der Modernität der Lehrinhalte beruflicher Schulen. In: Grüner, Gustav (Hg.): Curriculumproblematik der Berufsschule. Zur Entwicklungsgeschichte der Lehrpläne gewerblicher Berufsschulen. Stuttgart: Holland + Josenhans, 142-147.

Hanf, Georg/Rein, Volker (2006): Auf dem Weg zu einem Nationalen Qualifikationsrahmen. Überlegungen aus der Perspektive der Berufsbildung. Bonn (http://www.bib .de/de/25722.htm)

Heid, Helmut (1977): Können ,die Anforderungen der Arbeitswelt' Ableitungsvoraussetzungen für Maßgaben der Berufserziehung sein? In: Die Deutsche Berufs- und Fachschule 73 (11), 833-839.

IHK/DIHT (2000): Berufsschulen auf Modernisierungskurs: Profilgebung, Kundenorientierung, Qualitätssicherung. (www.diht.de; letzter Zugriff 15.08. 2006)

Klauser, Fritz (2000): Erwerb von Expertise – eine curriculare und didaktischmethodische Leitidee zur effektiven Ausgestaltung lernfeldstrukturierter Curricula in der kaufmännischen Ausbildung. In: Lipsmeier, Antonius/Pätzold, Günter (Hg.): Lernfeldorientierung in Theorie und Praxi. Beiheft 15 zur Zeitschrift für Berufs- und Wirtschaftspädagogik. Stuttgart: Steiner, 183-196.

Kuklinski, Peter/Wehrmeister, Frank (1999): Lernfeldstrukturierte Lehrpläne. Chancen und Risiken für die Berufsschule am Beispiel Sachsen. In: Die berufsbildende Schule 51 (2), 47-53.

Kultusministerkonferenz (KMK) (1999): Handreichungen für die Erarbeitung von Rahmenlehrplänen der Kultusministerkonferenz (KMK) für den berufsbezogenen Unterricht in der Berufsschule und ihre Abstimmung mit Ausbildungsordnungen des Bundes für anerkannte Ausbildungsberufe. Stand vom 5.2. 1999, Bonn.

Lempert, Wolfgang (2000): Zwischen Wissenschaft und Praxis, Wirtschaft und Staat, Sachverstand und Subalternität. In: Die berufsbildende Schule 52 (9), 249-258.

Lipsmeier, Antonius (2000): Systematisierungsprinzipien für berufliche Curricula. In: Lipsmeier, Antonius/Pätzold, Günter (Hg.): Lernfeldorientierung in Theorie und Praxis. Beiheft 15 zur Zeitschrift für Berufs- und Wirtschaftspädagogik. Stuttgart: Steiner, 54-71.

Luhmann, Niklas (1988): Grenzen der Steuerung. In: ders. (Hg.): Die Wirtschaft der Gesellschaft. Frankfurt a.M.: Suhrkamp, 324-349.

Luhmann, Niklas (1994): Soziale Systeme. Grundriß einer allgemeinen Theorie. Frankfurt a.M.: Suhrkamp.

Luhmann, Niklas/Scharpf, Fritz (1989): Politische Steuerung und politische Institutionen. In: Hartwich, Hans-Herrmann (Hg.): Macht und Ohnmacht politischer Institutionen. Opladen: Westdeutscher Verlag, 12-29.

Mayntz, Renate/Scharpf, Fritz W. (1995): Steuerung und Selbstorganisation in staatsnahen Sektoren. In: dies. (Hg.): Gesellschaftliche Selbstregelung und politische Steuerung. Frankfurt a.M./New York: Campus, 9-38.

Messner, Dirk (1995): Die Netzwerkgesellschaft. Wirtschaftliche Entwicklung und internationale Wettbewerbsfähigkeit als Probleme gesellschaftlicher Steuerung. Köln: Weltforum Verlag.

Moegling, Klaus (1998): Fächerübergreifender Unterricht – Wege ganzheitlichen Lernens in der Schule. Bad Heilbrunn: Klinkhardt.

Neumann, Gerd (1996): Arbeit und Bildung in systemtheoretischer Sicht. In: Dedering, Heinz (Hg.): Handbuch zur arbeitsorientierten Bildung. München/Wien/Oldenbourg: Wissenschaftsverlag, 39-53.

Pätzold, Günter (1995): Handlungsorientierung in der beruflichen Bildung. Auf dem Wege vom Lernen nach dem Paradigma des Bewirkens zum Lernen nach dem Paradigma der Praxis? In: Zeitschrift für Berufs- und Wirtschaftspädagogik 91 (6), 573-590.

Reetz, Lothar (1996): Wissen und Handeln. Zur Bedeutung konstruktivistischer Lernumgebungen in der kaufmännischen Berufsausbildung. In: Beck, Klaus/Müller, Wolfgang/Deißinger, Thomas (Hg.): Berufserziehung im Umbruch. Weinheim: Deutscher Studienverlag, 173-187.

Reetz, Lothar/Seyd, Wolfgang (1995): Curriculare Strukturen beruflicher Bildung. In: Arnold, Rolf/Lipsmeier, Antonius (Hg.): Handbuch der Berufsbildung. Opladen: Leske + Budrich, 203-219.

Reier, Gustav (1995): Ungefächertes Leben – gefächerter Unterricht, in: Zeitschrift für Berufs- und Wirtschaftspädagogik 91 (2), 164-194.

Reinisch, Holger (1988): ‚Handlungs- und Situationsorientierung‘ als Leitkategorien eines mehrdimensionalen Entwurfs zu einer Didaktik der Wirtschaftslehre – Eine Kritik am Hamburger Konzept wirtschaftsberuflicher Curriculumentwicklung und Unterrichtsgestaltung. In: Czycholl, Reinhard/Ebner, Hermann (Hg.): Zur Kritik handlungsorientierter Ansätze in der Didaktik der Wirtschaftslehre. Oldenburg: BIS Universität Oldenburg, 77-114.

Scharpf, Fritz W. (1991): Die Handlungsfähigkeit des Staates am Ende des 20. Jahrhunderts, In: Politische Vierteljahresschrift 32 (4), 621-634.

Schimank, Uwe (1996): Theorien gesellschaftlicher Differenzierung. Opladen: Leske + Budrich.

Schimank, Uwe (2000): Handeln und Strukturen. Einführung in die akteurtheoretische Soziologie. Weinheim/München: Juventa.

Schopf, Michael (1999): Lernfelder als curriculare Elemente in der Berufsschule. Von der Wissenschaftssystematik zur Orientierung an Arbeitsprozessen. In: Informationen für Hamburger Berufliche Schulen 4, 12-16.

Sloane, Peter F. E. (1995): Von der Erkenntnis zur Anwendung, Baden-Baden: Nomos.

Stratmann, Karlwilhelm (1975): Curricula und Curriculumprojekte im Bereich der beruflichen Aus- und Fortbildung. In: Frey, Karl (Hg.): Curriculum-Handbuch. München/Zürich: Piper, 335-348.

Streeck, Wolfgang/Schmitter, Philippe C. (1985): Private Interest Government. Beyond Market and State. Beverly Hills: Sage.

Tenfelde, Walter/Uhe, Ernst (1996): Zur Bedeutung der Integration beruflichen und allgemeinen Lernens für die Doppelqualifikation. In: Bremer, Rainer (Hg.): Doppelqualifikation und Integration beruflicher und allgemeiner Bildung. Bielefeld: BIBB, 101-124.

Tramm, Tade (1992): Konzeption und theoretische Grundlagen einer evaluativ-konstruktiven Curriculumstrategie – Entwurf eines Forschungsprogramms unter der Perspektive des Lernhandelns. Dissertation Göttingen; zugleich Band 17 der Berichte des Seminars für Wirtschaftspädagogik der Georg-August-Universität. Göttingen.

Umsetzungskommission Berufsfeld Bautechnik (Juli 1999): Umsetzung der Rahmenlehrpläne mit Lernfeldstruktur im Berufsfeld Bautechnik. Entwurf, Landesinstitut für Erziehung und Unterricht. Stuttgart.

Witt, Ralf (1996): Meta-Wissen für den Umgang mit Fachwissen in einer ‚wissensförmigen‘ kaufmännischen Berufspraxis. In: Beck, Klaus/Müller, Wolfgang/Deissinger, Thomas (Hg.): Berufserziehung im Umbruch. Weinheim: Deutscher Studienverlag, 113-124.

Wittwer, Wolfgang (1992): Situations- und handlungsorientierte Konzepte in der Aus-
und Weiterbildung von Lehr- und Ausbildungspersonal. In: Pätzold, Günter (Hg.):
Handlungsorientierung in der beruflichen Bildung. Frankfurt a.M.: GAFB, 181-206.

Zabeck, Jürgen (1973): Wissenschaftsorientiertheit als bildungstheoretische und bildungspolitische Kategorie. Zum Problem der Integration von Allgemeinbildung und
Berufsbildung. In: Deutsche Berufs- und Fachschule 69 (8), 563-577.

Uwe Schimank

Die Governance-Perspektive: Analytisches Potenzial und anstehende konzeptionelle Fragen

Die folgenden Überlegungen dienen dazu, sich den Stand der Ausarbeitung der Governance-Perspektive in einigen wichtigen Punkten zu vergegenwärtigen, um vor diesem Hintergrund die weiteren Arbeitsschritte zu benennen, die nun zu tun sind, um auf dem Weg zu einem theoretisch fundierten und empirisch operationalisierten Analyseinstrument weiter zu kommen. [1] Eine allgemeine Kenntnis der Governance-Diskussion wird vorausgesetzt (Benz 2004; Benz et al. 2007); auch die weiterführenden Hinweise können hier allesamt nur knapp angedeutet werden, was ihnen gelegentlich einen – nicht beabsichtigten – etwas apodiktischen Tonfall geben mag. Es sollen jedenfalls keine Diskussionen für beendet erklärt, sondern Richtungen vorgeschlagen werden, in denen weiter diskutiert werden sollte.

Dabei geht es mir im Weiteren um ein spezifisches Analyseinstrument von *mittlerem Abstraktionsgrad*. Weder soll hier die hochgradig abstrakte Diskussion elementarer Mechanismen sozialer Ordnungsbildung aus der Governance-Perspektive aufgenommen werden – sie wird vielmehr ebenfalls auf einem von mir an anderer Stelle bilanzierten Stand vorausgesetzt (Schimank 2007). Noch soll es um eine sehr konkrete Analyse eines ganz bestimmten realen Governance-Regimes in seiner historisch situierten Einzigartigkeit gehen – etwa des deutschen Hochschulsystems am Anfang des 21. Jahrhunderts (Lanzendorf/Kehm 2006). Das zu diskutierende Analyseinstrument soll vielmehr einen Anwendungsbereich haben, der sich in folgenden drei Hinsichten näher umschreiben lässt und auch entsprechende Vergleichsrichtungen ermöglicht:

In zeitlicher Hinsicht soll ein und dasselbe Governance-Regime in seinem historischen Wandel erfasst werden können – etwa das deutsche Hochschulsystem seit dem Anfang des 19. Jahrhunderts.

---

1   Für hilfreiche Hinweise danke ich Thomas Brüsemeister und Jochen Gläser.

In sozialer Hinsicht sollen verschiedene nationale oder regionale Exemplare derselben Art von Governance-Regime in den Blick genommen werden können – etwa das deutsche im Vergleich zum britischen Hochschulsystem.

In sachlicher Hinsicht schließlich soll das Analyseinstrument auf verschiedene, allerdings nicht auf alle Arten von Governance-Regimen anwendbar sein. Genauer: auf diejenigen staatlichen oder „staatsnahen" Sektoren (Mayntz/ Scharpf 1995), in denen die Leistungsproduktion von einer professionalisierten Berufsgruppe wie Professoren, Lehrer, Ärzte oder Richter geprägt wird – also u.a. auf das Hochschul-, auf das Schul-, auf das Gesundheits- oder auf das Rechtssystem.

In vier Schritten sollen nun zentrale „Baustellen" der Governance-Pers-pektive mit Blick auf ein so umschreibbares Analyseinstrument angesprochen werden. In einem ersten Schritt wird dargelegt, dass die Governance-Perspektive eine Makro-Meso-Mikro-Betrachtung ihrer Gegenstände erfordert – was längst nicht immer geschieht oder allenfalls implizit bleibt. Ein zweiter Schritt stellt den von mir und anderen entwickelten Governance-Equalizer als Analyseinstrument für professionalisierte staatliche bzw. „staatsnahe" Governance-Regime vor und liefert zumindest stichwortartig dessen theoretische Fundierung in der abstrakten Kategorisierung elementarer Mechanismen sozialer Ordnungsbildung nach. In einem dritten Schritt geht es sodann darum, den Governance-Equalizer hinsichtlich seiner empirischen Operationalisierung als einen komplexen Index zu explizieren. Ein vierter Schritt plädiert schließlich für eine Erweiterung der Governance-Perspektive, die sich nicht allein auf die Betrachtung der Dynamiken von „Regelungsstrukturen" beschränken darf, sondern diese systematisch und nicht bloß punktuell im Zusammenhang mit Effekten auf die „Leistungs-strukturen" (Mayntz/Scharpf 1995) der jeweiligen gesellschaftlichen Teilsysteme sehen muss.

1. Makro-Meso-Mikro-Betrachtung

Die Governance-Perspektive interessiert sich für Muster der Interdependenzbe-wältigung zwischen Akteuren, also für soziale Ordnung – und zwar unter dem Aspekt der *intentionalen Gestaltung*. In dieser Hinsicht handelt es sich erstens um *praktisch* gewendete, sozusagen anwendungsbezogene Theorien sozialer Ordnung, wie sie in der Sozialphilosophie, der Soziologie, der Politik- und der Wirtschaftswissenschaft eine lange Tradition haben. Es wird also beispielsweise nicht nur gefragt, welche soziale Ordnung ein Markt hervorbringt, wie ein Markt entsteht und wann es Marktversagen gibt – sondern auf der Grundlage der Be-antwortung dieser Fragen wird weiter gefragt: Wie kann ein Markt geschaffen werden? Welche Hebel gibt es, um ihn hinsichtlich bestimmter Leistungsparameter zu verbessern und um Marktversagen zu verhindern? Zweitens beinhaltet die Governance-Perspektive auch eine *politisch* gewendete Theorie sozialer Ordnung. Auf die Gestaltung sozialer Ordnung zu blicken bedeutet auch, den Kampf über die Durchsetzung von Ordnungsvorstellungen zu betonen, der sich in Interessen- und Einflusskonstellationen vollzieht.

In einer so angelegten Governance-Perspektive ist die frühere Steuerungs-Perspektive aufgehoben. Steuerung ist in einem akteurtheoretischen Verständnis eine besondere Art von zielorientiertem Handeln, u.a. das hier angesprochene Gestaltungshandeln (Schimank 2006, 145-166). Ein Akteur, der zielgerichtet einen bestimmten Zustand der Welt herbeiführen – einschließlich: aufrechterhalten oder verändern – will, kann dies prinzipiell auf drei Weisen tun. Er kann den angestrebten Zustand erstens direkt durch eigenes Handeln produzieren – z.B. als medizinischer Forscher, der zur Verringerung der Krebstoten beitragen will, eine Krebstherapie entdecken. Zweitens kann der Akteur auch andere Akteure, die den von ihm angestrebten Zustand zu schaffen in der Lage sind, dies aber nicht von sich aus tun würden, direkt durch Überredung, Anreize, Macht u.ä. so beeinflussen, dass sie dies tun. Beispielsweise kann ein forschungspolitischer Akteur einer medizinischen Forschungseinrichtung Finanzmittel für solche Forschungsprojekte anbieten, die eine Krebstherapie suchen. Drittens schließlich kann der Akteur, der andere dazu bringen will, den von ihm angestrebten Zustand zu schaffen, sie indirekt beeinflussen, indem er deren strukturellen Kontext entsprechend gestaltet. Der forschungspolitische Akteur könnte beispielsweise ein Förderprogramm für Krebsforschung auflegen. Dann ginge es nicht mehr lediglich um zeitlich, sachlich und sozial jeweils punktuelle, sondern um generellere Einflussnahme. Der forschungspolitische Akteur könnte nicht nur eine bestimmte Forschungseinrichtung zu einem bestimmten Zeitpunkt dazu bringen, ein gewünschtes Forschungsthema zu bearbeiten; sondern er könnte auf viele medizinische Forschungseinrichtungen für einen längeren Zeitraum dahingehend einwirken, dass sie ihre Forschungsprogramme verstärkt der Krebsforschung widmen. Nur dies ist als ein Fall sozialer Steuerung zu verstehen – jedenfalls dann, wenn man diesen Begriff nicht dadurch inflationieren und überflüssig machen will, dass man ihn mit jeder Art zielgerichteter sozialer Einflussnahme oder gar mit jeder Art von zielorientiertem Handeln gleichsetzt.

Soziale Steuerung ist also ein *doppelt indirektes* zielorientiertes Handeln. Ein Steuerungsakteur führt den von ihm angestrebten Weltzustand dadurch herbei, dass er den strukturellen Kontext anderer Akteure so gestaltet, dass sie diesen Zustand herbeiführen. Steuerungskonstellationen als Governance-Konstellationen zu betrachten heißt, die analytische Perspektive zu dezentrieren. Der wissenschaftliche Beobachter blickt nicht länger einem bestimmten Steuerungsakteur über die Schulter und erschließt sich die Konstellation aus dessen Warte, sondern nimmt die Konstellation gleichsam aus der Vogelperspektive als Kräftefeld in den Blick. Das hilft auch dabei, den von Renate Mayntz (2001) der Steuerungsperspektive attestierten „Problemlösungsbias" zu vermeiden, also die Unterstellung, dass zumindest staatliche Steuerungsakteure primär darauf aus sind, gesellschaftliche Probleme zu bewältigen. Auch sie verfolgen – im Aktivhandeln wie im Unterlassen – stattdessen oftmals hauptsächlich ihre jeweiligen Eigeninteressen an Machterhaltung oder -steigerung. Die Governance-Perspektive betrachtet also eine Akteurkonstellation im Hinblick auf tatsächlich geschehende oder mögliche multiple Bestrebungen intentionaler Gestaltung – wobei es eine analytisch offene Frage ist, inwieweit die Gestaltungsabsichten an Sachproblemen und inwieweit sie an Machtinteressen orientiert sind.

Sowohl die praktische als auch die politische Wendung, die die Governance-Perspektive den Theorien sozialer Ordnung gibt, legen nahe, sich analytisch zunächst auf solche Stellgrößen sozialer Ordnung zu konzentrieren, die erstens in sachlicher Hinsicht bekannte und nennenswerte Effekte haben, zweitens in zeitlicher Hinsicht nicht erst sehr langfristig Wirkungen entfalten und drittens in sozialer Hinsicht in der Reichweite der jeweiligen Gestaltungsakteure liegen (Scharpf 1977). Zieht man diese drei Kriterien heran, ist es nicht überraschend, dass sich die intentionale Gestaltung von Governance-Strukturen vor allem auf einer, nämlich der mittleren von drei Strukturebenen des Sozialen bewegt: auf der Meso-Ebene organisatorischer und interorganisatorischer Strukturen.

Die drei zu unterscheidenden Ebenen sind, auf die staatlichen bzw. „staatsnahen" Sektoren bezogen, die Makro-Ebene gesellschaftlicher Teilsysteme, die gerade erwähnte Meso-Ebene und die Mikro-Ebene der Leistungsproduktion von Individuen und Gruppen.[2] Die Governance-Forschung widmet sich größtenteils der Meso-Ebene.[3] Hierin spiegeln sich einerseits die realen Gestaltungschancen wider. Andererseits kann dieser Realismus auch zu Scheuklappen ausarten, die den Blick auf die Makro- ebenso wie auf die Mikro-Ebene und dadurch auf die Komplexität sozialer Ordnung versperren.

Auf der *Makro-Ebene* ist in Governance-Analysen insbesondere zu berücksichtigen, dass gesellschaftliche Teilsysteme, differenzierungstheoretisch betrachtet, evaluative Orientierungshorizonte des Handelns darstellen, die als Leitideen bzw. binäre Codes im Sinne von „Weichenstellern" (Weber 1920, 252) das Handeln der ihnen zuzurechnenden Akteure prägen. Lehrer streben eben in ih-

---

2   Dies ist nahe an Luhmanns (1975) Unterscheidung von Gesellschaft, Organisation und Interaktion.

3   Anders als die insbesondere von Michel Foucault inspirierten Forschungen über „Gouvernementalität", die teilweise einem Makro-Mikro-Kurzschluss unterliegen, der dadurch nahegelegt wird, dass sie im wesentlichen Diskurse betrachten.

rem beruflichen Handeln nach etwas völlig anderem als Ärzte oder Journalisten, weil sie in ganz anderen gesellschaftlichen Teilsystemen, verstanden als „Wertsphären" (Weber 1919), agieren. Der generelle Orientierungsdissens zwischen den Teilsystemen der modernen Gesellschaft (Schimank 1992) kommt bei der Betrachtung von Governance-Regimen deshalb zum tragen, weil diese typischerweise in einem bestimmten Teilsystem angesiedelt sind, aber Akteure anderer Teilsysteme darauf einwirken wollen. Die Governance des Gesundheitssystems beispielsweise ist zum einen Gegenstand politischer Steuerung; zum anderen wollen aber auch Interessenvertreter des Wirtschaftssystems darauf Einfluss nehmen. Noch komplizierter stellt es sich beim Hochschulsystem dar. Die Hochschulen gehören sowohl dem Bildungs- als auch dem Wissenschaftssystem an (Braun/Schimank 1992); sie unterliegen bildungs- und forschungspolitischen Steuerungsbemühungen; und es intervenieren noch andere Teilsysteme, insbesondere die Wirtschaft, die von den Bildungs- und Forschungsleistungen der Hochschulen abhängig sind.

Interdependenzbewältigung zwischen Akteuren, die völlig anderen Leitideen folgen, ist zwar nicht logisch zwingend, wohl aber faktisch oftmals schwieriger als der Fall gleich ausgerichteter Orientierungen. Gängige Governance-Analysen blenden dies allerdings weitgehend aus oder spielen allenfalls implizit darauf an, dass z.B. Lehrer aufgrund ihres pädagogischen Ethos mit Schulreformen ganz etwas anderes verbinden als Politiker, die beim Wähler ankommen müssen. Beides ist legitim, auch wenn es von der jeweils anderen Seite oft verständnislos als Schutzbehauptung bzw. Zynismus abgetan und damit als teilsystemischer Eigen-Sinn übersehen wird; und wenn Governance-Analysen diesen wahrhaften „Kulturkonflikt" analytisch einebnen, dürfen sie sich über Erklärungsnotstände nicht wundern. Warum reden Lehrer und Politiker beharrlich aneinander vorbei? Warum sind Lehrer so starrsinnig, was bestimmte politische Reformvorstellungen anbetrifft – sogar trotz massiver Lockangebote? Und warum starren Politiker auf PISA-Daten wie Kaninchen auf die Schlange, obwohl doch jedem die begrenzte, vielleicht gar zweifelhafte Aussagekraft solcher Evaluationen klar sein müsste? Fragen wie diese haben nichts mit mangelnder Reflexionsfähigkeit auf einer der beiden Seiten, wohl aber mit gänzlich anderen, inkompatiblen Relevanzen zu tun. Die Governance-Forschung täte gut daran, ihnen analytisch Reverenz zu erweisen, und könnte dabei auf die Diskussionen über systemtheoretische Betrachtungen politischer Gesellschaftssteuerung zurückkommen (Lange/Braun 2000; Schimank 2006).

Gleiches gilt für die *Mikro-Ebene* der Leistungsproduktion von Individuen und Gruppen. Hier muss es darum gehen, die jeweilige endogene Dynamik sozialer Ordnung zu entschlüsseln und bei allen Gestaltungsbemühungen in Rechnung zu stellen. Am Fall wissenschaftlicher Forschung stichwortartig illustriert

(Gläser 2006; Gläser/Lange 2007): Wissenschaftliche Forschung findet in Gemeinschaften statt, die über geteilte kognitive Orientierungen verbunden sind. Die Angehörigen dieser Gemeinschaften, die sich über wechselseitige Beobachtung konstituieren und reproduzieren, haben zwar nicht identische, aber doch hinreichend gemeinsame Vorstellungen über Forschungsstand und Forschungslücken des jeweiligen Wissenschaftsgebiets. Entscheidend ist, dass diese Vorstellungen, wie differenzierungstheoretische Analysen betonen (Luhmann 1990), keinerlei fremdreferentiellen Einflüssen – von päpstlichen Enzykliken bis zu Parteiprogrammen – unterliegen, sondern in selbstreferentiell geschlossenen Kommunikationszusammenhängen kursieren.

Es handelt sich um Konkurrenz-Gemeinschaften in dem Sinne, dass alle ihre Angehörigen danach streben, Anerkennung dadurch zu erwerben, dass sie den Forschungsstand durch Erkenntnisse voran bringen, die neu und, bezogen auf die Forschungslücken, bedeutsam sind. Diese Anerkennung durch Fachkollegen ist für die meisten Wissenschaftler unerlässlich, um diejenigen Ressourcen zu akquirieren, die sie für ihre Forschungsarbeit benötigen.

Wechselseitige Beobachtung in Bezug auf Forschungsvorhaben und Forschungsergebnisse ist der elementare Mechanismus sozialer Ordnungsbildung. Jeder Forscher wählt die eigenen Forschungsthemen angesichts dessen, was als Forschungsstand – das wissenschaftliche Äquivalent zum Preis im Wirtschaftssystem – vorliegt; und die Möglichkeit der Publikation der Forschungsergebnisse sowie ihre Chancen, zitiert zu werden, hängen davon ab, inwieweit der Forschungsstand überschritten wird.

Das Aggregationsergebnis dieser Art von sozialer Ordnung ist Evolution im Sinne einer ungeheuer verschwenderischen Produktion von Forschungsergebnissen: Viele Forschungen ergeben keine verschriftlichte Fassung der Ergebnisse; die meisten Manuskripte werden nicht oder allenfalls an wenig sichtbaren Orten publiziert; die allermeisten Publikationen werden höchstens ein einziges Mal zitiert, und nur ganz wenige dieser publizierten Forschungsergebnisse werden vielfach zitiert oder gar Lehrbuchwissen, gehen also in den künftigen Stand der Forschung ein. Diese eklatante Ineffizienz wissenschaftlicher Forschung ist offenbar das zwangsläufige Korrelat der extremen Unsicherheit ihrer Erfolgsträchtigkeit: Wenn man so wenig zielgenau forschen kann, muss man viele Wege ausprobieren, damit einer weiter führt.

Analog dieser Rekonstruktion müssten auch die Dynamiken der Mikro-Ordnungen anderer Governance-Felder nachvollzogen werden – etwa der Arzt-Patient- oder der Lehrer-Schüler-Beziehung. Denn diese der jeweiligen Art der Leistungsproduktion endogenen Mikro-Dynamiken stellen eine Randbedingung aller Gestaltungsbemühungen auf der Meso-Ebene dar, wie sie in gängigen Governance-Analysen betrachtet werden; und wenn man diese Randbedingung außer Acht lässt, indem man so tut, als ob sie überall dieselbe wäre wie in dem Bereich, den man kennt, darf man sich nicht über Überraschungen wundern.

Die Makro- und die Mikro-Ebene des Geschehens sind also zu beachten; aber natürlich liegt die Governance-Perspektive nicht völlig falsch damit, sich auf die Meso-Ebene zu konzentrieren. Gestaltungsakteure aus der Politik oder aus anderen gesellschaftlichen Teilsystemen haben weder auf der Makro- noch auf der Mikro-Ebene eine Chance, auf absehbare Zeit zielsicher auf die Leistungsproduktion beispielsweise der Wissenschaft oder des Gesundheitssystems einwirken zu können. Die teilsystemischen Orientierungshorizonte weisen ein hochgradiges Beharrungsvermögen – teilweise, wie in Deutschland, grundgesetzlich geschützt (Luhmann 1965) – auf; kein einziger hat sich, einmal herausgebildet, bislang substantiell verändert. Ebensowenig haben sich die Mikro-Dynamiken teilsystemischer Leistungsproduktion aus sich heraus gewandelt – sie haben lediglich auf Änderungen ihres organisatorischen und interorganisatorischen Kontextes reagiert. Damit ist die intentionale Gestaltung von Governance-Strukturen eine „Kontextsteuerung"[4] der Leistungsproduktion auf der Meso-Ebene – wohlgemerkt im Rahmen der bereits angesprochenen Verfolgung von Machtinteressen. Eine Vernachlässigung der Makro- und der Mikro-Ebene durch die Governance-Perspektive hat angesichts dessen auf der Kostenseite einem „technokratischen" Gestaltungs-Optimismus Vorschub geleistet; positiv gewertet hat dies den Blick auf das überhaupt Mögliche gelenkt. Was können Akteure, denen der teilsystemische Eigen-Sinn fremd ist und die nicht in die teilsystemische Leistungsproduktion eingebunden sind, überhaupt an konstruktiven Gestaltungs-Beiträgen leisten? Andersherum akzentuiert: Welchen Stellenwert haben organisatorische und interorganisatorische Strukturen als Zugriffspunkte der externen Steuerung gesellschaftlicher Teilsysteme (Schimank 1991)?

Damit ist die auf der Meso-Ebene ansetzende Governance-Perspektive mikro- und makro-analytisch eingebettet worden. Beides sind Desiderate bisheriger Forschungen; Ersteres wird im vierten Abschnitt wieder aufgegriffen werden. Ich gehe nun näher auf die Meso-Ebene und die dort nötigen begrifflichen Klärungen ein.

---

4   Durchaus im Sinne von Teubner/Willke (1984).

2. Theoretische Fundierung

In den Diskussionen über die Governance-Regime von Hochschulsystemen ist das analytische Konzept des *Governance-Equalizers* entwickelt worden. Burton Clarks (1983) ursprüngliche Typologisierung dieser Governance-Regime mittels der drei Dimensionen von „academic oligarchy", „market" und „state" wurde zunächst von ihm selbst um die vierte Dimension der „organization" erweitert (Clark 1998), womit er auf starke Leitungsfiguren abhebt; diese Typologie wird auch von Schimank et al. (1999) benutzt. An anderer Stelle hatte Clark (1979) allerdings „state" bereits in „bureaucracy" und „politics" zerlegt; daran anknüpfend unterscheidet Dietmar Braun (1999) auf seiten staatlicher Akteure die staatliche Regulierung von Hochschulen auf der einen Seite von einem „management by objectives" durch den Staat auf der anderen Seite. Ich habe diesen Diskussionsstand dann so zusammengefasst, dass ich eine fünfdimensionale Charakterisierung von Governance-Regimen vorschlage (Schimank 2000, 96-99), die inzwischen weitere Verbreitung gefunden hat:

- staatliche Regulierung der Hochschulen,
- Außensteuerung der Hochschulen durch den Staat oder durch andere Akteure, an die er Steuerungsbefugnisse delegiert,
- akademische Selbstorganisation der Hochschulen,
- hierarchische Selbststeuerung der Hochschulen und
- Konkurrenzdruck in und zwischen Hochschulen.

Diese Typologie wurde erst einmal, jede Dimension dichotomisierend, dazu genutzt, das traditionelle Governance-Regime der deutschen Hochschulen und das propagierte Modell des „new public management" (NPM) als Gegensätze zu charakterisieren, weil Letzteres jene Governance-Dimensionen stärken will, die in Ersterem nur schwach ausgeprägt sind, und umgekehrt jene schwächen will, die Ersteres dominieren (Abb. 1).

	NPM	*traditionelles Regime*
staatliche Regulierung	-	+
staatliche Steuerung	+	-
Akademische Selbstorganisation	-	+
Konkurrenzdruck	+	-
Hierarchische Selbststeuerung	+	-

Abb. 1: Governance-Regime im Vergleich

Eine Anregung von Helmut Wiesenthal (2000, 63-65) aufgreifend kann man jede dieser fünf Dimensionen aber noch gegenstandsadäquater als einen Schieberegler verstehen, der graduell herauf- und heruntergefahren werden kann; und alle fünf Dimensionen zusammen bilden dann nach Art eines Gleichrichters den Governance-Equalizer. Dieses fortentwickelte Konzept hat sich als sehr brauchbar erwiesen, um Governance-Regime nationaler Hochschulsysteme im Wandel und im Vergleich untereinander zu kategorisieren (de Boer et al. 2007; Lange/-Schimank 2007) – etwa die Veränderungen des britischen, australischen, niederländischen, österreichischen und deutschen Hochschulsystems seit Anfang der 1980er Jahre summarisch festzuhalten (Abb. 2).

Abb. 2: Entwicklung der Hochschul-Governance in Richtung NPM im Ländervergleich

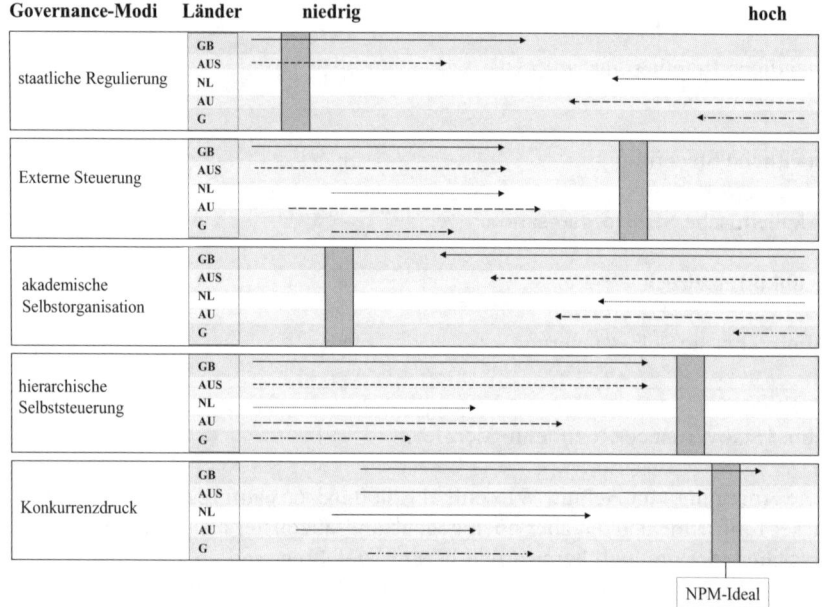

Warum diese fünf Dimensionen und keine anderen? Und wie setzt sich jede der Dimensionen aus elementaren Mechanismen sozialer Ordnungsbildung zusammen? Hierzu will ich zumindest einige Andeutungen machen.

Die fünf Governance-Dimensionen regeln das handelnde Zusammenwirken von drei Arten von Akteuren und gehen aus deren handelndem Zusammenwirken hervor: Hochschulen als Organisationen; Wissenschaftler als Angehörige der akademischen Profession; und staatliche Akteuren sowie staatlich lizensierte Gegenüber der Hochschulen wie z.B. Unternehmen oder Evaluationsagenturen. Pointiert: Organisation – Profession – Staat. Die staatliche Regulierung der Hochschulen betrifft diese als Organisationen sowie die in ihnen tätigen Wissenschaftler als Professionsangehörige. Die Außensteuerung der Hochschulen geht vom Staat oder von anderen Gegenübern aus und richtet sich ebenfalls auf Organisationen und Professionsangehörige. Die akademische Selbstorganisation ist stark durch die Profession bestimmt und findet zum einen intraorganisatorisch in jeder Hochschule statt; zum anderen reicht die akademische Selbstorganisation, etwa als peer review, auch über die Organisationsgrenzen hinaus in interorganisatorische Zusammenhänge zwischen Hochschulen und in die wissenschaftlichen

Gemeinschaften auf der Mikro-Ebene. Die hierarchische Selbststeuerung der Hochschulen ist demgegenüber eine intraorganisatorische Angelegenheit, die Organisation und Profession tangiert. Konkurrenzdruck schließlich findet sowohl intra- als auch interorganisatorisch statt, geht vom Staat oder von der Organisation aus und betrifft diese sowie die Wissenschaftler als Professionsangehörige.

Betrachtet man nun zunächst die Governance-Dimension der *staatlichen Regulierung* von Hochschulen genauer, ist diese vor dem Hintergrund elementarer Mechanismen sozialer Ordnungsbildung als Hierarchie einzustufen.[5] Regulierung bedeutet autoritative Verhaltenssteuerung durch Konditionalprogramme, also klare Wenn-Dann-Regelungen von Sachverhalten (Luhmann 1964), etwa in Gestalt von haushaltsrechtlichen Vorschriften.

Die *Außensteuerung* der Hochschulen durch staatliche Akteure oder durch staatlich lizensierte Gegenüber stellt ebenfalls hierarchische Governance dar. Allerdings findet dies nicht über Konditional-, sondern über Zweckprogramme statt, etwa in Form von Zielvereinbarungen. Damit wird dem hierarchisch untergeordneten Akteur, also der Hochschule, ein generelles Ziel wie etwa die Steigerung des Frauenanteils an den Wissenschaftlern vorgegeben, ohne ihm die Wege der Zielverfolgung vorzuschreiben; Außensteuerung setzt im Vergleich zu Regulierung auf die höhere Sachkundigkeit und Findigkeit des untergeordneten Akteurs. Dies impliziert auch, dass sekundär der elementare Mechanismus der Verhandlung, hierarchisch eingebettet, zur Geltung kommen kann.

Die *akademische Selbstorganisation* beruht auf Gemeinschaft als elementarem Mechanismus sozialer Ordnungsbildung – und zwar, wie schon erläutert, einer durch geteilte kognitive Orientierungen geprägten und innerhalb von Hochschulen hierarchisch und formell auch polyarchisch eingebetteten Gemeinschaft; dem korrespondiert im außerorganisatorischen Raum die auf Reputation gestützte Hegemonie der fachlichen Eliten. Die Professionsgemeinschaft hält nach außen und offiziell auch intern eine Gleichheitsfiktion bezüglich der voll etablierten Mitglieder, also hier der Professoren, aufrecht (Schimank 2004, 45-48).[6] Das sorgt dafür, dass die formelle Polyarchie als elementarer Mechanismus, also Mehrheitsentscheidungen, faktisch wie in Netzwerken als weiterem elementaren Mechanismus auf ein Konsensprinzip hinausläuft: Jeder Professor besitzt ein weitreichendes Veto-Recht in eigener Sache.

Die *hierarchische Selbststeuerung* der Hochschulen durch Leitungsfiguren wie Rektoren und Dekane ist wiederum hierarchische Governance. Sie wirkt intraorganisatorisch darauf hin, dass sich die Hochschule als ein korporativer

---

5   Zur hier zugrundegelegten Typologie elementarer Mechanismen sozialer Ordnungsbildung siehe Schimank (2007).

6   Diese Fiktion spiegelt teilweise auch die schwierige Beurteilbarkeit relativer Leistungsfähigkeit angesichts hochgradiger fachlicher Spezialisierung wider.

Akteur verhält. Während die akademische Selbstverwaltung Hochschulen zu „von unten" konstituierten Interessenorganisationen stilisiert, akzentuiert die hierarchische Selbststeuerung Hochschulen als „von oben" konstituierte Arbeitsorganisationen (Schimank 2002).

Konkurrenzdruck schließlich verweist – über eine faktisch immer schon bestehende, ungeregelte Konkurrenz hinaus – auf den Markt bzw. einen „quasi-market" (Bartlett/Le Grand 1993) als elementaren Mechanismus sozialer Ordnungsbildung, also auf Tausch als Verhandlung auf der Basis wechselseitiger Beobachtung und unter Nutzung von Einflusspotentialen. Quasi-Märkte beruhen auf einer hierarchisch exekutierten und oftmals professionell verankerten Feststellung relativer Leistungsstärke und einer daran orientierten Allokation knapper Ressourcen – siehe etwa Instrumente der leistungsabhängigen Vergabe von Haushaltsmitteln an oder innerhalb von Hochschulen.

Ein Vergleich mit der Palette elementarer Mechanismen sozialer Ordnungsbildung zeigt, dass die fünf Governance-Dimensionen des Hochschulsystems zusammengenommen sämtliche Mechanismen nutzen. Das Mischungsverhältnis ist freilich im traditionellen Governance-Regime des deutschen Hochschulsystems gänzlich anders als im NPM. Ersteres setzte stark auf interorganisatorische Hierarchie zwischen Staat und Hochschulen und eine davon gerahmte hierarchisch und hegemonial überformte Gemeinschaft. NPM setzt demgegenüber auf einen die anderen elementaren Mechanismen dominierenden Marktmechanismus, auf den hin Hierarchie getrimmt, teils ab- und teils aufgebaut wird.

Geht man der Einfachheit halber wieder auf eine dichotome Ausprägung der fünf Governance-Dimensionen zurück, unterscheidet also lediglich „stark" und „schwach", gibt es 32 logisch mögliche Typen (Abb. 3).

Staatliche Regulierung	Außensteuerung	Akademische Selbstorganisation	Hierarchische Selbststeuerung	Konkurrenzdruck	
+	+	+	+	+	1
+	+	+	+	-	2
+	+	+	-	+	3
+	+	-	+	+	4
+	-	+	+	+	5
-	+	+	+	+	6
+	+	+	-	-	7
+	+	-	-	+	8
+	-	-	+	+	9
-	-	+	+	+	10
+	+	-	+	-	11
+	-	+	-	+	12
-	+	-	+	+	13
+	-	+	+	-	14
-	+	+	-	+	15
-	+	+	+	-	16
+	-	-	-	+	17
-	+	-	-	+	18
+	-	-	+	-	19
+	-	+	-	-	20
-	+	-	+	-	21
-	-	+	-	+	22
-	-	-	+	+	23
-	-	+	+	-	24
-	+	+	-	-	25
+	+	-	-	-	26
+	-	-	-	-	27
-	+	-	-	-	28
-	-	+	-	-	29
-	-	-	+	-	30
-	-	-	-	+	31
-	-	-	-	-	32

Abb. 3: Typologie von Governance-Regimen

Die kombinatorische Logik unterstellt freilich, was zu prüfen und dann vermutlich erheblich einzuschränken wäre: dass die fünf Governance-Dimensionen völlig unabhängig voneinander variieren. Vielleicht sind ja einzelne Schieberegler miteinander verbunden, so dass das Herauffahren des einen ein paralleles Herauffahren des anderen oder umgekehrt dessen Herunterfahren bewirkt – synchron oder zeitversetzt, in gleicher Stärke, abgeschwächt oder verstärkt. Man könnte hierzu mehrere Arten von Vermutungen anstellen.

So lassen sich erstens Spannungsverhältnisse zwischen den Governance-Dimensionen ausmachen. Im Einzelnen könnten Spannungen bestehen zwischen: starker staatlicher Regulierung und Steigerung des Konkurrenzdrucks, starker staatlicher Regulierung und starker hierarchischer Selbststeuerung der Hochschulen, starker akademischer Selbstorganisation und starker Außensteuerung, starker akademischer Selbstorganisation und starker hierarchischer Selbststeuerung der Hochschulen (Schimank 2000, 100f.).

Sollten sich diese Vermutungen bestätigen, würde man von den obigen Typen die Nummern 1-12, 14-17, 19 sowie 24-26 höchstens übergangsweise vorfinden, womit das Spektrum real erwartbarer Governance-Regime bereits von 32 auf 13 reduziert wäre.

Hinter diesen Spannungsverhältnissen stehen – soviel lässt sich sagen – keine unmittelbar sachzwanghaft oder gar deterministisch wirkenden Kausalitäten. Die hier wirkenden Kausalitäten könnten vielmehr auf zweierlei Weisen wirken. Zum einen könnten Gestaltungsakteure die Spannungsverhältnisse antizipieren oder als real sich einstellende erfahren und dann aufgrund von Zweckmäßigkeitskalkülen oder als Bequemlichkeitserwägungen durch entsprechende Gestaltungsmaßnahmen zu vermeiden beziehungsweise zu beheben suchen. Zum anderen könnten Governance-Regime, denen einzelne oder alle dieser Spannungsverhältnisse innewohnen, sich in der Leistungskonkurrenz mit anderen Regimen als so deutlich unterlegen erweisen, dass eine Schrumpfung oder gar Elimination des betreffenden Sektors stattfindet. Mindestens denkmöglich wäre etwa, dass ein nationales Hochschulsystem aufgrund eines extrem spannungsgeladenen Governance-Regimes keine Studierenden oder Forschungsgelder mehr attrahiert, die stattdessen ins Ausland abwandern.

Allerdings handelt es sich eben nicht um Inkompatibilitäten im strengen Sinne. So ist z.B. eine Kombination von starker akademischer Selbstverwaltung und starker hierarchischer Selbststeuerung der Hochschulen entgegen landläufigen Vorstellungen durchaus denkbar; dieses Muster wäre sicher aufwendig, weshalb man es eher nicht installieren wird; doch es könnte – dies nur als Anregung weiteren, gerade auch praktischen Nachdenkens – eine höchst produktive, vielleicht den Hochschulen als Organisationen, an denen wissenschaftliche Forschung betrieben wird, sogar sehr angemessene Governance-Struktur sein. Überdies ist zu bedenken, dass man Spannungsverhältnisse vielleicht auch dadurch erträglich oder gar produktiv machen kann, dass man sie abmildert, ohne sie ganz zu beseitigen – was in einer nur dichotom angelegten Typologie nicht eingefangen werden kann. Anders gesagt könnten also zumindest manche der 19 spannungsgeladenen Governance-Regime womöglich doch überlebensfähig sein, sich bei entsprechend durchdachter Konstruktion und in Kauf genommenem Aufwand eventuell sogar als besonders leistungsfähig herausstellen.[7]

Eine zweite Art von Einschränkung der logisch möglichen Typenvielfalt könnte darauf zurückgehen, dass diejenigen Governance-Regime keine hinreichende Ordnungsleistung erbringen, in denen vier Governance-Dimensionen schwach ausgeprägt sind, also nur eine einzige Governance-Dimension die Gesamtlast der Interdependenzbewältigung tragen muss. Das trifft auf die Nummern 27-31 zu. Es ist bei näherem Durchdenken sehr plausibel, dass ein Hochschulsystem nicht leistungsfähig und damit längerfristig nicht bestandsfähig wäre, in dem z.B. allein staatliche Regulierung oder allein akademische Selbstorganisation oder auch allein Konkurrenzdruck sämtliche Vorkommnisse der Interdependenzbewältigung zu regeln hätte. Erst recht wäre die Ordnungsleistung unzureichend, wenn – wie beim Typ Nummer 32 – alle fünf Governance-Dimensionen schwach ausgeprägt sind. Damit stellen sich weitere sechs Typen als dauerhaft nicht bestandsfähig heraus.

Es verbleiben nach diesen beiden Arten von Vermutungen ganze sechs der 32 logisch denkbaren Typen von Governance-Regimen übrig. Davon sind zwei das traditionelle Regime des deutschen Hochschulsystems (Nummer 20) und NPM (Nummer 13). Hinzu kommen die Nummern 18 sowie 21-23. Diese erscheinen je für sich als durchaus dauerhaft stabile Typen:

- Nummer 18: starke Außensteuerung und starker Konkurrenzdruck. Gegenüber NPM fehlt hier die starke hierarchische Selbststeuerung der Hochschule. Es könnte sich um ein Governance-Regime handeln, in dem die Außensteuerung den Part der hierarchischen Selbststeuerung mit übernimmt – wobei die Frage ist, wie tiefenscharf eine Außensteuerung in die Hochschule hineinwirken kann.
- Nummer 21: starke Außensteuerung und starke hierarchische Selbststeuerung. Hier fehlt gegenüber NPM der starke Konkurrenzdruck. Das derzeitige österreichische Hochschulsystem stellt sich so dar (Lanzendorf 2006),

---

7 Man mag sich ja bewusst für einen großen Aufwand der Interdependenzbewältigung, also für Ineffizienz, entscheiden, weil man sich davon eine entsprechend hohe Effektivität verspricht. Heutzutage sieht man sich dabei freilich einem Pauschalverdacht von seiten der „neoliberalen" Effizienzmonomanie ausgesetzt.

und es ist eine offene Frage, ob dies nur ein Zwischenstadium auf dem Weg zu NPM oder ein neuer Dauerzustand ist.

- Nummer 22: starke akademische Selbstorganisation und starker Konkurrenzdruck. Dieser Typ ist im Vergleich zu Nummer 18 interessant, weil hier die dezentrale Reaktion auf den Konkurrenzdruck das Governance-Regime prägt, was in der Tendenz auf eine strikt individualistische „entrepreneurial university" – anders als in den von Clark (1998) vorgestellten Fällen – hinausläuft. Die Hochschule stellt hier ein Konglomerat je einzelner Wissenschafts-Unternehmer in Gestalt der Professoren dar – eine nicht „von oben", sondern „von unten" „entfesselte Hochschule" (Müller-Böling 2000).

- Nummer 23: starke hierarchische Selbststeuerung und starker Konkurrenzdruck. Gegenüber NPM fehlt hier die starke Außensteuerung. Die amerikanischen „research universities" stellen real existierende Beispiele für diesen Typ dar.

Auch wenn sich die Menge der real existierenden und funktional effizienten Governance-Regime gegenüber den 32 logischen Typen sehr verkleinert: Es sind jedenfalls mehr Typen im Blick zu behalten, als die simple Dichotomie von NPM und bisherigem deutschen Status quo suggeriert. Das ist theoretisch als größere Offenheit für empirische Vielfalt bedeutsam; ebenso wichtig ist es aber auch für die praktisch gewendete Phantasie von Gestaltungsakteuren. Wenn man den Status quo unbefriedigend findet, muss man sich deswegen noch lange nicht die Zwangsjacke NPM überziehen – es gibt zumindest bedenkenswerte Alternativen.

Neben solchen weiteren Ausarbeitungen des Governance-Equalizers mit Blick auf das Hochschulsystem ist dessen Übertragung auf andere staatliche oder „staatsnahe" Sektoren zu prüfen. Lassen sich in diesen fünf Dimensionen auch die Governance-Regime des Schulsystems oder des Gerichtswesens angemessen abbilden? Oder fehlen wichtige Aspekte der Governance-Regime dieser anderen Sektoren? Oder müssen bestimmte Dimensionen anders gefasst werden, weil sie zu hochschulspezifisch angelegt sind? Letzteres dürfte mindestens für die akademische Selbstorganisation gelten, die es in dieser Gestalt – was die Rolle von Lehrern an Schulen, Richtern an Gerichten oder Ärzten in Krankenhäusern anbetrifft – nicht gibt. Vermutlich sollte man diese Governance-Dimension nach einer vergleichenden Betrachtung der genannten und vielleicht noch weiterer Sektoren genereller als professionelle Selbstorganisation fassen, wobei dann genauer zu spezifizieren wäre, in welchen Hinsichten die Profession jeweils Entscheidungsbefugnisse und – als reflexive Befugnisse - die Entscheidungen über Entscheidungsmodi reklamiert.

3. Empirische Operationalisierung

Dieselbe Problematik der sektorübergreifenden Fassung der fünf Governance-Dimensionen stellt sich erst recht, wenn man sich deren Operationalisierung zuwendet. Eine im Hinblick auf empirisch ermittelbare Sachverhalte formulierte Operationalisierung muss zwangsläufig auf sektorspezifische Besonderheiten Rücksicht nehmen; dennoch müssen vergleichbare Phänomene in anderen Sektoren im Blick behalten werden.

Des weiteren beruht jede Operationalisierung auf Indikatoren, und diese setzen sich für jede der fünf Governance-Dimensionen zu einem Index zusammen – was stets ein höchst angreifbares analytisches Konstrukt darstellt. Generell stellen sich zwei Fragen: Welche einzelnen Indikatoren sind jeweils von Bedeutung – und mit welchem Gewicht? Ich will diese beiden Fragen nun hinsichtlich jeder der fünf Dimensionen ansprechen, die zusammengenommen den Governance-Equalizer ausmachen. Die bisherige Nutzung dieses analytischen Instruments war eine, die auf groben Intuitionen beruhte (de Boer et al 2007; Lange/Schimank 2007). Für die weitere Nutzung muss es darum gehen, das Instrument sachlich valider und sozial reliabler zu justieren. Dabei ist klar, dass operationale Indikatoren in erheblichem Maße sektorspezifisch variieren. Was z.B. Indikatoren staatlicher Regulierung im Gesundheitssystem sind, lässt sich nur teilweise auf das Wissenschaftssystem übertragen. Allerdings sollten die für einen Sektor – hier: das Hochschulsystem – adäquaten Indikatoren eine zumindest anregende Wirkung bei der Suche nach passenden Indikatoren für einen anderen staatlichen oder „staatsnahen" Sektor entfalten.

Ich beginne mit der Dimension der *staatlichen Regulierung*. Generell lässt sich in dem Maße von starker staatlicher Regulierung des Entscheidungsgeschehens im Hochschulsystem sprechen, wie es feste Vorgaben von Prozeduren und Kriterien gibt, die zu beachten sind; und schwache Regulierung liegt in dem Maße vor, wie diesbezüglich Flexibilitäten eingeräumt werden. Für die Governance des Hochschulsystems lassen sich fünf Regulierungsgegenstände unterscheiden:

Finanzen: Hier ist, am deutschen Fall illustriert, eine strikte Kameralistik als starke Regulierung einem Globalhaushalt als schwache Regulierung gegenüberzustellen. Erstere bindet die Verfügbarkeit von Finanzmitteln sachlich an wechselseitig nicht deckungsfähige Haushaltspositionen und zeitlich an das Jährlichkeitsprinzip; hinzu kommt, dass eine Kreditaufnahme nicht möglich ist. Der Globalhaushalt sollte demgegenüber idealiter „einen Sack Geld" – so die Formulierung eines Rektors – bereitstellen und den Hochschulen auch die Aufnahme von Krediten als Zukunftsinvestitionen ermöglichen.

Personal: Im Personalwesen liegt eine starke Regulierung vor, wenn Entscheidungen der Hochschulen über Einstellungen, Beschäftigungsdauer, Entlohnung, Umsetzungs- und Kündigungsmöglichkeiten rechtlich oder durch Beteiligungsverfahren vorgezeichnet und eingeschränkt sind. Insbesondere Stellenpläne sind Ausdruck einer starken Regulierung. Je flexibler all dies gehandhabt werden kann, desto schwächer reguliert sind Personalentscheidungen.

Organisation: Eine starke Regulierung liegt in dem Maße vor, wie Aufbauorganisation, Leitungs- und Beteiligungsstrukturen durch staatliche Vorgaben geregelt sind. In welche Organisationseinheiten eine Hochschule gegliedert ist, welche Befugnisse Kanzler, Rektoren, Rektorate und Dekane haben und wie Personalräte sowie Gremien der akademischen Selbstverwaltung mit entscheiden können: Je genauer und bindender diese Sachverhalte vorgeschrieben sind, desto stärker ist die Regulierung – und umgekehrt.

Lehre: Die staatliche Genehmigung von Studiengängen, Studien- und Prüfungsordnungen stellt starke Regulierung dar. Gleiches gilt für Genehmigungsvorbehalte hinsichtlich der Denomination von Professuren – wobei dies auch in die Regulierung der Forschung übergreift. In dem Maße, wie die Hochschulen diese Entscheidungen autonom treffen dürfen oder sich zumindest nur noch mit nicht staatlich kontrollierten Instanzen wie Akkreditierungsagenturen auseinandersetzen müssen, schwächt sich die Regulierung der Lehre ab.

Forschung: Regulierung betrifft hier – sieht man von allgemeinen Regelungen des Unfall-, Umwelt- oder Datenschutzes ab – vor allem die Akquisition und Verwendung von Drittmitteln. Die Verwendungsrichtlinien im Rahmen von Förderprogrammen der EU stellen ein abschreckendes Beispiel starker Regulierung dar. Schwache Regulierung eröffnet demgegenüber Freiräume für situativ angemessene Forschungsentscheidungen, wie sie aus dem nicht vorhersagbaren Verlauf von Forschungsprozessen erforderlich sein können.

Ohne Befunde oder Plausibilitätsüberlegungen, die eine Gewichtung dieser fünf Regulierungsgegenstände nahelegten, gehen sie erst einmal gleichgewichtig in den Regulierungsindex ein. Teilt man jeden Indikator grob in drei Stufen (schwach/mittel/stark) ein und vergibt entsprechende Punktwerte (1/2/3), kann der Index zwischen 5 und 15 Punkten variieren. Dann lassen sich 5-8 Punkte als schwache, 9-12 Punkte als mittlere und 13-15 Punkte als starke Regulierung einstufen.

Analog kann man die anderen vier Governance-Dimensionen behandeln. So ist die *Außensteuerung der Hochschulen* in dem Maße stark, wie Entscheidungsbefugnisse über strategische Fragen erstens externen Akteuren zustehen und unter diesen zweitens Akteure, die andere gesellschaftliche Teilsysteme als Bildung und Wissenschaft repräsentieren, vertreten sind; umgekehrt ist die Außensteuerung in dem Maße schwach, wie diese Fragen hochschulintern – ob nun durch die akademische Selbstorganisation oder durch eine hierarchische Selbststeuerung – entschieden werden. Im Einzelnen lassen sich hierfür folgende Aspekte mit entsprechenden Indikatoren benennen:

Zielvereinbarungen: Die Etablierung von Zielvereinbarungen zwischen Ministerien und Hochschulen bedeutet, dass Zweckprogrammierung als starke Außensteuerung die bisherige staatliche Regulierung, die mit schwacher Außensteuerung einherging, ablöst. Freilich ist zu beachten, ob nicht bloß im Gewand von Zielvereinbarungen weiter alte Konditionalprogrammierung betrieben wird.

Hochschulrat: Als funktionales Äquivalent zu Zielvereinbarungen, häufiger aber in Kombination mit diesen, können Hochschulräte etabliert werden, die strategische Entscheidungen von Hochschulen initiieren, begleiten oder sogar treffen können. Je nach dem, welche Befugnisse den Hochschulräten eingeräumt werden und wie stark diese in ihrer Besetzung durch Repräsentanten anderer gesellschaftlicher Teilsysteme wie Wirtschaft oder Gesundheitswesen bestimmt sind, ist die Außensteuerung als stark oder schwach einzustufen.

Drittmittel: Die Forschung unterliegt dann einer starken Außensteuerung, wenn der Anteil derjenigen Drittmittel, bei denen außerwissenschaftliche Nutzenkriterien wichtig sind oder bei deren Vergabe Repräsentanten anderer Teilsysteme mit entscheiden, groß ist. Die Installation außerwissenschaftlicher Mitentscheider bei den britischen Research Councils war dort eine der wichtigen Maßnahmen in Richtung NPM. Jenseits solcher personeller Maßnahmen kann die Unterwerfung der Forschung unter außerwissenschaftliche Kriterien zum einen durch Anreize erfolgen, wenn etwa – wie im Mitte der 1970er Jahre installierten Finanzierungsmodus der Fraunhofer-Gesellschaft – die Einwerbung von Drittmitteln aus der Industrie durch entsprechende staatliche Finanzzuschüsse honoriert wird. Zum anderen können aber auch Zwangsmechanismen etabliert werden. Es könnte vorgeschrieben werden, dass ein bestimmter Anteil aller Drittmitteln aus der Auftragsforschung für außerwissenschaftliche Nutzer stammen muss; oder diejenigen staatlicherseits bereitgestellten Drittmittel, die nach rein innerwissenschaftlichen Kriterien zugeteilt werden, werden so verknappt, dass den Hochschulen nichts anderes übrig bleibt, als sich um Mittel von der Industrie oder anderen außerwissenschaftlichen Auftraggebern zu bemühen. In Deutschland ließe sich dies grob daran ablesen, wie hoch der Anteil der Mittel der Deutschen Forschungsgemeinschaft (DFG) an den gesamten Drittmitteln ist.

Lehre: Eine Außensteuerung durch Repräsentanten anderer gesellschaftlicher Teilsysteme ist dann stark, wenn deren Stimme in Studiengangskommissionen, Beiräten von Studiengängen oder Akkreditierungskommissionen Gewicht hat – bis hin zu einer faktischen oder sogar formellen Veto-Macht. Auch in dieser Governance-Dimension gibt es beim gegenwärtigen Forschungsstand keine Befunde, die eine Gewichtung dieser vier Aspekte begründen könnten. Ein wie bei der staatlichen Regulierung konstruierter Index kann damit zwischen 4 und 12 Punkten variieren; 4-6 Punkte wären eine schwache, 7-9 Punkte eine mittlere und 10-12 Punkte eine starke Außensteuerung.

Die *akademische Selbstorganisation* ist dann als stark einzustufen, wenn erstens die Kollektivität der akademischen Profession Entscheidungen in Hochschulen und in der akademischen Gemeinschaft bestimmt und zweitens der je individuelle Professor seine in Lehre und Forschung anfallenden Entscheidungen autonom trifft.[8] Umgekehrt ist in dem Maße von einer schwachen akademischen Selbstverwaltung zu sprechen, wie diese Entscheidungen nach anderen als wissenschaftlichen Kriterien und von anderen Personen als Professoren getroffen werden. Hier kommen drei Arten von Indikatoren in Betracht:

Hochschulische Gremien der Selbstverwaltung: Hier ist erstens zu fragen, welche Entscheidungsbefugnisse in Fragen der Lehre und Forschung, aber auch in Finanz-, Personal- und Organisationsangelegenheiten Instituts- und Fakultätsräten sowie Senaten zukommen. Gibt es diese Gremien überhaupt noch? Haben sie noch einen beratenden Einfluss – etwa mit dem Recht, gehört zu werden? Oder liegen die betreffenden Entscheidungen allein bei der hierarchischen Selbststeuerung der Hochschulen und deren Außensteuerung? Zu berücksichtigen ist neben den formellen Regelungen zweitens die „gelebte Kultur" konsensualer Entscheidungen und Nichtangriffspakte. In dieser Gestalt kann eine formell schwache Selbstverwaltung dennoch stark bleiben.

Akademische Gemeinschaft: Hier kann man sich erstens in Fragen der Forschung anschauen, wie bedeutsam das peer review im Vergleich zu außerwissenschaftlichen Gesichtspunkten bei Publikationsentscheidungen, bei Entscheidungen zur Förderung von Drittmittelanträgen und bei Leistungsevaluationen ist. Wird beispielsweise ein leistungsabhängiger Anteil der Grundausstattung wie beim britischen Research Assessment Exercise auf der Basis einer Begutachtung ausgewählter Publikationen oder unter Zugrundelegung einer Rechenformel, deren Eingangsgrößen in einem administrativen Berichtswesen vorgehalten werden, ermittelt? Zweitens ist hinsichtlich der Lehre analog von Bedeutung, welches Gewicht dem peer review bei Lehrevaluationen sowie bei der Akkreditierung von Studiengängen zukommt.

Individuelle Autonomie: Neben hier nicht anzusprechenden Indikatoren, die aufwendige je individuelle Erhebungen erfordern, kann man zwei einfach erhebbare Indikatoren betrachten. Erstens kann man sich wiederum auf die formellen Regelungen beziehen. Die individuelle Autonomie einzelner Professoren bemisst sich zunächst daran, ob dieses Amt mit Unkündbarkeit oder gar einem Beamtenstatus verbunden ist. In dieser Hinsicht sind die Diskussionen über „tenure" in

---

8   Hier ist analytisch akzeptiert, was sachlich keineswegs selbstverständlich ist, dass Professoren „gleicher" als andere Mitglieder wissenschaftlicher Gemeinschaften sind.

Großbritannien oder den USA sowie der Angestelltenstatus von neu eingestellten Professoren in Österreich zu sehen. Sodann geht es darum, ob Berufungs- und Bleibezusagen hinsichtlich der Ausstattung einer Professur irreversibel oder befristet sind. Das Bild abrundend kann man an der Rechtsprechung zur „Freiheit von Forschung und Lehre" und der entsprechenden rechtswissenschaftlichen Dogmatik ablesen, ob dieses Grundrecht individuell, also einzelnen Professoren, oder institutionell, nämlich der Hochschule als Organisation, zugesprochen wird. Zweitens kann man mit Blick auf die Forschung finanzielle Zwänge betrachten: Was kann ein Professor mittels seiner Grundausstattung an Forschungsvorhaben durchführen, und wie drittmittelabhängig ist er? Dies variiert bekanntermaßen zwischen den Fächern.

In allen drei Hinsichten gibt es also zwei Indikatoren, womit im Index insgesamt zwischen 6 und 18 Punkten zu vergeben sind: 6-10 Punkte entsprächen einer schwachen, 11-14 einer mittleren und 15-18 einer starken akademischen Selbstorganisation.

Nun wende ich mich der *hierarchischen Selbststeuerung* der Hochschulen zu. Diese Governance-Dimension ist in dem Maße als stark einzustufen, wie die zentralen und dezentralen Leitungsfiguren der Hochschule, also Rektoren und Rektorate bzw. Präsidenten und Präsidien sowie Dekane und gegebenenfalls Institutsdirektoren für die ihnen unterstehenden Organisationseinheiten – die Hochschule als Ganze, der Fachbereich oder das Institut – Entscheidungen treffen können, wozu auch die Vertretung dieser Einheit nach außen gehört. Als Indikatoren können hierfür herangezogen werden:

Kompetenzen: Welche Personal-, Finanz- und Organisationsangelegenheiten sowie Fragen der Lehre und Forschung können Rektorate, Dekane und Institutsdirektoren jeweils für ihren Bereich autonom entscheiden, und welche Anhörungs- und Mitspracherechte wie vieler anderer Akteure müssen sie berücksichtigen? Insbesondere Vetorechte oder Entscheidungsbefugnisse, die ausdrücklich untergeordneten Akteuren zugesprochen werden, schwächen die hierarchische Selbststeuerung. Alles das, was ein Lehrstuhl, repräsentiert durch den Professor, für sich allein entscheiden darf, stellt eine Grenze der hierarchischen Selbststeuerung dar. Umgekehrt wächst diese, je stärkere Weisungsbefugnisse Rektoren, Dekane und Institutsdirektoren gegenüber einzelnen Professoren haben.

„Kultur": Wie auch bei der akademischen Selbstorganisation ist neben den formellen Befugnissen zu betrachten, ob die Leitungsfiguren diese Befugnisse auch wahrnehmen oder de facto eine überkommene Konsenskultur fortsetzen. Umgekehrt trägt eine Organisationskultur, die die Hochschule als Ganze bzw. eine Fakultät oder ein Institut zu korporativen Akteuren stilisiert, in deren Dienste sich die jeweiligen Angehörigen der Organisationseinheit zu stellen haben, zu einer starken hierarchischen Selbststeuerung bei. Effektive, nicht bloß auf dem

Papier stehende Profilbildung und ein Selbstverständnis der jeweiligen Organisationseinheit als „Beutegemeinschaft" sind Ausdruck dessen.

Abwahl: Zu einer starken hierarchischen Selbststeuerung gehört, dass Leitungsfiguren nicht einfach bei unbeliebten Entscheidungen aus dem Amt entfernt werden können. Dies drückt sich in vergleichsweise langen Amtszeiten und einem Abwahlmodus aus, der voraussetzungsreich ist, z.b. einer Dreiviertelmehrheit des Senats oder der Zustimmung eines Hochschulrates bedarf.

Damit gehen drei Indikatoren in den Index dieser Governance-Dimension ein, womit dieser zwischen 3 und 9 Punkten variiert. 3-4 Punkte stellen eine schwache, 5-7 eine mittlere und 8-9 eine starke hierarchische Selbststeuerung dar.

Schließlich ist noch die Governance-Dimension des *Konkurrenzdrucks* innerhalb von und zwischen Hochschulen zu betrachten. Je größer der Anteil an Ressourcen ist, der im Hochschulsystem nach der relativen Leistungsstärke von Organisationen, Organisationseinheiten und individuellen Wissenschaftlern vergeben wird, desto stärker ist der Konkurrenzdruck ausgeprägt. Man kann hier zwischen zwei Gruppen von Indikatoren unterscheiden:

Hochschulintern: Ein starker Konkurrenzdruck innerhalb einer Hochschule, also zwischen deren Fachbereichen, Instituten und Lehrstühlen, besteht dann, wenn auf der Grundlage eines Berichtswesens, das Leistungsindikatoren sammelt, erstens die Allokation der Grundausstattung stattfindet und zweitens Profilbildungsentscheidungen getroffen werden. Bei der Grundausstattung ist zum einen an Berufungs- und Bleibezusagen, zum anderen an jährlich vergebene Sachmittel, etwa auch aus zentral gebildeten Pools, zu denken. Profilbildungsentscheidungen sind demgegenüber längerfristiger Natur und können sich z.b. in der Umwidmung von Professuren aus forschungsschwachen zu forschungsstarken Fächern oder in der Beendigung von schwach nachgefragten Studiengängen äußern. Je geringer hingegen der Ressourcenanteil ist, der gemäß solchen Leistungsgesichtspunkten verteilt wird, desto schwächer ist der interne Konkurrenzdruck.

Zwischen Hochschulen: Auch hier ist erstens ein Berichtswesen, das national oder – in föderalen Staaten mit der Länderzuständigkeit für die Hochschulen - zumindest für ein Bundesland dokumentiert, welche Hochschulen in welchen Fächern wie leistungsstark in Lehre und Forschung sind, Voraussetzung dafür, dass die Grundausstattung leistungsabhängig zugeteilt werden kann; und je größer dieser leistungsabhängige Anteil ist, desto stärker ist der Konkurrenzdruck zwischen den Hochschulen. Zweitens steigt der Konkurrenzdruck im Hochschulsystem mit dem Anteil der Drittmittel an den gesamten der Forschung zufließenden Finanzmitteln, und mit einer sinkenden Bewilligungsquote. Drittens schließlich steigt der Konkurrenzdruck auf seiten der Lehre, je größer der Anteil von Studiengebühren an der Finanzierung der Hochschulen ist.

Damit gibt es fünf Indikatoren für den Konkurrenzdruck, so dass dieser Index zwischen 5 und 15 Punkten variiert. 5-8 Punkte stellen eine schwachen, 9-12 einen mittleren und 13-15 einen starken Konkurrenzdruck dar.

Soweit meine Vorschläge zur Indexbildung, also zur empirischen Operationalisierung des Governance-Equalizers – hier erst einmal für die Betrachtung von Hochschulsystemen. Da dies den ersten Versuch in dieser Richtung darstellt, wird sich sicherlich schnell Etliches als verbesserbar oder revisionsbedürftig erweisen. Um eine solche Diskussion in Gang zu bringen, muss aber erst einmal ein Anfang gemacht werden – man könnte sogar bis zu einem gewissen Grad sagen: Je schlechter, desto besser für die Diskussionsdynamik! Ganz in diesem Sinne möchte ich meine Bemühungen hier verstanden wissen.

4. „Regelungs-" und „Leistungsstrukturen"

Ich komme nun zu einem weiteren Mangel bisheriger Forschungen über Governance-Regime – nicht nur im Hochschulsystem, sondern ebenso in anderen staatlichen oder „staatsnahen" Sektoren. Zumindest die politikwissenschaftliche Betrachtung neigt oft dazu, es bei einer Analyse der Dynamiken von „Regelungsstrukturen" zu belassen und die Auswirkungen auf die „Leistungsstrukturen" des betreffenden Sektors auszublenden. Man tut das, was man am besten kann, nämlich Interessen- und Einflusskonstellationen individueller, kollektiver und korporativer Akteure im Wechselspiel mit Governance-Regimen zu studieren und zu erklären, warum sich bestimmte Regime zu bestimmten Zeiten wie verändern und warum andere über größere Zeitspannen unverändert bleiben. Natürlich müssen diese Fragen gestellt und beantwortet bleiben; es darf jedoch nicht der Eindruck entstehen, dass Governance-Regime gleichsam ein Selbstzweck sind. Sie sind vielmehr, wie im ersten Abschnitt dargelegt, die Zugriffspunkte von politischen und organisatorischen Gestaltungsakteuren auf die Leistungsproduktion im jeweiligen Sektor. Wenn etwa Hochschulpolitiker auf NPM umzuschalten versuchen, tun sie dies nicht, weil die damit einher gehenden Auseinandersetzungen nun mal ihr Lebenselixier sind, sondern weil Probleme der Leistungsproduktion gesehen werden, für die zumindest teilweise das bisherige Governance-Regime verantwortlich gemacht wird, so dass es zur Problembewältigung beizutragen verspricht, an den Governance-Stellgrößen zu drehen.

Insbesondere bei Betrachtungen des NPM im Vergleich zu den jeweiligen Vorgänger-Regimes sind in der Tat auch Bezüge zu „Leistungsstrukturen" hergestellt worden. Dabei herrschen dann allerdings auf der einen Seite sehr weitreichende Hoffnungen, auf der anderen Seite genauso tiefgreifende Befürchtungen vor. Die Politiker und Ministerien versprechen sich und anderen wahre Wunderdinge, die eine deregulierte und marktgetriebene Hochschule plötzlich in Forschung und Lehre zu leisten vermag; und viele Professoren empören sich über den „Ausverkauf" der Wissenschaft und die überbordende Evaluations-Bürokratie. Aber weder werden die Maßstäbe genau expliziert, anhand derer man solche Urteile abgibt, noch besitzt man meistens eine auch nur halbwegs verlässliche Datenbasis für dergleichen Einschätzungen. Mutmaßungen und anekdotische Evidenzen herrschen vor – aber ohne dass die Verfechter und Kritiker von NPM sich diesen Status ihrer Äußerungen überhaupt klar machen.

Nur wenn es gelingt, Analysen von Governance-Regimen auf der Meso-Ebene damit zu verknüpfen, dass auf der Mikro-Ebene systematisch die Auswirkungen bestimmter Ausprägungen dieser Regime auf die jeweilige sektorale Leistungsproduktion untersucht werden, und zwar nicht an einem eindimensionalen Maßstab, sondern differenziert gemessen, kann die Governance-Perspektive ihre praktische Relevanz einlösen; und damit steht und fällt letztlich auch ihre theoretische Bedeutung.

In laufenden Untersuchungen zu Veränderungen der Governance-Regime nationaler Hochschulsysteme in Richtung NPM bemühe ich mich gemeinsam mit anderen darum, zumindest in Form von Fallstudien Wirkungszusammenhänge zwischen Governance und den „Leistungsstrukturen" in der Forschung – die Lehre wäre natürlich genauso interessant – aufzudecken. Wir haben zu diesem Zweck wiederum induktiv aus der Betrachtung dieser spezifischen Leistungsproduktion heraus Leistungsmerkmale spezifiziert, für deren Ausprägung unterschiedliche Governance-Regime einen Unterschied machen könnten. Im Einzelnen unterscheiden wir dort: die innerwissenschaftliche Güte der Forschung; die Berücksichtigung außerwissenschaftlicher Relevanzen; die Balance von mainstream-Forschung und unorthodoxen Perspektiven; das Verhältnis von Forschung und Lehre; die individuelle Autonomie der Themenwahl. Zu diesen fünf abhängigen Variablen können wir theoretisch Kausalbeziehungen plausibilisieren, die von den fünf Dimensionen des Governance-Equalizers als unabhängigen Variablen ausgehen. Die Prüfung dieser Leithypothesen steht derzeit an und wird sicher, neben Relativierungen oder gar Widerlegungen einzelner Hypothesen auch zu modifizierten und weiteren Hypothesen führen. Da es in den hier vorgestellten Überlegungen aber nicht um das Hochschulsystem und dessen „Regelungs-" und „Leistungsstrukturen" geht, sondern allgemeiner um Governance staatlicher und „staatsnaher" Sektoren, will ich einen Vorschlag unterbreiten, wie man Merkmale von Leistungsproduktion genereller fassen kann.[9] Den Ausgangspunkt stellt die geläufige Unterscheidung von Effizienz und Effektivität dar. Effizienz wird dabei als Maß dafür verstanden, mit einem wie sparsamen Mitteleinsatz man ein gegebenes Leistungsziel erreicht, während Effektivität den Wirkungsgrad, also das Ausmaß der Zielerreichung misst. Zwischen beiden Leistungsmerkmalen besteht ein trade off: Maximale Effektivität ist normalerweise nur hochgradig ineffizient – „Koste es, was es wolle!" - zu realisieren, und maximale Effizienz ist meist unter dem Effektivitätsgesichtspunkt suboptimal. Dieses Spannungsverhältnis bedeutet freilich nicht, dass Governance-Regime im Vergleich untereinander stets so da stehen, dass das eine effizienter, dafür das andere effektiver ist. Man kann ein Governance-Regime, das in beiden Hinsichten zu wünschen übrig lässt, auch so transformieren, dass es sowohl effizienter als auch effektiver wird.

Effizienz bezieht sich nicht nur auf den unmittelbaren Leistungsprozess, um den es jeweils geht. Wenn beispielsweise knappe Mittel für die Hochschulfinanzierung zunehmend nach Leistungsgesichtspunkten vergeben werden, so dass die Leistungsstarken auf Kosten der Leistungsschwachen gefördert werden, ist das vielleicht erst einmal effizient, weil die Leistungsstarken die zusätzlichen Mittel besser verwenden können als die Leistungsschwachen. Doch dem müssen verschiedene *Transaktionskosten* gegenübergestellt werden. Da ist zunächst der Aufwand, den die kontinuierliche Leistungsbewertung macht. Im Extremfall kann er höher sein als der Effizienzgewinn bei der Leistungsproduktion. Plakativ veranschaulicht: Vielleicht ist es ja eine Fehlinvestition, dass immer mehr knappe Arbeitskraft guter Wissenschaftler darauf verwandt wird, schlechte Wissenschaftler zu identifizieren, damit man ihnen einige Finanzmittel entziehen kann, die dann zwar den Guten zufließen, von diesen aber angesichts ihre Evaluationstätigkeiten gar nicht nutzbar gemacht werden können. Zu den Transaktionskosten, die Maßnahmen der Effizienzsteigerung nach sich ziehen können, zählen auch alle Aktivitäten symbolischer Politik auf seiten der Leistungsproduzenten. Wenn es ihnen erfolgreich gelingt, so zu tun, als erzielten sie Effizienzgewinne, ist das wegen des Täuschungsaufwands tatsächlich ineffizienter als der status quo ante.

Schließlich darf ein weiterer möglicher Kostenfaktor von Effizienzsteigerungsbemühungen nicht übersehen werden: die Erosion intrinsischer Motivation unter den Leistungsproduzenten. Die Leistungsproduktion in den staatlichen und „staatsnahen" Sektoren lebt oftmals vom persönlichen Engagement der professi-

---

9   Abgesehen von einer Generalisierung der genannten Leistungsmerkmale der Forschung habe ich dazu auch Merkmale herangezogen, die in den britischen Debatten über „quasi-markets" im Wohlfahrtsstaat behandelt werden (Bartlett/Le Grand 1993).

onellen Leistungsrollenträger, das stark aus der Identifikation mit der Sache – ob Erkenntnisstreben, Kunstschöpfung oder Krankenbehandlung – herrührt. Diese Motivation kann leiden, wenn mit der Absicht der Effizienzsteigerung der Konkurrenzdruck um finanzielle Ressourcen verschärft wird – selbst dann, wenn dies als Anreiz zur Steigerung des eigenen Einkommens installiert wird (Frey 1993). Insbesondere das im Konkurrenzdruck zum Ausdruck gebrachte Misstrauen gegenüber der intrinsischen Leistungsmotivation kann zum erst empörten, dann verbitterten „Dienst nach Vorschrift" führen.

Geht man nun zur *Effektivität* der Leistungsproduktion über, sind quantitative und qualitative Dimensionen zu unterscheiden. *Quantitativ* muss der Bedarf gedeckt werden. Eine Überproduktion wäre lediglich ineffizient, ein Mangel an Leistungen, gemessen am Bedarf, wäre hingegen ineffektiv – wenn z.b. in einer Region zu wenig Krankenhausbetten zur Verfügung stehen. Bei solchen Knappheiten besteht auch die Tendenz, dass das Leistungsangebot dann sozial zu selektiv ausfällt, etwa als Rationierung von medizinischen Leistungen oder Studienplätzen. Das ist nicht nur eine Frage von Gleichbehandlung und Chancengleichheit, sondern kann unter Effektivitätsgesichtspunkten auch dazu führen, dass gesellschaftlich vorhandene Potentiale, etwa Bildungsaspirationen, ungenutzt bleiben.

Qualitativ bemisst sich die Effektivität einer Leistungsproduktion mindestens an zwei Maßstäben. Der eine ist die *Güte* der Leistungen, gemessen an den Standards der jeweiligen Profession, also z.B. den Qualitätsstandards wissenschaftlicher Forschung. Der andere Maßstab ist der einer hinreichenden *Diversität* des Leistungsangebots. Hierbei geht es in sachlicher und sozialer Hinsicht um eine umfassende Bedienung aller Bedarfsausprägungen und in zeitlicher Hinsicht um eine Balance von aktueller Zuverlässigkeit und zukünftiger Innovativität. Sachliche Diversität bedeutet bei wissenschaftlicher Forschung, dass alle Themen und Disziplinen angemessen erhalten werden, also nicht etwa, was als ein Effekt von NPM befürchtet wird, unter den Profilbildungsambitionen der hierarchischen Selbststeuerung der Hochschulen überall die sogenannten „kleinen Fächer", mit denen mangels „kritischer Masse" nirgends Staat zu machen ist, leiden. Soziale Diversität läuft auf Responsivität gegenüber allen möglichen Adressaten der Leistungen hinaus – bei der Forschung also u.a. auch darauf, verschiedene außerwissenschaftliche Nutzergruppen wissenschaftlicher Erkenntnisse zu bedienen. Diese Responsivität will etwa das NPM erhöhen – und es bleibt zu prüfen, ob dies gelingt und ob darunter, wie wiederum von manchen befürchtet wird, die anwendungsferne Grundlagenforschung leidet. Das wäre ein Beispiel für ein Spannungsverhältnis zwischen den beiden Qualitätsdimensionen der Güte und der Diversität. Schließlich stellt in zeitlicher Hinsicht der Erhalt oder sogar die Steigerung der Innovationsfähigkeit der Leistungsproduktion ein

Effektivitätskriterium dar. Noch einmal am NPM im Hochschulsystem illustriert: Oftmals wird beklagt, dass eine Konkurrenzintensivierung etwa bei den Drittmitteln dazu führe, dass kurzsichtig immer mehr mainstream-Forschung gefördert wird, weil damit das Risiko, Geld in scheiternde Projekte zu investieren, geringer ist, als wenn man hochgradig innovative, aber damit auch riskante Projekte fördert.

Bei diesen Stichworten zur Erfassung der „Leistungsstrukturen" muss ich es vorerst bewenden lassen. Zu prüfen bleibt in weiteren Überlegungen, ob dieser Katalog von Leistungsmerkmalen sich tatsächlich dazu eignet, auf Forschung als Leistungsproduktion ebenso wie auf Lehre, Krankenversorgung oder Rechtsprechung angewandt zu werden. Sind die aufgeführten Merkmale überall relevant, und lassen sich vielleicht sogar die Kausalhypothesen – zu denen ich hier noch nichts Systematisches gesagt habe - über Sektorgrenzen hinweg übertragen? Selbst wenn dies der Fall wäre, müsste dennoch gefragt werden, ob teilweise sektorspezifische Merkmale hinzu zu nehmen sind, um das Bild zu komplettieren – etwa das Verhältnis von Forschung und Lehre im Hochschulsystem.

Abschließend sei als generelle Vermutung über den Zusammenhang von „Regelungs-," und „Leistungsstrukturen" in den Raum gestellt, dass es weder sektorspezifisch noch gar sektorübergreifend ein „one best" Governance-Regime gibt. Erstens dürfte sich schnell zeigen, dass jedes Regime ein differenziertes Leistungsprofil, gemessen an den verschiedenen Leistungsmerkmalen, aufweist. Womöglich verbessert etwa NPM in bestimmten Hinsichten tatsächlich die Effektivität der Leistungsproduktion, während es ihr in anderen Hinsichten abträglich ist – zumindest im Vergleich zu anderen Governance-Regimen. Und zweitens kann man vielleicht auch damit rechnen, dass – ganz analog zu dem, was die organisationssoziologische Kontingenztheorie besagt – ein und dasselbe Governance-Regime je nach Umweltbedingungen für den betreffenden Sektor auf dessen Leistungsproduktion eher positive oder eher negative Auswirkungen hat. Freilich ist bei allen Effizienz- und Effektivitätseinschätzungen, wie schon anfangs betont, stets in Rechnung zu stellen, dass bestimmte Governance-Veränderungen überhaupt nicht mit Blick auf Verbesserungen der „Leistungsproduktion", sondern allein aus Machtinteressen heraus geschehen.

5. Schluss

An dieser Stelle beende ich fürs erste den Rundgang von „Baustelle" zu „Baustelle" der Governance-Perspektive. Nicht alle „Baustellen" wurden besichtigt, doch es reichte aus, um weit mehr Fragen aufzuwerfen als zu beantworten. Zweck der Übung war aber nun nicht die Entmutigung weiterer Arbeit an und mit der Governance-Perspektive. Nur eine Analyseperspektive, die bereits in gewissem Maße gefestigt ist, lässt überhaupt Fragen der Art und Spezifität, wie sie hier angesprochen wurden, aufkommen. Insofern ist es geradezu ermutigend, in so großer Zahl auf sie zu stoßen.

Literatur

Bartlett, Will/Le Grand, Julian (1993): The Theory of Quasi-Markets. In: Le Grand, Julian/Bartlett, Will (Eds.): Quasi-Markets and Social Policy. Houndmills/Basingstoke: Macmillan, 13-34.

Benz, Arthur (Hg.) (2004): Governance – Regieren in komplexen Regelsystemen. Eine Einführung. Wiesbaden: VS.

Benz, Arthur/Lütz, Susanne/Schimank, Uwe/Simonis, Georg (Hg.) (2007): Governance – Ein Handbuch. Wiesbaden: VS.

Braun, Dietmar (1999): New Managerialism and the Governance of Universities in a Comparative Perspective. In: Braun, Dietmar/Merrien, Francois-Xavier (Eds.): Towards a New Model of Governance for Universities? A Comparative View. London: Jessica Kingsley, 239-261.

Braun, Dietmar/Schimank, Uwe (1992): Organisatorische Koexistenzen des Forschungssystems mit anderen gesellschaftlichen Teilsystemen: Die prekäre Autonomie wissenschaftlicher Forschung. In: Journal für Sozialforschung 32, 319-336.

Brunsson, Nils (1989): The Organization of Hypocrisy – Talk, Decisions, and Actions in Organizations. Chichester: Wiley.

Burzan, Nicole/Lökenhoff, Brigitta/Schimank, Uwe/Schöneck, Nadine (2007): Das Publikum der Gesellschaft. Inklusionsverhältnisse und Inklusionsprofile in Deutschland. Wiesbaden: VS.

Clark, Burton R. (1979): The Many Pathways of Academic Coordination. In: Higher Education 8, 251-267.

Clark, Burton R. (1983): The Higher Education System. Academic Organizations in Cross-National Perspective. Berkeley CA: University of California Press.

Clark, Burton R. (1998): Creating Entrepreneurial Universities: Organizational Pathways of Transformation. Oxford: Pergamon Press.

de Boer, Harry/Enders, Jürgen/Schimank, Uwe (2007): On the Way Towards New Public Management? The Governance of University Systems in England, the Netherlands, Austria, and Germany. In: Jansen, Dorothea (Ed.): New Forms of Governance in Research Organizations – Disciplinary Approaches, Interfaces and Integration. (Im Erscheinen).

Frey, Bruno (1993): Does Monitoring Increase Work Effort? The Rivalry with Trust and Loyalty. In: Economic Inquiry 31, 663-670.

Gläser, Jochen (2006): Wissenschaftliche Produktionsgemeinschaften. Die soziale Ordnung der Forschung. Frankfurt a.M./New York: Campus.

Gläser, Jochen/Lange, Stefan (2007): Wissenschaft. In: Benz, Arthur/Lütz, Susanne/ Schimank, Uwe/Simonis, Georg (Hg.): Governance – Ein Handbuch. Wiesbaden: VS, 437-451.

Kehm, Barbara/Lanzendorf, Ute (2006): Germany – 16 Länder Approaches to Reform. In: Kehm, Barbara/Lanzendorf, Ute (Eds.): Reforming University Governance – Changing Conditions for Research in Four European Countries. Bonn: Lemmens, 135-186.

Lange, Stefan/Braun, Dietmar (2000): Politische Steuerung zwischen System und Akteur. Eine Einführung. Opladen: Leske + Budrich.

Lange, Stefan/Schimank, Uwe (2007): Begrenzte Konvergenz: New Public Management in fünf nationalen Hochschulsystemen. In: Holzinger, Katharina et al. (Hg.): Politik-Konvergenz – Sonderheft der Politischen Vierteljahresschrift (im Erscheinen).

Lanzendorf, Ute (2006): Austria – From Hesitation to Rapid Breakthrough. In: Kehm, Barbara/Lanzendorf, Ute (Eds.): Reforming University Governance – Changing Conditions for Research in Four European Countries. Bonn: Lemmens, 99-134.

Luhmann, Niklas (1964): Lob der Routine. In: Luhmann, Niklas: Politische Planung. Opladen: Westdeutscher Verlag, 113-142.

Luhmann, Niklas (1965): Grundrechte als Institution. Ein Beitrag zur politischen Soziologie. Berlin: Duncker & Humblot.

Luhmann, Niklas (1975): Interaktion, Organisation, Gesellschaft. In: Luhmann, Niklas: Soziologische Aufklärung, Bd. 2. Aufsätze zur Theorie der Gesellschaft. Opladen: Westdeutscher Verlag, 9-20.

Luhmann, Niklas (1990): Die Wissenschaft der Gesellschaft. Frankfurt a.M.: Suhrkamp.

Mayntz, Renate (2001): Zur Selektivität der steuerungstheoretischen Perspektive. In: Burth, Hans-Peter/Görlitz, Axel (Hg.): Politische Steuerung in Theorie und Praxis. Baden-Baden: Nomos, 17-27.

Mayntz, Renate/Scharpf, Fritz W. (1995a): Steuerung und Selbstorganisation in staatsnahen Sektoren. In: Mayntz, Renate/Scharpf, Fritz W. (Hg.): Gesellschaftliche Selbstregelung und politische Steuerung. Frankfurt a.M./New York: Campus, 9-38.

Müller-Böling, Detlef (2000): Die entfesselte Hochschule. Gütersloh: Bertelsmann Stiftung.

Scharpf, Fritz W. (1977): Public Organization and the Waning of the Welfare State: A Research Perspective. In: European Journal of Political Research 5, 339-362.

Schimank, Uwe (1991): Politische Steuerung in der Organisationsgesellschaft – am Beispiel der Forschungspolitik. In: Zapf, Wolfgang (Hg.): Die Modernisierung moderner Gesellschaften. Verhandlungen des 25. Deutschen Soziologentages in Frankfurt am Main 1990. Frankfurt a.M./New York: Campus, 505-516.

Schimank, Uwe (1992): Spezifische Interessenkonsense trotz generellem Orientierungsdissens. Ein Integrationsmechanismus polyzentrischer Gesellschaften. In: Giegel, Hans-Joachim (Hg.): Kommunikation und Konsens in modernen Gesellschaften. Frankfurt a.M.: Suhrkamp, 236-275.

Schimank, Uwe (2000): Welche Chancen und Risiken können unterschiedliche Modelle erweiterter Universitätsautonomie für die Forschung und Lehre der Universitäten bringen? In: Titscher, Stefan et al. (Hg.): Universitäten im Wettbewerb – Zur Neustrukturierung österreichischer Universitäten. München/Mering: Hampp, 94-147.

Schimank, Uwe (2002): Organisationen: Akteurkonstellationen – korporative Akteure – Sozialsysteme. In: Allmendinger, Jutta/Hinz, Thomas (Hg.): Organisationssoziologie. Sonderheft 42 der Kölner Zeitschrift für Soziologie und Sozialpsychologie. Wiesbaden: Westdeutscher Verlag, 29-54.

Schimank, Uwe (2004): Leistungsbeurteilung von Kollegen als Politikberatung – Am Beispiel von Evaluationen im Hochschulsystem. In: Schützeichel, Rainer/Brüsemeister, Thomas (Hg.): Die beratene Gesellschaft. Zur gesellschaftlichen Bedeutung von Beratung. Wiesbaden: VS, 39-56.

Schimank, Uwe (2006): Teilsystemische Autonomie und politische Gesellschaftssteuerung. Beiträge zur akteurzentrierten Differenzierungstheorie Bd. 2. Wiesbaden: VS.

Schimank, Uwe (2007): Elementare Mechanismen. In: Benz, Arthur/Lütz, Susanne/ Schimank, Uwe/Simonis, Georg (Hg.): Governance – Ein Handbuch. Wiesbaden: VS, 29-45.

Teubner, Gunther/Willke, Helmut (1984): Kontext und Autonomie: Gesellschaftliche Selbststeuerung durch reflexives Recht. In: Zeitschrift für Rechtssoziologie 5, 4-35.

Weber, Max (1919): Wissenschaft als Beruf. Berlin, 1967: Duncker & Humblot.

Weber, Max (1920): Gesammelte Aufsätze zur Religionssoziologie. Bd. 1. Tübingen, 1978: Mohr.

Wiesenthal, Helmut (2000): Markt, Organisation und Gemeinschaft als 'zweitbeste' Verfahren sozialer Ordnungsbildung. In: Werle, Raymund/Schimank, Uwe (Hg.): Gesellschaftliche Komplexität und kollektive Handlungsfähigkeit. Frankfurt a.M./New York: Campus: 44-73.